WV plus 12

Schwerpunkt Wirtschaft & Verwaltung

Lernsituationen

Fachoberschule Wirtschaft Hessen / Fachoberschule und Höhere Berufsfachschule Rheinland-Pfalz

Hans-Peter von den Bergen
Kai Franke
Jörg Martin
Pia Monroy Rodriguez
Michael Rottmeier
Esther Wawerda
Gisbert Weleda
u. a.

in Zusammenarbeit mit der Verlagsredaktion

Cornelsen

Schwerpunkt Wirtschaft & Verwaltung Lernsituationen

Fachoberschule Wirtschaft Hessen / Fachoberschule und Höhere Berufsfachschule Rheinland-Pfalz

Dieses Buch wurde erstellt unter Verwendung von Materialien von:
Roland Budde, Anja Brunnett, Oliver Dillmann, Uta Eichborn, Peter Engelhardt, Christian Fritz, Sandra Hamella, Marita Herrmann, Ariane Hoffmann, Anjte Kost, Marcel Lange, Antje Licht, Kathrin Montrone, Ute Morgenstern, Klaus Otte, Michael Piek, Roswitha Pütz, Thomas Schmitz-Kaltenthaler, Benjamin Schmorl, Josef Schnettler, Heike Scholz, Claudia Simons-Kövér, Alfons Steffes-lai, Petra Walenciak, Insa Wenke, Ralf Wimmers, Carsten Zehm

Verlagsredaktion: Dörte Lütvogt
Außenredaktion: text.[Marke] Katja Müllenmeister, Hamburg
Bildredaktion: Gertha Maly
Covergestaltung: Ungermeyer, Berlin
Layoutkonzept: Torsten Lemme, Berlin
Layout / Technische Umsetzung: PER Medien + Marketing GmbH, Braunschweig
Titelfoto: stock.adobe.com/goodluz

www.cornelsen.de

Wir danken Pia Monroy Rodriguez und Esther Wawerda vom Konzeptwerk Neue Ökonomie e. V., Leipzig für die Beiträge auf S. 221–222, 233 sowie 236–237.

1. Auflage, 1. Druck 2024

Alle Drucke dieser Auflage sind inhaltlich unverändert und können im Unterricht nebeneinander verwendet werden.

Druck: AZ Druck und Datentechnik GmbH, Kempten

ISBN 978-3-06-452228-2

PEFC
PEFC/04-31-2260
PEFC-zertifiziert
Dieses Produkt stammt aus nachhaltig bewirtschafteten Wäldern und kontrollierten Quellen
www.pefc.de

Arbeiten mit diesem Buch

In diesem Arbeitsbuch finden Sie passend zu den Kapiteln in der Fachkunde handlungsorientierte Lernsituationen.

1 Der Querverweis zur Fachkunde zeigt Ihnen, wo Sie fachliche Informationen zur Bearbeitung der Lernsituation finden.

2 Die Lernsituationen beginnen mit der Schilderung einer berufstypischen Alltagssituation. Oft sind dies Situationen aus dem betrieblichen Geschehen der Fly Bike Werke GmbH, des zentralen Modellunternehmens. Eine ausführliche Vorstellung der Fly Bike Werke GmbH finden Sie auf S. 6 – 15 dieses Arbeitsbuches.

3 Hier finden Sie konkrete Arbeitsaufträge zur Bearbeitung der Lernsituationen. Die Arbeitsaufträge unterstützen Sie bei der Weiterentwicklung Ihrer beruflichen wie privaten Handlungs- und Entscheidungskompetenz.

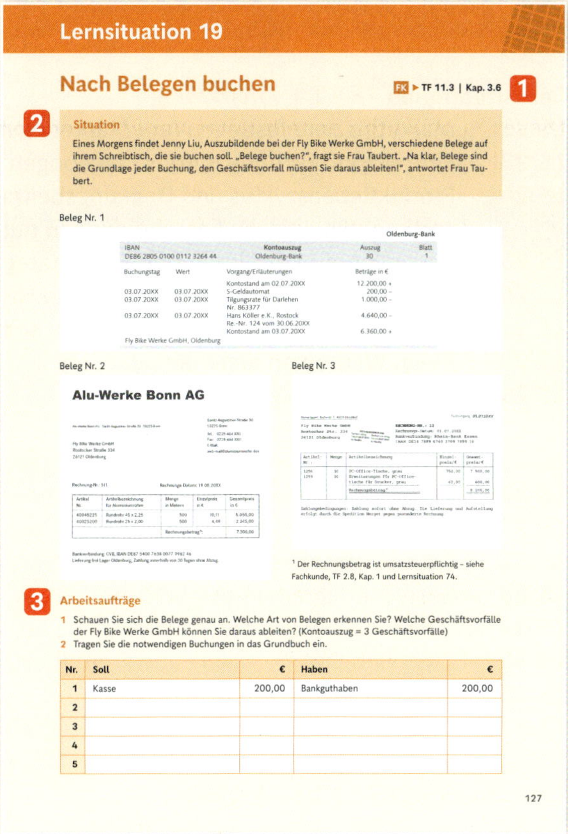

4 Die Arbeitsblätter bieten Ihnen eine Möglichkeit, Ihr Wissen anzuwenden und in übersichtlicher Form festzuhalten.

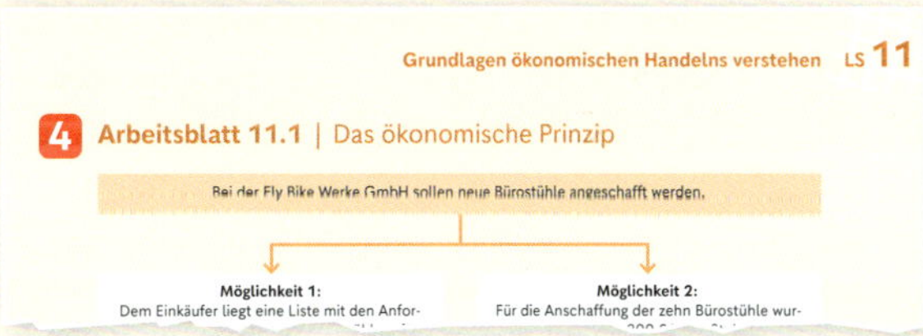

5 Zusätzliche Aufgaben festigen und vertiefen das Gelernte. Sie eignen sich auch gut zur Prüfungsvorbereitung.

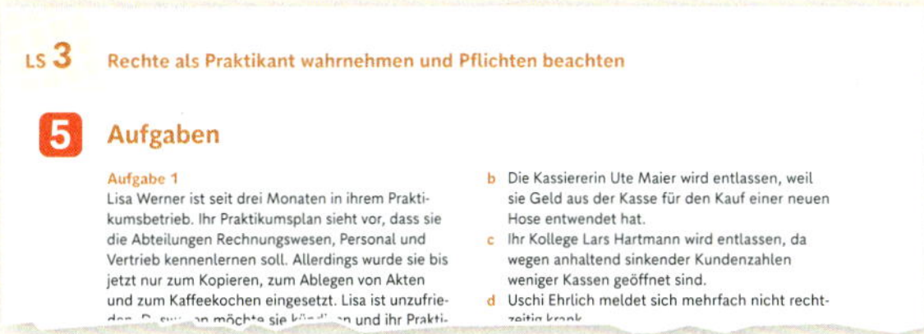

6 Am Ende eines jeden Themenfeldes finden Sie einen Selbsteinschätzungsbogen, mit dem Sie Ihre Kompetenzentwicklung eigenständig überprüfen können.

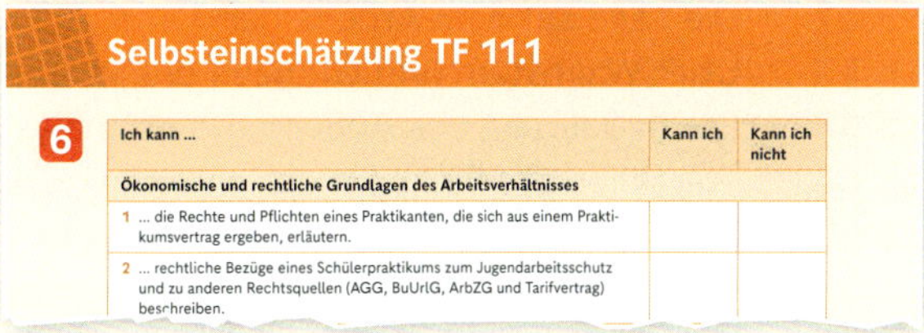

Webcode-Bereich

Unter **www.cornelsen.de/codes** oder alternativ direkt über das Suchfeld auf **www.cornelsen.de** finden Sie umfangreiches Zusatzmaterial zur vorliegenden Lehrwerksreihe.

Code: kovevi

Inhaltsverzeichnis

Lernsituationen TF 12.6 – Investition und Finanzierung

Lernsituationen TF 12.7 – Personalprozesse

Lernsituationen TF 12.8 – Erfassen von Geschäftsprozessen II

Lernsituationen TF 12.9 – Unternehmensformen und handelsrechtliche Rahmenbedingungen

Eine Betriebserkundung: Die Fly Bike Werke GmbH

1 Unternehmensporträt

Jan Ullmann und Björn Ries, die Gesellschafter der Fly Bike Werke GmbH, sind seit frühester Jugend befreundet und hatten immer ein gemeinsames Hobby, das Radrennfahren. Die Väter der beiden Amateur-Rennfahrer waren schon frühzeitig im Fahrradmarkt aktiv. Dirk Ries, Vater von Björn Ries, betrieb in Oldenburg einen Fahrradeinzelhandel, wobei Rennräder für den Amateurbereich einen Schwerpunkt in seinem Sortiment darstellten. Klaus Ullmann, Vater von Jan Ullmann, produzierte in Oldenburg Standardfahrradrahmen aus Stahl für die Fahrradindustrie.

1982 übernahm Jan Ullmann von seinem Vater das Unternehmen Fahrrad Ullmann. 1997 gründete Jan Ullmann die Fly Bike Werke GmbH (als sogenannte Ein-Mann-GmbH). Die Aufgaben eines Geschäftsführers übertrug er an den ebenfalls radsportbegeisterten Hans Peters, der zum Jahresende 2022 aus Altersgründen aus dem Unternehmen ausschied und dem Ewa Nowak als Geschäftsführerin nachfolgte. Hauptziele der Fly Bike Werke GmbH sind und waren immer die Produktion und der Absatz von hochwertigen, langlebigen Fahrrädern mit Gewinn.

Der Zwang zu modernen Fertigungsmethoden und die damit verbundenen Investitionen erhöhten den Kapitalbedarf schon kurz nach Gründung des Unternehmens erheblich. Da traf es sich gut, dass Jan Ullmann seinen alten Freund Björn Ries bei einem Radrennen traf und von seinen Sorgen erzählte. Der aufgrund eines erfolgreichen Berufslebens vermögende Björn Ries war spontan bereit, sich an der Fly Bike Werke GmbH zu beteiligen, und trat Anfang 2001 als weiterer Gesellschafter in die GmbH ein. Basis für die Geschäftstätigkeit der Fly Bike Werke GmbH ist der Gesellschaftsvertrag ab Seite 8.

Modellunternehmen Fly Bike Werke GmbH		
Rechtsform und Unternehmensgröße, Handelsregistereintrag	Gesellschaft mit beschränkter Haftung (GmbH) Kleine Kapitalgesellschaft gem. § 267 HGB Oldenburg HRB 2134	
Gesellschafter und Geschäftsanteile	Herr Jan Ullmann 200.000,00 €	Herr Björn Ries 100.000,00 €
Geschäftsführerin	Frau Ewa Nowak	
Geschäftsjahr	Kalenderjahr (01. 01. bis 31. 12.)	
Umsatz Berichtsjahr	Ca. 6,9 Mio. €	
Bankverbindungen	• Bank 3000 Oldenburg BAN: DE67 3707 5020 2114 2536 66 BIC: 3000DENIXXX • Oldenburg-Bank IBAN: DE86 2804 0114 0112 3264 44 BIC: OLBADEOL261	
Kontakt	Post- und Lieferadresse: Rostocker Str. 334, 26121 Oldenburg Telefon 0441 8XX-0 Telefax 0441 8XX-9211 Internet: www.flybike-werke.dex E-Mail: mail@flybike-werke.dex	
Absatzprogramm	Produktionsprogramm	City-Räder, Mountainbikes, Rennräder, Jugendräder, Trekkingräder, Pedelecs
	Handelswaren	Fahrradbekleidung, Fahrradzubehör, Fahrradanhänger
	Dienstleistungen	Vermittlung von Fahrradreisen
Stoffe, Vorprodukte, Fremdbauteile (Beispiele)	Rohstoffe	Rohre und Bleche aus Stahl und Aluminium
	Hilfsstoffe	Lacke und Grundierungen, Schrauben und Kleinteile
	Betriebsstoffe	Strom, Gas, Wasser, Heizöl, Schmierstoffe
	Vorprodukte, Fremdbauteile	Räder, Beleuchtung, Sättel, Spezialrahmen, Federgabeln
Fertigungstypen und Fertigungsarten	• Fließ- bzw. Gruppenfertigung • Werkstattfertigung (Rennräder-Profi) • Serienfertigung • Einzelfertigung (Rennräder-Profi)	
Technische Anlagen und Maschinen (Beispiele)	Universalroboter, Rohrschneideanlage, Rahmenrichtmaschine, Schleifmaschine, Schweißmaschine, Montagebänder, Verpackungsmaschine, Lackierautomaten	
Mitarbeiter	12 Arbeiter, 26 Angestellte, 2 Auszubildende	
Kunden	Großhändler, Filialisten, Cash-and-Carry-Märkte im Inland, Großhändler im Ausland	
Lieferanten	Industriebetriebe und Spezialgroßhändler im In- und Ausland	
Verbände	Oldenburgische Industrie- und Handelskammer, Oldenburg (Pflichtmitgliedschaft); NORDMETALL e. V., Hamburg, Geschäftsstelle Oldenburg, Bezirksgruppe Nordwest (Arbeitgeberverband)	
Betriebsnummer für die Sozialversicherung	26 550 966	
Steuer-Nr. USt-Id.-Nr.	112/8870/0057 DE 236667691	

2 Gesellschaftsvertrag

– Gesellschaftsvertrag –

§ 1 Firma und Sitz der Gesellschaft

(1) Die Firma der Gesellschaft lautet:
Fly Bike Werke Gesellschaft mit beschränkter Haftung

(2) Sitz der Gesellschaft ist Oldenburg.

§ 2 Gegenstand des Unternehmens

Gegenstand des Unternehmens ist die Herstellung und der Handel mit Fahrrädern, Fahrradteilen, Fahrradzubehör und Dienstleistungen im Fahrradmarkt. Die Gesellschaft darf andere Unternehmen gleicher oder ähnlicher Art übernehmen, vertreten und sich an solchen beteiligen; sie darf auch Zweigniederlassungen errichten.

§ 3 Stammkapital und Stammeinlage

(1) Das Stammkapital der Gesellschaft beträgt 350.000,00 DM
(in Worten: dreihundertfünfzigtausend Deutsche Mark).

(2) Der alleinige Gesellschafter, Herr Jan Ullmann, Oldenburg, leistet seine Einlage, indem er alle Vermögenswerte der Einzelunternehmung Fahrrad Ullmann in die Gesellschaft einbringt.

§ 4 Dauer der Gesellschaft, Geschäftsjahr

(1) Die Gesellschaft wird auf unbestimmte Zeit errichtet.

(2) Geschäftsjahr ist das Kalenderjahr.

§ 5 Geschäftsführung und Vertretung

(1) Die Gesellschaft hat einen oder mehrere Geschäftsführer. Sind mehrere Geschäftsführer bestellt, so wird die Gesellschaft durch je zwei Geschäftsführer gemeinschaftlich vertreten.

(2) Zum Geschäftsführer wird bestellt: Herr Hans Peters. Er ist von den Beschränkungen des § 181 BGB befreit.

§ 6 Jahresabschluss

Innerhalb der ersten drei Monate nach Abschluss eines Geschäftsjahres hat die Geschäftsführung den Jahresabschluss und den Lagebericht aufzustellen und zusammen mit einem Vorschlag zur Ergebnisverwendung dem Gesellschafter vorzulegen. Der Jahresabschluss ist nach den gesetzlichen Vorschriften zu erstellen.

§ 7 Bekanntmachungen

Bekanntmachungen der Gesellschaft werden im Bundesanzeiger veröffentlicht.

Oldenburg, 15. Februar 1997

Jan Ullmann

Änderungen des Gesellschaftsvertrages § 3 (1)
durch Gesellschafterbeschluss am 20. 05. 2000

Das Stammkapital der Gesellschaft wird auf 200.000,00 € (in Worten: zweihunderttausend Euro) erhöht. Die ausstehende Einlage ist zum offiziellen Umrechnungskurs von 1,95583 DM je Euro bis zum 31. 12. 2000 auf das Konto der Gesellschaft durch den Gesellschafter Jan Ullmann, Oldenburg, einzuzahlen.

Oldenburg, 20. Mai 2000

Jan Ullmann

Änderungen des Gesellschaftsvertrages § 3 (1)
durch Gesellschafterbeschluss am 15. 12. 2000:

(1) Zu Beginn des Geschäftsjahres 2001 tritt Herr Björn Ries in die GmbH ein. Der Gesellschafter Ries leistet eine Einlage von 100.000,00 € (in Worten: einhunderttausend Euro). Das gezeichnete Kapital erhöht sich auf 300.000,00 € (in Worten: dreihunderttausend Euro). Davon übernehmen:
a) Herr Jan Ullmann, Oldenburg, 200.000,00 €.
b) Herr Björn Ries, Oldenburg, 100.000,00 €.
c) Herr Björn Ries leistet eine Kapitalrücklage in Höhe von 100.000,00 € für die erbrachten Vorleistungen von Herrn Jan Ullmann (Know-how, Firmenimage).

Ergänzung des Gesellschaftsvertrages um § 3 (3)
durch Gesellschafterbeschluss am 15. 12. 2000:

(3) Der Gesellschafter Björn Ries, Oldenburg, leistet seine Einlage in Geld. Seine Stammeinlage und die vereinbarte Kapitalrücklage sind zu Beginn des Geschäftsjahres 2001 zur freien Verfügung der Gesellschaft auf das Konto der Gesellschaft einzuzahlen.

Ergänzung des Gesellschaftsvertrages um § 4 (3)
durch Gesellschafterbeschluss am 15. 12. 2000:

(3) Jedem Gesellschafter steht ein Kündigungsrecht mit einjähriger Frist zum Jahresende zu.

Änderung des Gesellschaftsvertrages § 6 Jahresabschluss
durch Gesellschafterbeschluss am 15. 12. 2000:
Innerhalb der ersten drei Monate nach Abschluss eines Geschäftsjahres hat die Geschäftsführung den Jahresabschluss und den Lagebericht aufzustellen und zusammen mit einem Vorschlag zur Ergebnisverwendung der Gesellschafterversammlung vorzulegen. Der Jahresabschluss ist nach den gesetzlichen Vorschriften zu erstellen.

Ergänzung des Gesellschaftsvertrages um § 8
durch Gesellschafterbeschluss am 15. 12. 2000:

§ 8 Gesellschafterversammlung, Stimmrecht und Erfolgsbeteiligung

(1) Alljährlich findet innerhalb von 6 Monaten nach Schluss des vorangegangenen Rechnungsjahres eine ordentliche Gesellschafterversammlung statt. Diese beschließt über die
- Feststellung des Jahresabschlusses für das vorangegangene Geschäftsjahr,
- Verwendung der Ergebnisse der Unternehmung,
- Entlastung des/der Geschäftsführer/s,
- Wahl eines eventuell zu bestellenden Abschlussprüfers.

(2) Je 500,00 € eines Geschäftsanteils gewähren eine Stimme.

(3) 10 % eines Jahresüberschusses fließen ab 2001 in die Gewinnrücklage. Die Gewinnverteilung erfolgt im Verhältnis des gezeichneten Kapitals.

Änderung des Gesellschaftsvertrages § 5 (2)
durch Gesellschafterbeschluss am 15. 12. 2022:
Herr Hans Peters scheidet zum 31. 12. 2022 aus dem Unternehmen aus. Frau Ewa Nowak wird zum 01. 01. 2023 zur Geschäftsführerin ernannt.

Oldenburg, 15. Dezember 2022

Jan Ullmann *Björn Ries*

3 Absatzprogramm, Kunden, Preise

Das **Produktionsprogramm** der Fly Bike Werke GmbH umfasst zurzeit 14 verschiedene Fahrradmodelle. Das Produktionsprogramm wird durch Handelswaren und Dienstleistungen zum **Absatzprogramm** erweitert.

Produktionsprogramm			
Modell	Artikel-Nr.	Modell-Name	unverbindl. Preis
City-Räder	101 102	City *Glide* City *Surf*	490,00 € 548,80 €
Trekking-räder	201 202 203	Trekking *Light* Trekking *Free* Trekking *Nature*	598,50 € 700,00 € 875,00 €
Mountain-bikes	301 302 303	Mountain *Dispo* Mountain *Constitution* Mountain *Unlimited*	787,50 € 1.197,00 € 1.995,00 €
Rennräder	401 402	Renn *Fast* Renn *Superfast*	2.520,00 € 4.410,00 €
Kinderräder	501 502	Kinder *Twist* Kinder *Cool*	393,76 € 525,00 €
Pedelecs	601 602	E-City *Wind* E-Mountain *Sturm*	2.498,00 € 2.898,00 €

City-Rad Modell 102 Surf

Rennrad Modell 401 Fast

Handelswaren und Dienstleistungsangebote der Fly Bike Werke GmbH		
Handels-waren	Textilien aus Gore Tex (x = Größen S, M, L, XL, XXL)	• 701 x Shirts *STEFF superfast* • 702 x Shorts *STEFF superfast* • 703 x Jackets *STEFF superfast*
	Fahrradanhänger	• 601 Modell *Kelly* • 602 Modell *Mini* • 603 Modell *Max* • 604 Modell *Kids* • 605 Modell *Sven*
Dienst-leistun-gen	Vermittlung von Radtouren/Reisen (Veranstalter: UIT und Rebbel)	• 901 Brandenburg und Mecklenburg-Vorpommern • 902 Rheinland-Pfalz (Mosel) • 903 Niedersachsen (Nordsee) • 904 Südtirol (Pässetour, Teilnahme an Dolomiti Open) • 905 Toskana (Kultur, Tour und Mee(h)r) • 906 Schweiz (Pässetour)

Mountainbike Modell 302 Constitution

Kinderrad Modell 502 Cool

Kunden der Fly Bike Werke GmbH	
Einzelhandel	Umsatzstarke Fachhandelsunternehmen mit eigenen Filialen und abgegrenzten Vertriebsgebieten in Deutschland
Großhandel national	Fahrradgroßhandelsunternehmen, die den Fahrradeinzelhandel in Deutschland beliefern
Großhandel Europa	Je ein Großhändler in Belgien, in den Niederlanden, in Österreich und der Schweiz, die dort landesweit den Fahrradeinzelhandel beliefern
Private-Label-Kunden	Eine Kaufhauskette und ein Cash-and-Carry-Konzern, die Fahrräder unter eigenem Markennamen (Private Label) vertreiben

Die Preise der Fahrräder werden von der Fly Bike Werke GmbH immer als unverbindliche Preisempfehlungen angegeben, zuzüglich Umsatzsteuer für den Endverbraucher. Auf diese Preise erhalten die Wiederverkäufer (Kunden der Fly Bike Werke GmbH) Preisnachlässe in Form von Rabatten, Boni und Skonto.

Die Preise der Fahrräder werden von der Fly Bike Werke GmbH in Preislisten als unverbindliche Preisempfehlungen angegeben (zuzüglich Umsatzsteuer). Auf diese Preise erhalten die Wiederverkäufer (Kunden der Fly Bike Werke) Preisnachlässe in Form von **Rabatten, Boni** und **Skonto.** Auftragsfertigungen werden kundenindividuell kalkuliert.

Preisnachlässe	
Rabattstaffel	
Stückzahl	Rabatt
1–10	27,5 %
11–50	29,0 %
51–100	30,0 %
101–250	31,0 %
251–500	32,0 %
> 500	33,0 %
Boni (Jahresboni bezogen auf den Zielverkaufspreis der Gesamtmenge)	
Abnahme von mindestens 1 000 Fahrrädern	1 %
Abnahme von mindestens 5 000 Fahrrädern	2 %
Skonto	
2 % bei Zahlung innerhalb von 8 Tagen	

4 Leistungserstellung

Die Fly Bike Werke GmbH produziert die meisten Fahrradrahmen und Fahrradgabeln selbst.

Der voll gefederte Y-Rahmen des Modells Unlimited wird zurzeit fremdbezogen. Dies gilt auch für die Federgabeln der Modelle Constitution und Unlimited, die von einem amerikanischen Lieferanten bezogen werden. Alle übrigen Teile werden ebenfalls fremdbezogen. Mit den Lieferanten sind hinsichtlich der technischen Spezifikationen der Bauteile und Baugruppen feste Vereinbarungen getroffen worden. Ein Hersteller liefert immer eine komplette Baugruppe (Komponentengruppe), der eine von der Fly Bike Werke GmbH vergebene Set-Nr. (Komponentennummer) zugeordnet wird.

Ein Fahrrad besteht bei Vollausstattung aus bis zu über 1 000 Einzelteilen. Der Fly Bike Werke GmbH ist es in Zusammenarbeit mit ihren Lieferanten gelungen, die notwendigen Teile in Baugruppen so zusammenzufassen, dass die Baugruppe (Komponente) komplett von einem Lieferanten zur Verfügung gestellt werden kann. Der Weltmarktführer für Fahrradteile, Tamino Inc., liefert z. B. für das Modell Dispo alle Teile für die Komponenten „Räder und Schaltung“, „Antrieb“ und „Bremsen“. Das positive Image bestimmter Teilehersteller wird bei den Endverbrauchern auf das Fertigprodukt Fahrrad übertragen. Zu diesen Teileherstellern zählen z. B.

- Tamino Inc., Japan: (Ketten-)Schaltungen, Antriebe, Bremsen, Pedelec-Komponenten (Motoren, Akkus, Steuerungen)
- Dax AG, Deutschland: (Naben-)Schaltungen, Antriebe, Bremsen, Pedelec-Komponenten (Motoren, Akkus, Steuerungen)
- Sella SA, Italien: Sättel
- Shokk Ltd., USA: Federgabeln

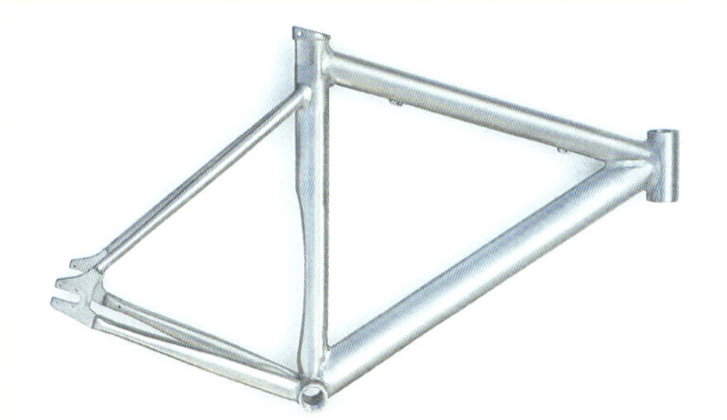

Eigenfertigung: Rahmen des Mountainbikes Dispo

5 Bilanz und GuV

Bilanz der Fly Bike Werke GmbH, Oldenburg,
zum 31.12.20XX (in €)

Aktiva	Vorjahr	Berichtsjahr	Passiva	Vorjahr	Berichtsjahr
A. Anlagevermögen			**A. Eigenkapital**	700.000,00	850.000,00
1. Grundstücke und Bauten	635.200,00	612.850,00	**B. Verbindlichkeiten**		
2. Technische Anlagen und Maschinen	224.904,00	131.870,00	1. Langfristige Bankverbindlichkeiten	639.000,00	602.000,00
3. Betriebs- und Geschäftsausstattung	138.371,00	97.505,00	2. Verbindlichkeiten aus Lieferungen und Leistungen	697.600,00	926.225,00
B. Umlaufvermögen			3. Sonstige Verbindlichkeiten	13.000,00	24.000,00
1. Roh-, Hilfs- und Betriebsstoffe	224.800,00	288.000,00			
2. Unfertige Erzeugnisse	36.000,00	48.000,00			
3. Fertige Erzeugnisse	72.900,00	140.000,00			
4. Handelswaren	0,00	4.000,00			
5. Forderungen aus Lieferungen und Leistungen	541.520,00	720.000,00			
6. Kasse	3.105,00	2.400,00			
7. Bankguthaben	172.800,00	357.600,00			
	2.049.600,00	2.402.225,00		2.049.600,00	2.402.225,00

Gewinn-und-Verlust-Rechnung zum 31. 12. 20XX

Gesamtkostenverfahren, Beträge in €	**Vorjahr**	**Berichtsjahr**
1. Umsatzerlöse	5.800.000,00	6.893.555,85
2. Erhöhung des Bestandes an Erzeugnissen	18.000,00	105.500,00
3. aktivierte Eigenleistungen	3.000,00	3.600,00
4. sonstige betriebliche Erträge	–	4.000,00
5. Materialaufwand mit Wareneinsatz	3.271.300,00	3.565.000,00
Rohergebnis	**2.549.700,00**	**3.441.655,85**
6. Personalaufwand	1.845.990,00	2.250.000,00
7. Abschreibungen	170.000,00	210.000,00
8. sonstige betriebliche Aufwendungen	324.000,00	344.000,00
Betriebsergebnis	**209.710,00**	**637.655,85**
9. Erträge aus Beteiligungen	–	–
10. Erträge aus anderen WP/Finanzanlagen	–	–
11. sonstige Zinsen	–	–
12. Abschreibungen auf WP des UV/Finanzanlagen	–	355.412,35
13. Zinsaufwendungen	60.480,00	47.628,00
9. bis 13. Finanzergebnis	- 60.480,00	- 403.040,35
14. Steuern vom Einkommen und vom Ertrag	47.230,00	82.115,50
15. Ergebnis nach Steuern	102.000,00	152.500,00
16. Sonstige Steuern	2.000,00	2.500,00
17. Jahresüberschuss/Jahresfehlbetrag	100.000,00	150.000,00

WP = Wertpapiere, UV = Umlaufvermögen

6 Organigramm

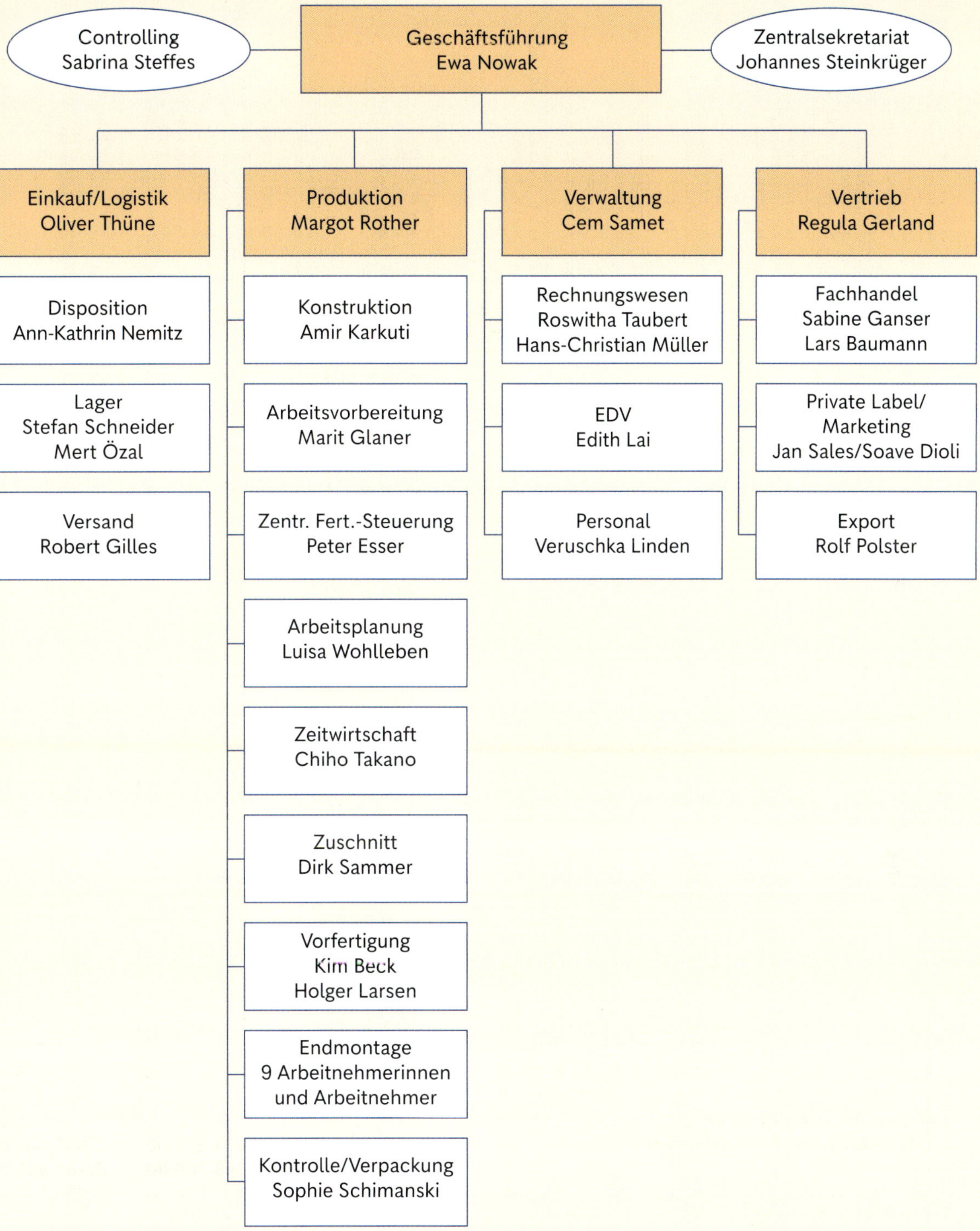

Sicherheitsbeauftragter:	Peter Esser
Umweltbeauftragter:	Oliver Thüne
Qualitätsbeauftragte:	Sophie Schimanski
Datenschutzbeauftragter:	Cem Samet
Betriebsratsmitglieder:	Sabine Ganser, Saskia Engel, Mahmoud El-Saadi
technischer Auszubildender:	Elias Schumacher
kfm. Auszubildende:	Jenny Liu

7 Kundenstammdaten der Fly Bike Werke GmbH

Kundenstammdaten der Fly Bike Werke GmbH

Kunden-Nr. Debitoren-Nr.	Firma Anschrift Telefon/Fax	Ansprechpartner Lieferanschrift Lieferart	Zahlungsbedingungen Zahlungsziel	Name der Bank IBAN BIC	Ansprechpartner FBW
10001 24001	Radbauer GmbH Augsburger Str. 21 80335 München Tel. 089 224XX6(8) Fax 089 224XX7	Herr Rosenheim Nymphenburgerstr. 42 80335 München Tel. 089 125XX0 Bahnfracht	2 % Skonto innerhalb von 8 Tagen 30 Tage Ziel	Argentum Bank München IBAN: DE44 3478 9067 0043 6224 90 BIC: ARGEDEMUM02	Herr Baumann
10002 24002	Schöller & Co. OHG Fahrradhandel Parlamentsplatz 2 60385 Frankfurt a. M. Tel. 069 49XX0 Fax 069 49262XX3	Herr Kleine Mörfelder Landstr. 180 60589 Frankfurt a. M. Tel. 069 6312XX8 Bahnfracht	2 % Skonto innerhalb von 8 Tagen 30 Tage Ziel	CVB IBAN: DE73 5664 7823 0322 4000 21 BIC: CVERDEELXXX	Herr Baumann
10003 24003	Fahrradhandel Uwe Gross e. K. Am Wasserturm 4 66113 Saarbrücken Tel. 0681 685XX1 Fax 0681 68508XX2	Frau Geldert Dudweiler Landstr. 157 66123 Saarbrücken Tel. 0681 3908XX6 Bahnfracht	2 % Skonto innerhalb von 8 Tagen 30 Tage Ziel	Saarbrücken-Bank IBAN: DE30 7004 8912 0120 0045 69 BIC: SABADESBXXX	Herr Baumann
10004 24004	Zweirad Ritter GmbH Herzogstr. 70 40251 Düsseldorf Tel. 0211 37XX1 Fax 0211 3750XX7	Herr Grünert Gladbacher Str. 50 41462 Neuss Tel. 02131 544XX2 Bahnfracht	2 % Skonto innerhalb von 8 Tagen 30 Tage Ziel	Bank 3000 IBAN: DE17 3467 8375 2140 0226 79 BIC: 3000DENW891	Frau Ganser
10005 24005	Fahrrad & Motorrad GmbH Alter Hellweg 46 44379 Dortmund Tel. 0231 61XX1 Fax 0231 6170XX3	Frau Dunkel Alter Hellweg 46 44379 Dortmund Tel. 0231 617XX0 Bahnfracht	2 % Skonto innerhalb von 8 Tagen 30 Tage Ziel	Bank 3000 IBAN: DE78 2106 7845 0420 0067 99 BIC: 3000DENW672	Frau Ganser
10006 24006	Bike GmbH Leipziger Chaussee 12 39118 Magdeburg Tel. 0391 6212XX5(6) Fax 0391 6212XX0	Herr Gründel Am Hansehafen 5 39126 Magdeburg Tel. 0391 509XX1 Bahnfracht	2 % Skonto innerhalb von 8 Tagen 30 Tage Ziel	Camino Bank IBAN: DE49 6734 9003 0122 0033 44 BIC: CMNBDER4XXX	Herr Baumann
10007 24007	Zweiradhandelsgesellschaft GmbH Unter den Linden 42 10178 Berlin Tel. 030 202XX0 Fax 030 20208XX0	Herr Wester Rosenthaler Str. 40 10178 Berlin Tel. 030 30880XX1 Bahnfracht	2 % Skonto innerhalb von 8 Tagen 30 Tage Ziel	ProBank Berlin IBAN: DE88 7856 3328 0010 0469 91 BIC: PROBDEB1KL2	Herr Baumann
10008 24008	Nordstrad Sportbekleidung GmbH Alter Markt 28 18055 Rostock Tel. 0381 4904XX6 Fax 0381 4904XX1	Frau Adams Alter Hafen Nord 325 18069 Rostock Tel. 0381 8112XX0 Bahnfracht	2 % Skonto innerhalb von 8 Tagen 30 Tage Ziel	Bank 3000 IBAN: DE03 0467 8743 0012 3006 66 BIC: 3000DENW124	Herr Baumann
10009 24009	Sachsenrad GmbH Bayreuther Str. 20 01277 Dresden Tel. 0351 4274XX0 Fax 0351 4274XX1	Frau Zeisig Bodenbacher Str. 81 01277 Dresden Tel. 0351 2540XX1 Bahnfracht	2 % Skonto innerhalb von 8 Tagen 30 Tage Ziel	TopBank IBAN: DE93 8842 6790 0669 200 51 BIC: TOPBDEBW842	Herr Baumann
20010 24010	EGZ Einkaufsgenossenschaft Bonner Landstr. 512 50996 Köln Tel. 0221 934XX2 Fax 0221 934622XX0	Herr Kleinheisel Bonner Landstr. 523 50996 Köln Tel. 0221 934622XX1 Spedition	3 % Skonto innerhalb von 10 Tagen 30 Tage Ziel	TEMPUS Bank IBAN: DE26 5543 7920 0240 0066 92 BIC: TEMPDE15XXX	Frau Ganser

Kundenstammdaten der Fly Bike Werke GmbH

Kunden-Nr. Debitoren-Nr.	Firma Anschrift Telefon/Fax	Ansprechpartner Lieferanschrift Lieferart	Zahlungsbedingungen Zahlungsziel	Name der Bank IBAN BIC	Ansprechpartner FBW
20011 24011	Radplus GmbH Gütersloher Str. 102 33415 Verl Tel. 05246 45XX0 Fax 05246 4595XX1	Herr Reichenbach Gütersloher Str. 122 33415 Verl Tel. 05246 4591XX0 Spedition	3 % Skonto innerhalb von 10 Tagen 30 Tage Ziel	Wiedenbrücker Kreisbank IBAN: DE71 6332 7845 0000 2453 98 BIC: WEKBDED2WDB	Frau Ganser
20012 24012	Bayernrad e. G. Schleißheimer Str. 20 85221 Dachau Tel. 08131 78XX1 Fax 08131 7807XX1	Herr Huber Münchner Str. 70 85221 Dachau Tel. 08131 5155XX0 Spedition	3 % Skonto innerhalb von 10 Tagen 30 Tage Ziel	Stadtbank Dachau IBAN: DE79 4389 8874 0000 6240 99 BIC: SBDAER4DAC	Herr Baumann
20014 24014	Multirac e. G. Großbeerenstr. 30 12107 Berlin Tel. 030 747XX0 Fax 030 74792XX1	Herr Brand Westfalenring 75 12207 Berlin Tel. 030 3007XX6 Spedition	3 % Skonto innerhalb von 10 Tagen 30 Tage Ziel	ProBank Berlin IBAN: DE31 7554 3293 0122 0005 67 BIC: PROBDEB1H46	Herr Baumann
30031 24031	Europarad N. V. Zandvoortstraat 16 2800 Mechelen Belgien Tel. +32 15 209XX1 Fax +32 15 209XX0	Herr van der Kracht Zandvoortstraat 16 2800 Mechelen Belgien Tel. +32 15 209XX1 Spedition	1,5 % Skonto innerhalb von 14 Tagen 60 Tage Ziel	L. S. T. Bank IBAN: BE98 6443 1226 3600 BIC: LSTBBEK1LST	Herr Polster
30032 24032	Jansen Import B.V. Groot Bollerweg 10 5928 NS Venlo Blerick Niederlande Tel. +31 77 3822XX0 Fax +31 77 8324XX1	Herr van Erp Groot Bollerweg 10 5928 NS Venlo-Blerick Niederlande Tel. +31 77 3822XX0 Spedition	1,5 % Skonto innerhalb von 14 Tagen 60 Tage Ziel	O. C. B. Nemo Bank IBAN: NL27 NEMO 0904 2428 35 BIC: NEMONL3V	Herr Polster
30033 24033	Austria Fahrradhandelsgesellschaft AG Rautenweg 182 1220 Wien Österreich Tel. +43 1 226XX7 Fax +43 1 2206XX5	Frau Czech Rautenweg 182 – 184 1220 Wien Österreich Tel. +43 1 226XX8 Bahnfracht	1,5 % Skonto innerhalb von 14 Tagen 60 Tage Ziel	ZETAG P. S. K. IBAN: AT56 7790 4237 1723 4648 BIC: ZETAATKK	Herr Polster
30034 24034	Velo AG Binzstr. 15 8045 Zürich Schweiz Tel. +41 1 4638XX6 Fax +41 1 4637XX0	Frau Alpi Binzstr. 16 8045 Zürich Schweiz Tel. +41 1 4638XX9 Bahnfracht	1,5 % Skonto innerhalb von 14 Tagen 60 Tage Ziel	Zürcher Bank IBAN: CH71 0427 5419 2031 4228 1 BIC: ZRCHCHJFXXX	Herr Polster
40021 24021	Hofkauf AG Emdener Str. 4 50735 Köln Tel. 0221 7122XX0 Fax 0221 7122XX399	Herr Thönnes Lagerzentrum Frankfurter Str. 40 51065 Köln Tel. 0221 7122XX333 Spedition	2 % Skonto innerhalb von 10 Tagen 45 Tage Ziel	Rhein-Bank Köln IBAN: DE79 4905 5532 0240 8521 22 BIC: RBNKDEK1XXX	Herr Sales
40022 24022	MaHro AG Altenessener Str. 611 45472 Essen, Ruhr Tel. 0201 343XX0 Fax 0201 343XX222	Herr Kunster Zwischenlager Mülheim Kruppstr. 60 45472 Mülheim a. d. Ruhr Tel. 0208 43XX0 Spedition	2 % Skonto innerhalb von 10 Tagen 45 Tage Ziel	Essener Stadtbank IBAN: DE94 7823 9475 0012 0003 99 BIC: SBESDE8E3XXX	Herr Sales

8 Lieferantenstammdaten der Fly Bike Werke GmbH

Lieferantenstammdaten der Fly Bike Werke GmbH

Liefer.-Nr. Kredito- ren-Nr.	Firma Anschrift Telefon/Fax	Ansprechpartner Lieferanschrift Lieferart	Name der Bank IBAN BIC	Lieferprogramm
60001 44001	Stahlwerke Krahler AG Karl-Kleppe-Str. 19 40474 Düsseldorf Tel. 0211 45899XX7 Fax 0211 45899XX24	Herr Greiner Tor 1 Karl-Kleppe-Str. 20 40474 Düsseldorf Tel. 0221 45899XX2 Spedition	Bank im Westen IBAN: DE40 765 4002 0000 0240 0337 12 BIC: WESTDEDD452	Stahlrohre, Bleche
60002 44002	Mannes AG Herner Str. 406 44807 Bochum Tel. 0234 904XX0 Fax 0234 904XX711	Herr Özman Herner Str. 405 44807 Bochum Tel. 0234 904XX333 Spedition	HypoUnion Bank IBAN: DE70 1254 0809 0079 9143 68 BIC: HYUNDEBOXXX	Stahlrohre
60003 44003	Alu-Werke Bonn AG St. Augustiner Str. 30 53225 Bonn Tel. 0228 464XX0 Fax 0228 464XX11	Herr Köllen Trier Str. 16 53115 Bonn Tel. 0228 617XX4 Spedition	CVB IBAN: DE87 5400 7638 0077 9982 46 BIC: CVERDEELXXX	Aluminiumrohre
60004 44004	Shokk Ltd. 401 Charcot Ave. San Jose, CA95131, USA Tel. +1 4 084357XX6 Fax +1 4 084357XX7	Mr. Temp Keine Rücksendungen Schiffsfracht	Diamond Bank N. A. SWIFT-Code (BIC): DIABUS01 Account Number: 77 892 346	Spezialfedergabeln
60005 44005	Hans Köller Spezialrahmenbau e. K. Lorenzstr. 10 18146 Rostock Tel. 0381 69XX0 Fax 0381 69XX777	Frau Reiz Lorenzstr. 10 18148 Rostock Tel. 0381 69XX341 Bahnfracht	Bank 3000 IBAN: DE32 90457 3445 0012 3002 41 BIC: BN30DENWXXX	Spezialfahrradrahmen und Spezialfedergabeln
62007 44007	Farbenfabrik AG Am Beyerwerk 144 51333 Leverkusen Tel. 0214 3XX Fax 0214 3XX11	Herr Gräulich Am Beyerwerk 144 51333 Leverkusen Tel. 0214 3XX99 Spedition	Leverkusen-Bank IBAN: DE88 4990 6324 0607 0037 12 BIC: LEBADEK9LEV	Lacke, Grundierungen
62008 44008	Kohlor GmbH Hafenstr. 125 67061 Ludwigshafen am Rhein Tel. 0621 582XX4 Fax 0621 582XX6	Frau Reineke Hafenstr. 190 67061 Ludwigshafen Tel. 0621 509XX1 Spedition	TEMPUS Bank IBAN: DE26 7880 9543 0099 7632 98 BIC: TEMPDE12XXX	Lacke, Grundierungen
71009 44009	Tamino Deutschland GmbH Immermannstr. 24 40210 Düsseldorf Tel. 0211 162XX6 Fax 0211 162XX9	Herr Freundlich Immermannstr. 24 40210 Düsseldorf Tel. 0211 162XX0 Spedition	The Okane Bank IBAN: DE93 3501 0245 0042 2996 33 BIC: OKABDEDDXXX	Schaltungen, Laufräder, Bremssysteme, Antriebssysteme (vollständige Systemkomponenten)
71010 44010	Tamino INC 3 – 77 Oimatsuchu, Sakei 590 – 77 Osaka, Japan Tel. +81 6 722233XX0 Fax +81 6 722233XX2	Mr. Wasabi Tamino Deutschland GmbH Immermannstr. 24 40210 Düsseldorf Tel. 0211 162XX0 Schiffsfracht	Hakkojo-Ichi-Bank SWIFT-Code (BIC): HAKKJPJZ Account No.: 702-4598321	Schaltungen, Laufräder, Bremssysteme, Antriebssysteme (vollständige Systemkomponenten)
71011 44011	Dax AG Rudolf-Diesel-Str. 25 97424 Düsseldorf Tel. 0211 80XX0 Fax 0211 80XX999	Herr Sachse Rudolf-Diesel-Str. 70 97424 Düsseldorf Tel. 0211 80XX326 Spedition	CVB IBAN: DE43 7102 8304 0404 0021 93 BIC: CVERDEELXXX	Schaltungen, Laufräder, Bremssysteme, Antriebssysteme (vollständige Systemkomponenten)
72012 44012	Schwalle KG Märkische Str. 36 44135 Dortmund Tel. 0231 52XX0 Fax 0231 52XX155	Herr Rille Märkische Str. 38 44135 Dortmund Tel. 0231 5281XX6 Spedition	Stadtbank Dortmund IBAN: DE43 5530 5433 0204 4001 23 BIC: SBDODEK9011	Reifen (Decken), Schläuche mit Ventilen, Felgenbänder
72013 44013	Continent AG Vahrenwalder Str. 99 30165 Hannover Tel. 0511 927XX1 Fax 0511 927XX1	Herr Rieger Vahrenwalder Str. 102 30165 Hannover Spedition	Bank 3000 IBAN: DE74 1028 4983 0124 4467 11 BIC: 3000DENWXXX	Reifen (Decken), Schläuche mit Ventilen, Felgenbänder
73014 44014	Ruhrwerke GmbH Lohrheidestr. 72 44866 Bochum Tel. 02327 3XX1 Fax 02327 3XX998	Frau Rieser Lohrheidestr. 72 44866 Bochum Tel. 02327 3XX974 Spedition	HypoUnion Bank IBAN: DE49 6332 8535 0079 2003 41 BIC: HYUNDEBO894	Lenker, Vorbauten, Metallausstattungen (Ständer, Gepäckträger usw.)
73015 44015	Frikawerke GmbH & Co. KG Gertenstr. 19 58739 Wickede/Ruhr Tel. 02377 5XX0 Fax 02377 5XX319	Herr Stoll Gertenstr. 19 58739 Wickede/Ruhr Tel. 02377 5XX124 Spedition	Werler Kreisbank IBAN: DE13 6690 3844 0039 7226 11 BIC: KBWRDEH1WRL	Lenker, Vorbauten, Metallausstattungen (Ständer, Gepäckträger usw.)
74016 44016	Sella SA Via San Pietro 22 – 24 10121 Torino Italien Tel. +39 11 4679XX1 Fax +39 11 4679XX7	Sig. Maletti Lieferanschrift Via San Pietro 22 – 24 10121 Torino Italien Tel. +39 11 4679XX4 Bahnfracht	HypoUnion Banca di Roma IBAN: IT69 H8B0 5300 4656 4566 1261 174 BIC: HYUNITZ3428	Sättel, Sattelstützen, Satteltaschen
75020 44020	Union Elektro AG Landsberger Str. 66 12623 Berlin Tel. 030 5628XX3 Fax 030 5628XX1	Herr Kraprich Landsberger Str. 67 12623 Berlin Tel. 030 5628XX2 Spedition	IKL-Bank IBAN: DE35 1001 0700 0160 9233 09 BIC: IKLBDE10XXX	Beleuchtungssysteme
76022 44022	Kunststoffe Graver AG Hans-Böckler-Str. 49 – 52 28217 Bremen Tel. 0421 399XX0 Fax 0421 399XX613	Herr Danielesen Hans-Böckler-Str. 49 – 52 28217 Bremen Tel. 0421 399XX666 Spedition	TopBank IBAN: DE24 7856 4439 0714 9002 09 BIC: TOPBDEBW125	Kunststoffausstattungen (Schutzbleche, Kettenschutz, Griffe usw.) und Kunststoffverpackungen
77024 44024	Druckerei & Design Wolfgang Krause Cloppenburger Str. 450 26133 Oldenburg Tel. 0441 47XX1 Fax 0441 47XX2	Herr Krause Cloppenburger Str. 450 26133 Oldenburg Tel. 0441 47XX1 Spedition	Oldenburg-Bank IBAN: DE83 1009 7463 0100 0233 09 BIC: OLBADE98XXX	Abzüge, Drucksachen aller Art
78026 44026	Marmwik GmbH Den Haager Str. 1a 28259 Bremen Tel. 0421 576XX1 Fax 0421 576XX222	Herr Kleinreich Den Haager Str. 1b 28259 Bremen Tel. 0421 576XX289 Spedition	TopBank IBAN: DE54 6670 9340 0314 9113 11 BIC: TOPBDEBW785	Hochwertige Antriebs- und Bremssysteme
80027 44027	Metalle Köllner GmbH Altendorfer Str. 411 45143 Essen (Ruhr) Tel. 0201 627XX1 Fax 0201 627XX66	Herr Wiesel Altendorfer Str. 67 45143 Essen (Ruhr) Tel. 0201 627XX12 Spedition	Essener Stadtbank IBAN: DE62 1089 4510 0360 9235 55 BIC: SBESDEU7567	Kleinteile aus Metall (Schrauben, Unterlegscheiben, Muttern, Anlötteile, Ausfallenden usw.)
80030 44030	apv Augsburger Papierveredelungsgesellschaft mbH Gumpelzhaimerstr. 3 – 5 86154 Augsburg Tel. 0821 546XX0 Fax 0821 546XX10	Frau Obermann Gumpelzhaimerstr. 3 – 5 86154 Augsburg Tel. 0821 546XX22 Bahnfracht	Vereinsbank Südost IBAN: DE28 8210 6501 0013 1956 87 BIC: VBSODEAU467	Verpackungen aus Papier und Karton
90032 44032	Cycle-Tools-Import GmbH Am Sandtorkai 30 20457 Hamburg Tel. 040 378XX1 Fax 040 378XX200	Herr Weeseler Am Sandtorkai 30 – 32 20457 Hamburg Tel. 040 378XX372 Spedition	Bankhaus Schwerzmann IBAN: DE90 0034 8452 0420 0039 89 BIC: BHSMDED1XXX	Fremdbauteile und Handelswaren aller Art für die Fahrradindustrie (Weltmarktproduktionen)
90034 44034	Fahrradteile International GmbH Borgwardstr. 16 28309 Bremen Tel. 0421 83XX1 Fax 0421 83XX344	Herr Itze Borgwardstr. 17 28309 Bremen Tel. 0421 83XX567 Spedition	TopBank IBAN: DE96 8945 0014 0700 9822 28 BIC: TOPBDEBW701	Fremdbauteile und Handelswaren aller Art für die Fahrradindustrie (Weltmarktproduktionen)

Marketingziele festlegen und Marketingstrategien entwickeln

FK ▶ TF 12.1 | Kap. 2

Situation

Der Fahrradfachhändler Radsport Rautenberg aus Bad Nauheim ist ein langjähriger Kunde der Fly Bike Werke GmbH. Das Geschäft ist in dem knapp 34 000 Einwohner zählenden Kurort Bad Nauheim fest verwurzelt. Doch leider konnte Herr Rautenberg in den letzten Jahren an dem starken Wachstum des Fahrradmarktes kaum teilhaben. Lokale Konkurrenten, vor allem aber Online-Versandhändler machen Herrn Rautenberg schwer zu schaffen. Und so hat er über seinen Fachkundenbetreuer Herrn Baumann die Bitte an die Fly Bike Werke GmbH herangetragen, ihm bei der Entwicklung einer neuen Marketingstrategie für sein Radsportgeschäft zu helfen.

Die Vertriebsleiterin Frau Gerland möchte ihre Auszubildenden und Praktikanten in das Projekt „Entwicklung einer Marketingstrategie für Radsport Rautenberg“ einbinden. Und so hat sie folgenden Arbeitsauftrag für Sie formuliert:

Von: Regula Gerland (Fly Bike Werke GmbH)
An: Jenny Liu, Elias Schumacher, Mia Klein, Deniz Özal (Fly Bike Werke GmbH)
Betreff: Entwicklung einer Marketingstrategie für Radsport Rautenberg

Liebe Auszubildende! Liebe Praktikantinnen und Praktikanten!

Herr Ritter, Inhaber des Fahrradfachgeschäftes Radsport Rautenberg, hat uns um Hilfe bei der Entwicklung einer neuen Marketingstrategie für sein Unternehmen gebeten. Sein Geschäft ist ein wenig „in die Jahre gekommen“. Als treuem Kunden der Fly Bike Werke GmbH möchten wir ihm gerne unter die Arme greifen, mit seinem Radsportgeschäft wieder erfolgreicher zu werden.

Hierfür benötige ich Ihre Unterstützung. Bitte sammeln Sie Ideen für eine erfolgreiche Marketingstrategie für Radsport Rautenberg. Nutzen Sie hierfür auch die Informationen und Vorlagen, die ich Ihnen im Anhang mitgeschickt habe.

Ich freue mich auf Ihre Ideen.

Regula Gerland
Abteilungsleiterin Vertrieb

Arbeitsaufträge

1 Machen Sie sich mit der Marktsituation von Radsport Rautenberg in Bad Nauheim und den von Frau Gerland zusammengestellten möglichen Zielen der Marketingstrategie vertraut (siehe E-Mail-Anhang unten).

2 Sammeln Sie Ihre Ideen zu einer möglichen Wettbewerbsstrategie und Wachstumsstrategie. Nutzen Sie die Vorlagen auf den Seiten 18–19. Gehen Sie dabei wie folgt vor:

a Jede(r) von Ihnen vervollständigt zunächst allein die beiden genannten Vorlagen. Entwickeln Sie für jede der von Ihnen ausgewählten Wettbewerbs- und Wachstumsstrategien eine eigene Idee. (Bitte begründen Sie Ihre Entscheidung, wenn Sie eine Strategie für unrealistisch/nicht umsetzbar erachten.)

b Kreuzen Sie bitte an, welche der Strategien Sie für die erfolgversprechendste halten.

c Bilden Sie anschließend eine Gruppe von drei bis vier Personen. Wählen Sie aus Ihren Vorschlägen die beste Wettbewerbs- und die beste Wachstumsstrategie aus. Achten Sie darauf, dass die beiden ausgewählten Strategien zusammenpassen müssen.

d Präsentieren Sie Ihre Vorschläge im Plenum und entscheiden Sie dann gemeinsam, welcher Vorschlag der Beste ist.

E-Mail-Anhang

Informationen zu Marketingzielen und zur Marktsituation in Bad Nauheim

Bei Radsport Rautenberg handelt es sich um einen „klassischen“ Fachhändler. Herr Rautenberg führt das Geschäft, das in der Innenstadt von Bad Nauheim liegt, zusammen mit seiner Frau. In seiner Werkstatt beschäftigt er einen gelernten Zweiradmechaniker, der Reparatur- und Serviceleistungen ausführt. Radsport Rautenberg führt die City-, Trekking- und Kinderräder sowie das Pedelec E-City *Wind* der Fly Bike Werke GmbH im Sortiment. In den letzten Jahren hat Herr Rauterberg einen durchschnittlichen Netto-Jahresumsatz von 41.500 Euro erzielt, leider mit wenig Wachstum.

Nach ausführlicher Analyse der Umsatz- und Kostensituation des Unternehmens sind die folgenden **Marketingziele** für die kommenden fünf Jahre realistisch:

1. Quantitatives Ziel: Steigerung des Umsatzes um mindestens 20 % pro Jahr
2. Qualitatives Ziel: Modernisierung des Images und Erhöhung der Bekanntheit, sowohl in der Bevölkerung von Bad Nauheim als auch im Internet

Die **Marktsituation** in Bad Nauheim stellt sich wie folgt dar: Bad Nauheim ist ein Kurort (ca. 34 000 Einwohner) im Wetteraukreis mit zahlreichen Kureinrichtungen und viel Natur drumherum (https://www.bad-nauheim.de).

Konkurrenz vor Ort:

- „Zweiraddiscount XXL“ in einem Gewerbegebiet am Stadtrand: breites Sortiment verschiedenster Fahrräder, Zubehör und Radsportbekleidung (überwiegend Eigenmarken); Teil einer bundesweiten Kette; Preisstellung im unteren und mittleren Preissegment.
- „Die Fahrrad Manufactur“ in der City von Bad Nauheim: sehr hochwertige City- und Trekkingräder sowie Pedelecs und E-Lastenräder, die kundenindividuell in der eigenen Werkstatt aus zugekauften Teilen montiert werden; hochpreisig.

Formular zur Entwicklung von möglichen Wettbewerbsstrategien

Kunde: Radsport Ritter, Bad Nauheim
Marketingziele:
1. Strategie der Kostenführerschaft realistisch/möglich? ☐ Ja ☐ nein Wenn ja: Wie soll der Kostenvorsprung konkret erlangt werden? Wenn nein: Warum ist diese Strategie unrealistisch/unmöglich?
2. Strategie der Differenzierung realistisch/möglich? ☐ Ja ☐ nein Wenn ja: Wie soll die Differenzierung konkret erfolgen? Wenn nein: Warum ist diese Strategie unrealistisch/unmöglich?
3. Nischenstrategie realistisch/möglich? ☐ Ja ☐ nein Wenn ja: Auf welche konkrete Nische soll man sich konzentrieren? Wenn nein: Warum ist diese Strategie unrealistisch/unmöglich?
Gewählte Wettbewerbsstrategie: ☐ Kostenführerschaft ☐ Differenzierung ☐ Nische Begründung:

Formular zur Entwicklung von möglichen Wachstumsstrategien

Kunde: Radsport Ritter, Bad Nauheim

Marketingziele:

1. Strategie der Marktdurchdringung realistisch/möglich? ☐ Ja ☐ nein

Wenn ja: Mit welchen Mitteln kann der Markt durchdrungen werden?
Wenn nein: Warum ist diese Strategie unrealistisch/unmöglich?

2. Strategie der Markterschließung realistisch/möglich? ☐ Ja ☐ nein

Wenn ja: Welche neuen Märkte sollen wie erschlossen werden?
Wenn nein: Warum ist diese Strategie unrealistisch/unmöglich?

3. Strategie der Produktentwicklung realistisch/möglich? ☐ Ja ☐ nein

Wenn ja: Welche neuen Produkte/Leistungen sollen angeboten werden?
Wenn nein: Warum ist diese Strategie unrealistisch/unmöglich?

4. Strategie der Diversifikation realistisch/möglich? ☐ Ja ☐ nein

Wenn ja: Auf welchen neuen Märkten sollen welche Leistungen angeboten werden?
Wenn nein: Warum ist diese Strategie unrealistisch/unmöglich?

Gewählte Wachstumsstrategie:
☐ Marktdurchdringung ☐ Markterschließung ☐ Produktentwicklung ☐ Diversifikation

Begründung:

Arbeitsblatt 23a.1 | Marketingziele und Marketingstrategien

Fassen Sie Ihr Wissen zu Marketingzielen und Marketingstrategien in der nachfolgenden Übersicht zusammen.

Allgemeine Marketingziele

quantitative Ziele

z. B.

qualitative Ziele

z. B.

Der Weg zu den Marketingzielen wird festgelegt durch

Marketingstrategien

Wachstumsstrategien

		Märkte	
		bestehende	neue
Produkte	bestehende		
	neue		

Wettbewerbsstrategien

1.

Erläuterung:

2.

Erläuterung:

3.

Erläuterung:

Aufgaben

Aufgabe 1

Bei der Formulierung von Marketingzielen ist darauf zu achten, dass diese möglichst SMART sind:

SMARTe Marketingziele	
Spezifisch	Ziel muss präzise und eindeutig formuliert sein (nicht vage oder missverständlich)
Messbar	Ziel sollte möglichst messbar, mindestens aber überprüfbar sein
Akzeptiert	Ziel muss für das Unternehmen und seine Mitarbeiter akzeptabel und sinnvoll sein
Realistisch	Ziel muss erreichbar sein
Terminiert	Festlegung, bis wann das Ziel erreicht werden soll

SMART steht ursprünglich für „Specific Measurable Accepted Realistic Timely". Das SMART-Konzept dient z. B. auch beim Projektmanagement als Grundlage zur eindeutigen Festlegung von verbindlichen Projektzielen.

a Prüfen Sie, ob die folgenden beispielhaften Marketingziele SMART sind, indem Sie jeweils ankreuzen, wenn das entsprechende Kriterium erfüllt ist.

b Verbessern Sie jene Formulierungen, die noch nicht SMART sind.

	Marketingziele (Vorschläge)	S	M	A	R	T
1.	Die Fly Bike Werke GmbH will ihr Image bis zum 31.12.20X7 verbessern.					
2.	Die Rheintaler Brunnen GmbH & Co. KG möchte ihren Umsatz um 5 % erhöhen.					
3.	Die Autohaus Wünschle KG möchte die Anzahl der Kundenreklamationen pro Jahr bis zum 31.12.20X8 um 15 % reduzieren.					
4.	Die Hard- und Software Handels-GmbH möchte demnächst mehr Umsatz mit Hardware und dafür weniger mit Software machen.					
5.	Die Drogerie AG möchte den Gewinn 20X6 gegenüber 20X5 um 75 % steigern.					

Aufgabe 2

Ordnen Sie die nachfolgend beschriebenen Vorschläge für Marketingstrategien

a je einer Wettbewerbsstrategie (WE) zu: **1** für Kostenführerschaft, **2** für Differenzierung und **3** für Nischenstrategie.

b je einer Wachstumsstrategie (WA) zu: **4** für Marktdurchdringung, **5** für Markterschließung, **6** für Produktentwicklung und **7** für Diversifikation.

	Marketingstrategie (Vorschläge)	WE	WA
1.	Die Zimmerei Waldgruber in Kempten (Allgäu) hat bisher ein breites Spektrum an Zimmereiarbeiten angeboten. In der letzten Zeit hat die Nachfrage nach Wohnhäusern in Holzrahmenbauweise stark zugenommen. Herr Waldgruber möchte sich zukünftig ausschließlich auf diesen Geschäftsbereich beschränken, dafür aber seinen Kundenkreis regional ausdehnen.		
2.	Das Möbelhaus „Möbel-Chef" ist Marktführer im Bereich Discountmöbel. Es wurde bereits ein großes Filialnetz aufgebaut. Das Warenangebot ist schon seit längerer Zeit in allen Filialen identisch. Die günstigen Einkaufspreise und kostengünstige Standorte erlauben die Kalkulation sehr niedriger Preise. Es ist geplant, weitere Filialen gleicher Art zu eröffnen.		
3.	Der Mineralwasserproduzent „Nordseefrische" beliefert Getränkehändler in Norddeutschland. Aufgrund des harten Wettbewerbs überlegt der Inhaber, Herr Jensen, zusätzlich ein exklusives Mineralwasser ins Sortiment aufzunehmen. Die geschliffenen Flaschen sollen mit einer echten Meerwasserperle aus der Südsee besetzt sein, und für einen Preis über 50,00 € nur an exklusive Restaurants an der Nordseeküste und auf den Nordseeinseln vertrieben werden.		

Aufgabe 3
Definieren Sie die Begriffe Marktpotenzial und Absatzpotenzial.

Aufgabe 4
Die fix & fertig GmbH mit Sitz in Nürnberg ist eine Lebensmittelgroßhandlung, die sich auf den Vertrieb von Fertigprodukten aller Art spezialisiert hat. Der fix & fertig GmbH wird für die Länder A und B die Alleinvertriebslizenz für ein neuartiges Fertigdessert angeboten. Das Dessert wird in Packungen zu 0,2 l vertrieben. Aufgrund des Geschmacks und der Zusammensetzung eignet es sich grundsätzlich zum Verzehr für Personen ab 14 Jahren. Die fix & fertig GmbH ist an der Lizenz interessiert, möchte sich aber auf eines der beiden Länder beschränken. Sie werden beauftragt, die beiden Ländermärkte zu analysieren.

a Überprüfen Sie für das Land A den angegebenen Schätzwert für das mengen- und das wertmäßige Marktpotenzial und erläutern Sie Ihre Vorgehensweise.

b Entscheiden Sie, für welches der beiden Länder die fix & fertig GmbH die angebotene Vertriebslizenz erwerben sollte, wenn die Kosten in beiden Fällen gleich sind. Begründen Sie Ihre Entscheidung.

Sie beschaffen sich dazu die folgenden Informationen:

	Land A	Land B
durchschnittliche Preisbereitschaft zu Endverbraucherpreisen für 0,2 l Fertigdessert	0,80 €	0,70 €
durchschnittliche Menge, die Fertigdessertverwender pro Tag essen	0,2 l	0,2 l

Schätzwerte	Land A	Land B
mengenmäßiges Marktpotenzial (in Mio. Liter)	3 460,20	4 725,29
wertmäßiges Marktpotenzial (in Mio. €)	13.840,80	16.538,51

Bevölkerungsstruktur (in Mio.)		
Altersklasse	**Land A**	**Land B**
0 bis 14 Jahre	12,60	15,27
14 bis 19 Jahre	4,80	5,02
20 bis 29 Jahre	7,20	7,64
30 bis 39 Jahre	10,20	11,42
40 bis 49 Jahre	9,60	11,40
50 bis 59 Jahre	5,40	9,35
60 bis 69 Jahre	5,40	10,40
70 Jahre und älter	4,80	9,50
gesamt	**60,00**	**80,00**

Verbrauch von Fertigdesserts (in Mio. Liter)		
Jahr	**Land A**	**Land B**
vor 5 Jahren	1 348,45	1 060,94
vor 4 Jahren	1 364,63	1 113,99
vor 3 Jahren	1 367,36	1 225,39
vor 2 Jahren	1 356,42	1 372,43
letztes Jahr	1 340,14	1 578,30

Endverbraucherumsatz mit Fertigdesserts (in Mio. €)		
Jahr	**Land A**	**Land B**
vor 5 Jahren	5.528,65	3.182,82
vor 4 Jahren	5.526,75	3.453,37
vor 3 Jahren	5.496,79	3.921,25
vor 2 Jahren	5.439,24	4.529,02
letztes Jahr	5.360,56	5.524,05

Bruttoinlandsprodukt pro Kopf (in €)		
Jahr	**Land A**	**Land B**
vor 5 Jahren	27.340,00	25.228,00
vor 4 Jahren	27.110,00	25.480,00
vor 3 Jahren	26.996,00	25.608,00
vor 2 Jahren	26.920,00	25.761,00
letztes Jahr	26.885,00	25.864,00

Marktanteile der 10 größten Anbieter von Fertigdesserts (in %)		
Rangplatz	**Marktanteil**	
	Land A	**Land B**
1	40,00	10,00
2	30,00	8,00
3	25,00	7,00
4	2,00	3,00
5	1,00	2,00
6	0,50	1,80
7	0,20	1,60
8	0,10	1,50
9	0,05	1,40
10	0,03	1,30
Summe	**98,88**	**37,60**

Eine Marktforschung mittels Fragebogen planen und durchführen

FK ▸ TF 12.1 | Kap. 3

Situation

Die Kundinnen und Kunden der Fly Bike Werke GmbH sind Fahrradhändler, die die Fahrräder in größeren Mengen einkaufen und einzeln an Endverbraucherinnen und -verbraucher weiterverkaufen. Regula Gerland, Abteilungsleiterin Vertrieb, bereitet eine Fragebogenerhebung zur Kundenzufriedenheit vor. In dem Zuge wendet sie sich heute an ihre Mitarbeiter im Vertrieb:

Von: Regula Gerland (Fly Bike Werke GmbH)
An: Soave Dioli, Jan Sales (Fly Bike Werke GmbH)
Betreff: Marktforschung – neue Fragebogenaktion

Liebe Frau Dioli, lieber Herr Sales,

anbei erhalten Sie die monatlichen Berichte von Sabine Ganser und Rolf Polster. Da es sich nur um punktuelle, unstrukturierte Eindrücke handelt, sollten wir eine systematische Befragung unserer Kundinnen und Kunden durchführen, um herauszufinden, wie zufrieden diese mit uns wirklich sind. Bitte entwickeln Sie hierzu einen geeigneten Fragebogen für unsere Kundinnen und Kunden. Beachten Sie dabei: Der Fragebogen sollte interessant aufgebaut und nicht zu lang sein. Da unser Kundenstamm sehr groß ist, sollte der Fragebogen so strukturiert sein, dass er einfach ausgewertet werden kann. Aber es sollen natürlich alle relevanten Informationen abgefragt werden.
Ich erwarte Ihre Vorschläge inklusive einer schriftlichen Begründung bis zur nächsten Abteilungsleiterkonferenz.

Mit den besten Grüßen

Regula Gerland

Notizen *(Sabine Ganser)*
- *Herr Reichenbach (Radplus GmbH) war verärgert wegen einer Lieferung unsauber genähter Textilien.*
- *Herr Grünert (Zweirad Ritter GmbH) berichtete, dass Kunden zusätzlich nach Mountainbike-Touren mit einem Ziel in Küstennähe fragen. Dies wird bisher von uns nicht angeboten.*

Notizen *(Rolf Polster)*
- *Frau Czech (Austria Fahrradhandelsgesellschaft AG) aus Wien beschwerte sich, dass die letzte Rennradlieferung fast 4 Wochen gedauert habe.*
- *Herr van der Kracht (Europarad N.V.) berichtet von stark sinkender Nachfrage nach Rennrädern. Er vermutet, dass dies an den Preisen liegt, und versucht deshalb unsere Verkaufspreise zu drücken.*

Arbeitsaufträge

1 Beschreiben Sie anhand von zwei konkreten Beispielen,
  a welche gemeinsamen Erwartungen Fahrradhändler und Fahrradendkundinnen und -kunden an die Produkte der Fly Bike Werke GmbH haben.
  b wie sich die Erwartungen von Fahrradhändlern von denen der Endkunden unterscheiden können.

2 Entwickeln Sie einen Fragebogen, um die Zufriedenheit der Fahrradhändler mit dem Leistungsangebot der Fly Bike Werke GmbH zu erforschen. Berücksichtigen Sie dabei die Berichte der Vertriebsmitarbeitenden sowie Ihre Überlegungen zu den Erwartungen der Fahrradhändler und Endkundinnen und -kunden. Nutzen Sie zur Strukturierung des Fragebogens das Arbeitsblatt 23b.1. Überprüfen Sie die Qualität Ihres Fragebogens mithilfe von Arbeitsblatt 23b.2.

Arbeitsblatt 23b.1 | Fragebogenerstellung

Fly Bike Werke GmbH

Zielsetzung der Befragung:

____

Zielgruppe der Befragung:

____

Einleitungstext an die Befragten (z. B. eine kurze Erklärung zum Zweck der Befragung, Zusage der Anonymität, Dank):

____

____

____

____

____

Eisbrecherfrage: ______________________________

Sachfragen mit den jeweiligen Antwortmöglichkeiten:

____

____

____

____

____

____

Notwendige Fragen zur Person:

____

____

____

____

Arbeitsblatt 23b.2 | Checkliste Fragebogen erstellen

Prüfen Sie:	ja	nein
1. Ist die Zielsetzung der Befragung klar formuliert?	☐	☐
2. Sind Hypothesen gebildet worden? (Beispiel: „Ein Kiosk könnte durch ein breiteres Sortiment mehr Umsatz machen.“)	☐	☐
3. Ist die Zielgruppe eindeutig definiert?	☐	☐
4. Ist die Zielgruppe erreichbar?	☐	☐
5. Passt die Zielgruppe zur Zielsetzung der Befragung?	☐	☐
6. Gibt es einen Anreiz für die Respondenten (Kandidaten der Befragung), an der Befragung teilzunehmen?	☐	☐
7. Ist ein Begleitschreiben oder ein Einleitungstext zum Fragebogen formuliert worden?	☐	☐
8. Sind die Fragen eindeutig und einfach formuliert, sodass die Befragten nicht überfordert werden?	☐	☐
9. Sind die Fragen kurz?	☐	☐
10. Ist die Länge des Fragebogens zumutbar für die Befragten?	☐	☐
11. Sind suggestive Fragen vermieden worden?	☐	☐
12. Sind zu persönliche oder „gefährliche“ Fragen vermieden worden? (Beispiel: „Ist jemand aus Ihrer Familie kriminell?“)	☐	☐
13. Sind Fragen zu einem Themenkomplex zusammen gruppiert?	☐	☐
14. Haben Sie sichergestellt, dass immer nur nach einem Sachverhalt gefragt wird?	☐	☐
15. Sind die vorgegebenen Antwortkategorien vollständig, d. h., sind alle möglichen Antworten, die auf geschlossene Frage kommen können, vorgesehen?	☐	☐
16. Haben Sie überprüft, ob die Antwortkategorien trennscharf sind, d. h., die Antworten so gestellt sind, dass sie sich nicht überschneiden?	☐	☐
17. Ist die Gestaltung bzw. das Layout des Fragebogens ansprechend?	☐	☐
18. ...	☐	☐

Verbesserungsvorschläge: ____________________

____

____

____

Aufgaben

Aufgabe 1
Befragungen können schriftlich, telefonisch, persönlich und online durchgeführt werden. Nennen Sie Vor- und Nachteile dieser Möglichkeiten.

Aufgabe 2
Nennen Sie jeweils zwei Beispiele für eine ökoskopische und eine demoskopische Marktforschung.

Aufgabe 3
Begründen Sie anhand eines Beispiels den engen Zusammenhang zwischen einer Marktanalyse und einer Marktbeobachtung.

Aufgabe 4
Begründen Sie, welche der folgenden Vorgänge eine Marktbeobachtung darstellen.

a Im Vorfeld der Markteinführung erprobt ein Süßwarenhersteller den neuen Schokoriegel zunächst längere Zeit auf einem Testmarkt.
b Im Zuge eines Preisausschreibens wird der Name für einen neuen Artikel gesucht.
c Die Außendienstmitarbeiter unterrichten die besuchten Einzelhändler über die Produktneuheiten im kommenden Jahr.
d Der Geschäftsführer einer Firma besucht einmalig den örtlichen Wochenmarkt und beobachtet dort, wie auf einem Marktstand die verschiedenen Obstsorten angeordnet werden.

Aufgabe 5
Erläutern Sie den Begriff Konkurrenzforschung und führen Sie anhand eines selbst gewählten Beispiels genauer aus, warum diese Art der Marktforschung bedeutsam ist.

Aufgabe 6
Erkundungsauftrag: Beschreiben Sie, wie in einem Betrieb Ihrer Wahl (z. B. Ihr Praktikumsbetrieb) Marktforschung betrieben wird, und beantworten Sie dazu folgende Fragen:

a Gibt es im Betrieb eine eigene Abteilung, die nur die Aufgabe der Marktforschung besitzt?
b Mit welchen Fragestellungen hat sich die Marktforschung bzw. eine vom Betrieb beauftragte Marktforschung in der letzten Zeit befasst?
c Wenn der Betrieb keine Marktforschung betreibt, worin liegen nach Ihrer Meinung neben dem Kostenargument die Gründe dafür?

Aufgabe 7
Begründen Sie, welche der folgenden Aussagen zutreffen.

a Es ist schwierig, Fragebögen online zu erstellen und auszuwerten, weil hierfür umfangreiche Programmierkenntnisse nötig sind.
b Ein Panel erhebt Daten zu einem ganz bestimmten Zeitpunkt. Deshalb kann man diese Erhebungsmethode der Marktanalyse zuordnen.
c Die Erhebungsmethode des Testmarktes ist der Marktanalyse zuzuordnen.
d In der Marktforschung gilt: Primärforschung ist günstiger als Sekundärforschung.

Aufgabe 8
Die Fly Bike Werke GmbH möchte Informationen über Kunden, Konkurrenz und wirtschaftliche Rahmenbedingungen einholen (siehe Tabelle unten). Beurteilen Sie, welche Methode der Marktforschung sie jeweils verwenden sollte. Begründen Sie Ihre Entscheidung.

Informationen, die erhoben werden sollen	Methode der Marktforschung
a Welche Verbesserungsvorschläge haben die Kunden der Fly Bike Werke GmbH?	
b Die Fly Bike Werke GmbH plant, in Fachzeitschriften verstärkt Werbeanzeigen zu schalten. Sie möchte gerne wissen, ob das Einfluss auf das Kaufverhalten ihrer Kunden hat.	
c Die Fly Bike Werke GmbH plant die Aufnahme eines neuen Artikels in ihr Sortiment.	
d Die Fly Bike Werke GmbH möchte sich über die Insolvenzrate von Fahrradgeschäften in Deutschland informieren.	
e Die Fly Bike Werke GmbH möchte sich über saisonale Schwankungen der Nachfrage nach den Artikeln ihres Sortiments informieren.	

Produktlebenszyklus und Deckungsbeitragsrechnung für produkt- und sortimentspolitische Entscheidungen nutzen

FK ▶ TF 12.1 | Kap. 4

Situation

Regula Gerland, Abteilungsleitung Vertrieb, bittet ihre Mitarbeiter um Unterstützung bei der Planung produktpolitischer Maßnahmen für das kommende Jahr. Hierzu hat sie die Absatzzahlen der infrage kommenden Produkte sowie Informationen zu Trends und Entwicklungen auf dem Fahrradmarkt von der letzten Fahrradmesse „Future Bycicles Europe" zusammengestellt.

FLY BIKE Werke GmbH

Entwicklung der Absatzzahlen in Stück (ausgewählte Produkte)

	20XX	20X1	20X2	20X3	20X4	20X5 (Prognose)
City Rad „*Glide*"	3 700	4 200	4 700	4 850	5 100	5 200
Mountainbike „*Dispo*"	700	900	1 200	1 400	1 600	1 500
Mountainbike „*Constitution*"	980	1 050	1 200	1 300	1 350	1 350
Wellnessrad „*Feel good*"	0	0	0	0	120	360
Funktionsbekleidung „*Shorts STEFF*"	0	4 200	7 000	8 200	8 750	8 900
Funktionsbekleidung „*Shirts STEFF*"	0	9 800	14 100	16 800	17 500	17 800

Von: Regula Gerland (Fly Bike Werke GmbH)
An: Sabine Ganser, Jan Sales, Soave Dioli, Rolf Polster (Fly Bike Werke GmbH)
Cc.: Margot Rother (Fly Bike Werke GmbH)
Betreff: Gesammelte Informationen von der Fahrradmesse „Future Bycicles Europe"

Liebe Mitarbeiterinnen und Mitarbeiter,

auf der Fahrradmesse „Future Bycicles Europe" haben sich folgende Trends abgezeichnet:

- In den letzten Jahren waren die Farben Anthrazit und Weiß ein großer Trend; jetzt wird es erheblich bunter. Speziell bei Kinderfahrrädern sind die Farben Schwarz und Neonfarben im Trend. Ausreichende Zubehör- und Zulieferteile gab es dazu auf der Messe.
- Zu den kommenden Produkthighlights werden nach Branchenrecherchen und Ergebnissen aus Marktforschungen vor allem „E-Bikes" mit immer vielfältigerem Einsatzbereich gehören. „E-Bikes" verfügen über sparsame zusätzliche Elektromotoren. Bisher war das Image dieser Räder unpassend für die bisherige Zielgruppe der Fly Bike Werke GmbH. Aktuell gibt es E-Bike-Versionen aber auch bereits von einzelnen anderen Anbietern als: E-Mountainbikes (sogenannte „X-Flyer"), kompakte Elektro-Stadtflitzer sowie Nachrüstsets.
- Die bereits vor zwei Jahren neu eingeführte Funktionsbekleidung mit starker Körperbetonung bleibt ein weiter zunehmender Trend. Zu der Funktionsbekleidung ist generell anzumerken, dass die Kundinnen und Kunden hohen Wert darauf legen, ein passendes Ensemble zu erwerben. Vielfach werden jeweils eine Shorts und mehrere T-Shirts erworben.
- Klassische Mountainbikes gehören insgesamt zu den Verlierern am Markt. Der Trend geht in Richtung City- oder Fitness-Räder, was auch am zunehmenden Umweltbewusstsein liegt.
- Ebenfalls im Trend: Fahrräder für spezielle Bedürfnisse, z. B. Transporträder.

Mit freundlichem Gruß
Regula Gerland

Arbeitsaufträge

1 Zeichnen Sie die Produktlebenszyklen für das *„Shirts STEFF“* und für das Mountainbike *„Dispo“* in zwei verschiedenen Farben. Gehen Sie für das *„Shirt STEFF“* von einem durchschnittlichen Nettoverkaufspreis (ohne Händlerrabatt) von 40,00 €/Stück und für das Mountainbike *„Dispo“* von 550,00 €/Stück aus.

2 Bestimmen Sie anhand der gezeichneten Produktlebenszyklen, in welcher Phase des Lebenszyklus sich die Produkte im Jahr 20X4 befinden.

3 Entwickeln Sie aufgrund der vorliegenden Messe-Informationen und eigener Überlegungen begründete Vorschläge für produktpolitische Maßnahmen für die Fly Bike Werke GmbH. Präsentieren Sie Ihre Vorschläge in angemessener Form.

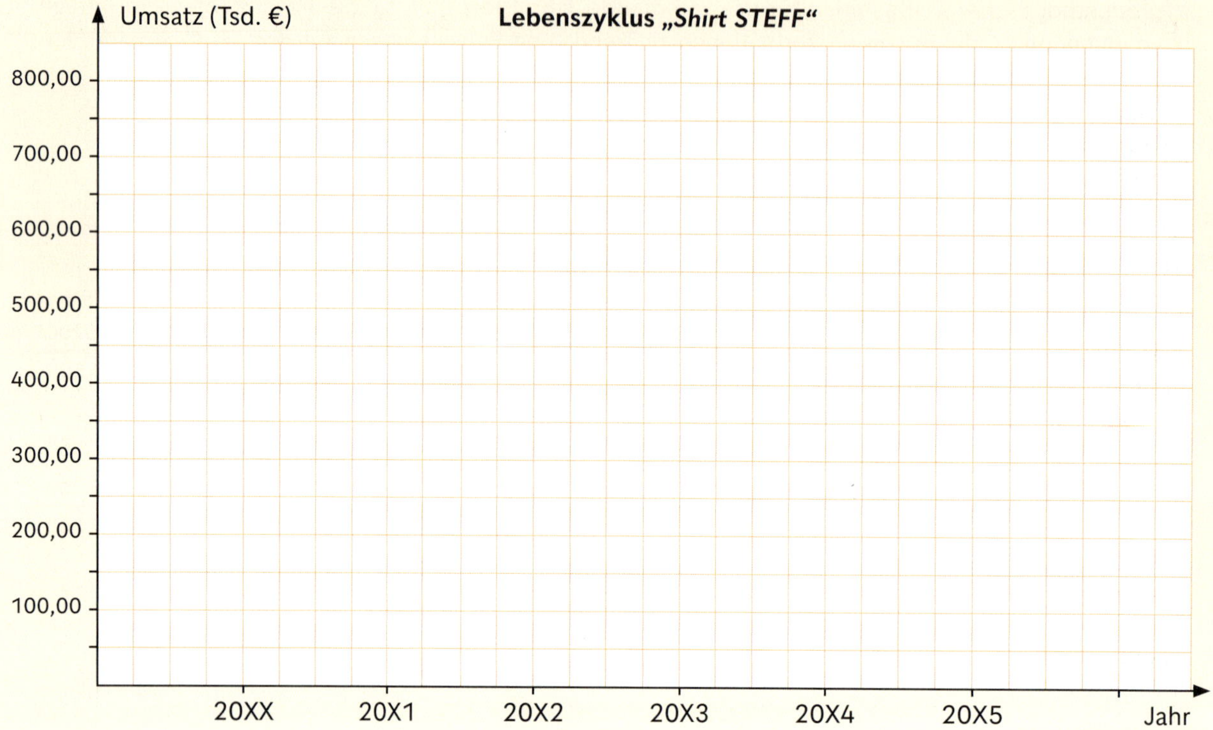

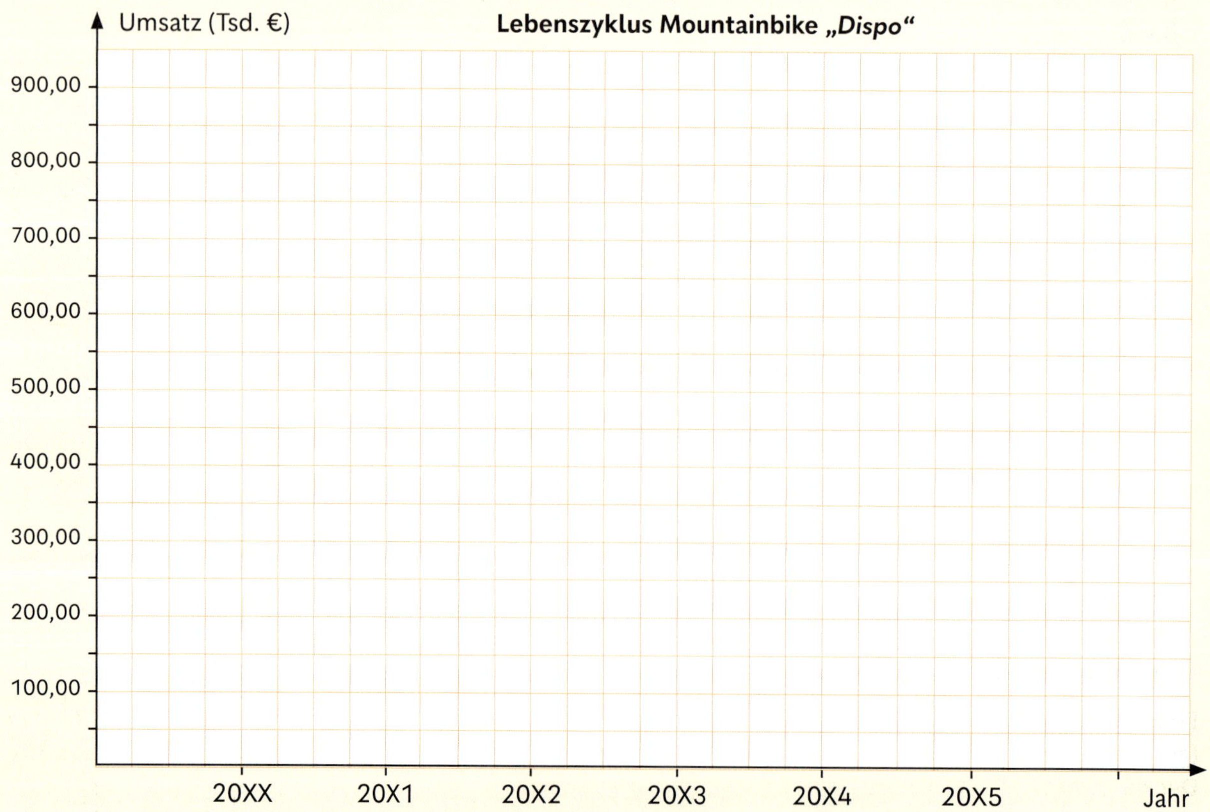

Folgesituation

Frau Gerland wünscht sich in Bezug auf zu eliminierende Produkte eine rechnerische Überprüfung.

	City-Rad „Glide"	Mountainbike „Dispo"	Mountainbike „Constitution"	Wellnessrad „feel good"[1)]	Shorts „STEFF"	Shirt „STEFF"
Ø Verkaufspreis (je Stück)	490,00	787,50	1.197,00	800,00	45,00	40,00
Absatzmenge (in Stück)						
Umsatz (in €)						
Var. Kosten (in € je Stück)	202,50	297,00	405,00	390,00	32,55	25,80
Var. Kosten (in € gesamt)						
Deckungsbeitrag I (in €)						
Erzeugnisfixe Kosten (in €)	45.000	45.000	75.000	45.000	15.000	15.000
Deckungsbeitrag II (in €)						

1) Das Wellnessrad „Feel good" ist eine Neuentwicklung und wurde 20X4 zum ersten Mal angeboten.

Arbeitsaufträge

1 Ermitteln Sie mithilfe der Tabelle die Deckungsbeiträge für die einzelnen Produkte. (Hinweis: Der Deckungsbeitrag ist der Betrag, den ein Produkt zur Deckung der fixen Kosten leistet. Er ergibt sich nach Abzug der variablen Kosten von den Umsatzerlösen.)

2 Benennen Sie das Produkt bzw. diejenigen Produkte, die nach der Deckungsbeitragsrechnung eliminationsverdächtig sind.

3 Beurteilen Sie, welches Produkt bzw. welche Produkte unter Berücksichtigung aller Informationen tatsächlich eliminiert werden sollten. Gehen Sie davon aus, dass die erzeugnisfixen Kosten zumindest mittelfristig abgebaut werden können.

Berechnungshinweise: Umsatz = durchschnittlicher Verkaufspreis je Stück · Absatzmenge; Variable Kosten (gesamt) = variable Kosten je Stück · Absatzmenge; Deckungsbeitrag I = Umsatz – variable Kosten (gesamt); Deckungsbeitrag II = Deckungsbeitrag I – erzeugnisfixe Kosten

Arbeitsblatt 24.1 | Produktpolitische Maßnahmen

Produkt- und Produktionsprogramm bzw. Sortimentspolitik

- (Entfernung/Löschung)
- (Einführung)
  - (abweichende Wirtschaftsstufe)
    - z. B. Fahrrad-Hersteller mit eigener Fahrrad-Ladenkette
    - z. B. Kaffee-Handelsgesellschaft mit eigenen Kaffee-Plantagen
  - (gleiche Wirtschaftsstufe)
    - (ohne Zusammenhang zu den bisherigen Produkten) z. B.:
    - (inhaltlich zusammenhängend) z. B.:
- (Veränderung)
  - z. B.:

Aufgaben

Aufgabe 1

Produkte können sich auch abweichend vom idealtypischen Produktlebenszyklus entwickeln. Nachfolgend sehen Sie drei abweichende Produktlebenszyklen. Beschreiben Sie die Abweichungen und nennen Sie jeweils Produkte, die zu den verschiedenen Lebenszyklen passen.

a
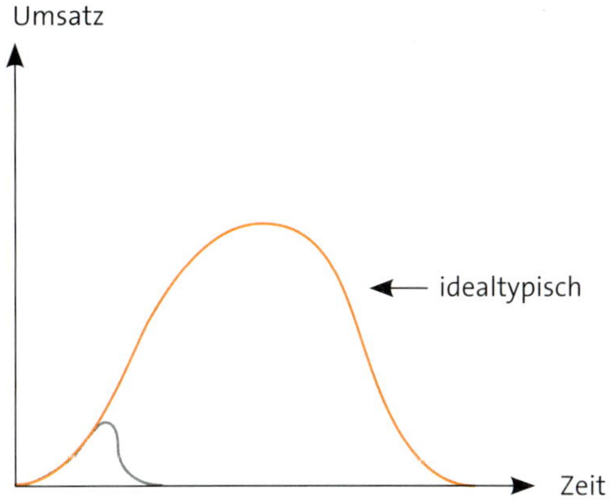

b
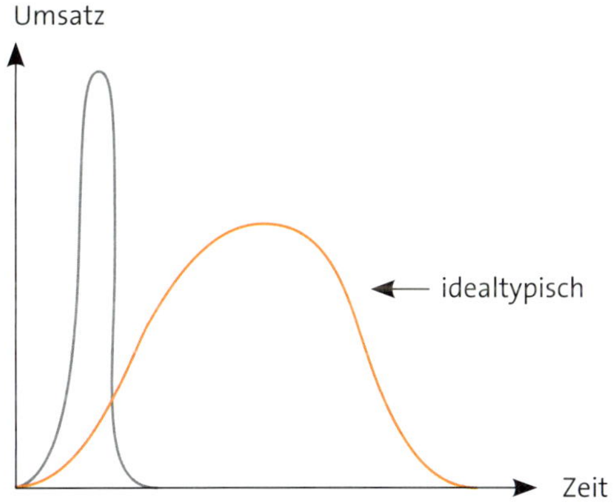

c
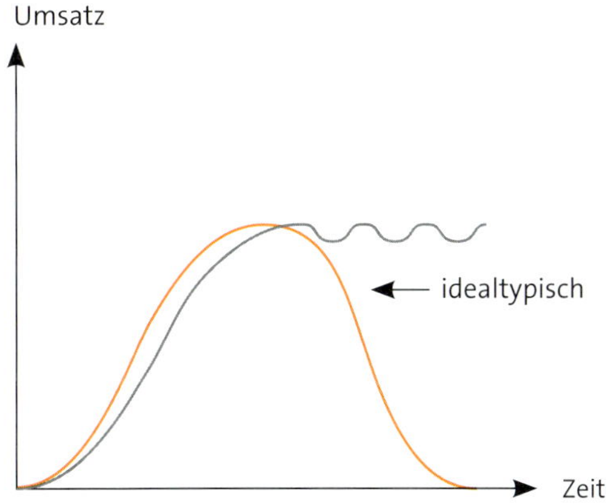

Aufgabe 2

Beurteilen Sie die folgenden Portfolios.

a
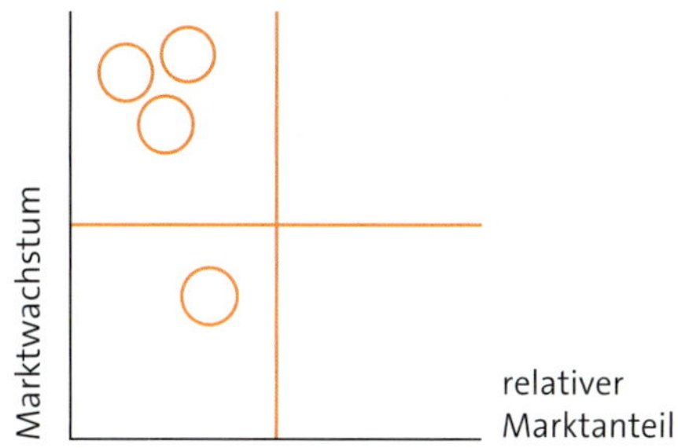

b
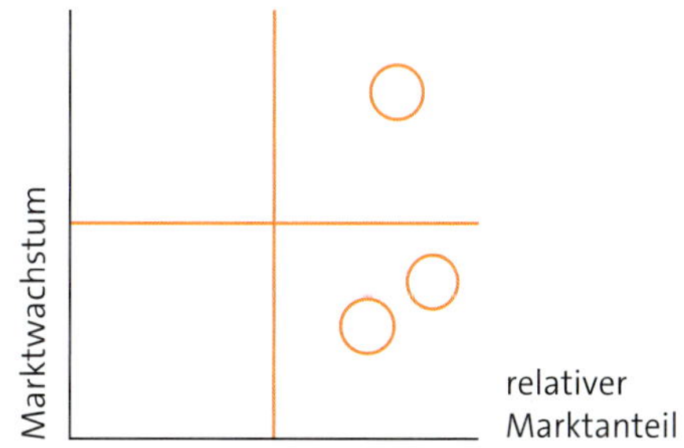

Aufgabe 3

Nennen Sie drei Kriterien zur Zielgruppenbildung bzw. Marktsegmentierung.

Aufgabe 4

Beschreiben Sie das Sortiment Ihres ehemaligen Praktikumsunternehmens, indem Sie die in Ihrem Unternehmen gehandelten Artikel den verschiedenen Sortimentsarten zuordnen.

Aufgabe 5

Erklären Sie jeweils anhand eines Beispiels die Begriffe der Sortimentstiefe und -breite.

Aufgabe 6

Ordnen Sie den Aussagen a bis e die folgenden Begriffe zu. Begründen Sie Ihre Antworten.

Breite – Tiefe – Differenzierung – Diversifikation des Produktionsprogramms bzw. Sortiments

Aussagen		Antworten
a	Ein Süßwarenproduzent erweitert eine seit Jahren gängige Produktlinie um die Geschmackssorte „Apfel“.	
b	Ein Spirituosenfachgeschäft bietet dreißig verschiedene Weine an.	
c	Ein Kaffeehändler bietet neben Kaffee seit Kurzem auch Haushaltsgeräte und Freizeitartikel an.	
d	Ein Supermarkt wirbt in einem Prospekt für Konserven, Getränke, Zeitschriften, Süßwaren, Kurzwaren und Tiefkühlgerichte.	
e	Ein Buttermilch-Produzent bietet jetzt auch die neue Geschmacksrichtung „Tropic“ an.	

Aufgabe 7

Ein Großhandelsunternehmen führt regelmäßig sogenannte Renner-Penner-Listen, bei denen die Produkte nach ihrer Umschlagsgeschwindigkeit sortiert werden. Aufgrund der unten aufgeführten Renner-Penner-Liste für die Artikelgruppe „Rucksäcke“ wurde die Entscheidung getroffen, den Artikel 16-8 (Rucksack „Wild Life“) im Sortiment zu belassen.

a Begründen Sie diese Entscheidung.
b Erläutern Sie drei Maßnahmen, um diesen Artikel zu fördern.

Rang	Artikel	Verkaufte Zahl/Stück	Verkaufspreis (brutto)	Umsatz (brutto)	Handelsspanne	Rohertrag (gesamt)	Rohertrag/ Stück
1	16-1	270	19,90 €	5.373,00 €	74,6 %	3.456,32 €	12,80 €
2	16-2	248	29,90 €	7.415,20 €	91,5 %	5.847,56 €	23,57 €
3	16-3	241	49,90 €	12.025,90 €	44,1 %	4.567,90 €	18,95 €
4	16-4	225	59,90 €	13.477,50 €	30,0 %	3.489,45 €	15,51 €
5	16-5	220	66,89 €	14.715,80 €	53,2 %	6.751,80 €	30,52 €
6	16-6	70	88,90 €	6.223,00 €	76,9 %	4.125,89 €	58,94 €
7	16-7	65	129,90 €	8.443,50 €	47,4 %	3.450,20 €	53,08 €
8	16-8	25	159,90 €	3.997,50 €	74,0 %	2.550,45 €	102,02 €
				71.671,40 €		34.239,57 €	

Aufgabe 8

Viele Artikel werden in typischen Erscheinungsformen vermarktet. Erläutern Sie, welche Gestaltungsmerkmale bei den folgenden Artikeln besonders beachtet werden müssen:

a Tiefkühlgerichte,
b Fahrräder,
c Papier,
d Oberbekleidung,
e Handys.

Lernsituation 25

Verkaufspreise ermitteln und Preisstrategien beurteilen

FK ▶ TF 12.1 | Kap. 5

Situation

Frau Gerland, Vertriebsleiterin der Fly Bike Werke GmbH, hat auf einer Messe einen Hersteller für Funktionswäsche kennengelernt. Die Wäsche ist mit einer Anti-Geruchsfunktion versehen und entspricht auch sonst allen Anforderungen, die von Kunden für derartige Produkte zurzeit nachgefragt werden. Für eine Entscheidung, ob die Produkte als Handelswaren in das Sortiment aufgenommen werden sollen, muss eine Preiskalkulation erstellt werden. Vom Hersteller liegt das folgende Angebot vor: Der Barverkaufspreis für Renn-Shirts beträgt 23,80 € je Stück (Frei-Haus-Lieferung).

Arbeitsaufträge

1 Bearbeiten Sie das Kalkulationsschema (Tabelle 1).
   a Ermitteln Sie mithilfe der nachstehenden Musterkalkulation für Handelsgeschäfte einen möglichen Barverkaufspreis (= Angebotspreis) für das Renn-Shirt.
   b Nennen und erläutern Sie je ein Argument, das für genau den von Ihnen kalkulierten Angebotspreis bzw. für einen niedrigeren oder für einen höheren Angebotspreis als den kalkulierten Preis spricht.
   c Begründen Sie, warum der Verkaufspreis eines Produktes mindestens dessen variable Stückkosten decken muss.
2 Die variablen Selbstkosten gelten kurzfristig betrachtet als absolute Preisuntergrenze. Berechnen Sie mithilfe des nachstehenden Kalkulationsschemas (Tabelle 2) die variablen Selbstkosten eines Renn-Shirts.
3 Langfristig betrachtet gilt der Deckungsbeitrag pro Stück als Preisuntergrenze für ein Produkt.
   a Begründen Sie auch diese Aussage.
   b Berechnen Sie den Deckungsbeitrag für ein Renn-Shirt (Tabelle 3).

Tabelle 1: Übliche Musterkalkulation für Handelsgeschäfte

Barverkaufspreis des Lieferanten	X	23,80 €
+ Bezugskosten	X	0,00 € (Frei-Haus-Lieferung)
= Bezugs-/Einstandspreis	X	23,80 €
+ Handlungskostenzuschlag	25 %	
= Selbstkosten	X	
+ Gewinnzuschlag	15 %	
= Möglicher Barverkaufspreis (Angebotspreis)	X	

Tabelle 2: Ermittlung der variablen Kosten der Fly Bike Werke GmbH

Bezugspreis (Einzelkosten)	
+ variable Gemeinkosten (= 20 % der Handlungskosten) pro Stück	
= Variable Kosten pro Stück	

Tabelle 3: Ermittlung des Deckungsbeitrags

Möglicher Barverkaufspreis (Angebotspreis) gem. Kalkulation	
– variable Kosten pro Stück	
= Deckungsbeitrag pro Stück	

Arbeitsblatt 25.1 | Übersicht über Aspekte der Preisbildung

Preisbildung			
Kostenorientierte Preisbildung	Nachfrageorientierte Preisbildung	Konkurrenzorientierte Preisbildung	Preisuntergrenze
Ermittlung der ____________ durch ____________	Durch ____________ wird der Preis ermittelt, zu dem ____________ zu kaufen.	Bezugspunkt zur Preisermittlung ist die ____________.	Stellt den Preis dar, ____________ ____________ ____________.
Diese Preisbildung folgt dem Prinzip ____________	Diese Preisbildung folgt dem Prinzip ____________	Preisveränderungen der Konkurrenz führen zu ____________ ____________ ____________ ____________	Bei der ____________ Preisuntergrenze ist der Deckungsbeitrag ____________
Sie dient der Ermittlung der Preise, die der Unternehmer ____________ ____________ müsste.	Die ermittelten Preise müssen zwingend einen Beitrag zur ____________ leisten.		Die ____________ Preisuntergrenze liegt in der Höhe der ____________.

Preisstragegie = ____________

Merkmale der Penetrations-Strategie	Merkmale der Skimming-Strategie
• ____________	• ____________
• ____________	• ____________
• ____________	• ____________
• ____________	• ____________
• ____________	• ____________
• ____________	

Aufgaben

Aufgabe 1
Häufig werden Unternehmen zu Preiskämpfen herausgefordert bzw. von Großkunden zu Sonderpreisen gedrängt. Erläutern Sie in diesem Zusammenhang die Bedeutung der kurz- und der langfristigen Preisuntergrenze und beschreiben Sie die Berechnung beider Größen.

Aufgabe 2
Die Wagner KG handelt mit Spielzeugautos. Folgende Kalkulationsdaten werden zur Preisfestsetzung herangezogen:

Einzelkosten	17,06 €
Handlungskostenzuschlag	30 %
Gewinnzuschlag	8 %
Kundenrabatt	15 %
Kundenskonto	2 %

a Benennen und begründen Sie, welche Art der Preisfestsetzung die Wagner KG betreibt.
b Bestimmen Sie den Barverkaufspreis pro Stück (netto).

Aufgabe 3
Nennen Sie aus Sicht eines Unternehmens je ein Beispiel für folgende Preisdifferenzierungsarten und geben Sie die zwingend notwendigen Voraussetzungen dafür an:
a räumlich,
b sachlich,
c zeitlich,
d persönlich.

Aufgabe 4
Ein Großhändler für Herrenbekleidung bietet dem Facheinzelhandel Polohemden mit einem sehr bekannten Firmenlogo zu einem empfohlenen Verkaufspreis von 69,00 € an. Absolut vergleichbare Polohemden (Qualität, Schnitt, Farben), aber ohne Logo bzw. auf Wunsch des Kunden mit beliebigem Logo bietet der Großhändler zu einem empfohlenen Verkaufspreis von 39,00 € an. Die Käufer (Einzelhändler) zahlen 50 % des empfohlenen Verkaufspreises an den Großhändler.
a Erläutern Sie, welches Ziel der Großhändler bei den Polohemden mit seiner Preisgestaltung verfolgt.
b Schätzen Sie die Gefahren ab, die diese Art der Preisgestaltung mit sich bringt.

Aufgabe 5
Erläutern Sie, um welche Form der Preisdifferenzierung es sich in den folgenden Fällen handelt:
a Beim Kauf einer Palette Fliesen (50 m^2) kostet der Quadratmeter statt 10,95 € nur noch 8,50 €.
b Ein China-Restaurant bietet ein Sonntagsbüfett zum Preis von 12,00 € je Person. Personen unter 14 Jahren zahlen die Hälfte.
c Personen, die nach 13:45 Uhr erscheinen (Büfett bis 14:30 Uhr), zahlen ebenfalls die Hälfte. Auf alle Speisen gemäß Karte erhalten alle Kunden, die das Essen „außer Haus“ mitnehmen, 10 % Rabatt auf den Kartenpreis.

Aufgabe 6
a Berechnen Sie die Preiselastizität der Nachfrage für die beiden folgenden Güter.
b Zeichnen Sie die Nachfragekurven in das unten stehende Diagramm ein.
c Begründen Sie, ob es sich jeweils um eine elastische oder unelastische Nachfrage handelt.

Gut 1	
Preis	verkaufte Menge
P1: 3,00 €	20 Stück
P2: 4,00 €	10 Stück

Gut 2	
Preis	verkaufte Menge
P1: 20,00 €	100 Stück
P2: 25,00 €	95 Stück

Aufgabe 7

Gelegentlich versuchen Anbieter mit niedrigen Einführungspreisen Marktanteile zu gewinnen, um anschließend eher auf eine Hochpreisstrategie zu wechseln. Erläutern Sie, welches Risiko in dieser Vorgehensweise liegt.

Aufgabe 8

Erläutern Sie, welcher der unten abgebildeten drei Nachfragekurven Sie jeweils die Güter Mineralwasser, Betablocker (Medikament gegen Bluthochdruck) und Kinokarte zuordnen würden.

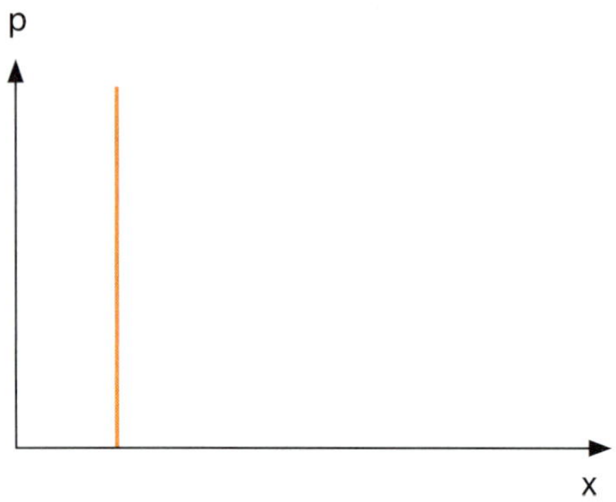

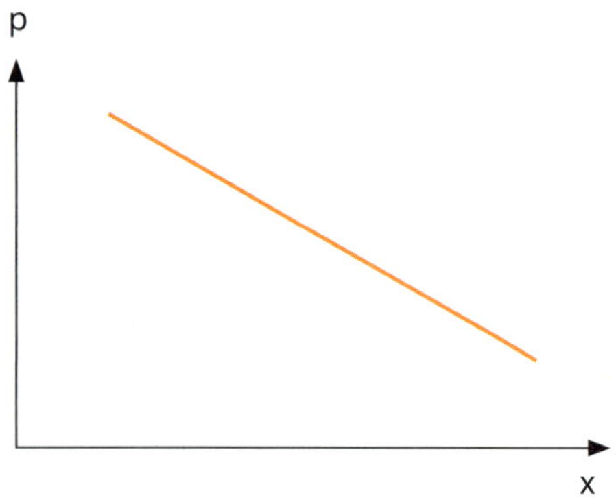

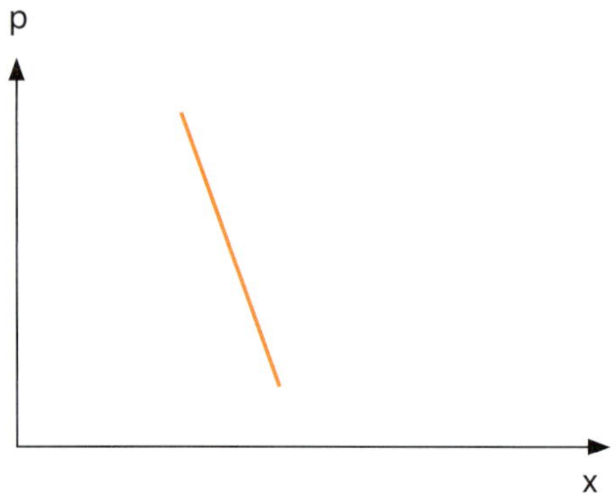

Aufgabe 9

Ein Handelsunternehmen verkauft Haartrockner einer bekannten Herstellermarke. Je Monat entstehen 25.000,00 € fixe Kosten, die variablen Kosten je Stück betragen 5,00 €.

	Januar	Februar
Absatzmengen	4 000 Stück	3 600 Stück
Verkaufspreise	15,00 €	15,75 €

a Berechnen Sie den Gewinn im Monat Januar.
b Berechnen Sie den Gewinn im Monat Februar.
c Erläutern Sie, wie sich die Preiserhöhung auf den Gewinn ausgewirkt hat.
d Berechnen Sie die Preiselastizität der Nachfrage.
e Bestimmen Sie rechnerisch, welcher Verkaufspreis zu empfehlen ist, wenn nach einer Marktanalyse bei einem Verkaufspreis von 14,60 € ein Absatz von 4 200 Stück möglich ist.

Absatzweg: Zwischen Reisendem und Handelsvertreter entscheiden

FK ▶ TF 12.1 | Kap. 6

Situation

Der für die Händler im süddeutschen Raum verantwortliche Reisende bei der Fly Bike Werke GmbH wechselt zum Halbjahr in den Ruhestand. Für seine Tätigkeit erhielt er 13 Monatsgehälter (Fixgehalt) von jeweils 3.450,00 €. In den vergangenen Jahren konnte er einen Umsatz von durchschnittlich 800.000,00 € erzielen. Die Fly Bike Werke GmbH steht vor der Entscheidung, ob sie künftig einen Reisenden oder stattdessen einen Handelsvertreter einsetzen soll. Zur Entscheidungsfindung soll der Einsatz von Handelsreisenden im Vergleich zu fest im Unternehmen angestellten Reisenden geprüft werden. Auf eine Online-Stellenanzeige sind folgende Bewerbungen eingegangen:

Bewerbung als Handelsvertreter

Sehr geehrte Damen und Herren,

mit Interesse habe ich Ihre Anzeige und Suche nach einem Handelsvertreter gesehen. Auch wenn ich mit meinen 28 Jahren derzeit noch über überschaubare Erfahrungen im Absatz von Outdoor-Bikes verfüge, konnte ich jedoch meine Qualifikationen und Fähigkeiten bereits bei einem überregional agierenden Mittelstandsunternehmen für Sportbekleidung unter Beweis stellen. Dort war ich für ca. 25 % des jährlichen Umsatzes verantwortlich.

Eir

Für meine Tätigkeit lege ich eine Umsatzbeteiligung von 7 % p. a. zugrunde und würde mich freuen, in einem persönlichen Gespräch weitere Details einer möglichen Zusammenarbeit zu besprechen.

Freundliche Grüße

Tuncer Kerek

Telefonnotiz Bewerbung als Handelsvertreterin

Datum: 01.05.20XX Anrufer: Josefine Sole (0175/21XX246)

Frau Sole bewirbt sich auf die Position der Handelsvertreterin. Im Zuge ihrer langjährigen Tätigkeit als Handelsvertreterin war sie für verschiedene nationale Fahrradhersteller tätig. Sie stellt sich eine Umsatzbeteiligung von 10 % vor.

Arbeitsaufträge

1 Vergleichen Sie die Kosten für die Absatzwege von Reisenden und Handelsvertretern.
   - a Berechnen Sie die Verdienstmöglichkeiten des Reisenden und der potenziellen Handelsvertreter. Tragen Sie Ihre Ergebnisse in die Tabelle auf der folgenden Seite ein. Nutzen Sie ggf. auch ein Tabellenkalkulationsprogramm, um den Jahresumsatz mithilfe geeigneter Formeln zu berechnen.
   - b Stellen Sie anschließend die ermittelten Verdienstmöglichkeiten im Koordinatensystem auf der folgenden Seite grafisch dar.
   - c Verfassen Sie abschließend eine begründete Empfehlung für die Wahl des passenden Absatzhelfers. Berücksichtigen Sie dabei situationspassende Vor- und Nachteile für das Unternehmen.

2 Die Entscheidungsträger der Fly Bike Werke GmbH bemängeln zurecht, dass bei einem Reisenden noch weitere Kosten anfallen und die bisherige Betrachtung dies nicht berücksichtigt. Prüfen Sie Ihre Empfehlung, wenn folgende Erfahrungswerte vorliegen:
   - Es fallen 35 % an Lohnnebenkosten bezogen auf das Bruttogehalt an.
   - Für Fahrt-, Übernachtungs- und weitere Kosten wurden in den vergangenen Jahren durchschnittlich 650,00 € pro Monat an Spesen verrechnet.

3 Bei deutlicher Ausweitung der Marketingmaßnahmen könnte der Umsatz im betreffenden Absatzgebiet auf etwa 950.000,00 € ausgeweitet werden. Prüfen Sie mögliche Auswirkungen auf Ihre Empfehlung aus Arbeitsauftrag **2**.

	A	B	C	D	E
1	**Vergleich Verdienstmöglichkeiten**				
2	**Reisender**	Fixgehalt		Provision	
3	Fall 1:	3.450,00	€/Monat	0,0	%
4	**Handelsvertreter**				
5	Fall 2:	0,00	€/Monat	7,0	%
6	Fall 3:	0,00	€/Monat	10,0	%
7					
8	Jahresumsatz	Fall 1	Fall 2	Fall 3	
9	500.000,00				
10	600.000,00				
11	650.000,00				
12	700.000,00				
13	750.000,00				
14	800.000,00				
15	850.000,00				
16	900.000,00				
17	950,000,00				

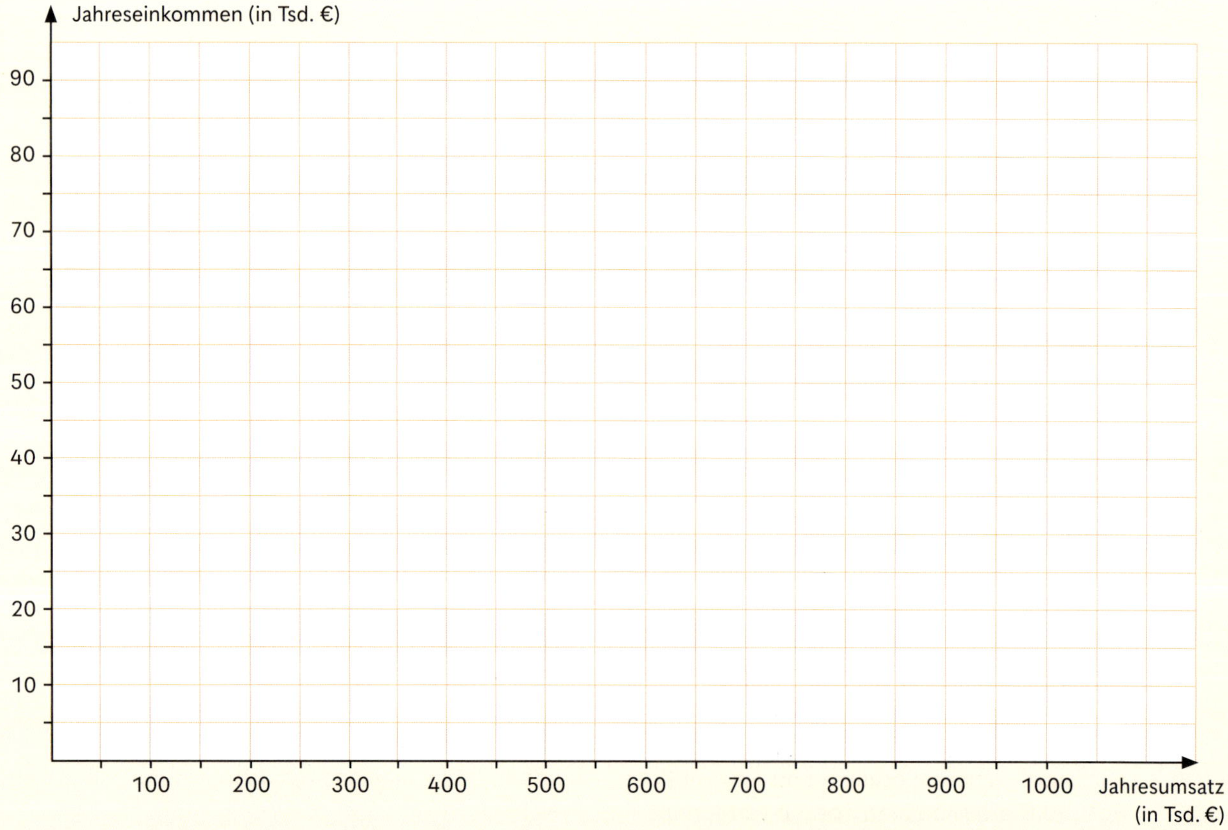

Arbeitsblatt 26.1 | Unterschiede zwischen Reisendem und Handelsvertreter

Reisender (direkter Absatzweg)	Handelsvertreter (indirekter Absatzweg)
Vertragsverhältnis	
Weisungsgebundenheit	
Vollmachten	
Entlohnung	
Vorteile	

Kosten-Umsatz-Verhältnis zwischen Reisendem und Handelsvertreter

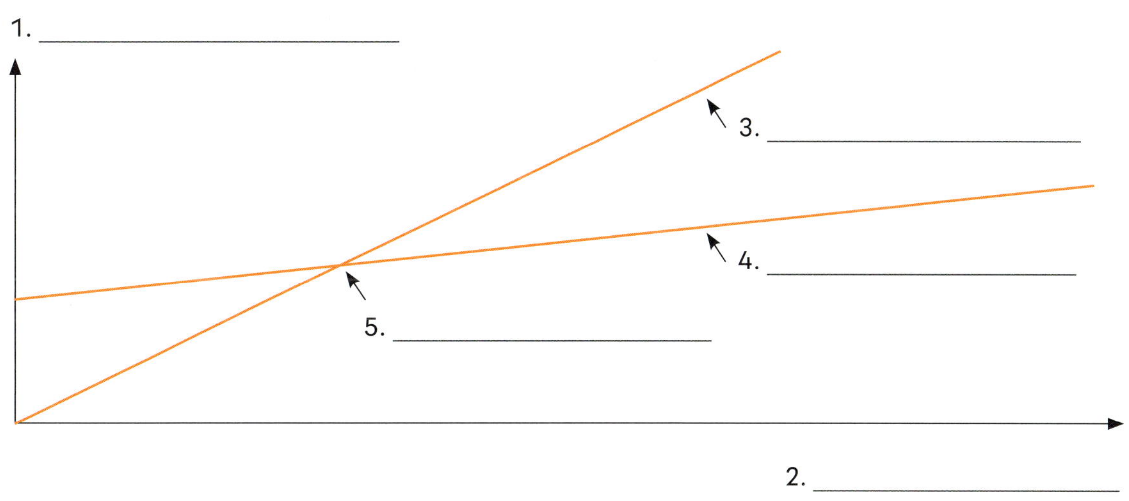

Aufgaben

Aufgabe 1
Begründen Sie, ob es für die folgenden zwei Unternehmen sinnvoller ist, den direkten oder den indirekten Absatz zu wählen:
a Hersteller von Pflegeprodukten,
b Hersteller von Maschinenbauteilen.

Aufgabe 2
Die Fly Bike Werke GmbH erwägt, beim Absatz ihrer Produkte von einem indirekten auf ein direktes Vertriebssystem umzusteigen. Schätzen Sie ab, welche Argumente – bezogen auf dieses Unternehmen – für dieses Vorgehen sprechen.

Aufgabe 3
Absatzmittler sollen den Warenabsatz fördern. Erläutern Sie in diesem Zusammenhang,
a welche Absatzmittler grundsätzlich unterschieden werden,
b welche Aspekte aus unternehmerischer Sicht für den Einsatz der in a genannten Absatzmittler sprechen,
c wie die einzelnen Absatzmittler mit ihrem Auftraggeber zusammenarbeiten.

Aufgabe 4
Ein Unternehmen steht vor der Entscheidung, weitere Reisende oder Handelsvertreter zu beschäftigen.

Reisender	Handelsvertreter
Fixgehalt: 1.500,00 € bei 13 Monatsgehältern	Umsatzprovision: 10,5 %
Umsatzprovision: 2 %	keine weiteren Kosten für das Unternehmen
Lohnnebenkosten: 50 % bezogen auf das Fixgehalt	

Bestimmen Sie:
a die Kosten eines Reisenden bei einem Jahresumsatz von 400.000,00 €,
b die Kosten eines Handelsvertreters bei einem Jahresumsatz von 400.000,00 €,
c den kritischen Umsatz, bei dem die Kosten für einen Reisenden dem eines Handelsvertreters entsprechen.

Aufgabe 5
Ein Unternehmen steht vor der Entscheidung, für sein Absatzgebiet entweder einen Reisenden oder einen Handelsvertreter einzusetzen. Für den Reisenden wird mit einem Fixgehalt von 3.850,00 € bei 12 Monatsgehältern gerechnet. Ermitteln Sie die maximale Umsatzprovision des Handelsvertreters (eine Dezimalstelle), wenn beide Absatzmittler bei einem Umsatz von 600.000,00 € kostengleich sind.

Aufgabe 6
Durch einen Kostenvergleich zwischen Reisendem und Handelsvertreter soll herausgefunden werden, ab welchem Umsatz der Reisende kostengünstiger ist. Berücksichtigen Sie hierbei ein Festgehalt von 4.150,00 € (12 Monate) und eine Umsatzprovision von 6,0 %.

Aufgabe 7
Zum Absatz der Produkte setzt ein Unternehmen bislang auf Reisende. In einem der Absatzgebiete zeichnet sich ein Umsatzrückgang ab. Begründen Sie, ob aus Kostensicht ein Handelsvertreter statt eines Reisenden eingesetzt werden soll, wenn es sich
a nur um einen kurzfristigen Umsatzrückgang,
b um einen längerfristigen Rückgang handelt.

Aufgabe 8
Beurteilen Sie die besondere Stärke von digitalen Absatzkanälen im Vergleich zu den klassischen Formen des direkten und indirekten Absatzes aus Kundensicht.

Lernsituation 27

Einen Unternehmensauftritt in einem sozialen Netzwerk gestalten

FK ▶ TF 12.1 | Kap. 7.5

Situation

Mit Erweiterung des Sortiments um die neuen E-Bikes möchte die Fly Bike Werke GmbH auch ihre Werbemaßnahmen in den sozialen Medien deutlich ausbauen. Bislang wurde auf der Plattform „MeineFreunde“ und dem Videoportal „VideoVibes“ gelegentlich Inhalt gepostet. In einem ersten Brainstorming in dem gestrigen Meeting wurden folgende Ideen und Statements gesammelt:

Zu wenige Beiträge bei MeineFreunde; bisher oft nur Verweis auf Online-Shop mit neuen Produkten

Postings sprechen Zielgruppe nicht an.

Werbung für die im kommenden Jahr anstehende Biking-Tour

Hinweis auf den eigenen Werkverkauf

Blick hinter die Kulissen („behind the scenes“) – wie wird mein Fahrrad hergestellt?

Kreativwettbewerb „Gestalte dein Bike“ – bester Entwurf wird als Lackierung ins Programm aufgenommen

Aufruf zur nächsten Bewerbungsrunde als Kaufmann/-frau für Büromanagement

Poste deinen schönsten Moment mit einem unserer Bikes

Tipps zum Radwechsel oder Service zu Beginn der Fahrradsaison

Tag der offenen Tür bei den Fly Bike Werken in Oldenburg am 18. Mai

Werbung für das neue E-Bike X400 mit sehr guter Bewertung durch die Fachzeitschrift „Mein Fahrradexperte“

Arbeitsaufträge

1 Sammeln Sie weitere interessante Ideen für Beiträge und Postings in sozialen Medien. Orientieren Sie sich dabei am Informationsblatt auf der nachfolgenden Seite sowie gegebenenfalls an Ihren Interessen und Erfahrungen. Fassen Sie Ihre und die Vorschläge aus dem Meeting in Arbeitsblatt 27.1 zusammen.

2 Formulieren Sie einige Ihrer Posting-Vorschläge konkret aus. Nutzen Sie hierzu Arbeitsblatt 27.2.

3 Erstellen Sie ein interessantes und lebendiges Konzept für die künftige Werbung in sozialen Medien. Planen Sie mögliche Aktivitäten für die nächsten Monate so konkret wie möglich und notieren Sie auch passende Formulierungsmöglichkeiten hierzu auf dem Arbeitsblatt 27.3. Greifen Sie ggf. auf die Unterstützung durch ChatGPT zurück.

Informationsblatt für Postings in sozialen Netzwerken

Kategorie des Postings	Mögliche Inhalte
Aktuelle Entwicklungen zum Unternehmen und dem Sortiment	• Einstellung von neuem Personal • Stellenangebote • Erweiterung der Angebotspalette • Preisänderungen • Änderungen der Geschäftszeiten • Adressänderungen / Eröffnung neuer Filialen
Hinweise und Empfehlungen für Kunden	• Gefahrenwarnungen • Kaufempfehlungen • Verweise auf Vergleichstests
Hintergrundinformationen zum Sortiment	• Gebrauchshinweise und -anleitungen • technische Erklärungen, Illustrationen • Lehrvideos • Links auf wertvolle Internetquellen
Maßnahmen zur Verkaufsförderung und Kundenbindung	• Link auf den bestehenden Online-Shop • Sonderangebote • Rabattaktionen • Gewinnspiele • Vorstellung von Neuerscheinungen • Dank an dic Kundschaft für Treue / gute Umsätze / gute Empfehlungen usw. • Gutscheine
Diskussionsanstöße	• Abstimmungen, Umfragen • Wiedergabe von Erfahrungsberichten • Eingehen auf Kritik und Beschwerden
Ausbau des persönlichen Kontakts zu Endkunden	• Einladung zu Live-Events oder Firmenfeiern • Ankündigung eines Tages der offenen Tür • Erinnerung an anstehende Termine, Stichtage oder Fristen • Fotos der Mitarbeiter und der Geschäftsräume / des Gebäudes • Anschreiben oder Kurzvideos, in denen sich die Mitarbeiter vorstellen
Spaß und Kurioses	• Foto- oder Videowettbewerbe, in denen die besten Kundenfotos prämiert werden • Witze, die das Produkt, das Unternehmen oder die Branche zum Thema haben

Folgesituation

Nachdem das Werbekonzept für das Social-Media-Marketing erstellt worden ist, geht es um die konkrete Umsetzung der Werbung über Social Media. Zu diesem Zweck soll entschieden werden, welche Werbemöglichkeiten (z. B. Werbebanner, Pop-ups, Suchmaschinenoptimierung) im Zuge des Social-Media-Marketings zum Einsatz kommen sollen.

Arbeitsauftrag

1 Sammeln Sie verschiedene Werbemöglichkeiten für Social-Media-Marketing in Arbeitsblatt 27.4 und beleuchten Sie deren Vorteilhaftigkeit gegenüber klassischen Werbeformen aus Sicht des Unternehmens.

Arbeitsblatt 27.1 | Ideensammlung für Beiträge und Postings in sozialen Medien

Kategorie	Stichpunktartige Ideensammlung
Aktuelle Entwicklungen zum Unternehmen und dem Sortiment	
Hinweise und Empfehlungen für Kunden	
Hintergrundinformationen zum Sortiment	
Maßnahmen zur Verkaufsförderung und Kundenbindung	

Arbeitsblatt 27.1 | Ideensammlung für Beiträge und Postings in sozialen Medien (Fortsetzung)

Kategorie	Stichpunktartige Ideensammlung
Diskussionsanstöße	
Ausbau des persönlichen Kontakts zu Endkunden	
Spaß und Kurioses	

Weitere Ideen:

Arbeitsblatt 27.2 | Formulierungsbeispiele für Postings in sozialen Medien

FLY BIKE Werke GmbH

Follow

Fly Bike Werke GmbH

FLY BIKE Werke GmbH

Follow

Fly Bike Werke GmbH

FLY BIKE Werke GmbH

Follow

Fly Bike Werke GmbH

Arbeitsblatt 27.3 | Konzept für Werbemaßnahmen in sozialen Medien

Zeitrahmen	Plattform	Kategorie und Inhalt der Beiträge
z. B. Monat der Einführung	MeineFreunde	Aktuelles: Hinweis auf das neue E-Bike
	VideoVibes	Shortvideo zum neuen E-Bike

Arbeitsblatt 27.4 | Vergleich Social-Media-Marketing mit klassischen Werbemöglichkeiten

Werbemöglichkeiten im Internet
Beispiele:
Vorteile von Werbung im Internet gegenüber traditioneller Werbung:

Kundendialoge in sozialen Netzwerken führen
Unterschiede zu klassischer Werbung:
Vorteile der Nutzung sozialer Netzwerke für Unternehmen:

Beispiele für soziale Netzwerke (je mit kurzer Erläuterung)

Aufgaben

Aufgabe 1

Seit einiger Zeit engagiert sich die Kundin Felicitas Herrmann sehr stark auf der MeineFreunde-Seite der Eventagentur Live in Bonn OHG. Sie beantwortet Fragen von anderen Kunden und postet Links, z. B. auf Veranstaltungsorte, Künstlerinformationen oder Kritiken zu Konzerten in regionalen Tageszeitungen. Sie ist dabei stets freundlich und zuvorkommend. Oft hat sie sich schon lobend über Veranstaltungen der Live in Bonn OHG und das Unternehmen geäußert. Sie möchten Felicitas Herrmann anbieten, ihr starkes Engagement auf der MeineFreunde-Seite angemessen zu würdigen. Sie überlegen sich deshalb, ihr dort ein eigenes „Gesicht" zu geben, damit auch die anderen Kunden wissen, wer so hilfsbereit und freundlich ist. Entwickeln Sie Ideen, wie man Felicitas Herrmann in MeineFreunde einbeziehen könnte.

Aufgabe 2

Nach einem halben Jahr möchte die Eventagentur Live in Bonn OHG überprüfen, inwieweit der Auftritt im sozialen Netzwerk „MeineFreunde" einen Werbeeffekt gebracht hat. Begründen Sie, mit welchen Kennzahlen bzw. Daten Sie den Werbeerfolg messen könnten.

Aufgabe 3

Der Internetauftritt der Eventagentur Live in Bonn OHG auf „MeineFreunde" kommt sehr gut an. Allerdings ist mittlerweile so viel los, dass die zuständigen Mitarbeiterinnen und Mitarbeiter mit der Reaktion auf die Postings überfordert sind. Unterstützen Sie das Team, indem Sie auf die beiden folgenden Kundenpostings angemessen reagieren. Berücksichtigen Sie dabei die vorliegenden Einschätzungen zum jeweiligen Posting:

Engin Kirschner

Guten Tag! Ich mache euch folgendes Angebot:

Ich kaufe für das Konzert der R&B-Sängerin Macy Black im Club Odeon gleich 20 Tickets, wenn ihr mir einen Rabatt von 10 % einräumt.

Na, hört sich doch gut an, oder? Was sagt ihr?

Einschätzung:

Ein Kunde macht auf MeineFreunde ein Kaufangebot, das für alle anderen Besucher sichtbar ist. Grundregel ist in derartigen Situationen, auf das bestehende Angebot – hier also auf die Vorverkaufsstellen bzw. den Online-Shop und die dortigen Preise – zu verweisen. Auf das Angebot öffentlich einzugehen, könnte andere Kunden zu ähnlichen Angeboten animieren.

Martina Kleeve

Ich bin wirklich enttäuscht! Ich habe das Konzert mit Fatih MC im Airfield besucht. Die Einlasskontrollen haben ewig gedauert, der Laden war so voll, dass ich mich nicht bewegen konnte, und die Tonqualität war mies!! Das war ganz schlecht organisiert!

Zu einem Konzert der Live in Bonn gehe ich nie wieder!!

Einschätzung:

Eine Kundin beschwert sich auf MeineFreunde und greift das Unternehmen an. Grundregel bei derartigen Beschwerden ist es, höflich, sachlich und besonnen zu reagieren. Beachten Sie: Auch andere Kunden lesen mit, sie erwarten ebenfalls, immer höflich behandelt zu werden. Versetzen Sie sich in den Kunden, um die Ursache des Ärgers zu verstehen. Gehen Sie auf diese Ursache ein und unterbreiten Sie einen sinnvollen Lösungsvorschlag.

Aufgabe 4

Recherchieren Sie in den sozialen Netzwerken, die Sie auch privat nutzen. Suchen Sie einen Unternehmensauftritt, der Ihrer Meinung nach ein Beispiel für einen gelungenen Kundendialog darstellt.

- a Begründen Sie (z. B. mit einer kleinen Präsentation), warum Sie dieses Beispiel gelungen finden.
- b Erläutern Sie die Ziele, die das Unternehmen mit dieser Präsenz in dem sozialen Netzwerk verfolgt.
- c Erläutern Sie anhand Ihres Beispiels den Zusammenhang zwischen Kundenkommunikation, Kundendialog, Kundenzufriedenheit und Kundenbindung.

Aufgabe 5

Die Drogerie AG möchte auch eine Unternehmensseite auf „MeineFreunde" einrichten.

- a Begründen Sie, warum die Drogerie AG diesen Schritt machen möchte.
- b Erörtern Sie, wie die Drogerie AG dafür sorgen kann, dass der Auftritt erfolgreich wird und langfristig auch erfolgreich bleibt.
- c Entwerfen Sie Vorschläge, wie die Drogerie AG den MeineFreunde-Auftritt nutzen kann, um mit (potenziellen) Kunden in den Kundendialog zu treten.

Aufgabe 6

Im Internet gibt es eine Vielzahl von sozialen Netzwerken, die grundsätzlich für den Online-Auftritt für ein Unternehmen geeignet wären. Recherchieren Sie fünf Netzwerke, die Sie für einen Unternehmensauftritt Ihres ehemaligen Praktikumsbetriebes für geeignet halten. Begründen Sie anhand von drei Kriterien, warum Sie diese sozialen Netzwerke gerade für diesen Betrieb für geeignet halten.

Aufgabe 7

2017 wurde das Netzwerkdurchsetzungsgesetz verabschiedet. Netzwerkbetreiber sind demnach verpflichtet, bestimmte Inhalte zu entfernen.

- a Recherchieren Sie, welche Inhalte dem Gesetz entsprechend gelöscht werden müssen.
- b Das Gesetz wird teilweise kritisch gesehen. Beurteilen Sie, inwieweit Sie in dem Gesetz eine Gefahr für die grundgesetzlich garantierte Meinungsfreiheit sehen.

Aufgabe 8

Betrachten Sie die folgende Informationsgrafik. Beurteilen Sie den Stellenwert von Influencern im Marketing von Unternehmen.

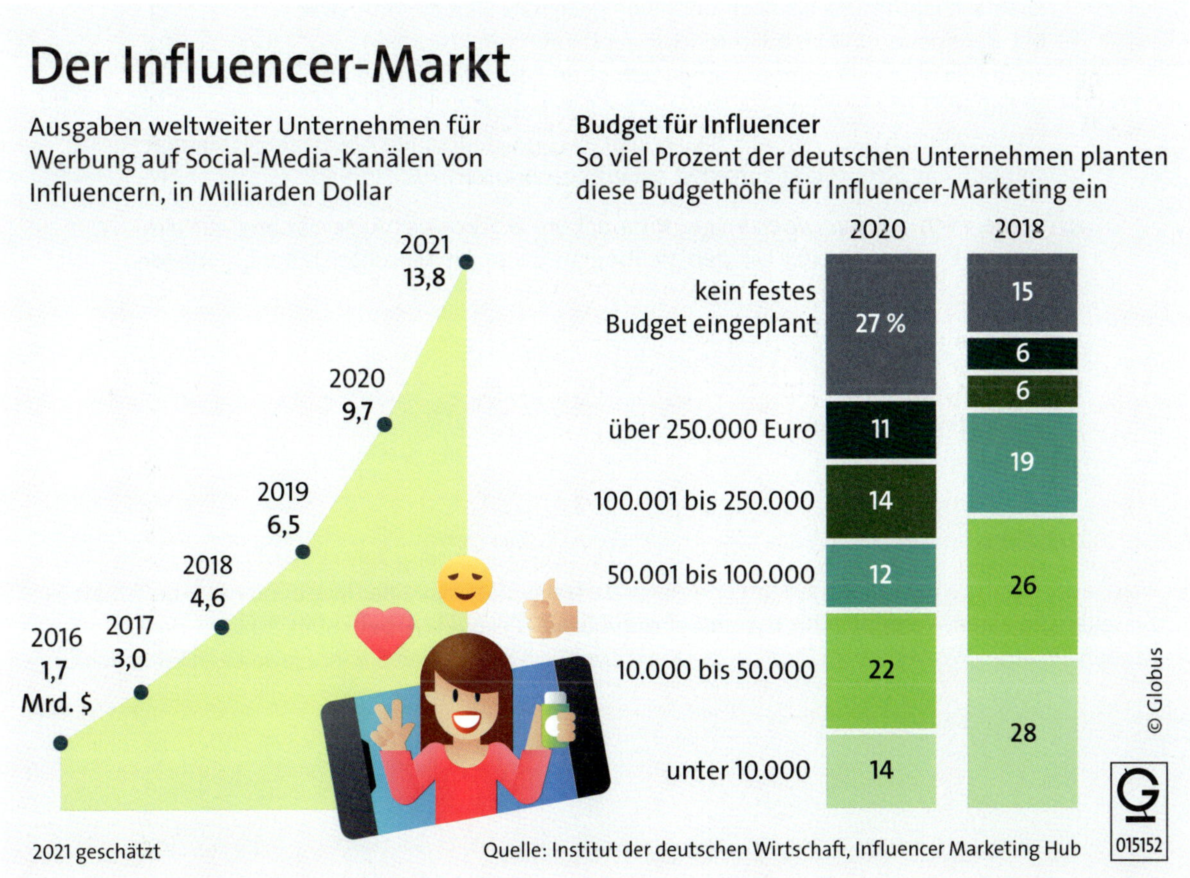

Lernsituation 28

Einen Werbeplan erstellen

FK ▶ TF 12.1 | Kap. 7.6

Situation

Die Fly Bike Werke GmbH möchte ihr Sortiment um ein neues E-Bike erweitern, das auch Fahrradfahrerinnen und -fahrer anspricht, die nicht zwingend eine Fahrunterstützung mit Pedaleinsatz benötigen. Regula Gerland beauftragt Jan Sales und die Auszubildende Jenny Liu, einen Werbeplan für die Einführung des neuen Modells zu erstellen.

Von: Regula Gerland (Fly Bike Werke GmbH)
An: Jan Sales, Jenny Liu (Fly Bike Werke GmbH)
Betreff: Werbeplanung für das neue E-Bike

Lieber Herr Sales, liebe Frau Liu,

nach reiflicher Überlegung möchten wir unser Sortiment im Bereich der Pedelecs um das neue E-Bike X400 erweitern. Der Verkauf startet mit Beginn der nächsten Fahrradsaison.

Im Rahmen des Marketings möchte ich Sie bitten, hierfür einen geeigneten Werbeplan auszuarbeiten. Damit die Produkteinführung rundum gelingen kann, sind folgende Eckdaten zu berücksichtigen:

- Die Unternehmensleitung stellt ein Budget von insgesamt 60.000,00 € zur Verfügung. Dieses soll sinnvoll auf klassische Print-Werbemedien sowie den Bereich Internet und Social Media aufgeteilt werden.
- Die Streuzeit soll sich sowohl über die Einführungsphase innerhalb des ersten Quartals nach Einführung als auch über eine geeignete Zeit davor erstrecken.
- Mit dem neuen E-Bike möchten wir auch Fahrradfahrerinnen und -fahrer ansprechen, die eine Fahrunterstützung auch ohne Pedaleinsatz genießen möchten und sich damit bislang auch kein Pedelec gekauft haben.
- Da der Wunsch nach einem E-Bike primär aus dem deutschen Absatzgebiet stammt, soll sich das Streugebiet zunächst darauf beschränken.

Ich freue mich auf Ihre Vorschläge. Bitte achten Sie bei der Ausarbeitung auf eine schlüssige Begründung, da wir den Werbeplan auch der Geschäftsleitung vorlegen werden.

Freundliche Grüße

Regula Gerland
Leitung Abteilung Vertrieb

Arbeitsaufträge

1 Machen Sie sich zunächst vertraut mit den Abläufen beim Erstellen eines Werbeplans (Arbeitsblatt 28.1).
2 Erstellen Sie einen Werbeplan für das neu einzuführende Produkt (Arbeitsblatt 28.2).
3 Stellen Sie Ihren Werbeplan im Plenum der Klasse vor und begründen Sie Ihre jeweiligen Entscheidungen.

Arbeitsblatt 28.1 | Ablaufschema eines Werbeplans

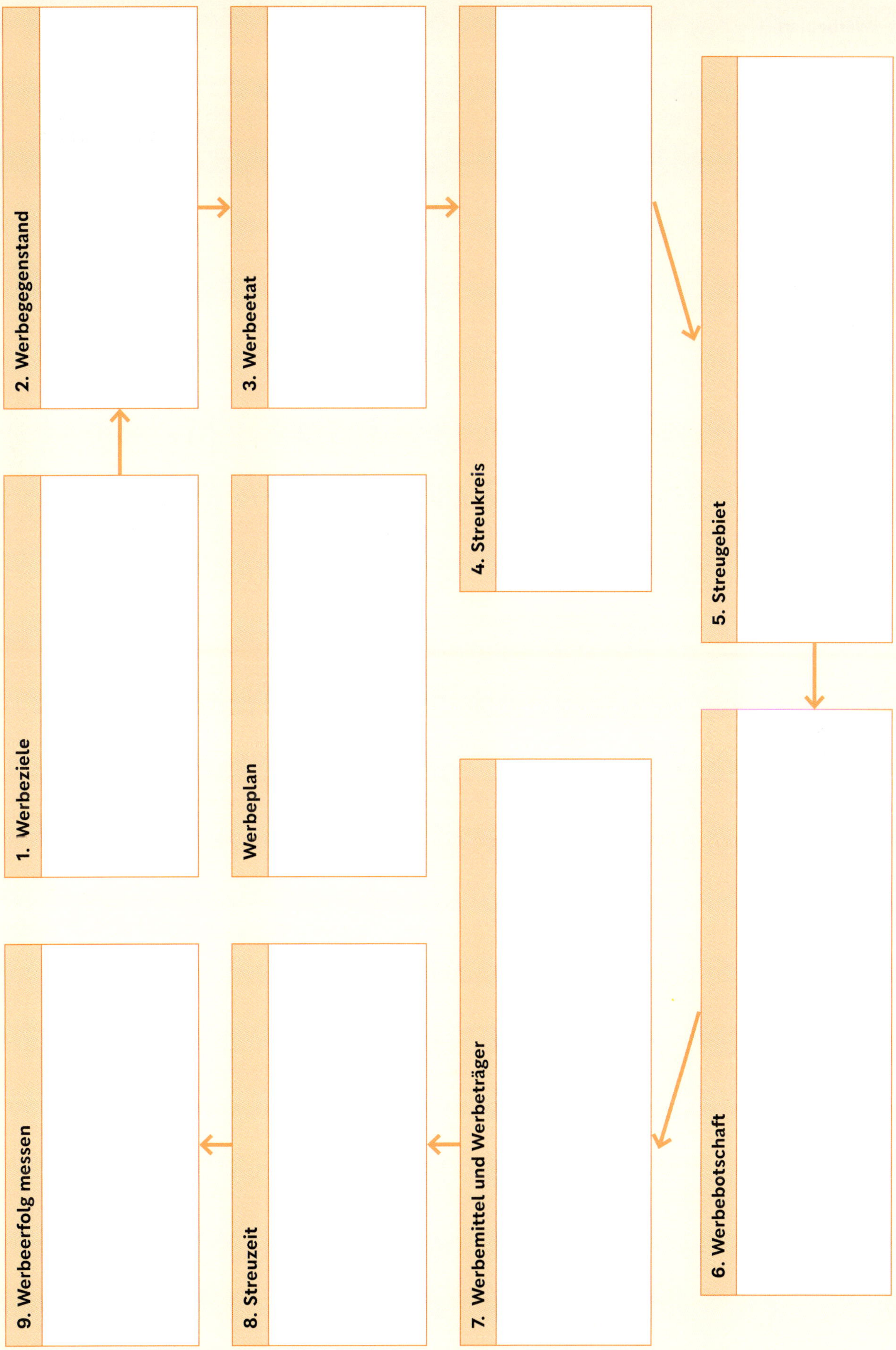

Arbeitsblatt 28.2 | Entwurf für einen Werbeplan

Werbeplan	
Merkmal	Erläuterung
Werbegegenstand	
Werbeziel	
Werbeetat	
Streukreis	
Streugebiet	
Streuzeit	
Werbebotschaft	
Werbemittel und -träger	

Arbeitsblatt 28.3 | Übersicht zur Absatzwerbung

Stellen Sie nachfolgend noch einmal die wesentlichen Punkte zum Thema Absatzwerbung zusammen.

Absatzwerbung …
versucht, ____________________
____

… wird unterschieden nach den		**… bedient sich unterschiedlicher**		**… kann Erfolg zeigen durch Kennzahlen wie**
Werbezielen	Werbearten	Werbeträger	Werbemittel	
1. ______	1. ______	1. ______	1. ______	1. ______
2. ______	2. ______	2. ______	2. ______	2. ______
3. ______	3. ______	3. ______	3. ______	3. ______

Werbung hat für den Verbraucher	
Vorteile:	____________________
Nachteile:	____________________

Vor Manipulation schützt sich der Verbraucher am besten durch
____
____
____

Aufgaben

Aufgabe 1
Geben Sie an, welche Werbemaßnahmen zur Absatzwerbung dazugehören.

Aufgabe 2
Erläutern Sie, welche Ziele mithilfe von Werbung für das Unternehmen erreicht werden sollen.

Aufgabe 3
Erläutern Sie die Einzel- und die Kollektivwerbung.

Aufgabe 4
Erläutern Sie:
a Werbebotschaft,
b Werbemittel,
c Werbeträger.

Aufgabe 5
Geben Sie fünf Beispiele an, welche Werbeträger und Werbemittel Sie für einzelne Artikel aus Ihrem Praktikumsbetrieb bezogen auf die jeweilige Zielgruppe verwenden würden. Begründen Sie Ihre Entscheidung.

Aufgabe 6
Sammeln Sie Beispiele von Werbungen und stellen Sie diese in Ihrer Klasse vor. Erläutern Sie, welche Zielgruppe mit dieser Werbung angesprochen werden sollte und inwieweit das den jeweiligen Unternehmen Ihrer Meinung nach gelungen ist.

Aufgabe 7
In den Medien wird häufig vor den Gefahren der Werbung gewarnt. Worin sehen Sie die Gefahren der Werbung und wie schätzen Sie ihre Bedeutung für den Verbraucher ein? Inwieweit sind Sie selbst schon durch Werbung in „Gefahr“ gekommen?

Aufgabe 8
Sie sollen für Ihre Kunden einen Werbebrief schreiben, in dem Sie auf neue Produkte Ihres ehemaligen Praktikumsbetriebes aufmerksam machen.
a Aufgrund welcher Informationen aus Ihrer Kundendatei wählen Sie die Kundenadressen aus?
b Schreiben Sie diesen Brief unter Berücksichtigung der DIN 5008.

Aufgabe 9
Die AIDA-Formel spielt für eine erfolgreiche Werbung eine große Rolle. Erläutern Sie diese Formel anhand folgender Werbung.

Aufgabe 10
Sammeln Sie je ein Beispiel von Werbung für die verschiedenen Werbeträger und beschreiben Sie diese.

Werbeträger	Beispiel Werbung	Kurze Beschreibung
Zeitung		
Fernsehen		
Hörfunk		
Suchmaschine		
Persönlichkeit		
Fahrzeug		

Aufgabe 11
Im Rahmen von Social-Media-Marketing werden soziale Netzwerke wie zum Beispiel Instagram und Youtube genutzt, um für ein Produkt Werbung zu machen. Oftmals werden dafür Influencer beauftragt. Stellen Sie zwei Influencer Ihrer Wahl vor, indem Sie darüber berichten, wie und für welche Produkte sie jeweils werben.

Aufgabe 12
Unterscheiden Sie:
a Gemeinschaftswerbung,
b Sammelwerbung,
c Verbundwerbung.

Aufgabe 13
Erläutern Sie die verschiedenen Instrumente der Kommunikationspolitik. Geben Sie jeweils ein Beispiel.

Aufgabe 14
Nennen Sie je ein Beispiel für die Sonderformen der Kommunikationspolitik:
a Productplacement,
b Sponsoring,
c Direktmarketing.

Lernsituation 29

Den Werbeerfolg kontrollieren

FK ▶ TF 12.1 | Kap. 7.7

Situation

Hans-Christian Müller, zuständig für das Rechnungswesen in der Fly Bike Werke GmbH, ist im Zuge der Einführung des neuen E-Bikes X400 für die Werbeerfolgskontrolle zuständig. Er bittet die Auszubildende Jenny Liu, ihn bei der Auswertung der ermittelten Erfolgskennziffern zu unterstützen:

Von: Hans-Christian Müller (Fly Bike Werke GmbH)
An: Jenny Liu (Fly Bike Werke GmbH)
Betreff: Auswertung Produkteinführung E-Bike X400

Liebe Frau Liu,

unser neues E-Bike X400 wird nun seit sechs Monaten verkauft. Sowohl vor als auch während der Einführung haben wir vielseitige Werbemaßnahmen durchgeführt. Dabei wurden für die klassischen Werbemittel und Werbeträger 25.000,00 € und für den Bereich Social Media 35.000,00 € aufgewendet. Zusätzlich erhielten 8 500 Kunden personalisierte Werbung mit Verweis auf die Produktseite zum E-Bike auf unserer Webseite.

Die Geschäftsleitung bittet um eine Auswertung zum wirtschaftlichen Erfolg wie auch zu weiteren Effekten der Werbemaßnahmen. Hierfür liegen uns neben einer Statistik zur Anzahl der Aufrufe und Verweildauer auf unserer Webseite (Anhang 1) auch die Absatzzahlen und weitere Rückmeldungen dazu vor, durch welchen Werbeträger die Kunden jeweils angesprochen wurden (Anhang 2).

Bereiten Sie die Daten bitte entsprechend auf und senden Sie mir Ihre Auswertung im Laufe des Tages zu. Berücksichtigen Sie dabei, dass der Nettoverkaufspreis des E-Bikes X400 bei 2.250,00 € liegt.

Viele Grüße

Hans-Christian Müller
Abteilung Verwaltung (Rechnungswesen)

Arbeitsaufträge

1 Unterstützen Sie Jenny Liu bei Ihrer Aufgabe (Arbeitsblatt 29.1).
   a Beurteilen Sie die Werbewirksamkeit der **personalisierten Werbung** mithilfe des Aufmerksamkeitsgrades.
   b Begründen Sie, welche Erkenntnisse aus den Seitenaufrufen und der durchschnittlichen Verweildauer auf der Produktseite gewonnen werden können.

2 Ermitteln Sie die Werberendite insgesamt wie auch für die einzelnen Werbeträger und beurteilen Sie den Werbeerfolg im Rahmen der Produkteinführung.

Auswertungen im Rahmen der Werbeerfolgskontrolle

Anhang 1

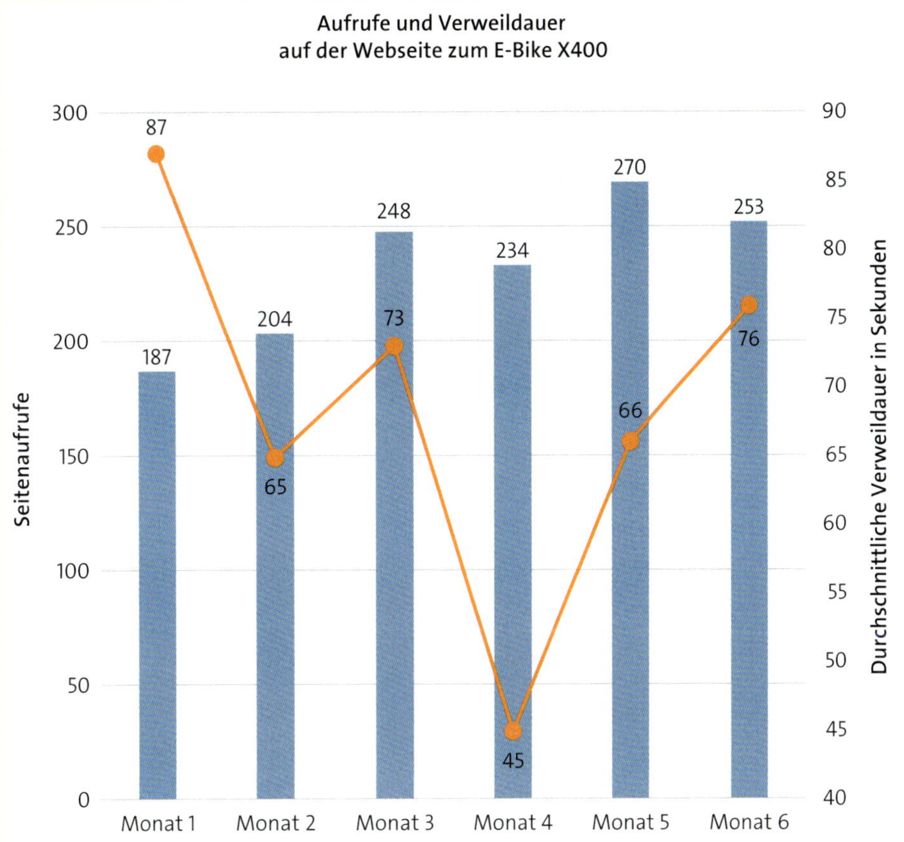

Anhang 2

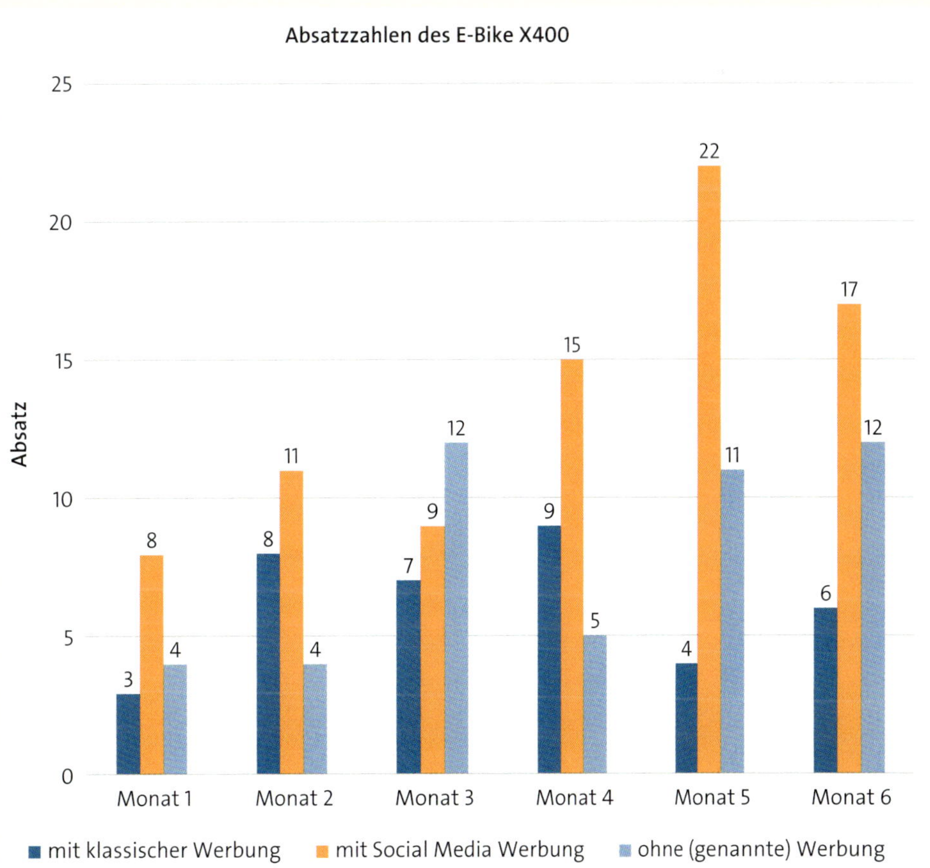

Arbeitsblatt 29.1 | Auswertung des Werbeerfolgs

1 Aufmerksamkeitsgrad der personalisierten Werbung

2 Werberendite

Monat	Klassische Werbung		Social Media		Ohne Werbung bzw. ohne Nennung	
	Absatz	Umsatz	Absatz	Umsatz	Absatz	Umsatz
1						
2						
3						
4						
5						
6						
Summe						

Aufgaben

Aufgabe 1
Ein Unternehmen erwirtschaftet nach einer Werbemaßnahme einen Umsatz in Höhe von 580.000,00 €. Die Werbekosten der Werbemaßnahme betragen 56.000,00 €. Vor der Werbemaßnahme betrug der Umsatz 479.200,00 €.

a Ermitteln Sie die Werberendite.

b Interpretieren Sie Ihr Ergebnis.

Aufgabe 2
Ein Unternehmen lässt in einem Prospekt einen für einen Monat gültigen Gutscheincode abdrucken. Der Prospekt wurde an 20 000 Haushalte verteilt. Der Gutscheincode wurde von insgesamt 2 500 Personen genutzt. Der Umsatz stieg in diesem Monat um 24.485,00 €. Die Kosten der Werbemaßnahme betrugen 15.300,00 €. Ermitteln Sie

a die Werberendite,

b den Aufmerksamkeitsgrad.

Aufgabe 3
Nennen Sie vier Werbeslogans, an die Sie sich erinnern. Tauschen Sie die notierten Slogans mit Ihrer Nachbarin oder Ihrem Nachbarn und versuchen Sie anhand des Slogans das Produkt, die Firma oder die Marke anzugeben.

Aufgabe 4
Beschreiben Sie zusammenfassend, wie eine Werbeerfolgskontrolle durchgeführt werden kann, und erläutern Sie, welche grundsätzlichen Probleme dabei auftreten können.

Aufgabe 5
Erläutern Sie kurz, wie in Ihrem Praktikumsbetrieb die Werbeerfolgskontrolle durchgeführt wird bzw. werden könnte.

Aufgabe 6
Nennen Sie Daten/Kennzahlen, anhand derer Sie den Erfolg einer Werbeaktion messen können.

Aufgabe 7
Zeigen Sie auf, unter welcher Bedingung selbst eine Umsatzstagnation die Folge erfolgreicher Werbung sein kann.

Aufgabe 8
a Nennen Sie die Kennzahl, die angibt, wie hoch die Kosten für einen Werbeträger sind.

b Erläutern Sie die Berechnung dieser Kennzahl.

Aufgabe 9
Ein Unternehmen möchte eine Werbeanzeige in einer Zeitung aufgeben. Folgende Angebote liegen vor:

	Zeitung A	**Zeitung B**
Auflage	420 000 Leser pro Ausgabe	1 020 000 Leser pro Ausgabe
Zielgruppenanteil	76 %	49 %
Seitenpreis	19.890,00 €/ Seite	35.750,00 €/ Seite

a Bestimmen Sie, welche Zeitung aus Kostensicht zu empfehlen ist. Ermitteln Sie dazu den einfachen und den qualitativen Tausenderpreis.

b Erläutern Sie drei weitere Entscheidungskriterien, die neben der Kostenprüfung Einfluss auf die Auswahl der Zeitung haben sollten.

Aufgabe 10
Sie werden beauftragt, zur Umsatzsteigerung im Absatzgebiet Frankfurt/Rhein-Main-Region eine Werbung zu konzipieren, deren Streukreis möglichst geringe Streuverluste aufweist. Analysieren Sie, welcher Werbeträger für diese Werbung geeignet wäre.

Aufgabe 11
Erläutern Sie die Werbegrundsätze „Werbewirksamkeit“, „Werbeklarheit“ und „Werbewahrheit“.

Aufgabe 12
Unternehmen achten bei der Gestaltung von Werbung unter anderem auch auf die gesellschaftliche Akzeptanz von Werbung. Erläutern Sie diesen Werbegrundsatz.

Aufgabe 13
Die Werbebranche hat freiwillig ein Kontrollgremium installiert, den deutschen Werberat.

a Nennen Sie die Aufgaben des Werberats.

b Stellen Sie dar, welche Möglichkeiten der Werberat hat, gegen Verstöße gegen Werbegrundsätze vorzugehen.

Selbsteinschätzung TF 12.1

Ich kann ...	Kann ich	Kann ich nicht
Marktforschung		
1 ... verschiedene Methoden der Marktforschung unterscheiden.		
2 ... einen Fragebogen zu einer Marktforschung erstellen.		
3 ... die Vor- und Nachteile einer Online-Befragung vergleichen.		
Produktlebenszyklus und Portfolio-Analyse		
1 ... die Begriffe Grund- und Zusatznutzen erläutern.		
2 ... den Produktlebenszyklus grafisch darstellen und beschreiben.		
3 ... passend zum Lebenszyklus produktpolitische Maßnahmen empfehlen.		
4 ... die Grundlagen der Portfolio-Analyse erläutern.		
5 ... Sortimentsbreite und Sortimentstiefe erklären.		
Verkaufspreis, Preisstrategien und konditionenpolitische Entscheidungen		
1 ... die kostenorientierte, die nachfrageorientierte und die konkurrenzorientierte Preisgestaltung erläutern.		
2 ... mittels der Deckungsbeitragsrechnung die langfristige und die kurzfristige Preisuntergrenze bestimmen.		
3 ... verschiedene Formen der Preisdifferenzierung erläutern.		
Absatzweg: Entscheidung zwischen Reisenden und Handelsvertretern		
1 ... verschiedene Absatzwege unterscheiden.		
2 ... den direkten und indirekten Absatz qualitativ unterscheiden.		
3 ... einen Kostenvergleich zwischen Reisendem und Handelsvertreter durchführen.		
4 ... digitale Absatzkanäle vergleichen und auswählen.		
Unternehmensauftritt in einem sozialen Netzwerk		
1 ... verschiedene Möglichkeiten im klassischen Onlinemarketing vergleichen und zielorientiert auswählen.		
2 ... den Einsatz von Influencern beurteilen und sie zielorientiert einsetzen.		
3 ... Besonderheiten (z. B. Guerillamarketing) erläutern und einsetzen.		
Werbeplan		
1 ... die Bestandteile der Werbeplanung erläutern.		
2 ... Werbeträger sowohl qualitativ als auch anhand des Tausend-Kontakte-Preises vergleichen.		
3 ... einen Werbeplan zielorientiert erstellen.		
Werbeerfolg		
1 ... Kennzahlen der Werbeerfolgskontrolle nennen und berechnen.		
2 ... den Erfolg einer Werbemaßnahme anhand von Kennzahlen beurteilen.		
3 ... Beispiele für geschäftliche Handlungen nennen, die gemäß dem Gesetz gegen den unlauteren Wettbewerb verboten sind.		

Bezugsquellen ermitteln und Angebote vergleichen

FK ▸ TF 12.2 | Kap. 1.2 – 1.4

Situation

Oliver Thüne ist in der Fly Bike Werke GmbH als Einkaufsleiter für die Qualität der zu beschaffenden Fertigungsmaterialien zuständig. In der letzten Woche hat er die internationale Fahrradmesse „Future Bicycles Europe“ in Frankfurt am Main besucht. Schwerpunktmäßig hat er hier Messestände der Hersteller von Komponenten für E-Bikes besucht, um sich über aktuelle Entwicklungen zu informieren. Heute wendet er sich mit folgender interner E-Mail an seine Sachbearbeiterin Ann-Kathrin Nemitz.

Von: Oliver Thüne (Fly Bike Werke GmbH)

An: Ann-Kathrin Nemitz (Fly Bike Werke GmbH)

Betreff: Beschaffungsmarktanalyse: Elektromotor für Modell E-Mountain *Sturm*

Guten Morgen, Frau Nemitz,

mein Besuch auf der Future Bycicles Europe war sehr interessant. Ich konnte einige Geschäftsbeziehungen anbahnen und habe reichlich Informationsmaterial und auch konkrete Angebote angefordert. Aufgrund der mangelnden Marktreife der E-Bike-Motoren unseres einzigen Lieferanten Cycle-Tools-Import GmbH war ja vor allem die Sache mit den Elektromotoren unseres Modells E-Mountain *Sturm* dringend. Deswegen habe ich mir hierfür gleich auf der Messe Angebote machen lassen. Folgende Lieferanten haben uns passende Elektromotoren angeboten:

- Pedelec motors GmbH: Listenpreis 375,00 € / Neukundenrabatt 10 % / 2 % Skonto bei Zahlung innerhalb von 7 Tagen / Lieferung frei Haus
- E-Drive a.s.: Listenpreis = 420,00 € / 10 % Rabatt ab 50 Stück; 20 % Rabatt ab 100 Stück / Lieferpauschale 200,00 € pro Lieferung; ab 50.000,00 € Auftragswert frei Haus / kein Skonto
- Siegelmeyer KG: Listenpreis 480,00 € / 30 % Mengenrabatt ab 50 Stück / 3 % Skonto / Frachtkosten 150,00 € pauschal pro Lieferung

Ermitteln Sie bitte die günstigste Bezugsquelle für die geplante Bestellmenge von 100 Stück.

Noch eine Bitte: Wir haben ja nach wie vor für viele Materialien nur einen sehr kleinen Lieferantenkreis und sollten solche Probleme wie mit der Cycle-Tools-Import GmbH zukünftig vermeiden. Bei uns in der Abteilung ist doch gerade die Praktikantin Mia Klein. Lassen Sie die doch bitte zwei Informationsblätter zu folgenden Themen erstellen: „Informationsquellen zur Bezugsquellenermittlung“ und „Erstellung von Angeboten“. Diese könnten zukünftig gute Hilfsmittel sein, wenn wir unseren Lieferantenkreis vergrößern wollen, bzw. um unseren kaufmännischen Azubis in unserer Abteilung bei der Auswertung von Angeboten unter die Arme zu greifen.

Noch einen angenehmen Arbeitstag

Oliver Thüne

Arbeitsaufträge

1 Beschreiben Sie, was Herr Thüne von Frau Nemitz erwartet.
2 Übernehmen Sie zunächst die Aufgaben der Praktikantin Mia Klein und vervollständigen Sie stichwortartig mithilfe Ihrer Fachkunde die Arbeitsblätter 30.1 und 30.2, sodass Informationsblätter für die zukünftige Nutzung in der Einkaufsabteilung der Fly Bike Werke GmbH entstehen.
3 Führen Sie für die drei potenziellen Lieferanten der Elektromotoren einen quantitativen Angebotsvergleich mithilfe der Bezugskalkulation durch. Nutzen Sie hierfür das Arbeitsblatt 30.3 und ermitteln Sie den „günstigsten" Lieferanten.

Folgesituation

Herr Thüne hat Ann-Kathrin Nemitz im Laufe des Arbeitstages noch das folgende Schriftstück mit aufgeklebtem Post-it-Zettel auf den Schreibtisch gelegt.

→ Ann-Kathrin Nemitz
Bitte auch qualitativen Angebotsvergleich erstellen!
Oliver Thüne

Informationen aus meiner Recherche zu den drei Lieferanten für Elektromotoren:

Pedelec motors GmbH: Von diesem Lieferanten aus Hamburg beziehen wir bereits seit zwei Jahren verschiedene Materialien. Meistens läuft alles reibungslos, allerdings informierte mich Herr Larsen aus der Produktion über zunehmend auftretende Mängel bei den gelieferten Akkus. Unsere Mängelrügen wurden aber immer ohne Rückfrage akzeptiert. Als Lieferzeit hat mir das Unternehmen bei einer Menge von 100 Stück ca. drei Wochen mitgeteilt. In der Lieferantendatei ist bisher eine Lieferverzögerung vermerkt. Die Lieferungen von Pedelec motors erfolgen auf Mehrwegpaletten und die Motoren für die E-Bikes sind am Ende der Lebensdauer zerlegbar und hochwertig recycelbar. Unter anderem deswegen wurde dem Produkt der „blaue Engel" verliehen.

E-Drive a.s.: Mit diesem slowakischen Unternehmen aus Košice haben wir noch keine Geschäftsbeziehung. Der Verkaufsleiter Herr Melnik war auf der Messe sehr freundlich und hat uns eine interessante Rabattstaffel (siehe meine Nachricht von heute Vormittag) und eine Lieferzeit von ca. einer Woche versprochen. Von einem Geschäftspartner habe ich aber erfahren, dass das Unternehmen seine Lieferzeit manchmal nicht einhält und sich bei Reklamationen oft „kompliziert anstellt". Im Online-Angebot meiner Tageszeitung habe ich einen interessanten Artikel gefunden. Das Unternehmen ist erst drei Jahre alt und hat sich vollkommen auf die Herstellung von Motoren für E-Bikes spezialisiert. Man zweifelt aber noch sehr an der Marktreife einiger Produkte. Außerdem wird darauf hingewiesen, dass die E-Bike-Motoren auf veralteten Technologien aufbauen und der Produktionsprozess noch einen höheren Schadstoffausstoß aufweist als der aktuelle Standard.

Siegelmeyer KG: Dieses Unternehmen aus Mannheim war eines der ersten in Deutschland, die sich der Entwicklung von E-Bike-Motoren angenommen haben. Die Produkte gelten als ausgereift und fortschrittlich, auch unter dem Aspekt der Nachhaltigkeit. Fast alle Hersteller von E-Bikes beziehen Motoren von diesem Lieferanten, unter anderem weil sie eine sehr lange Lebensdauer haben. Das Unternehmen verspricht uns eine Lieferung innerhalb von 12 Tagen auf Kunststoffpaletten (Einweg). Alle Elektromotoren werden einzeln in Styropor verpackt und mit Kunststofffolie umwickelt. Laut unserer Lieferantendatei werden zugesagte Lieferzeiten aber häufig überschritten. Das Unternehmen scheint Probleme mit der Produktionskapazität zu haben. Zudem hatten wir bereits Rechtsstreitigkeiten aufgrund von Unstimmigkeiten bei mangelhaften Lieferungen.

Arbeitsauftrag

1 Führen Sie auch den qualitativen Angebotsvergleich mithilfe von Arbeitsblatt 30.4 durch und ermitteln Sie den „besten" Lieferanten per Nutzwertanalyse.

Arbeitsblatt 30.1 | Informationsquellen zur Ermittlung möglicher Lieferanten

Informationsquellen zur Bezugsquellenermittlung

innerbetriebliche Informationsquellen (=)	**außerbetriebliche Informationsquellen** (=)
Erläuterung:	Erläuterung:
Beispiele:	Beispiele:
Vorteile:	Vorteile:

Arbeitsblatt 30.2 | Angebote

Normalfall: Verbindliches Angebot	Sonderfall: Unverbindliches Angebot
Erläuterung und rechtliche Bedeutung:	Erläuterung und rechtliche Bedeutung:

Inhalte eines Angebots

Gültigkeit eines verbindlichen Angebots (Bindefristen)

Arbeitsblatt 30.3 | Quantitativer Angebotsvergleich

Vorlage für quantitative Angebotsvergleiche per Bezugskalkulation

Artikelbezeichnung:						
geplante Bestellmenge:			Datum:			
Lieferant:						
	%	€	%	€	%	€
Listeneinkaufspreis (für Gesamtmenge)						
– Lieferantenrabatt						
= Zieleinkaufspreis						
– Lieferantenskonto						
= Bareinkaufspreis						
+ Bezugskosten						
= Bezugspreis (für Gesamtmenge)						
Bezugspreis (pro Stück)						

Arbeitsblatt 30.4 | Qualitativer Angebotsvergleich

Vorlage für qualitative Angebotsvergleiche per Nutzwertanalyse							
Artikelbezeichnung:							
geplante Bestellmenge:				Datum:			
Lieferant:							
Kriterien	Gewichtungsfaktor	Einzelpunkte	Gesamtpunkte	Einzelpunkte	Gesamtpunkte	Einzelpunkte	Gesamtpunkte
Preis							
Produktqualität							
Lieferzeit							
Zuverlässigkeit							
Nachhaltigkeit							
Kulanz							
Summe							

Vorgehensweise:

1. Festlegung der Gewichtungsfaktoren anhand der Wichtigkeit der Kriterien (Summe der Faktoren = 100)
2. Vergabe der Einzelpunkte zwischen 1 (sehr negativ) und 10 (sehr positiv) / 5 Punkte, wenn keine Information bekannt ist
3. Ermittlung aller Gesamtpunktzahlen durch Multiplikation der Einzelpunkte mit dem Gewichtungsfaktor
4. Addition der Gesamtpunkte und Ermittlung des zu bevorzugenden Lieferanten

Aufgaben

Aufgabe 1
In der Fly Bike Werke GmbH ist der Hauptlieferant für Kettenschaltungen ausgefallen. Ermitteln Sie mithilfe des Lieferantenverzeichnisses auf Seite 15 potenzielle Ersatzlieferanten.

Aufgabe 2
Sie sollen als Praktikant bzw. Praktikantin in der Fly Bike Werke GmbH eine Anfrage an einen möglichen Lieferanten für Kettenschaltungen schreiben.

a Nennen Sie die Angaben, die Ihre Anfrage enthalten sollte.
b Beschreiben Sie, welche rechtliche Bindung Sie mit Ihrer Anfrage eingehen.

Aufgabe 3
Die Klingenberg KG stellt seit zwei Jahren hochwertige Sammler-Figuren aus Kunststoff bis zu einer Größe von 80 cm her. Bei der Beschaffung der Farben zum Lackieren der Figuren hat sich der Inhaber Torsten Klingenberg bisher auf den Lieferanten Josting OHG beschränkt.

a Begründen Sie, warum Unternehmen sich bei der Beschaffung von Materialien häufig auf Stammlieferanten konzentrieren.
b Begründen Sie, welche Nachteile eine solche Vorgehensweise mit sich bringen kann.
c Beschreiben Sie, mit welchen Informationsquellen sich Herr Klingenberg über alternative Bezugsquellen informieren könnte.

Aufgabe 4
Das Großhandelsunternehmen Mega-Handel OHG in Regensburg muss zur Aufstockung des Lagerbestands 50 000 Pappteller (Durchmesser 18 cm) bestellen. Dem Einkaufssachbearbeiter Michael Seils liegen Angebote von drei möglichen Lieferanten vor, die in der folgenden Tabelle zusammengefasst sind:

	Cellulosa Papper AB	**Bergisches Papierkontor GmbH**	**Paperworld AG**
Unternehmenssitz	Göteborg, Schweden	Wuppertal	Fürth
Artikel	Pappteller 18 cm, 1,5 mm Dicke, Folienbeschichtung gegen Durchweichen, weiß, aus Cellulosefasern	Pappteller 18 cm, 2 mm Dicke, 100 % Recyclingpapier, ohne Folienbeschichtung	Pappteller, 18 cm, 3 mm Dicke, 50 % Cellulose / 50 % Recyclingpapier, ohne Beschichtung
Packungseinheiten	je 25 Stück in Folie eingeschweißt, davon 40 in einem Karton	je 50 Stück mit Papier eingebunden, davon 10 Bündel in einem Karton	je 100 Stück in Folie eingeschweißt, davon 20 in einem Karton
Listenpreis	58,00 € pro Karton	33,50 € pro Karton	99,00 € pro Karton
Rabatte	10 % ab 10 Kartons, 20 % ab 50 Kartons, 25 % ab 100 Kartons	Großhandelsrabatt in Höhe von 30 %	5 % bei Warenwert nach Listenpreis über 2.000,00 €
Lieferkonditionen	Lieferpauschale für die gesamte Lieferung beträgt 100,00 €, Lieferzeit 14 Tage	Versandkosten pro Karton 0,50 €, Lieferzeit 8 Tage	frei Haus ab Warenwert nach Listenpreis über 2.000,00 €, sonst pro Karton 1,00 €, Lieferzeit 5 Tage
Zahlungskonditionen	Zahlung innerhalb 5 Tagen mit 3 % Skonto oder innerhalb 30 Tagen ohne Abzug	Zahlung innerhalb 10 Tagen mit 3 % Skonto oder innerhalb 20 Tagen ohne Abzug	Zahlung innerhalb 10 Tagen ohne Abzug
Sonstiges	Lieferverzögerungen sind selten, bei mangelhafter Lieferung hält man sich an die Rechtslage	Liefertermine werden immer eingehalten, mangelhafte Lieferungen werden unkompliziert abgewickelt	relativ häufig werden andere Packungseinheiten geliefert, ist aber entgegenkommend bei Reklamationen

a Ermitteln Sie in übersichtlicher Form den Anbieter mit dem niedrigsten Bezugspreis.
b Beschreiben und begründen Sie, welche weiteren Kriterien im Rahmen eines qualitativen Angebotsvergleichs berücksichtigt werden könnten.
c Begründen Sie, bei welchem Anbieter die Mega-Handel OHG unter Berücksichtigung aller Aspekte bestellen sollte. Entscheiden Sie zunächst ohne Erstellung einer Nutzwertanalyse.
d Bestimmen Sie nun mithilfe der folgenden Tabelle den besten Lieferanten.

Gehen Sie dabei wie folgt vor:
- Vergeben Sie anhand der Wichtigkeit der Kriterien die Gewichtungsfaktoren (Summe = 100).
- Vergeben Sie Einzelpunkte (EP) von 1 (Kriterium nicht erfüllt) bis 5 (Kriterium voll erfüllt). Vergeben Sie 3 Punkte, wenn Sie das Kriterium nicht beurteilen können.
- Ermitteln Sie die Gesamtpunktzahlen: GP = EP · Gewichtungsfaktor
- Addieren Sie die Gesamtpunktzahlen und ermitteln Sie den besten Lieferanten.

Kriterien	Gewichtungsfaktor	Cellulosa Papper		Bergisches Papierkontor		Paperworld	
		EP	GP	EP	GP	EP	GP
Preis							
Qualität							
Lieferzeit							
Umweltverträglichkeit							
Zuverlässigkeit und Kulanz							
Summe							

Aufgabe 5
Eine Spielzeugwarengroßhandlung bestellt 350 Teddybären zu einem Gesamtlisteneinkaufspreis von 8.750,00 € und zu folgenden weiteren Bedingungen: Skonto innerhalb von 14 Tagen 3,5 % oder 30 Tage netto Kasse, Rabatt 12 %, Transportkosten: für jeweils angefangene 20 Stück 7,80 €. Ermitteln Sie den Bezugspreis je Stück.

Aufgabe 6
Sie sind im Einkauf der Firma Kneitlinger Werbeartikel und Geschenkartikel GmbH & Co. KG tätig. Ihnen liegen die zwei nebenstehenden Angebote für Geschenkpapier vor.
a Ermitteln Sie das günstigere Angebot.
b Nennen Sie zusätzlich drei weitere Kriterien neben dem Preis und der Lieferzeit, die bei der Auswahl eines Lieferanten entscheidend sind.

Angebot 1:
4 Rollen Geschenkpapier Marienkäfer,
Länge: 100 m, Breite: 70 cm
Einzelpreis: 55,50 €
Lieferantenrabatt: 8 %
Versandkosten: 12,30 €
Lieferzeit: 8 Werktage

Angebot 2:
8 Rollen Geschenkpapier Marienkäfer,
Länge: 50 m, Breite: 70 cm
Einzelpreis: 28,50 €
Lieferantenrabatt: 10 %
Versandkosten: 9,80 €
Lieferzeit: 5 Werktage

Aufgabe 7

Herr Köhler, Einkäufer der Technologies GmbH, benötigt kurzfristig 120 elektronische Bauteile. Ihm liegen folgende Angebote vor:

Angebot 1: Electronics KG, Stückpreis 12,20 €, 3 % Rabatt ab 100 Stück, 2 % Skonto
Angebot 2: Unix GmbH, Stückpreis 12,00 €, 2 % Rabatt ab 150 Stück, 2 % Skonto
Angebot 3: Schneider & Co. KG, Stückpreis 11,80 €, 2 % Rabatt, 1 % Skonto
Angebot 4: Kinsel OHG, Stückpreis 11,50 €, 2 % Rabatt ab 200 Stück, 1 % Skonto

Zusatzinformationen

Die Zahlungsbedingungen der einzelnen Lieferanten lauten:

Electronics KG	2 % 10 Tage	30 Tage netto
Unix GmbH	2 % 20 Tage	30 Tage netto
Schneider & Co. KG	1 % 7 Tage	20 Tage netto
Kinsel OHG	1 % 10 Tage	30 Tage netto

Bei allen Lieferanten entstehen Frachtkosten in Höhe von 30,00 €, die Schneider & Co. KG berechnet zusätzlich 45,00 € für die Verpackung. Für welches Angebot würden Sie sich unter rein preislichen Aspekten entscheiden?

Aufgabe 8

Ordnen Sie den folgenden Erläuterungen jeweils den passenden Begriff aus der Bezugskalkulation zu.

	Preis, der sich nach Berücksichtigung aller Minderungen des Katalogpreises ergibt, aber noch keine Transport- und Verpackungskosten beinhaltet
	Hierzu gehören z. B. Verpackungskosten, Transportkosten und -versicherungen oder Zölle, die gemäß vertraglicher Vereinbarung vom Käufer zu zahlen sind.
	Betrag, den der Lieferant gemäß Katalog oder Preisliste für das Material veranschlagt
	Preisnachlass, der dem Kunden unabhängig vom Zahlungszeitpunkt zusteht und z. B. aufgrund einer sehr kurzen oder sehr langen Geschäftsbeziehung oder wegen einer besonders hohen Bestellmenge gewährt wird
	Betrag, der vom Kunden zu zahlen ist, wenn sämtliche Minderungen des Lieferanten und eventuell anfallende weitere Kosten berücksichtigt werden
	Preis, der zu zahlen wäre, wenn der Kunde die Skontofrist verstreichen lässt und keine Bezugskosten anfallen
	Preisnachlass, den der Kunde in Anspruch nehmen darf, wenn er besonders schnell bezahlt

Lernsituation 31

Waren bestellen und Wareneingänge kontrollieren

FK ▶ TF 12.2 | Kap. 1.5 – 1.6

Situation

Luisa Wohlleben ist in der Fly Bike Werke GmbH für die Arbeitsplanung in der Produktionsabteilung zuständig. Vorgestern, am 10.05.20XX, hat sie festgestellt, dass der Fahrradlack „Green Wave – Typ 234" kaum noch vorrätig ist. Die von ihr informierte Disponentin Ann-Kathrin Nemitz hat daraufhin sofort telefonisch bei der Farbenfabrik AG in Leverkusen um ein Angebot für 100 kg der fehlenden Farbe in Gebinden zu je 10 kg gebeten. Heute, am 12.05.20XX, ist folgende E-Mail der Farbenfabrik AG eingetroffen:

Von: Noah Gräulich (Farbenfabrik AG)

An: Ann-Kathrin Nemitz (Fly Bike Werke GmbH)

Betreff: Angebot Nr. 20XX-256 über 100 kg „Green Wave – Typ 234"

Sehr geehrte Frau Nemitz,

vielen Dank für Ihre telefonische Anfrage. Gerne unterbreiten wir Ihnen folgendes freibleibendes Angebot:

Anzahl	Beschreibung	Betrag
10	10 kg Fahrradlack „Green Wave – Typ 234" (Preis pro Gebinde: 79,30 €)	793,00 €
	Zwischensumme USt. 19 % Gesamtbetrag	793,00 € 150,67 € 943,67 €

Zahlbar innerhalb von 10 Tagen abzüglich 3 % Skonto oder innerhalb von 30 Tagen ohne Abzug. Die Lieferzeit beträgt maximal 5 Arbeitstage. Ab einem Warenwert von 500,00 € liefern wir frei Haus. Andernfalls beträgt die Versandkostenpauschale 20,00 €.

Wenn Ihnen unser Angebot zusagt, freuen wir uns über Ihre Bestellung.

Mit freundlichen Grüßen
Noah Gräulich

Farbenfabrik AG
Am Beyerwerk 144
51333 Leverkusen
Tel. 0214 3XX99
Fax 0214 3XX11

Ann-Kathrin Nemitz beauftragt die Auszubildende Jenny Liu noch am 12.05.20XX mit der Bestellung der benötigten Farbe per E-Mail zu den angebotenen Bedingungen.

Arbeitsauftrag

1 Übernehmen Sie die Aufgabe von Jenny Liu und formulieren Sie die Bestellung an die Farbenfabrik AG mithilfe des folgenden E-Mail-Formulars.

Von:

An:

Betreff:

Folgesituation 1

Auf die Bestellung per E-Mail vom 12.05.20XX erhält die Fly Bike Werke GmbH am 14.05.20XX eine Auftragsbestätigung der Farbenfabrik AG per E-Mail, in der eine Lieferung bis zum 19.05.20XX zugesichert wird. Am 15.05.20XX stellt Luisa Wohlleben im Materiallager der Fly Bike Werke GmbH fest, dass doch noch 15 Gebinde zu je 10 kg des Fahrradlacks „Green Wave – Typ 234" vorhanden sind. Sie waren irrtümlich an einem falschen Lagerplatz eingeräumt worden. Sie informiert sofort Ann-Kathrin Nemitz, die noch am selben Nachmittag per E-Mail bei der Farbenfabrik AG die Bestellung storniert.

Am 17.05.20XX trifft dennoch die Lieferung der Farbenfabrik AG inklusive Lieferschein ein.

Arbeitsaufträge

1 Verschaffen Sie sich zunächst einen Überblick über die typischen Schriftstücke, die im Rahmen eines Beschaffungsprozesses üblicherweise erstellt und versendet werden.
   a Füllen Sie hierzu das Arbeitsblatt 31.1 aus.
   b Beurteilen Sie, ob die Fly Bike Werke GmbH rechtlich verpflichtet ist, die Lieferung anzunehmen. Gehen Sie in diesem Zusammenhang darauf ein, welche jeweilige rechtliche Bedeutung die ersten vier der in Arbeitsauftrag 1a gesammelten Schriftstücke für diesen Beschaffungsprozess haben.

2 Beschreiben Sie, wie Sie sich in der vorliegenden Situation anstelle von Ann-Kathrin Nemitz verhalten würden.

3 Fassen Sie im Arbeitsblatt 31.2 die wichtigsten Informationen zur Bestellung und zur Auftragsbestätigung zusammen.

Folgesituation 2

Bei der Fly Bike Werke GmbH ist es in letzter Zeit häufiger zu Problemen mit Lieferanten bei Reklamationen gekommen. Diese werden oftmals nicht anerkannt, da Fristen versäumt wurden oder andere Versäumnisse vorlagen. Da die Auszubildende Jenny Liu das Thema „Wareneingangskontrolle" in der Berufsschule bereits behandelt hat, bittet Frau Nemitz sie, einen ersten Entwurf für eine Arbeitsanweisung in Form eines Arbeitsablaufplans für die Tätigkeiten im Rahmen der Wareneingangskontrolle zu erstellen und ihr vorzulegen.

Arbeitsauftrag

1 Übernehmen Sie die Aufgabe der Auszubildenden Jenny Liu und erstellen Sie mithilfe des Arbeitsblatts 31.3 eine Arbeitsanweisung in Form eines Arbeitsablaufplans für die Tätigkeiten bei der Wareneingangskontrolle.

Arbeitsblatt 31.1 | Schriftstücke des Beschaffungsprozesses

1 Tragen Sie die Bezeichnungen der sechs üblichen Schriftstücke eines Beschaffungsprozesses in der richtigen zeitlichen Reihenfolge ein. Machen Sie außerdem durch das Einzeichnen von Pfeilen deutlich, wer das jeweilige Schriftstück von wem bekommt.

2 Lesen Sie die folgenden Beschreibungen und tragen Sie jeweils die Bezeichnung des beschriebenen Schriftstücks ein.

Bezeichnung des Schriftstücks	Beschreibung
	Hiermit wird der Käufer vom Verkäufer aufgefordert, den Kaufpreis zu zahlen.
	Dieses Schriftstück begleitet die Ware zum Käufer. Es listet unter anderem auf, welche Waren diese Lieferung beinhaltet.
	Mit diesem Schriftstück fragt der Käufer unverbindlich den Verkäufer, unter welchen Bedingungen dieser eine Ware zu liefern bereit wäre.
	Dieses Schriftstück erstellt der Käufer, wenn er bereit ist, eine Ware beim Verkäufer zu kaufen.
	Der Verkäufer teilt dem Käufer mit, dass er die Waren liefern wird.
	Hiermit teilt der Verkäufer dem Käufer mit, unter welchen Bedingungen er bereit ist, eine bestimmte Ware an den Käufer zu liefern.

Arbeitsblatt 31.2 | Bestellung und Auftragsbestätigung

Bestellung

Erläuterung:

____

____

Rechtliche Bedeutung im Rahmen des Kaufvertrags:

a mit einem vorherigen verbindlichen Angebot des Verkäufers:

Bestellung = ______________________________

b ohne ein vorheriges verbindliches Angebot des Verkäufers:

Bestellung = ______________________________

Formvorschrift: ______________________________

Anforderung an den Widerruf einer Bestellung:

____

____

____

Auftragsbestätigung

Erläuterung:

____

____

Rechtliche Bedeutung im Rahmen des Kaufvertrags:

In diesen Fällen stellt die Auftragsbestätigung **eine Willenserklärung** zur Annahme eines Antrags dar:	In diesem Fall stellt die Auftragsbestätigung **keine Willenserklärung** dar und dient eher der Information:
______________________	______________________
______________________	______________________
______________________	______________________
______________________	______________________
______________________	______________________

Formvorschrift: ______________________________

Arbeitsblatt 31.3 | Wareneingangskontrolle

1. Äußere Wareneingangskontrolle (Kontrolle der Packstücke)

Zeitpunkt: ______________________________

____

Benötigtes Dokument: ______________________________

Tätigkeiten: ______________________________

____

____

____

____

↓

Mögliches Verhalten bei Schäden an der äußeren Verpackung oder bei Abweichungen der Lieferung vom Lieferschein:

____

____

wenn Annahme nicht verweigert wurde	wenn äußere Wareneingangskontrolle in Ordnung
↓	↓

2. Innere Wareneingangskontrolle (Kontrolle der Ware)

Zeitpunkt: ______________________________

____

Benötigtes Dokument: ______________________________

Tätigkeiten: ______________________________

____

____

____

____

Aufgaben

Aufgabe 1
Erläutern Sie, ob und – wenn ja – wie in den folgenden Fällen ein Kaufvertrag zustande kommt, indem Sie den jeweiligen Handlungen/Schriftstücken des Verkäufers und des Käufers zuordnen, ob es sich um einen Antrag oder eine Annahme handelt.

a Die Gärtnerei Heuke e. K. in Wiesbaden schickt dem Blumengroßhandel Flower 3000 eine Anfrage über 100 Hortensien. Die Blumengroßhandlung schickt darauf ein verbindliches Angebot. Die Gärtnerei bestellt zu den angebotenen Bedingungen. Da zwischen den beiden Unternehmen eine langjährige Geschäftsbeziehung vorliegt, verzichtet die Blumengroßhandlung auf die Auftragsbestätigung und schickt direkt die bestellten Pflanzen inklusive Lieferschein.

b Die Werbeagentur BE Partners KG bestellt auf der Internetseite des Papiergroßhändlers Paperworld AG 200 Pakete Druckerpapier in der Farbe „lemon“. Drei Tage später bekommt die BE Partners KG eine E-Mail der Paperworld AG, in der bedauert wird, dass der Artikel in der gewünschten Farbe nicht mehr vorrätig sei. Die Paperworld AG bietet an, 200 Pakete Kopierpapier in der Farbe „citrus“ zu liefern. Die BE Partners KG antwortet in einer kurzen E-Mail, dass sie an dem Alternativprodukt kein Interesse hat.

c Die Fly Bike Werke GmbH bekommt auf ihre Anfrage nach 500 Meter Aluminiumrohr von der Alu-Werke Bonn AG ein verbindliches Angebot über die gewünschte Menge zum Preis von 5,75 € pro Meter, befristet bis zum 15.06.20XX. Am 20.06.20XX bestellt die Fly Bike Werke GmbH 500 Meter Aluminiumrohr zum Preis von 5,75 € pro Meter. Die Alu-Werke Bonn AG schickt daraufhin am 25.06.20XX eine Auftragsbestätigung und am 29.06.20XX die Ware mit Lieferschein.

d Die Möller OHG schickt der Gärtnerei Heuke e. K. nach deren Anfrage am 18.06.20XX ein Angebot über fünf Paletten Blumenerde mit dem Hinweis „Angebot freibleibend“. Die Gärtnerei Heuke e. K. bestellt am 20.06.20XX die fünf Paletten Blumenerde zu den angebotenen Bedingungen. Am 25.06.20XX bekommt die Gärtnerei eine Auftragsbestätigung per E-Mail und am 30.06.20XX die Lieferung inklusive Lieferschein.

Aufgabe 2
Die Wegner KG bestellt bei der Paperworld AG Verpackungsmaterial. Damit der Kaufvertrag zustande kommt, muss die Paperworld AG die Bestellung annehmen. Nennen Sie die Möglichkeiten, die die Paperworld AG in dieser Situation hat.

Aufgabe 3
Gestalten Sie in Gruppen ein Rollenspiel zur folgenden Situation in der Warenannahme der Fly Bike Werke GmbH. Achten Sie dabei auf das richtige Vorgehen bei der Warenannahme und eine angemessene Kommunikation: Gerade trifft eine Palette mit 400 Sätteln in Kartons zu je 25 Stück ein, die die Fly Bike Werke GmbH bei einem ihrer Lieferanten bestellt hat. Als Stefan Schneider, Sachbearbeiter im Wareneingang, in Anwesenheit der anliefernden Lkw-Fahrerin Liv Hübner die Lieferung kontrolliert, entdeckt er, dass mehrere Kartons Beschädigungen aufweisen.

Aufgabe 4
Im Wareneingang der Fly Bike Werke GmbH wurden vier unversehrt angelieferte Kartons mit Rückleuchten für Fahrräder erst nach 14 Tagen geöffnet. Dabei wurden sechs defekte Leuchten entdeckt. Beschreiben und begründen Sie die Probleme, die der Fly Bike Werke GmbH entstehen könnten.

Die optimale Bestellmenge ermitteln

FK ▶ TF 12.2 | Kap. 2

Situation

Oliver Thüne hat sich bei seinem Besuch auf der internationalen Fahrradmesse „Future Bicycles Europe" in Frankfurt am Main auch auf dem Stand der Fahrradteile International GmbH nach neuartigen Rennradsätteln aus Carbon erkundigt. Er hat das Produkt inzwischen von der Produktionsabteilung der Fly Bike Werke GmbH testen lassen und sich im Internet eingehend informiert. Mittlerweile wurde entschieden, die Modelle Renn Fast und Renn Superfast zukünftig mit diesem neuen Sattel auszustatten. Herr Thüne legt Frau Nemitz heute das Angebot der Fahrradteile International GmbH und einen Notizzettel auf den Schreibtisch.

Fahrradteile International GmbH

Fahrradteile International GmbH · Borgwardstr. 17 · 28309 Bremen

Fly Bike Werke GmbH
Oliver Thüne
Rostocker Str. 334
26121 Oldenburg

Ihr Zeichen:
Ihre Nachricht vom: 20.09.20XX
Unser Zeichen: si
Unsere Nachricht vom:

Name: Stefan Itze
Telefon: 0421 83XX567
Telefax: 0421 83XX344
E-Mail: itze@fahrradteile-int.dex

Datum: 26.09.20XX

Angebot über Rennradsattel SX 35

Sehr geehrter Herr Thüne,

schön, dass wir uns in der vergangenen Woche auf der Future Bycicles Europe einmal wiedergetroffen haben. Bezug nehmend auf unser angenehmes Gespräch bieten wir Ihnen unseren Rennradsattel SX 35 zu einem Preis von 15,00 € an. Wir gewähren Ihnen auch für diese Produktgruppe den vereinbarten Rabatt von 30 % und die gewohnten Zahlungsbedingungen (30 Tage ohne Abzug, 7 Tage mit 2 % Skonto) an. Die Lieferung erfolgt weiterhin frei Haus.
Als mögliche Bestellmengen kommen aufgrund unserer Verpackungseinheiten 4 000, 2 000, 1 000, 500, 250 oder 100 Stück infrage.

→ Frau Nemitz

Bitte optimale Bestellmenge ermitteln! Wir gehen derzeit aus von:
- Jahresbedarf 4 000 Stück
- bestellfixe Kosten pro Bestellung 80,00 €
- Lagerkostensatz 8 %

Danke, Oliver Thüne

Arbeitsaufträge

1 Ermitteln Sie den Bezugspreis anhand des vorliegenden Angebots.
2 Ermitteln Sie die optimale Bestellmenge tabellarisch mithilfe von Arbeitsblatt 32.1 (oben).
3 Ermitteln Sie die optimale Bestellmenge auch rechnerisch und begründen Sie eventuelle Abweichungen zwischen dem tabellarischen und rechnerischen Ergebnis.
4 Stellen Sie den Verlauf der Bestellkosten, Lagerkosten und Gesamtkosten mithilfe von Arbeitsblatt 32.1 (unten) grafisch dar.
5 Überprüfen Sie anhand Ihrer tabellarischen und grafischen Lösung die Aussage „Bestellkosten und Lagerkosten entwickeln sich gegenläufig".

Arbeitsblatt 32.1 | Optimale Bestellmenge

Anzahl Bestellungen pro Jahr	Bestellmenge in Stück	Bestellkosten pro Jahr in €	durchschn. Lagerbestand in Stück	durchschn. Lagerbestand in €	Lagerkosten in €	Gesamtkosten in €

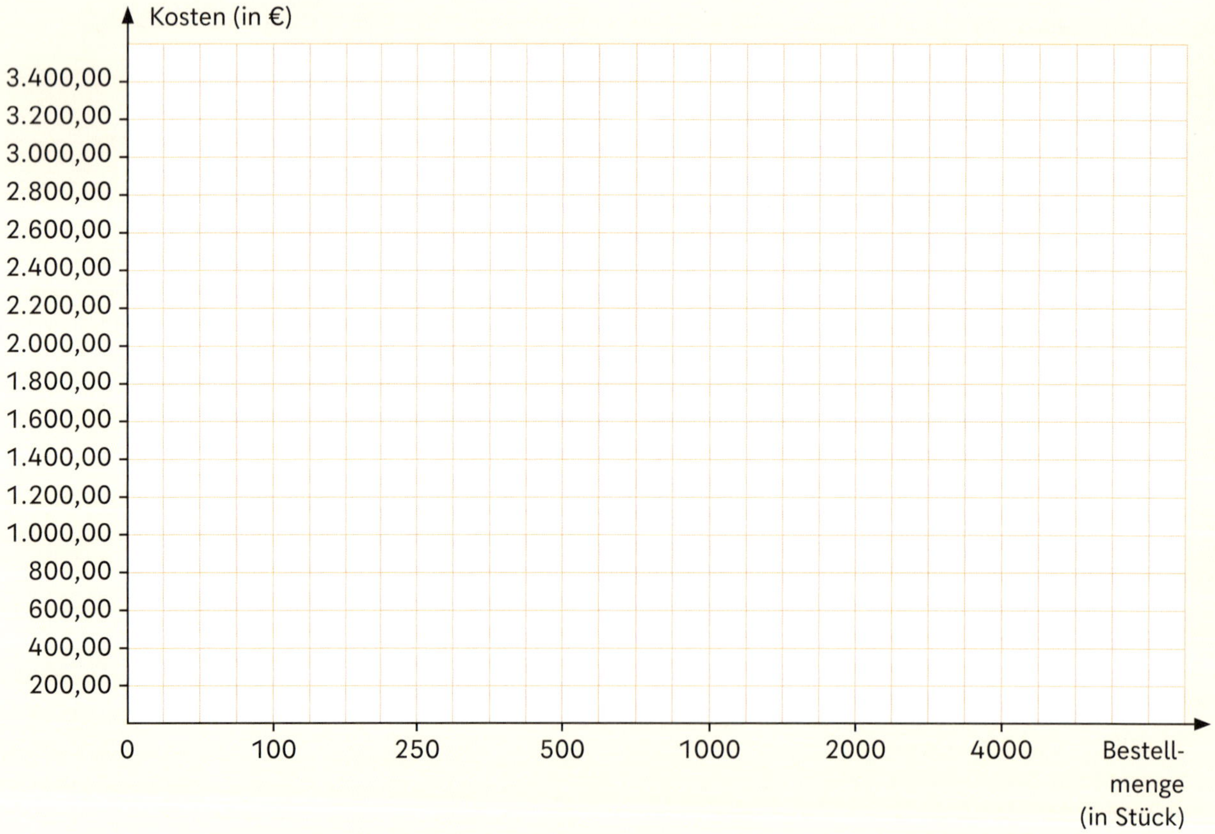

Aufgaben

Aufgabe 1
Beschreiben Sie, woraus sich die Kosten der Lagerhaltung und die Kosten des Bestellvorgangs zusammensetzen.

Aufgabe 2
Begründen Sie, warum sich Lagerkosten und Bestellkosten bei variierender Bestellmenge gegenläufig entwickeln.

Aufgabe 3
Beschreiben Sie, wie das Modell der optimalen Bestellmenge den Zielkonflikt zwischen der Minimierung von Lager- und Bestellkosten löst.

Aufgabe 4
Welche der folgenden Aussagen ist richtig?

a Das in den Lagerbeständen gebundene Kapital wird weniger, wenn die Bestellmenge steigt.

b Die jährlichen Kosten für Rechnungskontrollen sinken, wenn die Bestellmenge sinkt.

c Die Kosten für die Überwachung von Lieferterminen sinken, wenn die Bestellmenge steigt.

d Bei sinkenden Bestellmengen ist mehr „totes“ Kapital gebunden.

e Kleinere Bestellmengen würden die Bestellkosten reduzieren.

Aufgabe 5
Die Weber-Electronics OHG stellt Schaltsysteme her und benötigt von einem bestimmten Kunststoffgehäuse jährlich 12 000 Stück. Die Kunststoffgehäuse werden zu einem Einstandspreis von 2,60 € bezogen und als Bestellhäufigkeit kommen 1-, 2-, 3-, ..., 12-mal pro Jahr infrage. Das Controlling kalkuliert zurzeit mit einem Lagerkostensatz von 12 % und bestellfixen Kosten von 95,00 €.

a Ermitteln Sie mithilfe der folgenden Tabelle die optimale Bestellmenge.

b Berechnen Sie die optimale Bestellmenge mithilfe der Formel.

c Ein Mitarbeiter meint: „Wir nehmen immer das rechnerische Ergebnis. Das ist doch viel genauer.“ Mit welchen Argumenten können Sie ihn davon überzeugen, dass die tatsächliche Bestellmenge häufig vom rechnerischen Ergebnis abweicht.

d Nehmen Sie kritisch zu den Annahmen des Modells der optimalen Bestellmenge Stellung.

Anzahl Bestellungen pro Jahr	Bestellmenge in Stück	Bestellkosten pro Jahr in €	Ø Lagerbestand in Stück	Ø Lagerbestand in €	Lagerkosten in €	Gesamtkosten in €

Aufgabe 6

Die Julius GmbH möchte die optimale Bestellmenge für einen Werkstoff bei einem Jahresbedarf von 1 000 Stück ermitteln. Die bestellfixen Kosten werden mit 40,00 € und der Lagerkostensatz wird mit 16 % kalkuliert. Der Einstandspreis beträgt 12,50 €.

a Ermitteln Sie die optimale Bestellmenge tabellarisch. Gehen Sie davon aus, dass als Bestellmengen 50, 100, 125, 200, 250, 500 oder 1 000 Stück möglich sind.

b Berechnen Sie die optimale Bestellmenge rechnerisch.

c Stellen Sie den Verlauf der Bestellkosten, Lagerkosten und Gesamtkosten in Abhängigkeit von der Bestellmenge in dem folgenden Koordinatensystem grafisch dar.

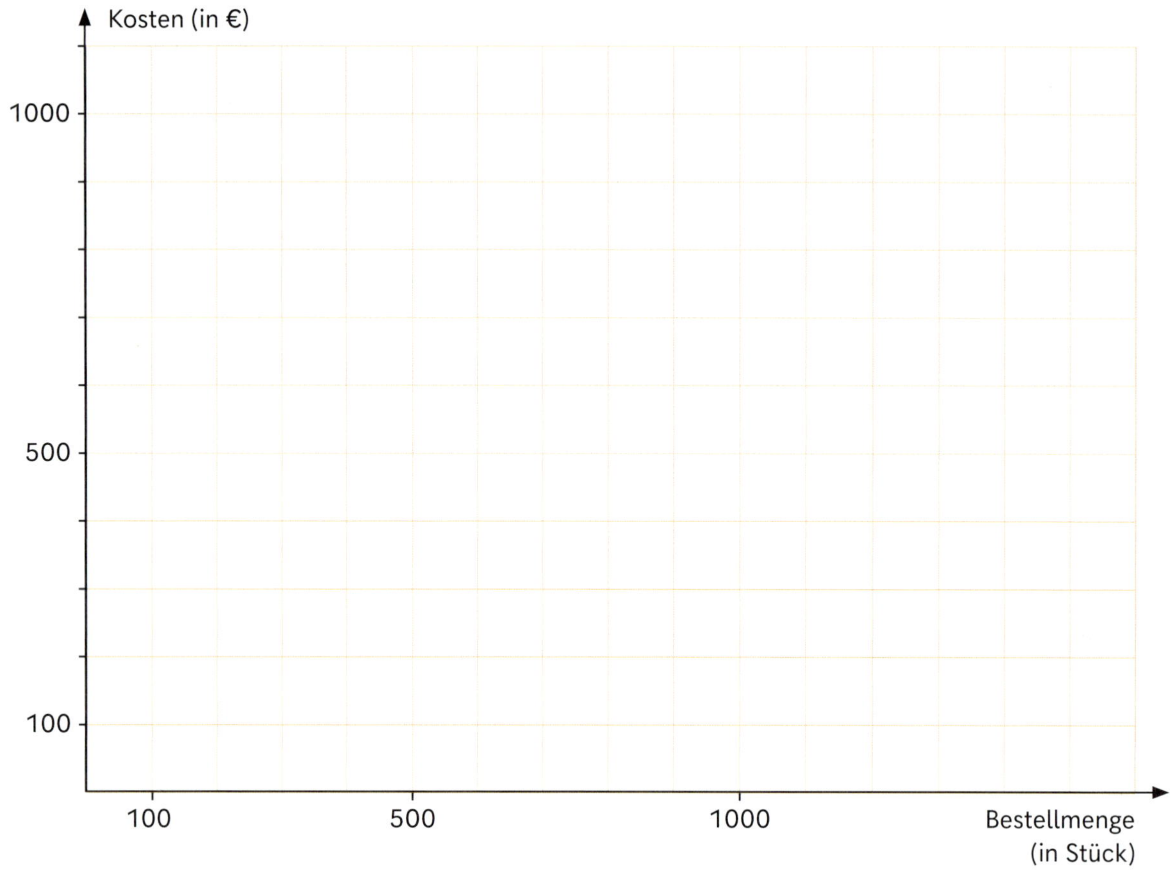

Bestellverfahren unterscheiden

FK ▶ TF 12.2 | Kap. 3

Situation

Die Praktikantin Mia Klein ist erst seit wenigen Tagen in der Einkaufsabteilung der Fly Bike Werke GmbH. Heute macht der Abteilungsleiter Oliver Thüne mit ihr einen Rundgang durch das Lager, um ihr die verschiedenen Bestellverfahren, die das Unternehmen nutzt, zu veranschaulichen.

Oliver Thüne: Fangen wir doch gleich hier beim Stahlrohr an. Das ist ein gutes Beispiel für all die Materialien, von denen wir einen absolut gleichmäßigen Tagesverbrauch haben. Alle sieben Tage bekommen wir 1000 Meter geliefert, um jeden Tag die gleiche Menge Fahrradramen aus Stahl herzustellen.

Mia Klein: Und wenn doch einmal mehr verbraucht wird?

Oliver Thüne: Das ist aufgrund der Organisation des Fertigungsprozesses gar nicht möglich. Anders sieht das beispielsweise mit den Beleuchtungssystemen aus, deren Lagerplätze Sie hier sehen. Wie viele wir pro Tag benötigen, hängt ja stark von den Kundenwünschen ab. Zurzeit werden beispielsweise 80 % unserer Mountainbikes ohne Beleuchtungssystem bestellt. Für solche häufig, aber unregelmäßig benötigten Materialien haben wir Meldebestände festgelegt. Wenn die unterschritten werden, wird nachbestellt.

Mia Klein: Das erfordert ja ziemlich viel Lagerplatz!

Oliver Thüne: Ja, und das verursacht vor allem hohe Lagerkosten! Deswegen haben wir den Beschaffungsprozess mancher Materialien so organisiert, dass täglich unser Tagesbedarf angeliefert wird. Hier sehen Sie, wie gerade die Fahrradreifen montiert werden. Die hat der Lieferant gerade eben erst angeliefert.

Mia Klein: Ah, dann können Sie sich die Lagerhaltung für diese Materialien sparen.

Oliver Thüne: Genau! Und hier haben wir noch einen Sonderfall. Seit diesem Jahr bieten wir Kunden den Service, Lenker mit eingravierten Initialen oder Namen zu bekommen. Wenn der Kunde seinen Auftrag erteilt hat, fertigt die Ruhrwerke GmbH in Bochum die Lenker nach individuellem Wunsch an und liefert sie anschließend zur Montage an uns aus.

Arbeitsauftrag

1 Mia Klein ist begeistert von dem Rundgang. Sie möchte anschließend die Erkenntnisse bezüglich der verschiedenen Beschaffungsalternativen notieren. Helfen Sie ihr dabei, indem Sie Arbeitsblatt 33.1 mithilfe der Fachkunde und der Informationen aus dem Dialog stichwortartig vervollständigen.

LS 33 Bestellverfahren unterscheiden

Folgesituation

Am nächsten Arbeitstag bittet Herr Thüne die Praktikantin Mia Klein in sein Büro. Er zeigt ihr an seinem Bildschirm den folgenden Auszug aus der Artikeldatei und erklärt ihr: „Wir haben doch gestern den Lagerplatz für die Beleuchtungssysteme gesehen. Ich habe Ihnen hier einmal für den Typ *Sunshine* die Artikeldatei aufgerufen. Wissen Sie noch, was der Meldebestand ist?“

Artikelnummer:	SE-8832681
Artikelbezeichnung:	Beleuchtungssystem „*Sunshine*“ (Set vorne + hinten)
Lieferant:	Union Elektro AG, Berlin
Lieferzeit:	6 Arbeitstage
durchschnittlicher Tagesverbrauch:	15 Stück
Mindestbestand:	60 Stück
Höchstbestand:	300 Stück
Meldebestand:	
Bestellmenge bei normalem Verbrauch:	

Arbeitsaufträge

Mia Klein möchte Herrn Thüne zeigen, was sie am Vortag über das Bestellpunktverfahren gelernt hat. Helfen Sie ihr, indem Sie die folgenden Arbeitsaufträge bearbeiten.

1 Ermitteln Sie den Meldebestand.

2 Ermitteln Sie die Bestellmenge bei normalem Verbrauch.

3 Begründen Sie, warum ein Höchstbestand festgelegt wurde.

4 Ermitteln Sie, wie lang eine Lieferverzögerung höchstens sein dürfte, ohne Stockungen im Produktionsprozess zu verursachen.

5 Stellen Sie die Lagerentwicklung bei normalem Verbrauch grafisch dar. Unterstellen Sie, dass der Höchstbestand zum Zeitpunkt 0 erreicht ist. Vergleichen Sie anschließend Ihre Ergebnisse aus den Arbeitsaufträgen 1 und 2 mit Ihrer Grafik.

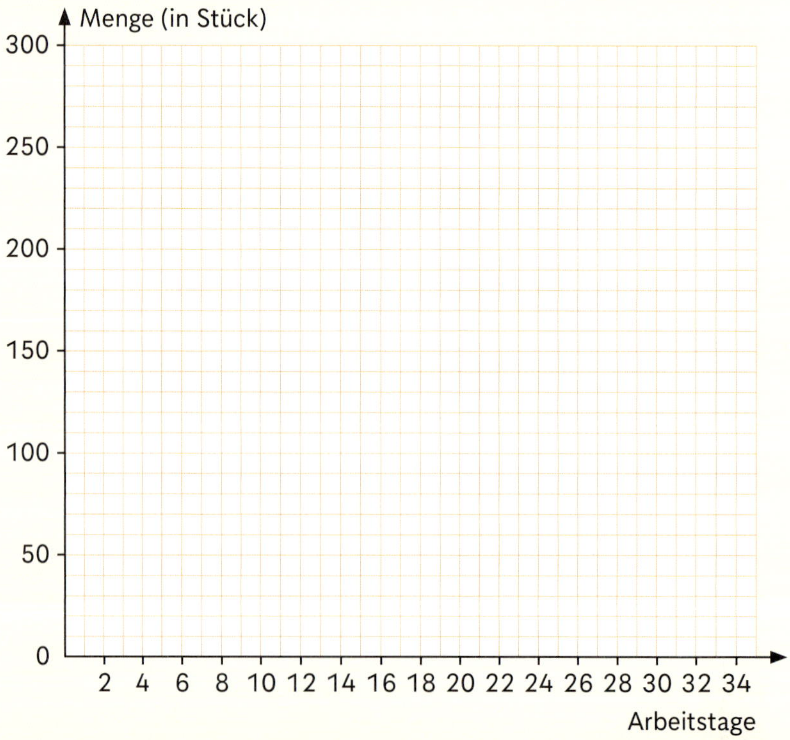

Arbeitsblatt 33.1 | Bereitstellungsprinzipien und Bestellverfahren

Bedarfsdeckung mit Lagerhaltung	**Bestellpunktverfahren** – Erläuterung: Beispiel Fly Bike Werke GmbH:	Vorteile: Nachteile:
	Bestellrhythmusverfahren – Erläuterung: Beispiel Fly Bike Werke GmbH:	Vorteile: Nachteile:
Bedarfsdeckung ohne Lagerhaltung	**Einzelbeschaffung bei Bedarf** – Erläuterung: Beispiel Fly Bike Werke GmbH:	Vorteile: Nachteile:
	Just-in-time-Beschaffung – Erläuterung: Beispiel Fly Bike Werke GmbH:	Vorteile: Nachteile:

Aufgaben

Aufgabe 1

Die Ronsdorf KG in Marburg produziert Bürostühle. Aufgrund der industrialisierten Fertigung besteht ein sehr gleichmäßiger Verbrauch an Gasdruckfedern. Aus diesem Grund hat man sich als Beschaffungsverfahren für das Bestellrhythmusverfahren entschieden. Die folgende Abbildung gibt die Entwicklung des Lagerbestands wider. Aus der Lagerdatei entnehmen Sie die Information, dass die letzte Bestellung am Ende der 13. Woche erfolgte.

- a Ermitteln Sie anhand der Abbildung den Mindestbestand und erläutern Sie, welchen Zweck der Mindestbestand erfüllt. Erläutern Sie auch die Folgen eines zu hohen Mindestbestands.
- b Ermitteln Sie anhand der Abbildung den Höchstbestand.
- c Ermitteln Sie anhand der Abbildung das Bestellintervall und das Lieferintervall.
- d Ermitteln Sie anhand der Abbildung den Wochenverbrauch.
- e Ermitteln Sie anhand der Abbildung die Lieferzeit.
- f Ermitteln Sie anhand der Abbildung das neue Bestellintervall und die neue Bestellmenge, wenn der Höchstbestand auf 4 000 Stück gesenkt wird und der Mindestbestand unverändert bleibt.

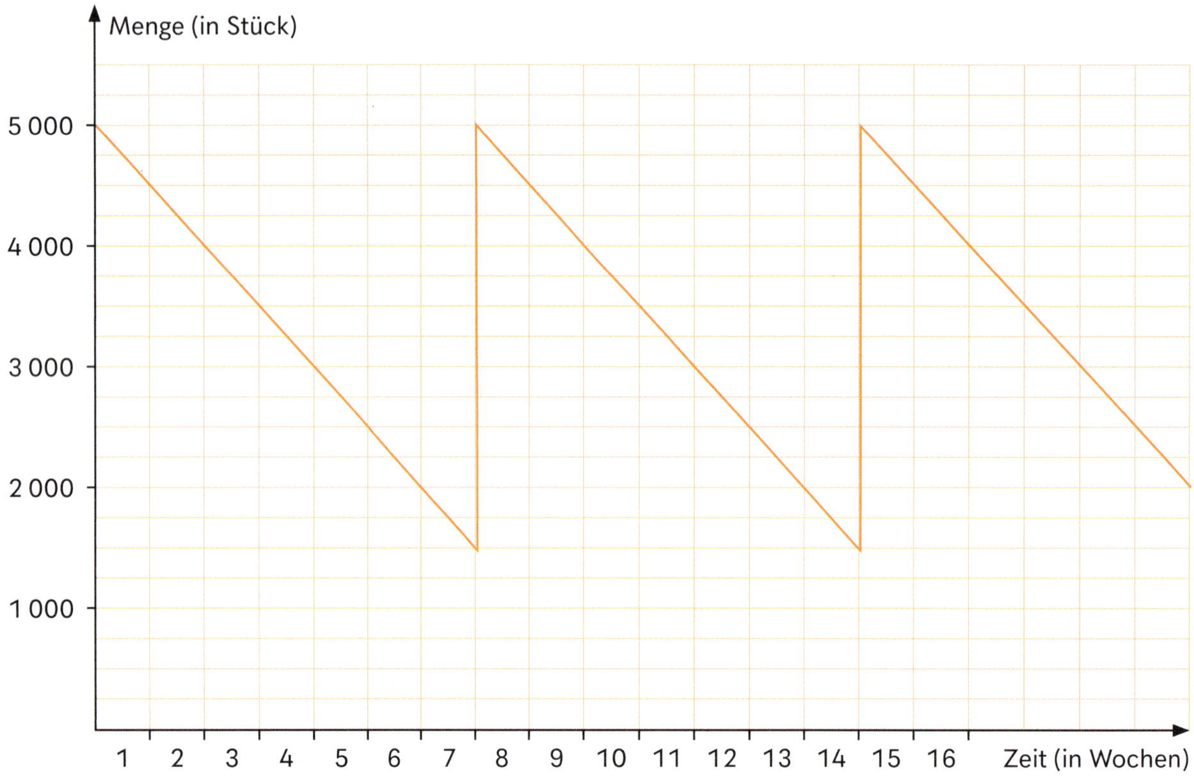

Aufgabe 2

Die Ronsdorf KG bestellt Rollen für Bürostühle nach dem Bestellpunktverfahren. Pro Arbeitstag werden durchschnittlich 500 Stück benötigt. Der Mindestbestand soll eine Reserve für fünf Arbeitstage darstellen. Die Lieferzeit beträgt normalerweise sechs Arbeitstage und der Höchstbestand 10 000 Stück.

- a Ermitteln Sie den Meldebestand.
- b Ermitteln Sie die Bestellmenge bei normalem Verbrauch.
- c Beschreiben Sie, wie die Ronsdorf KG ihr Beschaffungsverhalten anpassen sollte, wenn der Lieferant zukünftig eine Lieferzeit von drei Arbeitstagen garantieren kann.

Aufgabe 3

Die Einkaufsleitung der Fly Bike Werke GmbH überlegt, bestimmte Komponenten zukünftig just in time zu beschaffen.

- a Erläutern Sie, was hiermit gemeint ist.
- b Begründen Sie, warum die Einkaufsleitung über diesen Schritt nachdenkt.
- c Begründen Sie, warum Just-in-time-Beschaffung problematisch ist.
- d Beschreiben Sie, welche Voraussetzungen von der Fly Bike Werke GmbH geschaffen werden müssten, damit Just-in-time-Beschaffung betrieben werden kann.

Aufgabe 4

Die Rahu AG benötigt zur Fertigung ihrer Fahrzeugsitze täglich durchschnittlich 500 m² Stoff. Die folgende Grafik zeigt den Verlauf des Lagerbestands der letzten 22 Tage.

a Tragen Sie folgende Begriffe in die Grafik ein. Manche müssen mehrfach verwendet werden.

Sicherheitsbestand – Meldebestand – Lagerbestand – Lieferung – Höchstbestand – Bestellzeitpunkt

b Ermitteln Sie anhand der Grafik die Bestellmenge.

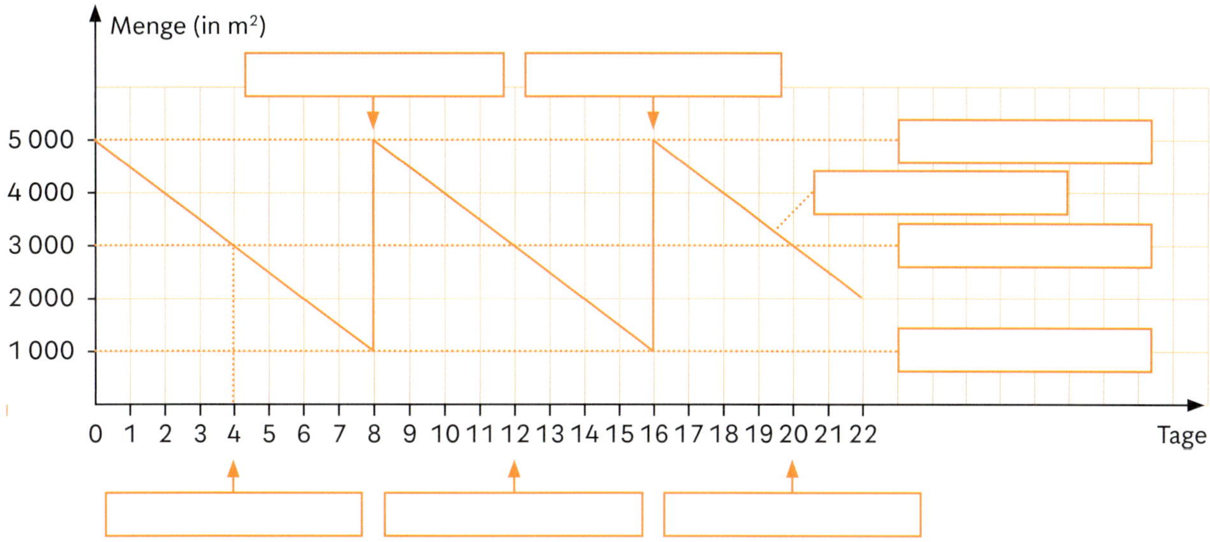

Aufgabe 5

Begründen Sie, warum folgende Grundregel für die Auswahl des Beschaffungsverfahrens bei Vorratsbeschaffung gilt: „Je unregelmäßiger der Materialverbrauch (bzw. der Absatz bei Handelsbetrieben), desto eher eignet sich das Bestellpunktverfahren."

Aufgabe 6

Im Rahmen der Lagerhaltung werden für die einzelnen Lagerartikel in der Regel Mindestbestände festgelegt. Hierbei gilt es, einen grundlegenden Zielkonflikt zu lösen. Beschreiben Sie diesen Zielkonflikt.

Aufgabe 7

Nennen Sie zwei Aspekte, die bei der Festlegung von Höchstbeständen beachtet werden sollten.

Aufgabe 8

Geben Sie an, ob es sich bei den Aussagen in der folgenden Tabelle um

1 Vorteile des Bestellpunktverfahrens,
2 Nachteile des Bestellpunktverfahrens,
3 Vorteile des Bestellrhythmusverfahrens oder
4 Nachteile des Bestellrhythmusverfahrens

handelt.

a Es entsteht ein hoher Verwaltungsaufwand für die permanente Lagerbestandsfortschreibung.	
b Es entsteht insgesamt ein höherer Arbeitsaufwand für die Beschaffungsabteilung, da häufiger bestellt werden muss.	
c Wegen der ständig durchgeführten Lagerbestandskontrolle sind niedrige Mindestbestände möglich.	
d Es sind höhere Mindestbestände erforderlich, da der Lagerbestand nur in größeren zeitlichen Abständen überprüft wird.	
e Bestell- und Beschaffungskosten werden reduziert, da Bestellungen verschiedener Materialien bei einem Lieferanten gebündelt werden können.	
f Eine permanente Beobachtung des Lagerbestands ist nicht erforderlich.	

Aufgabe 9

Von einem Kopierpapier werden arbeitstäglich durchschnittlich vierzig Kartons abgesetzt. Auf einer Palette befinden sich 200 Kartons. Der Mindestbestand beträgt eine Palette. Der Stammlieferant ist in der Lage, innerhalb von zwei Arbeitstagen die benötigten Mengen zu liefern. Der Höchstbestand beträgt sechs Paletten und die Bestellmenge reicht für 25 Arbeitstage.
Zurzeit (Arbeitstag 0) befinden sich 280 Kartons auf Lager – es ist rechtzeitig bestellt worden.

a Stellen Sie die Lagerbestandsbewegungen in der Grafik dar.

b Ermitteln Sie den Meldebestand.

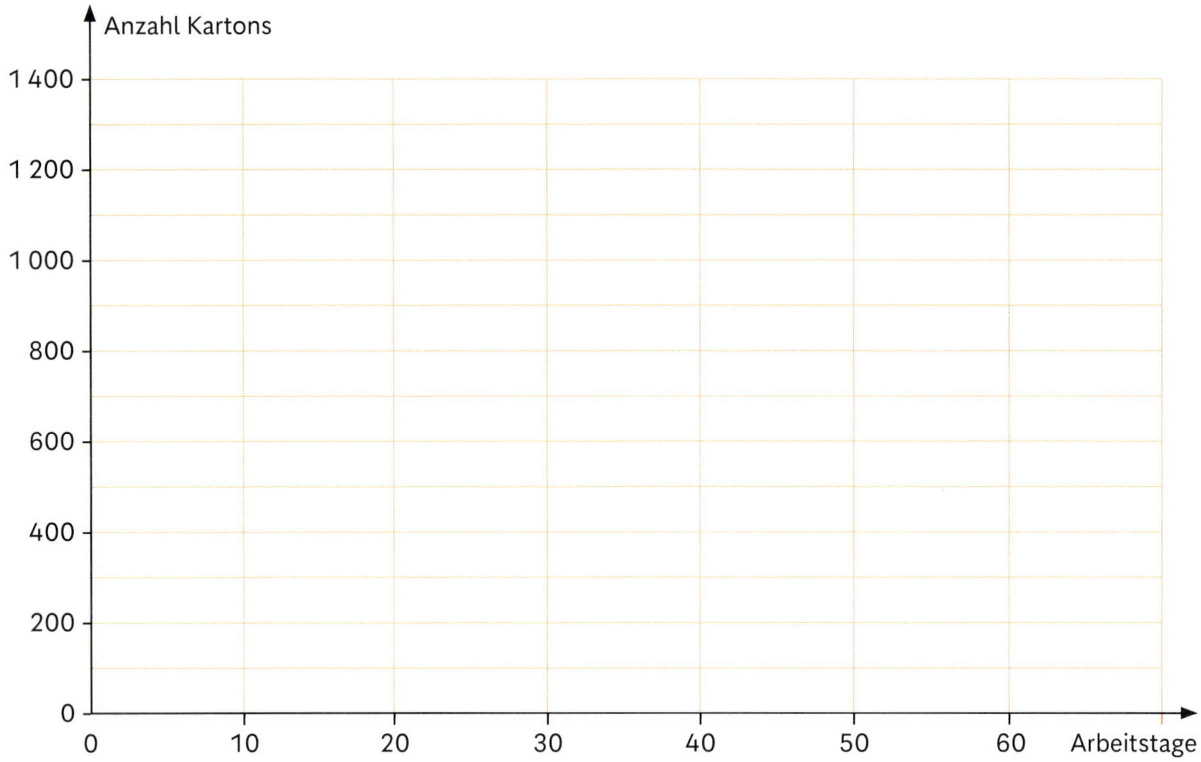

Aufgabe 10

Bei einem Automobilproduzenten wurde für einen bestimmten Typ Alufelgen der Höchstbestand mit 500 Stück und der Mindestbestand mit 100 Stück festgelegt. Der Lieferant benötigt zwei Tage für die Lieferung, der durchschnittliche Tagesverbrauch der Alufelge beträgt 50 Stück und der durchschnittliche Einstandspreis 350,00 €.

a Begründen Sie, warum für den Artikel ein Höchstbestand festgelegt wurde.

b Begründen Sie, warum für den Artikel ein Mindestbestand festgelegt wurde.

c Ermitteln Sie den Meldebestand und erläutern Sie seine Bedeutung.

Eine ABC-Analyse durchführen

FK ▸ TF 12.2 | Kap. 4

Situation

Jenny Liu hat heute ihren letzten Tag als Auszubildende in der Abteilung Einkauf/Logistik in der Fly Bike Werke GmbH. Der Abteilungsleiter, Oliver Thüne, führt ein Abschlussgespräch mit ihr.

Oliver Thüne: Hat es Ihnen in meiner Abteilung denn gefallen?
Jenny Liu: Sehr sogar. Alle waren sehr nett und haben mir viel gezeigt. Ich hätte gar nicht gedacht, dass bei der Beschaffung und Lagerhaltung so viel zu beachten ist. Bezugsquellenermittlung, Bezugskalkulation, qualitativer Angebotsvergleich, Ermittlung der optimalen Bestellmenge – und das für Tausende von Materialien, die die Fly Bike Werke GmbH benötigt. Das macht doch unglaublich viel Arbeit.
Oliver Thüne: Das machen wir ja nicht für alle Materialien so umfangreich. Hat Ihnen denn kein Kollege die ABC-Analyse erklärt?
Jenny Liu: Nein, die kenne ich nicht.
Oliver Thüne: Dann schauen Sie mal hier am Bildschirm. Ich zeige Ihnen das.

Oliver Thüne ruft am Bildschirm die folgende Tabelle auf.

ABC-Analyse: Benötigte Materialien für die Fertigung des Mountainbikes Mountain *Unlimited*					
Material-Nr.	**Jahresverbrauch in Stück**	**durchschnittlicher Bezugspreis**	**wertmäßiger Jahresverbrauch in €**	**Anteil am gesamten Jahresverbrauch in %**	**ABC-Einstufung**
MU-1041	8 000	0,39 €			
MU-1042	24 000	8,95 €			
MU-1043	400	17,60 €			
MU-1044	48 000	1,05 €			
MU-1045	1 200	80,65 €			
MU-1046	200	96,30 €			
MU-1047	80 000	0,40 €			
MU-1048	800	78,50 €			
MU-1049	160 000	0,05 €			
MU-1050	6 000	9,50 €			
MU-1051	16 000	14,80 €			
MU-1052	200	89,00 €			
Summe					

Arbeitsaufträge

Veranschaulichen Sie der Auszubildenden Jenny Liu den Sinn und die Vorgehensweise der ABC-Analyse mithilfe der folgenden Arbeitsaufträge.

1 Erläutern Sie allgemein, welche Ziele die Fly Bike Werke GmbH mit der ABC-Analyse verfolgt.
2 Vervollständigen Sie in der Tabelle auf der vorangegangenen Seite die Spalte „wertmäßiger Jahresverbrauch in €" und begründen Sie anhand von Materialien aus der Tabelle, warum eine ABC-Analyse sinnvoll ist.
3 Vervollständigen Sie in der Tabelle auf der vorangegangenen Seite die Spalte „Anteil am gesamten Jahresverbrauch in %".
4 Erfassen Sie anschließend die Materialien in der folgenden Tabelle, sortiert nach sinkenden Anteilswerten (Material mit dem höchsten Anteilswert zuerst).

ABC-Analyse: Benötigte Materialien für die Fertigung des Mountainbikes Mountain *Unlimited*			
Material-Nr.	**Anteil am gesamten wertmäßigen Jahresverbrauch in %**	**Aufsummierte Anteilswerte**	**ABC-Einstufung**

5 Nehmen Sie nun die ABC-Einstufung der Materialien anhand der folgenden betriebsinternen Richtlinie der Fly Bike Werke GmbH vor:
A Güter enden bei einem aufsummierten Anteilswert von maximal 70 %.
B Güter enden bei einem aufsummierten Anteilswert von maximal 90 %.
C Güter bilden den Rest.
Vervollständigen Sie anhand dieser Ergebnisse auch die erste Tabelle.
6 Leiten Sie aus Ihrer ABC-Analyse Handlungsempfehlungen für die Fly Bike Werke GmbH ab.

Aufgaben

Aufgabe 1

In der Konrad Schmidt GmbH soll die Beschaffungsplanung für die benötigten Materialien zur Fertigung eines Aktenschranks optimiert werden. Der Gruppenleiter Oliver Ewers hat bereits für alle benötigten Materialien den Jahresverbrauch und den durchschnittlichen Bezugspreis des letzten Jahres herausgesucht.

a Erstellen Sie anhand der vorliegenden Informationen zu den benötigten Materialien eine vollständige ABC-Analyse. In der Konrad Schmidt GmbH sollen alle A-Güter zusammen maximal 80 % und alle B-Güter zusammen maximal 15 % des wertmäßigen Verbrauchs ausmachen. Die C-Güter bilden den Rest.

b Beschreiben Sie, welche Handlungsempfehlungen die Konrad Schmidt GmbH aus Ihrer ABC-Analyse ableiten könnte.

Material-Nr.	Jahresverbrauch in Stück	durchschnittlicher Bezugspreis	wertmäßiger Jahresverbrauch in €	Anteil am gesamten Jahresverbrauch in %	ABC-Einstufung
M1	6 000	1,80 €			
M2	300	14,30 €			
M3	12 000	24,35 €			
M4	30 000	84,00 €			
M5	5 000	56,30 €			
M6	800	89,65 €			
M7	950	92,50 €			
M8	12 500	113,80 €			
M9	23 800	6,45 €			
M10	42 000	2,35 €			
Summe					

Aufgabe 2

In der Rahu AG wurde das Ergebnis einer ABC-Analyse grafisch dargestellt (siehe rechts). Beschreiben und erläutern Sie die grafische Darstellung.

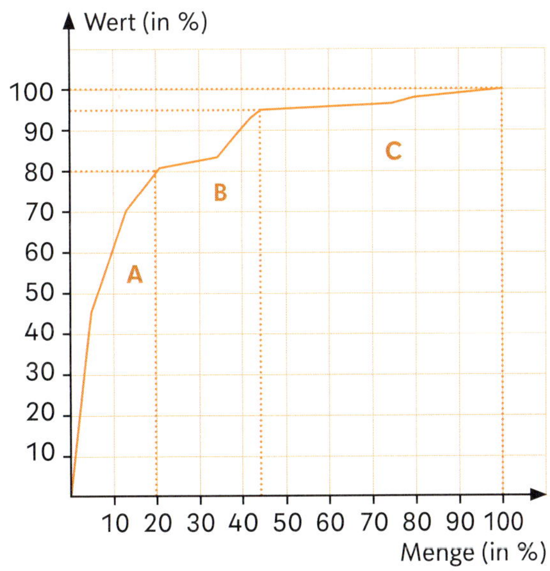

Aufgabe 3

Erstellen Sie nach folgenden Angaben eine ABC-Analyse:
A-Güter: ca. 70 % des gesamten Jahresverbrauchswerts
B-Güter: ca. 25 % des gesamten Jahresverbrauchswerts
C-Güter: ca. 5 % des gesamten Jahresverbrauchswerts

Material	Jahresverbrauch in Stück	Einstandspreis je Stück in €	Jahresverbrauchswert in €	Rang nach Jahresverbrauchswert	Material nach Rangordnung	Jahresverbrauchswert nach Rangordnung in €	Gruppeneinteilung
A	4 000	6,00					
B	1 000	120,00					
C	12 000	1,00					
D	200	1.000,00					
E	10	4.000,00					
F	680	2.000,00					
G	1 000	1. 800,00					
H	100	200,00					
I	3 000	600,00					
J	20	9.000,00					
K	5 000	200,00					
L	25 000	3,00					
M	8 000	200,00					
N	100	9.000,00					

Aufgabe 4

Stellen Sie die Ergebnisse aus Aufgabe 3 grafisch dar.

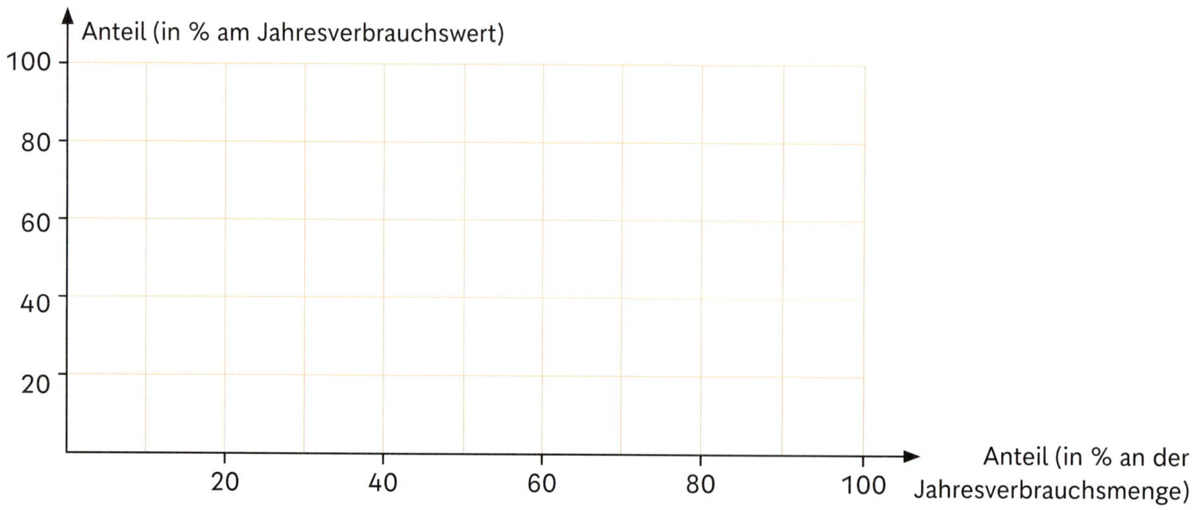

Zwischen Eigenfertigung und Fremdbezug entscheiden (Make or Buy)

FK ▸ TF 12.2 | Kap. 5

Situation

Da gleich zwei Lieferanten der Fly Bike Werke GmbH angekündigt haben, die Preise für Vorder- und Hinterräder zukünftig anzuheben, wird in der Abteilung Einkauf/Logistik über eine Eigenfertigung der Räder nachgedacht. Um eine fundierte Entscheidung treffen zu können, beauftragt Oliver Thüne, Leiter der Abteilung Verkauf/Logistik, Cem Samet, die Kosten beider Alternativen zu ermitteln und übersichtlich zusammenzustellen.

Von: Oliver Thüne (Fly Bike Werke GmbH)

An: Cem Samet (Fly Bike Werke GmbH)

Betreff: Eigenfertigung Vorder- und Hinterräder?

Lieber Herr Samet,

vor Kurzem ging die beigefügte E-Mail der DAX AG ein. Da der andere Lieferant Tamino Inc. die Räder noch teurer anbietet, bitte ich zu überprüfen, ob es nicht günstiger ist, Vorder- und Hinterräder zukünftig selber herzustellen. Ich habe bereits Angebote für die benötigten Komponenten einholen lassen und erwarte baldigst Ihren begründeten Entscheidungsvorschlag. Neben den Materialkosten, die aus den beigefügten Angeboten hervorgehen, ist mit **Fertigungskosten** in Höhe von **2,30 € pro Rad** zu rechnen. Außerdem sind **fixe Kosten** in Höhe von **50.000,00 €** zu berücksichtigen.

Mit besten Grüßen

Oliver Thüne

Am 13.05.201XX um 11:23 schrieb Peer Sachse <p.sachse@daxag.dex>:

> Sehr geehrter Herr Thüne,
>
> bedauerlicherweise müssen wir Ihnen mitteilen, dass wir die Preise für unsere Vorder- und Hinterräder aufgrund der gestiegenen Lohnkosten auf 22,95 € pro Stück (Lieferung frei Haus) erhöhen müssen. Wir hoffen weiterhin auf gute Zusammenarbeit und sagen Ihnen schon jetzt höchste Qualitätsstandards zu.
>
> Mit freundlichen Grüßen
>
> DAX AG
>
> i. A. Peer Sachse

Arbeitsauftrag

1 Unterstützen Sie Herrn Samet bei der Entscheidung. Nutzen Sie die Hinweise auf der nächsten Seite sowie die Arbeitsblätter 35.1 und 35.2. (Beachten Sie: Die variablen Stückkosten der Eigenfertigung ergeben sich aus der Summe der Fertigungskosten und der Materialkosten je Rad. Beim Fremdbezug gilt hier der neue Preis der DAX AG.)

Zwischen Eigenfertigung und Fremdbezug entscheiden (Make or Buy)

Materialkosten bei Eigenfertigung:

Wir danken für Ihre Anfrage und bieten Ihnen an (Preisangaben je Stück):

1) Felge: 4,70 €
2) Speiche: 0,11 €
3) Nabe: 1,95 €

Wir freuen uns, Ihnen als langjährigen Kunden folgendes Angebot unterbreiten zu können:

- Schlauch: 0,95 €/Stück
- Mantel: 3,35 €/Stück

Teilverwendungsnachweis:

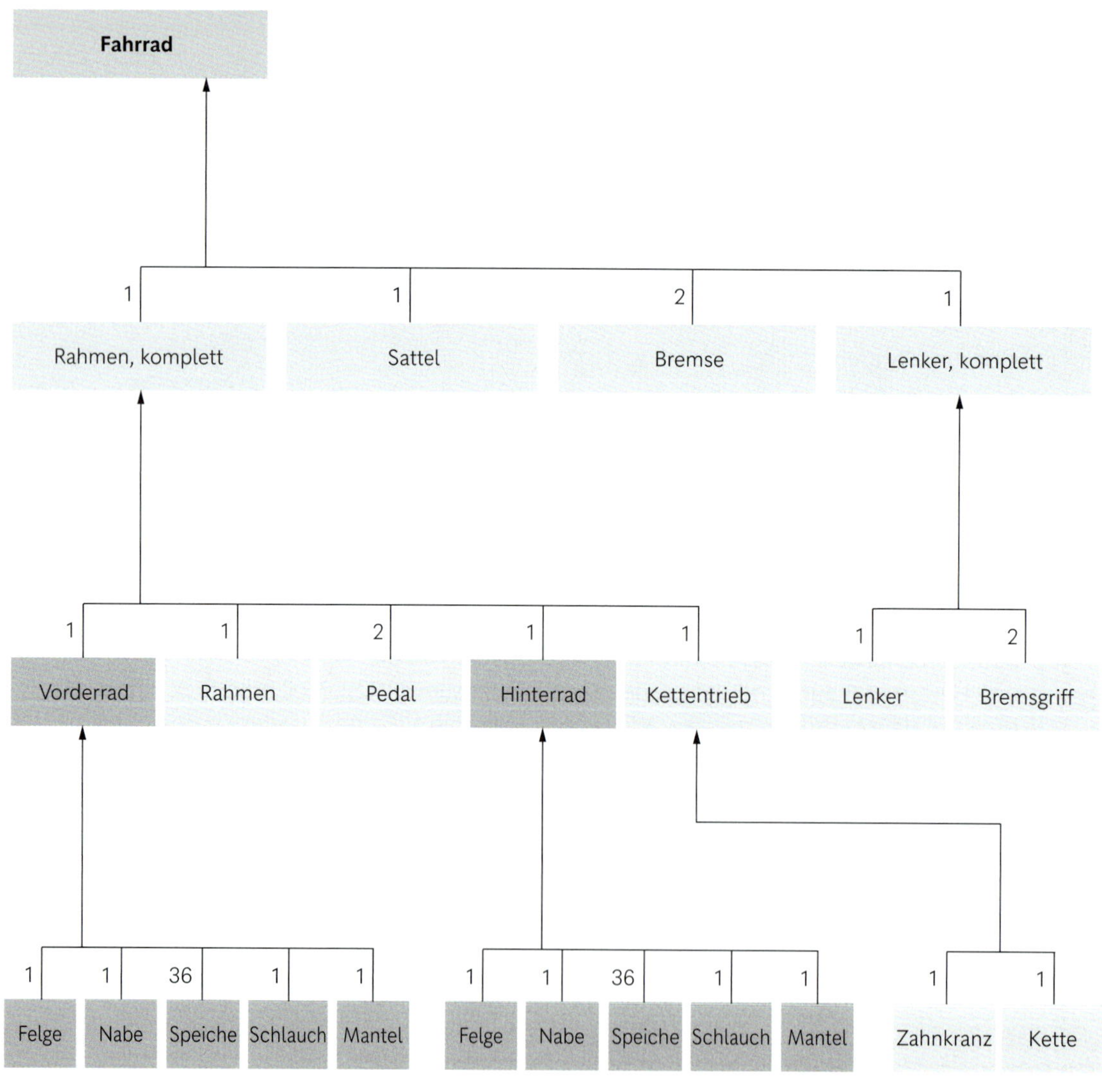

Arbeitsblatt 35.1 | Ermittlung der kritischen Menge

Übersicht 1: Rechenweg

Kosten der Eigenfertigung	=	Kosten des Fremdbezuges
$kv \cdot x + KF$	=	$kv \cdot x$
	=	
	=	
	=	

Übersicht 2: Grafische Darstellung

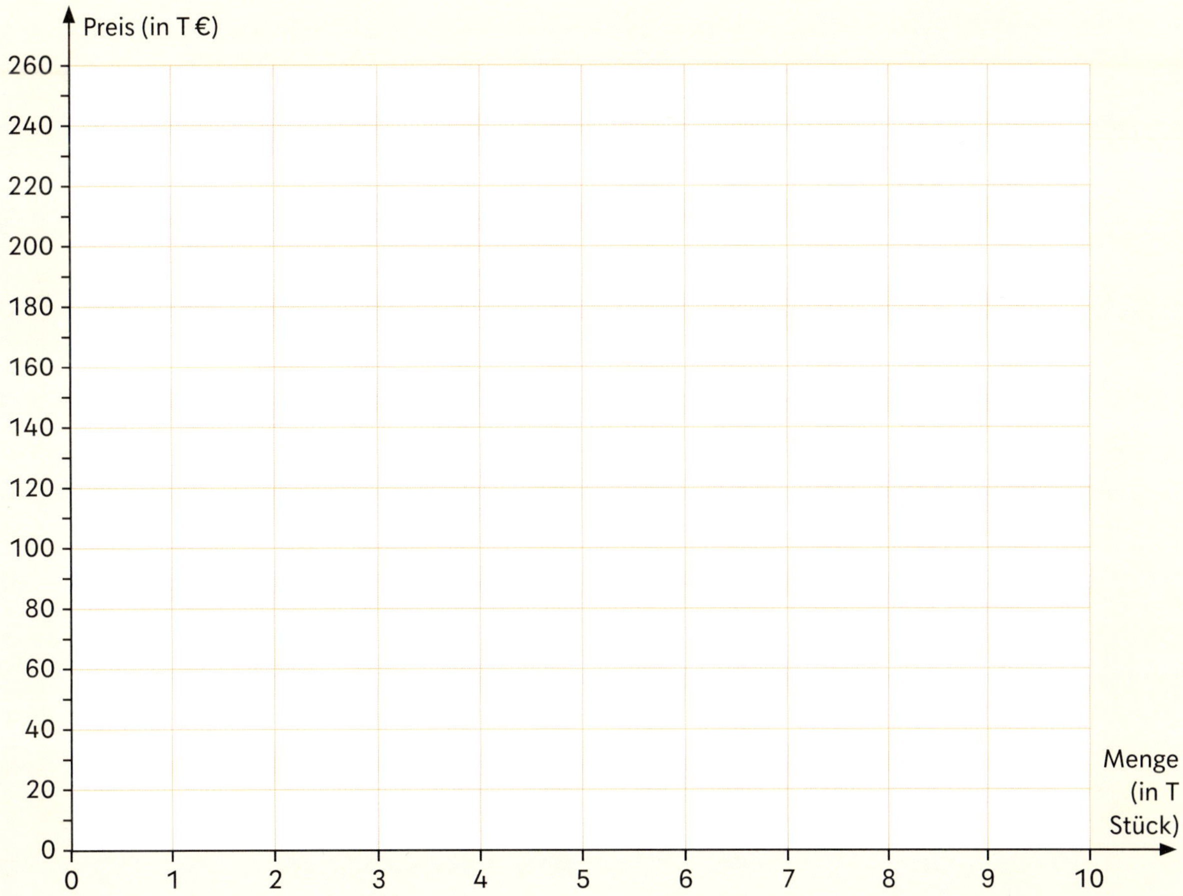

Arbeitsblatt 35.2 | Nutzwertanalyse

Kriterium	Gewichtungsfaktor	Eigenfertigung		Fremdbezug	
		Punkte	Punkte · Faktor	Punkte	Punkte · Faktor
Preis					
Qualität des Erzeugnisses					
Einflussnahme auf die Produktgestaltung					
Verantwortung gegenüber den eigenen Mitarbeitern					
Gesamtwert	X				

Bewertungsschlüssel:
Ausgangspunkt für die Bewertung ist die Normalpunktzahl (5). Sie ist immer dann zu vergeben, wenn keine Informationen vorliegen bzw. sich im Rahmen der Geschäftsbeziehungen keine Besonderheiten ergaben. Bei positiven Beobachtungen erfolgt eine Aufwertung bis zur maximalen Punktzahl 9, bei negativen Beobachtungen erfolgt eine Abwertung bis zur minimalen Punktzahl 1.

Aufgaben

Aufgabe 1

Sie sind in der Fertigungsplanung eines großen PC-Herstellers tätig. Zurzeit fertigt Ihr Unternehmen 15 000 Hochleistungsrechner pro Jahr. Dabei fallen pro Jahr 3 Mio. € an Fixkosten sowie 250,00 € pro Stück an variablen Herstellungskosten an. Ein Zuliefererbetrieb aus Fernost bietet einen gleichwertigen PC für 400,00 € (inklusive Versicherung und Transport) an. Sie nehmen das Angebot zum Anlass, für die nächste Abteilungsbesprechung eine Entscheidungsvorlage mit dem Thema „Eigenfertigung oder Fremdbezug“ zu erstellen.

a Soll Ihr Unternehmen aus Kostengründen die PCs weiter selber produzieren oder diese von dem Zulieferbetrieb aus Fernost beziehen? Stellen Sie Ihr Arbeitsergebnis auch in Form einer Grafik dar.

b Welche Faktoren – abgesehen von den Kosten – sind bei der Entscheidung über den Fremdbezug noch einzubeziehen?

c „Die Entscheidung für einen Fremdbezug ist eine langfristige Angelegenheit.“ Begründen Sie diese Behauptung.

d Im Zusammenhang mit der Entscheidung zwischen Eigenfertigung und Fremdbezug fällt häufig auch das Stichwort Outsourcing. Recherchieren Sie den Begriff „Outsourcing“ und finden Sie Beispiele für Outsourcing in Industrieunternehmen.

Aufgabe 2

Das folgende Diagramm stellt die Kostensituation für die Entscheidung zwischen Eigenproduktion und Fremdbezug dar. Beschriften Sie das Diagramm.

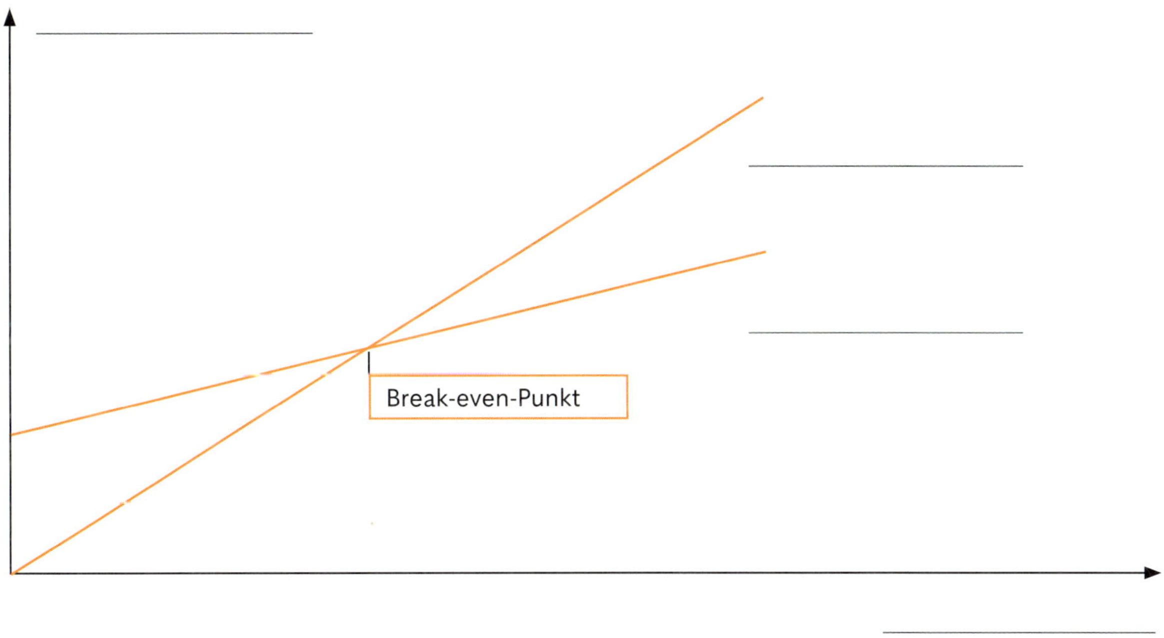

Aufgabe 3

Ein Produzent von Schreibgeräten steht nach einer Preiserhöhung des bisherigen Lieferanten vor der Frage, ob die Federn der Füllfederhalter zukünftig selbst hergestellt werden sollten. Der Bezugspreis der Federn beträgt zukünftig 5,00 € pro Stück. An Fertigungskosten sind 1,70 € zu berücksichtigen, an Materialkosten 1,40 €. An Fixkosten fallen 25.000,00 € an.

a Berechnen Sie, ob sich eine Umstellung auf Eigenfertigung lohnt, wenn jährlich 10 000 Stück produziert werden.

b Ermitteln Sie rechnerisch und grafisch, ab welcher Produktionsmenge sich eine Umstellung auf Eigenfertigung lohnt.

Nachhaltig beschaffen

FK ▸ TF 12.2 | Kap. 6

Situation

Die Auszubildende Jenny Liu darf heute in der Fly Bike Werke GmbH an einem Treffen einer gerade ins Leben gerufenen Arbeitsgruppe teilnehmen. Die Geschäftsführerin Ewa Nowak war vor einiger Zeit auf folgenden Artikel in einem Magazin für Unternehmensmanager gestoßen:

Unternehmen werden nachhaltig

Stiftung gibt Anreize für unternehmerischen Umwelt- und Klimaschutz

Die Unternehmerstiftung „Nachhaltige Wirtschaft" hat sich den Umwelt- und Klimaschutz auf die Fahnen geschrieben. Ergänzend zu den zahlreichen Gesetzen und Verordnungen, die – wie das Verbot kostenloser Plastiktüten im Einzelhandel – vor allem Veränderungen für Verbraucherinnen und Verbraucher mit sich bringen, sollen zunehmend Anreize für Unternehmen zum nachhaltigen Wirtschaften geschaffen werden.

Dass es die Stiftung ernst meint, belegt der jetzt ausgeschriebene Wettbewerb „Nachhaltige Unternehmerinnen und Unternehmer in Deutschland". Mit 5 Millionen Euro Preisgeld ausgestattet, prämiert die Stiftung namhafter Unternehmer die besten Umwelt- und Klimaschutzmaßnahmen von Unternehmen in Deutschland. In einem mehrstufigen Bewertungsverfahren beurteilen zehn Expertinnen und Experten die eingereichten Beiträge. Gesucht werden betriebliche Lösungen, die in den Bereichen Umweltschutz, Klimaschutz, Energieeffizienz, Ressourcenschonung und Nachhaltigkeit richtungsweisend sind.

Quelle: Autorentext

Frau Nowak möchte an dem Wettbewerb teilnehmen und hat zu diesem Zweck im Unternehmen eine Arbeitsgruppe ins Leben gerufen. Die Gruppe soll vier Vorschläge erarbeiten und in einer Abteilungsleitersitzung vorstellen. Der attraktivste Vorschlag soll dann weiter ausgearbeitet und für den Wettbewerb eingereicht werden.

Arbeitsaufträge

1 Begründen Sie, warum die Teilnahme der Fly Bike Werke GmbH an dem Wettbewerb für das Unternehmen ökonomisch und ökologisch Sinn machen kann.

2 Sammeln Sie im Rahmen eines Brainstormings Ideen für nachhaltiges Handeln in den einzelnen Unternehmensbereichen. Nutzen Sie hierzu das Arbeitsblatt 36.1.

3 Skizzieren Sie einen ersten Wettbewerbsvorschlag für den Unternehmensbereich Beschaffung, den Sie auf der Abteilungsleitersitzung vorstellen können. Tragen Sie Ihre Ergebnisse in Arbeitsblatt 36.2 ein
   - a Geben Sie dem Vorschlag einen Namen und formulieren Sie möglichst konkret das Hauptziel.
   - b Entwickeln Sie Maßnahmen, die der Zielerreichung dienen können. Berücksichtigen Sie gegebenenfalls Ihre Arbeitsergebnisse aus Arbeitsauftrag 2 und entwickeln Sie weitere Ideen.
   - c Überlegen Sie, welche möglichen Probleme bzw. Hürden die Zielerreichung erschweren könnten.

Arbeitsblatt 36.1 | Ideen für nachhaltiges Wirtschaften

Nachhaltiges Wirtschaften im Unternehmen

bei der Beschaffung
- standortnahe Lieferanten

bei der Produktion
- Recycling von Abfällen (z. B. Holzreste zum Heizen)

beim Absatz

in der Verwaltung

Arbeitsblatt 36.2 | Wettbewerbsvorschlag „Nachhaltig beschaffen“

Name des Vorschlags	
Hauptziel	
Maßnahmen (Ideen)	
mögliche Probleme	

Aufgaben

Aufgabe 1
Der Einkauf eines Unternehmens trägt ökologische Mitverantwortung.

a Recherchieren Sie Waren, die fair gehandelt werden.
b Sowohl fair gehandelte als auch nachhaltige Waren sind oft teurer als die konventionellen Gegenstücke. Suchen Sie Gründe dafür, warum dies so ist.
c Begründen Sie, warum viele Menschen bereit sind, den etwas höheren Preis für nachhaltige und/oder fair gehandelte Waren zu bezahlen.

Aufgabe 2
Eine Kaffeerösterei bezieht Kaffee aus Afrika. Obwohl die Preise schwanken, zahlt die Kaffeerösterei einen Mindestpreis, der immer höher als der tatsächliche Marktpreis ist. Überlegen Sie, wieso diese Strategie aus Sicht der Kaffeerösterei betriebswirtschaftlich trotzdem sinnvoll sein könnte, obwohl sie den Kaffee günstiger hätte einkaufen können. Wieso sind in diesem Zusammenhang Zertifikate wie „Fair Trade“ für Unternehmen, die in ihren Beschaffungsprozessen Aspekte wie Nachhaltigkeit und Fairness beachten, entscheidend im Wettbewerb?

Aufgabe 3
Die Bundesregierung hat mit dem Lieferkettensorgfaltspflichtgesetz (umgangssprachlich: Lieferkettengesetz) eine Rechtsquelle erlassen, mit der Unternehmen zu nachhaltigem Wirtschaften verpflichtet werden sollen. Recherchieren Sie und beschreiben Sie die wichtigsten Inhalte des Lieferkettengesetzes.

Aufgabe 4
Recherchieren Sie die Bedeutung der folgenden Nachhaltigkeitslabel und tragen Sie diese rechts neben den Labeln ein.

EU Ecolabel www.ecolabel.eu

BLAUER ENGEL DAS UMWELTZEICHEN

FSC®

GRÜNER KNOPF SOZIAL.ÖKOLOGISCH.STAATLICH. UNABHÄNGIG ZERTIFIZIERT.

Lernsituation 37

Lagerkennziffern ermitteln und Lagerhaltung organisieren

FK ▶ TF 12.2 | Kap. 7

Situation

Die Geschäftsführerin der Fly Bike Werke GmbH, Ewa Nowak, hat Sabrina Steffes zuständig für das Controlling gebeten, einige Unternehmensdaten zur Einschätzung der wirtschaftlichen Situation des Unternehmens zusammenzustellen. Frau Steffes bittet Oliver Thüne um seine Mithilfe.

Von: Sabrina Steffes (Fly Bike Werke GmbH)
An: Oliver Thüne (Fly Bike Werke GmbH)
Betreff: Lagerkennziffern

Lieber Herr Thüne,

gerade bereite ich für Frau Nowak einige Unternehmensdaten zur Beurteilung der wirtschaftlichen Situation unseres Unternehmens auf. In diesem Zusammenhang benötige ich zum Rohstoff Stahl und zum Hilfsstoff Farbe „Royalblau" die folgenden Lagerkennziffern:

- durchschnittlicher Lagerbestand (mengenmäßig und wertmäßig)
- Umschlagshäufigkeit
- durchschnittliche Lagerdauer
- Lagerzinssatz
- Lagerzinsen

Freundliche Grüße

Sabrina Steffes

Arbeitsaufträge

1 Übernehmen Sie die Aufgabe von Herrn Thüne und ermitteln Sie die von Frau Steffes angeforderten Lagerkennziffern. Nutzen Sie dazu den in Arbeitsblatt 37.1 abgebildeten Auszug aus der Lagerdatei und berücksichtigen Sie auch den aktuellen Jahreszinssatz von 8 %. Vervollständigen Sie zur Vorbereitung Ihrer Berechnungen zunächst das Arbeitsblatt 37.2.

2 Erstellen Sie in Arbeitsblatt 37.3 einen Überblick zu den Lagerkennziffern. Geben Sie für jede Lagerkennziffer eine kurze Erläuterung und beschreiben Sie, was eine Veränderung der Kennziffer über die Wirtschaftlichkeit der Lagerhaltung aussagt.

3 Erläutern Sie, zu welchem Zweck Frau Steffes die von Ihnen ermittelten Daten benötigt.

4 Beurteilen Sie die Aussagekraft der von Ihnen ermittelten Lagerkennziffern und arbeiten Sie heraus, welche zusätzlichen Informationen nützlich wären, um den Daten höhere Aussagekraft zu verleihen.

5 Beschreiben Sie, aus welchen Bestandteilen sich Lagerkosten zusammensetzen.

Folgesituation

Oliver Thüne hat Frau Steffes die Ergebnisse zu den Lagerkennziffern übersichtlich zusammengestellt und gemailt. Bereits am nächsten Tag wendet sich Frau Steffes erneut an ihn. Das Lager der Fly Bike Werke GmbH soll gegebenenfalls neu organisiert werden. Um eine sinnvolle Entscheidung treffen zu können, benötigt Frau Steffes eine Übersicht über verschiedene Optionen der Lagerhaltung.

Von: Sabrina Steffes (Fly Bike Werke GmbH)
An: Oliver Thüne (Fly Bike Werke GmbH)
Betreff: Optimierung unserer Lagerhaltung

Lieber Herr Thüne,

herzlichen Dank für die zügige Ermittlung der Lagerkennziffern. Ich habe die Daten an Frau Nowak weitergeleitet.

Wir überlegen zudem, das Lager neu zu organisieren und noch besser auf unsere Geschäftstätigkeit auszurichten. Hierfür benötigen wir einen Überblick über die Funktionen von Lagern und Lagerarten.

Daher meine Bitte an Sie, uns diese Informationen übersichtlich zusammenzustellen.

Freundliche Grüße

Sabrina Steffes

Fly Bike Werke GmbH
Rostocker Str. 334, 26121 Oldenburg
Geschäftsführerin: Ewa Nowak
Handelsregister: Oldenburg HRB 2134

Arbeitsaufträge

1 Fassen Sie in Arbeitsblatt 37.4 die Lagerfunktionen zusammen, indem Sie jede Funktion nennen und kurz erläutern.
2 Erstellen Sie in Arbeitsblatt 37.5 einen Überblick über die wichtigsten Lagerarten (mit kurzen Erläuterungen).

Arbeitsblatt 37.1 | Auszug aus der Lagerdatei

Fly Bike Werke GmbH				
Lagerdatei				
Artikel	**Stahl**	durchschnittl. Bezugspreis: 620,00 € pro Tonne		
Datum	**Beleg**	**Zugang Lager**	**Abgang Lager**	**Bestand**
02.01.	Inventurbestand			12 500 kg
23.01.	Ausgangslagerschein (ALS) 89		6 000 kg	
02.02.	ALS 102		5 000 kg	
18.02.	Eingangslagerschein (ELS) 768	12 000 kg		
13.03.	ALS 189		10 000 kg	
28.04.	ALS 309		2 000 kg	
11.05.	ELS 1100	24 000 kg		
12.05.	ALS 344		24 000 kg	
10.06.	ELS 1302	26 000 kg		
23.07.	ALS 500		14 000 kg	
13.08.	ALS 538		12 000 kg	
24.09.	ELS 2066	28 000 kg		
18.10.	ALS 728		14 500 kg	
02.11.	ALS 755		13 500 kg	
24.11.	ELS 2066	27 000 kg		
12.12.	ALS 839		27 000 kg	
14.12.	ELS 2212	6 000 kg		
21.12.	ALS 874		5 500 kg	
28.12.	ELS 874	25 500 kg		
31.12.				

Fly Bike Werke GmbH				
Lagerdatei				
Artikel	**Farbe Royalblau**	durchschnittl. Bezugspreis: 8,50 € pro Kilogramm		
Datum	**Beleg**	**Zugang Lager**	**Abgang Lager**	**Bestand**
02.01.	Inventurbestand			12 kg
20.01.	ELS 105	20 kg		
01.02.	ALS 100		11 kg	
02.02.	ELS 101	10 kg		
25.03.	ALS 323		10 kg	
26.05.	ALS 377		2 kg	
28.06.	ELS 504	14 kg		
28.07.	ALS 504		24 kg	
08.08.	ELS 344	18 kg		
11.08.	ALS 522		14 kg	
20.09.	ALS 524		12 kg	
17.10.	ELS 657	43 kg		
21.11.	ALS 793		41 kg	
31.12.				

Arbeitsblatt 37.2 | Formeln zur Berechnung der Lagerkennziffern

1 Durchschnittlicher Lagerbestand

a =

b =

c =

2 Umschlagshäufigkeit

=

3 Durchschnittliche Lagerdauer

=

4 Lagerzinssatz

=

5 Lagerzinsen

=

Arbeitsblatt 37.3 | Bedeutung der Lagerkennziffern

Lagerkennziffern

Kennziffer	Erläuterung	Bedeutung
Durchschnittlicher Lagerbestand	Erläuterung: Er gibt an, wie hoch der Lagerbestand in einem Zeitraum (z. B. Jahr) durchschnittlich ist.	Je höher der durchschnittliche Lagerbestand, desto geringer die Wirtschaftlichkeit der Lagerhaltung
	Erläuterung:	
	Erläuterung:	
	Erläuterung:	
	Erläuterung:	

Arbeitsblatt 37.4 | Lagerfunktionen

1. Bereitstellungsfunktion

Erläuterung:

2. ______________________________

Erläuterung: Die Produktionsbereitschaft wird durch die Möglichkeit, auf gelagerte Materialien zugreifen zu können, sichergestellt.

3. ______________________________

Erläuterung:

4. ______________________________

Erläuterung:

5. ______________________________

Erläuterung:

6. ______________________________

Erläuterung:

7. ______________________________

Erläuterung:

Arbeitsblatt 37.5 | Lagerarten

Lagerarten nach der Stellung im Produktionsprozess

Erläuterung: ______

Erläuterung: ______

Erläuterung: ______

Lagerarten nach dem Lagerstandort

Erläuterung: ______

gemischte Lagerung

Erläuterung: ______

Erläuterung: ______

Aufgaben

Aufgabe 1

Aufgrund eines EDV-Problems sind sämtliche Daten einer Artikeldatei gelöscht worden.

a Führen Sie die Lagerkarte für den Artikel Nr. 228 (siehe unten) per Hand und tragen Sie folgende Vorgänge ein:
- 2. Januar, Inventur, aktueller Bestand 130 Stück
- 31. Januar, Verbrauch von 70 Stück im Januar lt. Lagerausgangsschein 198
- 8. Februar, Einkauf Mühlen Nett GmbH, Lagereingangsschein 18, 140 Stück
- 27. Februar, Verbrauch von 75 Stück im Februar lt. Lagerausgangsschein 217
- 30. März, Verbrauch von 65 Stück im März lt. Lagerausgangsschein 302
- 6. April, Einkauf Mühlen Nett GmbH, Lagereingangsschein 26, 140 Stück
- 30. April, Verbrauch von 40 Stück im April lt. Lagerausgangsschein 456
- 31. Mai, Verbrauch von 80 Stück im Mai lt. Lagerausgangsschein 584

b Berechnen Sie folgende Lagerkennzahlen:
- durchschnittlicher Lagerbestand in Stück und Euro (Berücksichtigen Sie den Jahresanfangsbestand und die fünf Monatsendbestände.)
- durchschnittliche Lagerdauer
- Umschlagshäufigkeit
- Lagerzinssatz (Marktzinssatz = 5,5 %)
- Lagerzinsen

c Erläutern Sie in eigenen Worten, was die jeweiligen Kennzahlen aussagen.

Lagerkarte						
Artikel Nr.	**Bezugspreis/Stück**		**Bruttoverkaufspreis/ Stück**		**Meldebestand**	**Höchstbestand**
228	35,00 €		98,00 €		60	200
Datum	**Beleg**	**Vorgang**	**Zugang**	**Abgang**	**Aktueller Bestand**	**Bedarf**

Aufgabe 2

Stellen Sie fest, ob die nachfolgenden Maßnahmen

a die durchschnittliche Lagerdauer verkürzen,

b die durchschnittliche Lagerdauer erhöhen oder

c keinen Einfluss auf die durchschnittliche Lagerdauer haben.

☐ Das Unternehmen bietet die Waren zu einem Sonderpreis an.

☐ Der eiserne Bestand wird verdoppelt.

☐ Die Verkaufspreise für die Waren werden um 5 % erhöht.

☐ Die Bestellmenge für Waren wird halbiert.

☐ Der Marktzinssatz für die Ermittlung der Lagerzinskosten steigt.

Aufgabe 3

Der durchschnittliche Lagerbestand eines Rohstoffs beträgt 109.000,00 €, der wertmäßige Jahresverbrauch beträgt 342.000,00 €.

a Berechnen Sie die Umschlagshäufigkeit für diesen Rohstoff.

b Ermitteln Sie die durchschnittliche Lagerdauer in Tagen.

c Ermitteln Sie den Lagerzinssatz bei einem Marktzinssatz von 7,3 %.

d Errechnen Sie die Lagerzinsen für diesen Rohstoff.

Aufgabe 4
Der durchschnittliche Lagerbestand zählt zu den zentralen Kennzahlen einer wirtschaftlichen Lagerhaltung. Erläutern Sie drei Maßnahmen, durch die der durchschnittliche Lagerbestand gesenkt werden kann.

Aufgabe 5
Ermitteln Sie aufgrund der folgenden Angaben im Auftrag von Herrn Schneider, Sachbearbeiter im Lager der Fly Bike Werke GmbH, folgende Lagerkennzahlen:

a den durchschnittlichen Verbrauch/Kalenderwoche,
b den durchschnittlichen Lagerbestandswert,
c die durchschnittliche Lagerdauer,
d die Zinsen für das durchschnittlich im Lager gebundene Kapital.

Die ERP-Software Dynamics NAV gibt folgende Lagerbestandsentwicklung für das Jahr 20XX aus:

Artikel: 7020 – Sattel Trek TR, Sattelzug D
- Höchstbestand: 4 500 Stück — Bericht Nr. 22391
- Meldebestand: 2 500 Stück — Dynamics NAV
- Einstandspreis: 5,36 €/Stück — Seite -1-

Tag	Eingang (Stück)	Ausgang (Stück)	Bestand (Stück)
01.01.			3 200
19.01.		600	2 600
10.02.		700	1 900
05.03.		850	1 050
25.03.	2 400		3 450
28.03.		800	2 650
20.04.		750	1 900
15.05.		600	1 300
01.06.	2 400		3 700
04.06.		550	3 150
26.06.		700	2 450
18.07.		800	1 650
06.08.	2 400		4 050
10.08.		900	3 150
05.09.		800	2 350
27.09.		800	1 550
19.10.	2 400		3 950
20.10.		850	3 100
08.11.		700	2 400
23.11.		750	1 650
10.12.		900	750
18.12.	2 400		3 150
31.12.			3 150

Das Controlling hat in diesem Zusammenhang auf Anforderung folgende Daten ermittelt:

Kostenreport Nr. 2231

- Artikel: 7020 – Sattel Trek TR
- Kalkulatorischer Zinssatz für gebundenes Kapital: 12 %
- Verbrauchsperioden: 48 Wochen/Jahr

Aufgabe 6

Kennzeichnen Sie nachfolgende Aussagen mit einer

1 wenn sie einen Vorteil der zentralen Lagerung,
2 wenn sie einen Vorteil der dezentralen Lagerung,
3 wenn sie einen Nachteil der zentralen Lagerung,
4 wenn sie einen Nachteil der dezentralen Lagerung beschreiben.

- ☐ Die innerbetrieblichen Transportwege (Transportzeit, Transportkosten) werden verkürzt.
- ☐ Wird eine Ware in verschiedenen Lagern bevorratet, so muss für jeden Lagerort ein Mindestbestand bereitgehalten werden.
- ☐ Die Raum- und Verwaltungskosten sind bei dieser Lagerung minimal.
- ☐ Die körperliche Bestandsaufnahme (Inventur) ist leichter durchzuführen.
- ☐ Nebenlager müssen zumeist zusätzlich eingerichtet werden.
- ☐ Sicherheitsvorschriften für die Lagerung bestimmter Waren können leichter eingehalten werden.

Aufgabe 7

a Nennen Sie Beispiele für Warenarten, für die ein besonderer Schutz notwendig ist. Tragen Sie diese in die unten stehende Tabelle ein.

b Welchen typischen Gefahren sind diese Warenarten ausgesetzt? Ergänzen Sie die Tabelle.

c Stellen Sie für die gewählten Güter die jeweils sinnvollen Lagerarten und Schutzmaßnahmen zusammen.

a Warenart	b Typische Gefahren	c Lagerart/Schutzmaßnahmen

Selbsteinschätzung TF 12.2

Ich kann …	Kann ich	Kann ich nicht
Bezugsquellen und Angebote		
1 … interne und externe Informationsquellen bei der Bezugsquellenermittlung unterscheiden.		
2 … Vorteile von internen und externen Informationsquellen zur Bezugsquellenermittlung erläutern.		
3 … einen quantitativen Angebotsvergleich mithilfe einer Bezugskalkulation durchführen.		
4 … einen qualitativen Angebotsvergleich mithilfe einer Nutzwertanalyse durchführen und eine begründete Entscheidung für einen Lieferanten treffen.		
5 … die rechtliche Bedeutung einer Anfrage und eines Angebots unterscheiden.		
6 … ein verbindliches von einem unverbindlichen Angebot unterscheiden.		
7 … beurteilen, wann die Bindefrist an ein verbindliches Angebot abgelaufen ist.		
8 … die üblichen Inhaltspunkte eines Angebots nennen.		
Bestellungen und Wareneingänge		
1 … die typischen Schriftstücke im Rahmen eines Beschaffungsprozesses nennen und zuordnen, von welchem Vertragspartner sie verfasst werden.		
2 … im Rahmen eines Beschaffungsprozesses beurteilen, ob es sich bei der Bestellung um einen Antrag oder die Annahme eines Antrags zu einem Kaufvertrag handelt.		
3 … beurteilen, wann im Rahmen eines Beschaffungsprozesses ein Kaufvertrag zustande gekommen ist.		
4 … beurteilen, ob eine Auftragsbestätigung im Rahmen eines Beschaffungsprozesses eine rechtliche Bedeutung hat oder nicht.		
5 … beschreiben, wie eine ordnungsgemäße äußere und innere Wareneingangskontrolle erfolgt.		
6 … beurteilen, ob bei einer Wareneingangskontrolle die Prüf- und Rügefrist eingehalten wurde.		
Optimale Bestellmenge		
1 … den Zielkonflikt zwischen der Minimierung der Bestellkosten und der Lagerkosten erläutern.		
2 … Bestandteile der Bestellkosten und der Lagerkosten nennen.		
3 … eine optimale Bestellmenge auf Grundlage vorgegebener Daten tabellarisch ermitteln.		
4 … eine optimale Bestellmenge auf Grundlage vorgegebener Daten rechnerisch ermitteln.		
5 … die Realitätsnähe des theoretischen Konstrukts der optimalen Bestellmenge hinterfragen.		
6 … begründen, warum in der Realität häufig von der theoretisch optimalen Bestellmenge abgewichen wird.		

Selbsteinschätzung TF 12.2

Ich kann ...	Kann ich	Kann ich nicht
Bestellverfahren		
1 ... die wesentlichen Unterschiede zwischen dem Bestellpunktverfahren und dem Bestellrhythmusverfahren erläutern.		
2 ... die Begriffe Mindest-, Melde- und Höchstbestand erläutern.		
3 ... Meldebestände auf Grundlage vorhandener Daten berechnen.		
4 ... die Festlegung von Höchstbeständen begründen.		
5 ... Auswirkungen von Veränderungen der Lieferzeit oder des Tagesverbrauchs auf den Meldebestand herausarbeiten.		
6 ... Vor- und Nachteile des Bestellpunktverfahrens und des Bestellrhythmusverfahrens gegeneinander abwägen.		
7 ... den Unterschied zwischen der Just-in-time-Beschaffung und der Einzelbeschaffung bei Bedarf erläutern.		
8 ... die Vorteile und Risiken der Just-in-time-Beschaffung beschreiben.		
ABC-Analyse		
1 ... den Sinn und Zweck einer ABC-Analyse erklären.		
2 ... eine ABC-Analyse auf Grundlage vorgegebener Daten durchführen und A-, B- und C-Güter kategorisieren.		
3 ... Handlungsempfehlungen aus einer ABC-Analyse ableiten.		
Make or buy		
1 ... die Bedeutung der kritischen Menge beschreiben.		
2 ...die kritische Menge rechnerisch ermitteln.		
3 ... die kritische Menge grafisch ermitteln.		
4 ... eine Entscheidung für eine Eigenfertigung oder einen Fremdbezug mithilfe von quantitativen und qualitativen Kriterien treffen.		
Nachhaltige Beschaffung		
1 ... grundlegende Ansätze nachhaltiger Beschaffungsvorgänge skizzieren.		
2 ... verschiedene Ursachen für Umweltbelastungen durch unternehmerisches Handeln beschreiben.		
3 ... Beschaffungsentscheidungen unter Berücksichtigung ökologischer Aspekte treffen.		
Lagerkennziffern und Lagerhaltung		
1 ... den Zielkonflikt zwischen dem Sachziel und dem Formalziel der Lagerhaltung beschreiben.		
2 ... die Lagerarten nach ihrer Stellung im Produktionsprozess unterscheiden.		
3 ... zentrale Lagerung und dezentrale Lagerung unterscheiden.		
4 ... die Funktionen der Lagerhaltung beschreiben.		
5 ... die verschiedenen Bestandteile der Lagerkosten unterscheiden.		
6 ... Lagerrisiken in Abhängigkeit vom Lagergut erläutern.		
7 ... Lagerkennziffern mithilfe von Formeln ermitteln.		
8 ... Lagerkennziffern interpretieren und beurteilen.		

Ein Projekt planen und durchführen

FK ▶ TF 12.3 | Kap. 1 - 5

Situation: Projektphase 1 – Projektauftrag

Ein erfolgreiches Geschäftsjahr liegt hinter der Fly Bike Werke GmbH. Aus diesem Grund und zur Festigung der Mitarbeiterbindung haben die Geschäftsführerin Ewa Nowak und der Verwaltungsleiter Cem Samet beschlossen, einen Betriebsausflug mit allen Mitarbeiterinnen und Mitarbeitern sowie den Auszubildenden durchzuführen. Die Planung und Organisation dieses Betriebsausflugs möchten sie in die Hände der beiden Auszubildenden Jenny Liu und Elias Schumacher sowie der beiden Praktikanten Mia Klein und Deniz Özal legen. Die Auszubildende Jenny Liu soll das Projekt leiten. Heute Vormittag hat im Konferenzraum eine Vorbesprechung mit Frau Nowak, den beiden Auszubildenden und den beiden Praktikanten stattgefunden. Jenny Liu hat im Anschluss das auf der nächsten Seite abgebildete Ergebnisprotokoll erstellt.

Um sich Klarheit über die Rahmenbedingungen, das Projektziel und die anstehenden Aufgaben zu verschaffen, sollen die Auszubildenden und die Praktikanten als Erstes einen Projektauftrag formulieren.

Arbeitsaufträge

Übernehmen Sie die Aufgaben der Auszubildenden und Praktikanten der Fly Bike Werke GmbH und formulieren Sie einen Projektauftrag. Die folgenden Teilaufgaben dienen Ihnen als Leitfaden.

1 Erstellen Sie eine Projektskizze unter Verwendung von Arbeitsblatt 38.1.
2 Verfeinern Sie die Projektaufgabe, indem Sie mithilfe von Kreativitätstechniken schon erste Ideen entwickeln zu: Ausflugsziel, Aktivitäten, Transportmitteln und Übernachtungsmöglichkeiten. Sie sollen noch keine Ihrer Ideen auswählen.
3 Formulieren Sie unter Verwendung von Arbeitsblatt 38.2 die Projektziele.
4 Wählen Sie aus Ihren im Rahmen von Arbeitsauftrag 2 entwickelten Ideen für Ausflugsziele zwei Ziele aus. Entscheiden Sie sich dann unter Verwendung von Arbeitsblatt 38.3 für eines dieser beiden Ausflugsziele.
5 Formulieren Sie unter Verwendung von Arbeitsblatt 38.4 den Projektauftrag.

Fly Bike Werke GmbH

Ergebnisprotokoll

Datum	20. März 20XX
Uhrzeit	09:00 – 10:00 Uhr
Ort	Konferenzraum
Teilnehmer/-innen	Ewa Nowak, Geschäftsführerin und Sitzungsleiterin Jenny Liu, Auszubildende und Protokollführerin Elias Schumacher, Auszubildender Mia Klein, Praktikantin Deniz Özal, Praktikant
TOP	1. Projektanlass und Ziele des Betriebsausflugs 2. Rahmenbedingungen des Betriebsausflugs

Besprechungsinhalt (Ergebnisse):

TOP 1:

- Das zurückliegende Geschäftsjahr war sehr erfolgreich und das Unternehmen möchte die Mitarbeiterinnen und Mitarbeiter dafür belohnen.
- Das „Wir-Gefühl“ soll weiter gestärkt werden. Entsprechende Programmpunkte sollen dies unterstützen.
- Das Programm soll für alle Mitarbeiterinnen und Mitarbeiter wie auch die Auszubildenden (unabhängig vom Alter oder Geschlecht) ansprechend sein.

TOP 2:

- Termin: 20. und 21. Mai dieses Jahres
- geplante Dauer: von Freitagmittag bis Samstagabend (eine Übernachtung)
- Ausflugsziel: im Umkreis von max. 200 km, um die Fahrtzeit in Grenzen zu halten
- Projektbudget: 5.000,00 €
- Aktivitäten: Hierzu wurden von Frau Nowak keine Vorgaben gemacht. Die Auszubildenden und Praktikanten haben sich darauf verständigt, möglichst viele Ideen zu sammeln und diese in einer weiteren Besprechung mit Frau Nowak zu erörtern.

Datum, Unterschrift Sitzungsleiter/-in	Datum, Unterschrift Protokollführer/-in
20.03.20XX, Ewa Nowak	*20.03.20XX, Jenny Liu*

Folgesituation: Projektphase 2 – Projektplanung

Der von Ihnen erstellte Projektauftrag wurde von Frau Nowak akzeptiert und unterschrieben. Heute unterhalten sich die Auszubildenden Jenny Liu und Elias Schumacher.

Jenny: Schön, dass Frau Nowak so angetan von unseren Ideen war.

Elias: Dann können wir jetzt ja das Projekt „Betriebsausflug" konkret planen. Wer von uns soll denn was machen?

Jenny: Wir sollten erst einmal alle Arbeiten, die zu erledigen sind, in einer Liste sammeln. In einem Projektstrukturplan sortieren wir dann alle Aktivitäten und fassen sie zu Arbeitspaketen, z. B. „Unterkunft organisieren", zusammen. In einem Projektablaufplan ordnen wir dann alle Aktivitäten in einer zeitlich sinnvollen Reihenfolge.

Elias: Genau, und am Ende der Planungsphase erstellen wir noch ein Balkendiagramm für die Zeitplanung und eine Meilensteinplanung, in der wir auch die Aufgaben unter uns verteilen.

Arbeitsaufträge

Übernehmen Sie auch die Aufgaben der Auszubildenden und Praktikanten der Fly Bike Werke GmbH im Rahmen der Projektplanung. Die folgenden Teilaufgaben dienen Ihnen wieder als Leitfaden.

1 Erstellen Sie unter Verwendung von Arbeitsblatt 38.5 eine Aktivitätenliste, in der Sie möglichst alle zu erledigenden Aktivitäten sammeln.

2 Fassen Sie die gesammelten Aktivitäten in einem Projektstrukturplan (Arbeitsblatt 38.6) übersichtlich zu sinnvollen Arbeitspaketen zusammen. Orientieren Sie sich ggf. an der Darstellung in der Fachkunde, TF 12.3, Kapitel 3.5.

3 Legen Sie in einer Arbeitspaketplanung (Arbeitsblatt 38.7) für jede Aktivität fest, welches Teammitglied für die Erledigung verantwortlich ist.

4 Erstellen Sie für das Projekt einen Projektablaufplan unter Verwendung von Arbeitsblatt 38.8. Schätzen Sie hierzu die jeweilige Dauer der einzelnen Vorgänge.

5 Stellen Sie Ihre Projektplanung unter Verwendung von Arbeitsblatt 38.9 als Balkendiagramm dar.

6 Erstellen Sie eine Meilensteinplanung unter Verwendung von Arbeitsblatt 38.10.

Folgesituation: Projektphase 3 – Projektdurchführung

Im April wendet sich Frau Nowak mit der folgenden innerbetrieblichen Mitteilung an die Projektleiterin Jenny Liu, da sie über den aktuellen Projektstand informiert werden möchte.

Von: Ewa Nowak (Fly Bike Werke GmbH)
An: Jenny Liu (Fly Bike Werke GmbH)
Betreff: Internes Projekt „Betriebsausflug"

Liebe Frau Liu,

ich hoffe, Sie kommen mit der Vorbereitung und Organisation unseres Betriebsausflugs gut voran.

Bitte informieren Sie mich über den aktuellen Projektstand. Es wäre nett, wenn Sie mir bis Ende der Woche einen Meilenstein-Chart (Soll-Ist-Vergleich bezüglich der Abschlusstermine der einzelnen Meilensteine) und einen aktuellen Projektstatusbericht zukommen lassen könnten.

Bitte senden Sie mir auch den Entwurf des Informationsblattes zu, mit dem wir die Mitarbeiterinnen und Mitarbeiter zu dem Betriebsausflug einladen wollen, sobald dieser fertig ist.

Mit freundlichen Grüßen

Ewa Nowak

Fly Bike Werke GmbH
Rostocker Str. 334, 26121 Oldenburg
Geschaftsfuhrerin: Ewa Nowak
Handelsregister: Oldenburg HRB 2134

Arbeitsaufträge

Übernehmen Sie die Aufgaben von Jenny Liu im Rahmen der Projektdurchführung. Die folgenden Teilaufgaben dienen Ihnen wieder als Leitfaden.

1 Erstellen Sie einen Meilenstein-Chart unter Verwendung von Arbeitsblatt 38.11. Berücksichtigen Sie dabei die in Arbeitsblatt 38.10 erstellte Meilensteinplanung.
2 Erstellen Sie einen Projektstatusbericht unter Verwendung von Arbeitsblatt 38.12.
3 Erstellen Sie ein anschauliches Informationsblatt, mit dem die Fly Bike Werke GmbH ihre Mitarbeiterinnen und Mitarbeiter sowie Auszubildenden zu dem Betriebsausflug einlädt.

Arbeitsblatt 38.1 | Projektskizze

Fly Bike Werke GmbH

Hilfsmittel des Projektmanagements – Projektskizze

Projektnummer		**Datum**	
Projektname			
Projektart	☐ intern	☐ extern	
Auftraggeber/-in			
Projektleiter/-in			
Projektteam			
Projektanlass			
Aufgabenbeschreibung			
vom Auftraggeber erwartete Projektergebnisse (erste Ideen)			
Projektbudget			

Arbeitsblatt 38.2 | Projektziele

Fly Bike Werke GmbH

Hilfsmittel des Projektmanagements – Leitfaden zur Formulierung der Projektziele

WICHTIG: möglichst SMARTe Projektziele formulieren				
Spezifisch	Messbar	Akzeptiert	Realistisch	Terminiert

Sachziel(e)	
Kostenziel(e)	
Terminziel(e)	

Arbeitsblatt 38.3 | Entscheidungsmatrix zum Ausflugsziel

Fly Bike Werke GmbH

Hilfsmittel des Projektmanagements – Pro-Kontra-Listen und Entscheidungsmatrix

1 Pro-Kontra-Listen

Ausflugsziel 1: ______________________	
Pro	**Kontra**

Ausflugsziel 2: ______________________	
Pro	**Kontra**

2 Entscheidungsmatrix

Kriterien	**Gewichtungsfaktor**	**Ausflugsziel 1:** ____________		**Ausflugsziel 2:** ____________	
		Punkte	Punkte · Faktor	Punkte	Punkte · Faktor
Attraktivität für alle Mitarbeiter/-innen	5				
Erreichbarkeit, Dauer der Anreise	2				
Nachhaltigkeit der Transportmittel	3				
Gesamtpunktzahl	X	X		X	

Arbeitsblatt 38.4 | Projektauftrag

Fly Bike Werke GmbH

Hilfsmittel des Projektmanagements – Projektauftrag

Projektnummer		**Datum**	
Projektname			
Kurzbeschreibung des Projekts			
Auftraggeber/-in			
Projektleiter/-in			
weitere Mitglieder des Projektteams			
Aufgabenbeschreibung			
Projektziele			
Unterschriften	Auftraggeber/-in	Projektleiter/-in	

Arbeitsblatt 38.5 | Aktivitätenliste

Fly Bike Werke GmbH

Hilfsmittel des Projektmanagements – Aktivitätenliste

Projektnummer	
Projektname	
zu erledigende Aktivitäten (möglichst ausführlich, ggf. noch unsortiert)	

Arbeitsblatt 38.6 | Projektstrukturplan

Fly Bike Werke GmbH

Hilfsmittel des Projektmanagements – Projektstrukturplan (für kleine Projekte; ohne Ebene „Teilaufgaben")

Hinweis: Geben Sie dem Projekt eine Struktur, indem Sie alle zu erledigenden Aufgaben (Aktivitäten) in sinnvolle Arbeitspakete einordnen.

Projektname				
Arbeitspakete				
Aktivitäten				

Arbeitsblatt 38.7 | Arbeitspaketplanung, Teil 1

Fly Bike Werke GmbH

Hilfsmittel des Projektmanagements – Arbeitspaketplanung

Projektname	

Arbeitspaket Nr. ______ : ________________________________

Aktivität	zuständig

Arbeitspaket Nr. ______ : ________________________________

Aktivität	zuständig

Arbeitsblatt 38.7 | Arbeitspaketplanung, Teil 2

Fly Bike Werke GmbH

Hilfsmittel des Projektmanagements – Arbeitspaketplanung

Projektname	

Arbeitspaket Nr. _______: ____

Aktivität	**zuständig**

Arbeitspaket Nr. _______: ____

Aktivität	**zuständig**

Arbeitsblatt 38.8 | Projektablaufplan, Teil 1

Fly Bike Werke GmbH

Hilfsmittel des Projektmanagements – Projektablaufplan

Projektname	

Vorgang Nr.	Vorgangsbezeichnung	Dauer (in Tagen)	abgeschl. Vorgänge	Anmerkungen
1				
2				
3				

Arbeitsblatt 38.8 | Projektablaufplan, Teil 2

Fly Bike Werke GmbH

Hilfsmittel des Projektmanagements – Projektablaufplan

Projektname	

Vorgang Nr.	**Vorgangsbezeichnung**	**Dauer (in Tagen)**	**abgeschl. Vorgänge**	**Anmerkungen**

Arbeitsblatt 38.9 | Balkendiagramm zur Terminplanung

Fly Bike Werke GmbH

Hilfsmittel des Projektmanagements – Balkendiagramm zur Terminplanung

Projektnummer		**Projektname**	

Zeit (in ____________)

Vorg. Nr.	**Vorgangsbezeichnung (kurz)**	1	2	3	4	5	6	7	8	9	10	11	12	13	14	15	16	17	18	19	20	21	22	23	24	25	26	27	28	29	30	31	32	33
1																																		
2																																		
3																																		

Arbeitsblatt 38.10 | Meilensteinplanung

Fly Bike Werke GmbH

Hilfsmittel des Projektmanagements – Meilensteinplanung

Projektnummer		**Projektname**	

Meilenstein Nr.	**Bezeichnung**	**Soll-Termin**	**Status**	**verantwortlich**
M1				
M2				
M3				
Projektabschluss:				

Arbeitsblatt 38.11 | Meilenstein-Chart

Fly Bike Werke GmbH

Hilfsmittel des Projektmanagements – Meilenstein-Chart vom ________________

Projektnummer		**Projektname**	

Meilenstein Nr.	**Bezeichnung**	**Soll-Termin**	**Ist-Termin**	**Anmerkungen**
M1				
M2				
M3				

Arbeitsblatt 38.12 | Projektstatusbericht

Fly Bike Werke GmbH

Hilfsmittel des Projektmanagements

Projektstatusbericht Nr. ____________ vom ____________

Projektnummer		**Projektname**	
Anlass des Berichts	☐ Meilenstein Nr. ________ erreicht ☐ schwerwiegendes Problem	☐ Routinebericht ☐ Bericht angefordert von ____________	

Beurteilung des Projektstatus (bitte ankreuzen):

Aspekt (M = Meilenstein)	**erledigt**	**im Plan**	**gefährdet**	**Anpassung erforderlich**
Abschlusstermin „M1"				
Abschlusstermin „M2"				
Abschlusstermin „M3"				
Abschlusstermin „M4"				
Abschlusstermin „M5"				
Abschlusstermin „M6"				
Abschlusstermin „M7"				
Projektbudget	–			

Erläuterungen/Hinweise:

Entscheidungen zur weiteren Vorgehensweise/Anpassungen der Projektplanung:

Unterschrift Verfasser/-in	Unterschrift Projektleiter/-in	Unterschrift Auftraggeber/-in

Arbeitsblatt 38.13 | Projekte und Projektmanagement im Überblick

Ordnen Sie die folgenden Begriffe richtig ein.

Projektsteuerung – Projektabschluss – Projektbeurteilung – Aufgabenbeschreibung – Einmaligkeit – Arbeitspakete – Projektpräsentation – Projektauftrag – zeitliche Begrenzung – Projektstrukturplan – Rückkoppelungen – Projektablaufplan – Zielformulierung – Balkendiagramm – Projektevaluation – Meilensteinplanung – Vorgabe von Zielen – Soll-Ist-Vergleich – Kostenplan – Projektcontrolling – Fehleranalyse – Kreativitätstechniken – Projektdurchführung – vernetzte Abhängigkeiten – Ressourcenplanung – Abschlussbericht – Projektmanagement – Prozessdokumentation – komplexe Aufgabenstellung – Projektplanung

Merkmale von Projekten:

1. ______________________
2. ______________________
3. ______________________
4. ______________________
5. ______________________

______________________ = gesamte Abwicklung

Abschnitte eines Projekts	(mögliche) Bestandteile und Hilfsmittel
1.	• • •
2.	• • • • • • •
3.	• • • •
4.	• • • • • •

Aufgaben

Aufgabe 1
Begründen Sie jeweils, ob es sich bei folgenden Vorhaben in der Werbeagentur BE Partners KG um Projekte handelt.

a Auswahlverfahren für die Ausbildungsplätze zum nächsten Einstellungstermin
b Bau eines eigenen Fotostudios
c Planung und Aufbau des Messestandes für die jährlich stattfindende Marketingmesse in München
d Auswertung einer Umsatzstatistik
e Erstellung und Realisierung eines Marketingkonzeptes für ein neues Parfüm der Drogerie AG
f Erstellung einer Website für den Kunden „Bäckerei Özcal"

Aufgabe 2
Die Geschäftsführerin der Fly Bike Werke GmbH möchte, dass Sie für das Unternehmen ein Projekt zur Erstellung eines Unternehmensauftritts in einem sozialen Netzwerk leiten. Formulieren Sie einen möglichen Projektauftrag.
Treffen Sie sinnvolle Annahmen, wenn Ihnen Rahmenbedingungen fehlen.

Aufgabe 3
Die Rheintaler Brunnen GmbH & Co. KG möchte eine neue Lagerhalle errichten lassen, die ab dem 1. April nächsten Jahres nutzbar sein soll. Das Bauunternehmen hat die Projektplanung bereits abgeschlossen. Um auf mögliche Planabweichungen bei der Projektdurchführung vorbereitet zu sein, möchte der Projektleiter Dietrich Peters mögliche Gründe für Abweichungen im tatsächlichen Projektablauf in der folgenden Übersicht sammeln.

Bereich der Projektplanung	Abweichungen bei der Projektdurchführung
1. Terminplanung	Geplante Termine einzelner Meilensteine oder die gesamte Projektdauer können nicht eingehalten werden, z. B. weil:
2. Ressourcenplanung	Die geplanten Ressourcen an Personal reichen nicht aus, z. B. weil:
3. Kostenplanung	Das geplante Projektbudget reicht nicht aus, z. B. weil:

Aufgabe 4

Lösen Sie das folgende Kreuzworträtsel zur Projektarbeit.

(ä, ö, ü = ae, oe, ue)

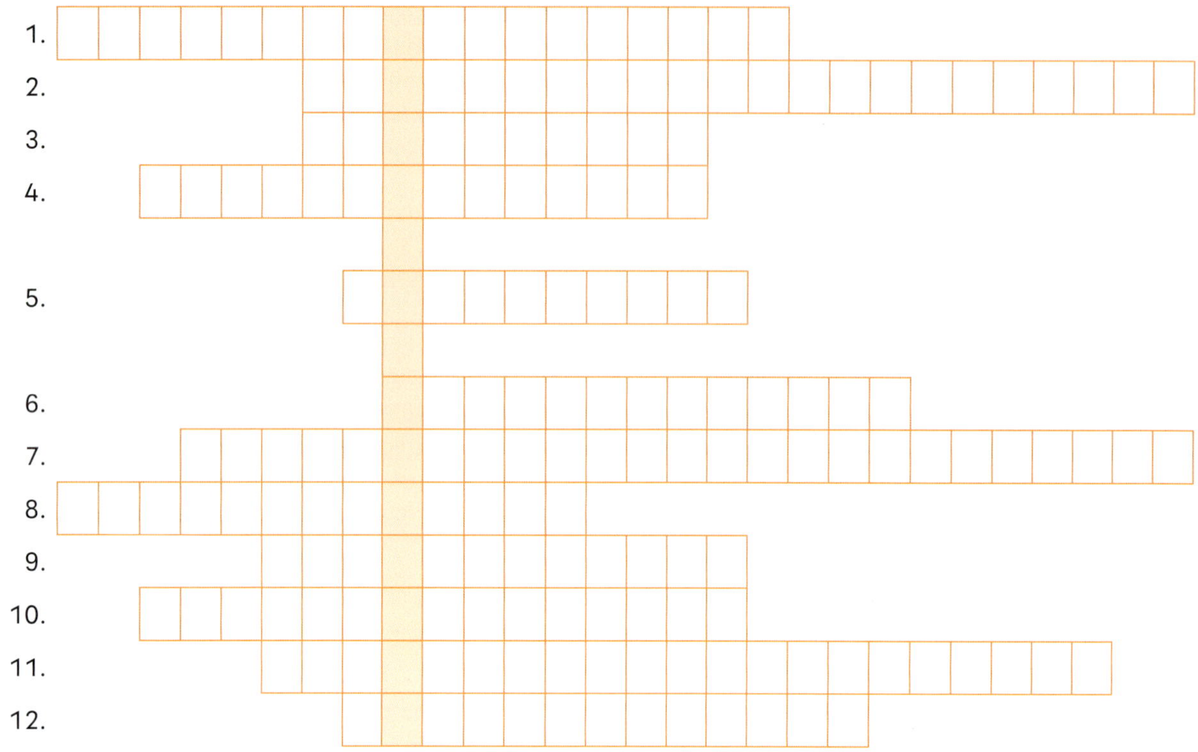

1. Bei der Entscheidungsfindung im Rahmen des Projektauftrags spielt neben dem Projektrisiko und der Machbarkeit auch die ____________________ eine große Rolle.
2. Brainstorming und Mindmapping sind gängige ____________________.
3. Ein Projektziel sollte ____________________ sein, damit allen Projektteilnehmern klar ist, was von ihnen erwartet wird.
4. Ein beliebtes Instrument zur Terminplanung in Projekten ist das ____________________.
5. Bei umfangreichen Projekten wird zusätzlich zum Projektauftrag häufig ein ____________________ erstellt, in dem der Auftraggeber konkrete Anforderungen an das Projekt formuliert.
6. Die ____________________ ist im Rahmen der Projektplanung insbesondere bei externen Projekten wichtig, um für den Auftraggeber einen Preis des Projekts ermitteln zu können.
7. In großen Projekten hilft beim Informationsmanagement häufig ein ____________________.
8. Im Rahmen des Kostencontrollings wird überprüft, ob das ____________________ eingehalten wurde.
9. In Projektstatusberichten wird unter anderem überprüft, ob die ____________________ fristgerecht abgeschlossen wurden.
10. Für Großprojekte wird häufig ein ____________________ erstellt, das alle für dieses Projekt geltenden Informationen und Regelungen enthält.
11. Für die Dauer eines Projekts stellt die Projektorganisation gewissermaßen eine ____________________ neben der eigentlichen Primärorganisation des Unternehmens dar.
12. Ein ____________________ ist in der Regel der Auslöser eines Projekts, aus dem die Aufgabenbeschreibung abgeleitet wird.

Selbsteinschätzung TF 12.3

Ich kann ...	Kann ich	Kann ich nicht
Projektplanung und -durchführung		
1 ... die Merkmale von Projekten erläutern.		
2 ... die einzelnen Phasen (Abschnitte) eines Projekts unterscheiden.		
3 ... Projektziele SMART formulieren.		
4 ... verschiedene Kreativitätstechniken zur Ideenfindung anwenden.		
5 ... Entscheidungen zwischen Alternativen kriteriengeleitet mit verschiedenen Methoden der Entscheidungsfindung treffen.		
6 ... die Inhalte eines Projektauftrags nennen.		
7 ... den Zusammenhang zwischen Aktivitäten und Arbeitspaketen im Rahmen eines Projektstrukturplans erläutern.		
8 ... einen Projektstrukturplan erstellen.		
9 ... einen Projektablaufplan erstellen.		
10 ... die zeitliche Planung eines Projekts mithilfe eines Balkendiagramms (Gantt-Diagramms) durchführen.		
11 ... Meilensteine eines Projekts festlegen und diese in einer Meilensteinplanung darstellen.		
12 ... im Team kommunizieren und in angemessener Form Feedback geben und annehmen.		
13 ... die Bedeutung des Projektstatusberichts für das Projektcontrolling erläutern.		
14 ... im Rahmen des Projektcontrollings einen Meilenstein-Chart erstellen und dessen Inhalte interpretieren.		
15 ... beschreiben, wie ein Projekt während der Projektdurchführung durch Informationsmanagement gesteuert wird.		
16 ... Bestandteile und Hilfsmittel der Projektdokumentation nennen und erläutern.		
17 ... beschreiben, wie ein Projekt abgeschlossen und evaluiert wird.		

Lernsituation 39

Prozesse und Ziele der Leistungserstellung im Industriebetrieb verstehen

FK ▸ TF 12.4 | Kap. 1

Situation

Die Praktikanten Mia Klein und Deniz Özal sollen einen Einblick in die Produktion der Fahrräder der Fly Bike Werke GmbH erhalten. Die Leiterin der Produktionsabteilung, Frau Rother, nimmt die beiden mit auf einen Rundgang durch die Werkshallen und erklärt ihnen die einzelnen Fertigungsschritte. Mia und Deniz dürfen sogar Fotos von den Arbeitsplätzen machen.

Der Rundgang startet in der Abteilung Rohfertigung. Hier werden aus Stahl- oder Aluminiumrohren die Fahrradrahmen geschweißt. In der Lackiererei erhalten die Rahmen anschließend eine Grundierung und dann einen farbigen Decklack. Damit kein überschüssiger Lack entweichen kann, geschieht dies in abgeschlossenen Lackierkammern. Zum Schluss wandern die Rahmen in die Vor- und Endmontage. Hier werden die Rahmen mit allen weiteren Bauteilen zu vollständigen Fahrrädern komplettiert.

Nach dem Rundgang erstellen Mia und Deniz für ihren Praktikumsbericht eine Dokumentation des Betriebsrundganges. Sie wählen zu jedem der Fertigungsschritte ein Foto aus und beschriften dieses mit den entsprechenden Fachbegriffen. Ein Fragekatalog von Frau Rother dient ihnen als Hilfestellung für die Beschreibung der Fertigungsprozesse.

Praktikumsbericht

Betriebsrundgang

Rohfertigung: vollautomatisierte Rohrschneideanlage

Rohfertigung: Rahmen schweißen (Schweißroboter)

Rahmenrohbau

Richterei: Nachbearbeitung des Rahmenrohbaus (fräsen)

Klarlackiererei (vollautomatisierte Lackieranlage)

Rahmen und Schutzbleche in der Abdunstzone

Rahmen dekorieren

Anordnung der Rahmen für die Montage

Vormontage: Steuerkopfschalen eindrücken

Vormontage: Sättel montieren

Endmontage: Kettengarnitur montieren

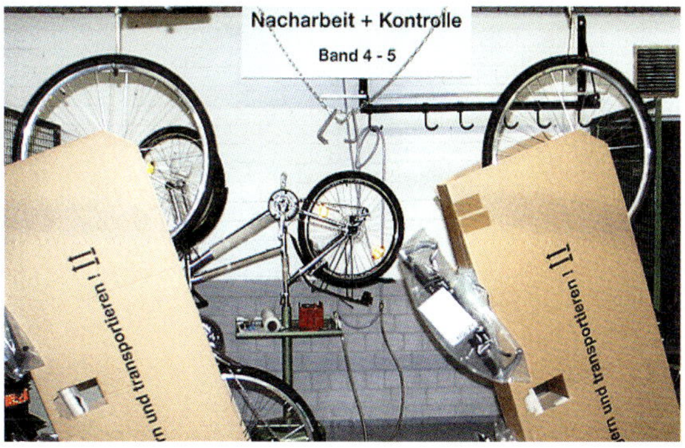

Kettentransportsystem mit verpackten Fahrrädern

Arbeitsauftrag

1 Bearbeiten Sie die Fragen des Fragenkatalogs zur Leistungserstellung in den Fly Bike Werken auf der nachfolgenden Seite. Ziehen Sie dabei Ihre Fachkunde (TF 12.4, Kapitel 1) zurate.

Fragenkatalog

Welche konkreten Beispiele für folgende Produktionsfaktoren waren auf dem Rundgang zu sehen?

menschliche Arbeit: ______________________________

____

____

Betriebsmittel: ______________________________

____

Werkstoffe (Materialien): ______________________________

____

Welche Informationen muss Frau Glaner, Abt. Arbeitsvorbereitung, den Mitarbeitern an den Arbeitsplätzen geben, damit der Produktionsprozess reibungslos ablaufen kann? Nennen Sie mind. 5 Beispiele.

- ______________________________
- ______________________________
- ______________________________
- ______________________________
- ______________________________

Um unsere Kunden zufrieden zu stellen, verfolgen wir das Ziel einer hohen Termintreue. Warum gelingt es nicht in jedem Fall, einen zugesagten Liefertermin einzuhalten? Beschreiben Sie 3 mögliche Gründe.

- ______________________________
  ____
- ______________________________
  ____
- ______________________________
  ____

In unserem Materiallager befinden sich im Durchschnitt über 15 Millionen Artikel, von der kleinsten Schraube bis zum Elektromotor für die E-Bikes. Und auch in der Produktion bilden sich immer wieder kleinere Lagerbestände von noch unfertigen Produkten. Welche Gründe hat diese – geplante und ungeplante – Bildung von Lagerbeständen? Nennt drei mögliche Gründe.

- ______________________________
  ____
- ______________________________
  ____
- ______________________________
  ____

Aufgaben

Aufgabe 1
Beschreiben Sie die Begriffe Roh-, Hilfs- und Betriebsstoffe sowie Vorprodukte an einem selbst gewählten Produktbeispiel. (Nicht Fahrräder!)

Aufgabe 2
Werden an einem Arbeitsplatz nahezu ständig Produkte hergestellt, spricht man von einer hohen Auslastung der Produktionskapazitäten.

a Warum ist eine hohe Auslastung der Produktionskapazitäten ein wichtiges Planungsziel in einem Industriebetrieb?

b Eine hohe Auslastung der Produktionskapazitäten kann zu einem Anwachsen der Lagerbestände führen. Begründen Sie diesen Zusammenhang.

Aufgabe 3
In den Abteilungen Rohfertigung und Lackiererei der Fly Bike Werke GmbH erfolgt der Produktionsprozess überwiegend mithilfe von Betriebsmitteln. In der Vor- und Endmontage kommt dagegen überwiegend menschliche Arbeit zum Einsatz.

a Bilden Sie Beispiele für Produkte, die ganz überwiegend mithilfe von Maschinen (= Betriebsmitteln) hergestellt werden.

b Formulieren Sie Gegenbeispiele. Bei welchen industriellen Produktionsprozessen entstehen die Produkte sehr stark unter Einsatz von menschlicher Arbeit?

Aufgabe 4
Ordnen Sie den Beispielen der Fly Bike Werke GmbH in der Tabelle die Ziffern der folgenden betrieblichen Leistungsfaktoren zu:

1 Betriebsmittel
2 Werkstoffe:
  a Rohstoffe,
  b Hilfsstoffe,
  c Betriebsstoffe,
  d Vorprodukte/ Fremdbauteile
3 Ausführende (menschliche) Arbeit
4 Dispositiver Faktor

Beispiel	**betr. Leistungsfaktor**	**Beispiel**	**betr. Leistungsfaktor**
Stahlrohre	2a	Federgabeln	
Verpackungsmaschine		Aluminiumbleche	
Betriebsgrundstück		Schrauben, Muttern, Unterlegscheiben	
Endmontage von Fahrrädern		Die Fly Bike Werke leiten	
Rohstoffe einkaufen		Grundierungen	
Kontrolle der Ausgaben		Schmierstoffe für Maschinen	
Lack für die Fahrradrahmen		Rohrschneideanlage	
Sättel für die Fahrräder		Kühlwasser für Rohrschneideanlage	
Rohrschneideanlage		Erstellen von Angeboten	
Verwaltungsgebäude		Planung der Produktionsmengen	
Maschinen reparieren		Fahrradbeleuchtung	

Lernsituation 40

Ein Produktionsprogramm gestalten

FK ▶ TF 12.4 | Kap. 2.1

Situation: Geschäftsfeldplanung

Zwar macht das Segment der Kinder- und Jugendfahrräder nur rund 7 % aller Verkäufe von Fahrrädern aus, doch erlebt der Gesamtmarkt für Fahrräder in Deutschland seit Jahren einen ungebrochenen Boom. Die Geschäftsführung der Fly Bike Werke GmbH möchte an diesem allgemeinen Marktwachstum stärker als bislang teilhaben und sieht in einer frühen Bindung der Kunden an die Marke Fly Bike einen Schlüssel zum Erfolg. Daher soll die bisherige Positionierung der Fly Bike Werke GmbH im Marktsegment der Kinderräder einer kritischen Analyse unterzogen werden:

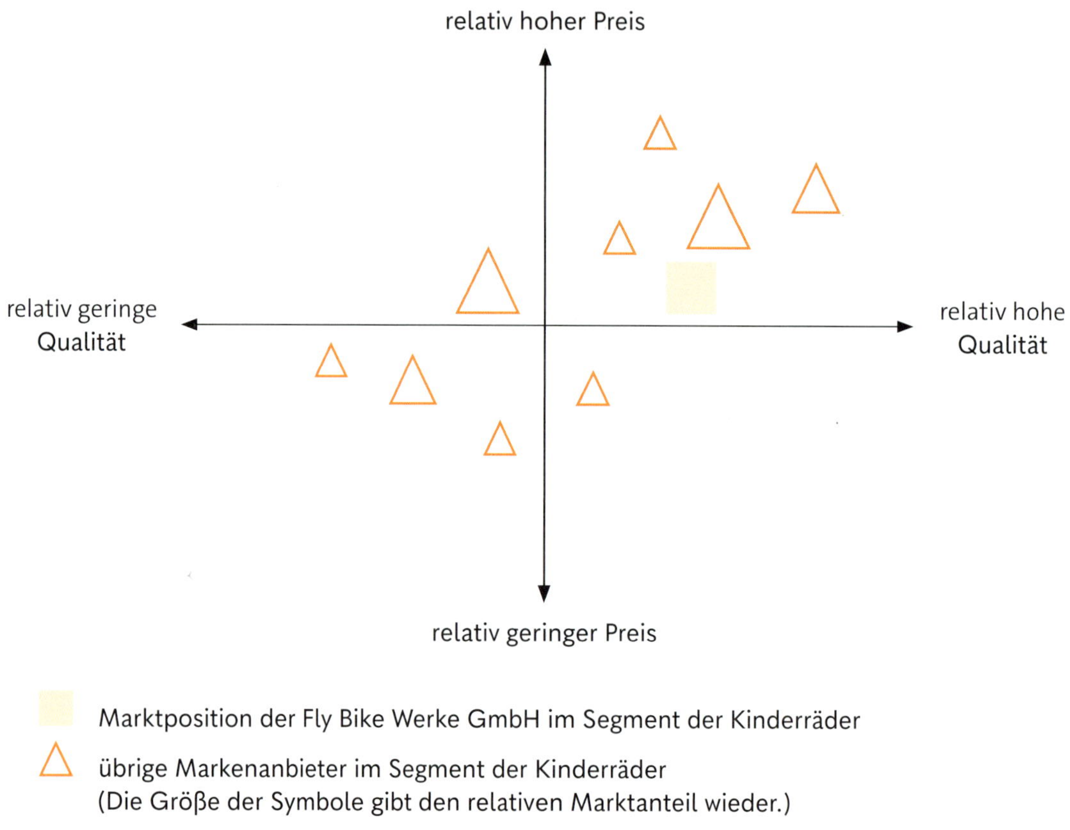

Als Mitarbeiterin bzw. Mitarbeiter der Vertriebsabteilung ist es Ihre Aufgabe, die Ergebnisse der Marktanalyse zu interpretieren und der Geschäftsleitung entsprechende Handlungsalternativen vorzuschlagen.

Arbeitsaufträge

1 Beschreiben Sie anhand der vorstehenden Grafik die derzeitige Marktposition der Fly Bike Werke GmbH im Segment der Markenkinderräder mit Ihren eigenen Worten.

2 Beurteilen Sie diese Marktposition. Welche Stärken und welche Schwächen birgt die derzeitige Marktposition?

3 Unterbreiten Sie der Geschäftsleitung der Fly Bike Werke GmbH einen Vorschlag für eine mögliche Neupositionierung im Geschäftsfeld „Markenfahrräder". Welche Chancen, aber auch welche Risiken beinhaltet Ihr Vorschlag?

Folgesituation: Mengenmäßige Programmplanung

Die Geschäftsführerin der Fly Bike Werke GmbH, Ewa Nowak, ist mit der Leiterin der Produktion, Margot Rother, und der Vertriebsleiterin, Regula Gerland, zur monatlichen Strategiesitzung zusammengekommen.

Frau Gerland ergreift das Wort: „Wie Sie wissen, unterliegt unser Absatz relativ starken saisonalen Schwankungen. Im Frühjahr und Frühsommer verkaufen wir sehr viel mehr Fahrräder als im Rest des Jahres, wobei das Weihnachtsgeschäft ebenfalls eine sehr große Rolle spielt. Ich habe Ihnen unsere durchschnittlichen Absatzzahlen der letzten fünf Jahre insgesamt sowie für unsere wichtigsten Umsatzträger hier mal zusammengestellt.“

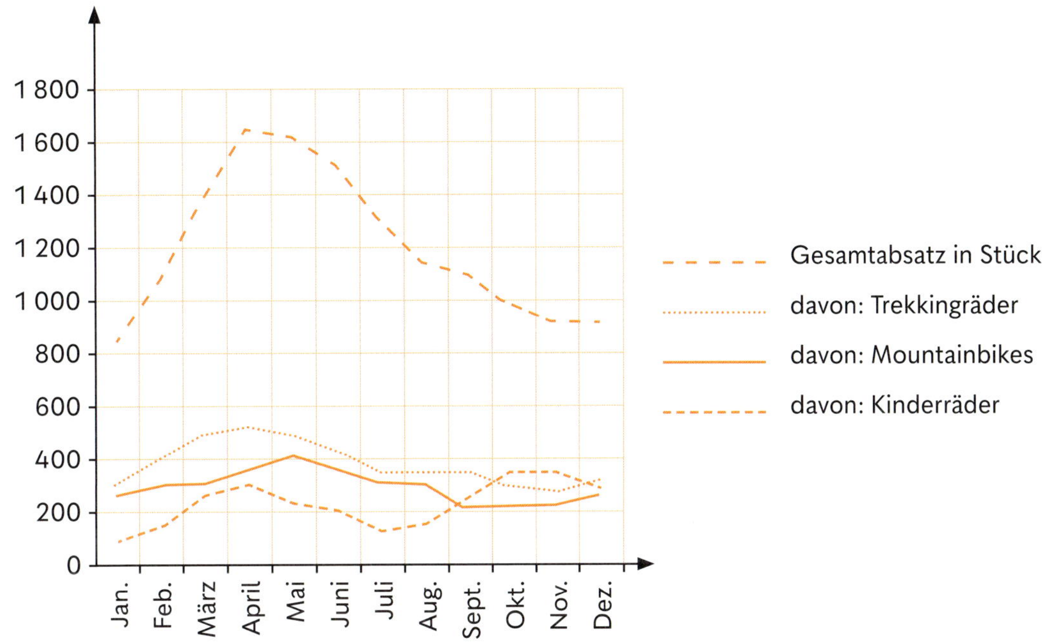

Frau Gerland weiter: „Aus Vertriebssicht ist es natürlich sehr wichtig, dass wir eingehende Kundenbestellungen stets kurzfristig und zuverlässig bedienen können. Nur durch eine hohe Liefertreue kann ich unsere Stammkunden halten und Neukunden gewinnen.“

Dazu **Frau Rother:** „Was mich aber bei meiner Produktionsplanung vor nahezu unlösbare Probleme stellt. Ein Fahrrad zu produzieren benötigt nun mal eine gewisse Zeit. Andererseits kann ich mir das Lager aber auch nicht mit riesigen Mengen an vorproduzierten Fahrrädern vollstellen. Da würde mir unsere Kostenrechnerin, Frau Steffes, das Fell über die Ohren ziehen. Und Sie sollten bedenken, dass die Produktion umso teurer wird, je kleiner die von mir geplanten Fertigungslose sind.“

Frau Gerland: „Erschwerend kommt hinzu, dass wir dem Trend des Marktes folgend mit einem Absatzwachstum bei unseren Trekkingrädern und Mountainbikes von etwa 10 % rechnen. Aber sicher können wir uns da natürlich trotz der geplanten Werbekampagne nicht sein.“

Frau Nowak: „Ich erkenne den Zielkonflikt. Ich denke, wir brauchen eine generelle Strategie, nach der wir unsere Produktionsmengen planen. Dabei müssen wir sowohl die Bedürfnisse unserer Kunden als auch unsere Kosten berücksichtigen. Ich schlage vor, dass Sie mit erfahrenen Mitarbeiterinnen und Mitarbeitern Ihrer Abteilungen ein Strategieteam bilden und einen Vorschlag erarbeiten. Präsentieren Sie mir diesen bei unserer nächsten Sitzung.“

Arbeitsaufträge

1 Studieren Sie zunächst nochmals sorgfältig das obige Gespräch. Markieren Sie alle Ihnen unbekannten Begriffe und klären Sie diese.

2 Formulieren Sie den von Frau Nowak angesprochenen Zielkonflikt mit Ihren eigenen Worten. Welche Teilziele der industriellen Produktionsplanung konkurrieren dabei auf welche Weise miteinander?

3 Die Vertriebsabteilung der Fly Bike Werke GmbH rechnet für das kommende Planjahr mit folgenden Absatzzahlen:

	Jan.	Febr.	März	April	Mai	Juni	Juli	Aug.	Sept.	Okt.	Nov.	Dez.	Summe
Gesamtabsatz in Stück	950	1 200	1 500	1 800	1 750	1 650	1 500	1 300	1 250	1 200	1 100	1 100	16 300
davon: Trekkingräder	330	420	450	550	520	480	400	400	380	330	300	350	4 910
davon: Mountainbikes	280	300	330	380	420	400	360	340	300	280	250	270	3 910
davon: Kinderräder	100	160	280	330	300	275	225	180	260	330	380	330	3 150

Für die Produktion der Fahrräder gelten folgende Bedingungen:

- Der Fly Bike Werke GmbH stehen Fertigungskapazitäten für die Produktion von maximal 1 500 Fahrrädern pro Monat zur Verfügung.
- Um etwaige Störungen bei der Produktion noch auffangen zu können, sollte die Herstellung der Räder mit jeweils einem Monat Vorlauf zu ihrem geplanten Verkauf erfolgen. Beispielsweise sollten die im Februar benötigten 1 200 Fahrräder bereits bis Ende Januar produziert worden sein.

a Erstellen Sie für die geplanten Absatzmengen eine quantitative Produktionsplanung. Legen Sie fest, in welchem Monat wie viele Fahrräder gefertigt werden sollen. Vergessen Sie nicht zu überprüfen, ob Ihre Produktionsplanung geeignet ist, den Absatzplan zu erfüllen.

	Jan.	Febr.	März	April	Mai	Juni	Juli	Aug.	Sept.	Okt.	Nov.	Dez.	Summe
Produktionsmenge in Stück													
davon: Trekkingräder													
davon: Mountainbikes													
davon: Kinderräder													

b Beurteilen Sie die Vorteile und Nachteile Ihres Planungsvorschlages. Welche Teilziele der industriellen Produktionsplanung kann Ihr Vorschlag gut erfüllen und welche eher nicht?

c Vergleichen Sie Ihren Vorschlag mit alternativen Vorschlägen Ihrer Mitschülerinnen und Mitschüler. Welchem Vorschlag würden Sie insgesamt den Vorzug geben? Begründen Sie Ihre Entscheidung und machen Sie dabei deutlich, auf welches Kriterium sich Ihre Entscheidung stützt.

Aufgaben

Aufgabe 1

In der zweiten Hälfte des 18. Jahrhunderts entwickelte sich in Europa aus den Wurzeln von Handwerk und staatlichen Manufakturen die Industrie, die in ihrer Bedeutung schnell alle anderen Zweige des produzierenden Gewerbes verdrängte (sog. „Industrielle Revolution").

a Beschreiben Sie drei Merkmale, anhand derer man einen Industriebetrieb von einem Handwerksbetrieb unterscheiden kann.

b Ergänzend zu den von ihnen hergestellten Sachgütern bieten Industriebetriebe in der Regel auch Dienstleistungen an. Erläutern Sie zwei Beispiele dafür, dass von einem Industriebetrieb erbrachte Dienstleistungen den Verkauf industrieller Sachgütern unterstützen, mitunter erst ermöglichen können.

Aufgabe 2

a Beschreiben Sie die Breite und Tiefe des Leistungsprogramms (= Produktionsprogramms) Ihres Praktikumsbetriebs. Welche verschiedenen Arten von Leistungen (= Produkten) werden von diesem Betrieb erstellt? Und in welchen Varianten werden diese Leistungen (= Produkte) angeboten?

b Ist das Leistungsprogramm Ihres Praktikumsbetriebs also eher breit oder schmal? Ist es eher tief oder flach?

c Welche Wettbewerbsvorteile bietet die vom Management Ihres Praktikumsbetriebs getroffene Entscheidung zu dessen Breite und Tiefe des Leistungsprogramms?

Aufgabe 3

Die Fly Bike Werke GmbH entwickelt und produziert die Rahmen ihrer Fahrräder selbst. Im Vergleich zu Mitbewerbern, die ihre Rahmen von Lieferanten fremdbeziehen, haben die Fly Bike Werke also eine hohe Fertigungstiefe.

a Beschreiben Sie zwei Wettbewerbsvorteile, die mit der hohen Fertigungstiefe verbunden sind.

b Bauteile wie Bremsen und Schaltungen werden allerdings auch bei der Fly Bike Werke GmbH von Lieferanten zugekauft. Erläutern Sie zwei mögliche Gründe für diese Entscheidung.

Aufgabe 4

Die Geschäftsleitung eines Werkzeugherstellers hat die Entwicklung der Fertigungs- und Absatzmengen im Zeitablauf untersuchen und darstellen lassen. Die nachfolgende Grafik zeigt das Ergebnis dieser Untersuchungen.

a Beschreiben Sie den dargestellten Zusammenhang von Auftragseingängen und Fertigungsmengen mit Ihren eigenen Worten.

b Erläutern Sie jeweils zwei Vorteile und zwei Nachteile des dargestellten Zusammenhanges zwischen Auftragseingang und Fertigungsmenge.

c Machen Sie zwei Vorschläge zum Ausgleich der von Ihnen genannten Nachteile.

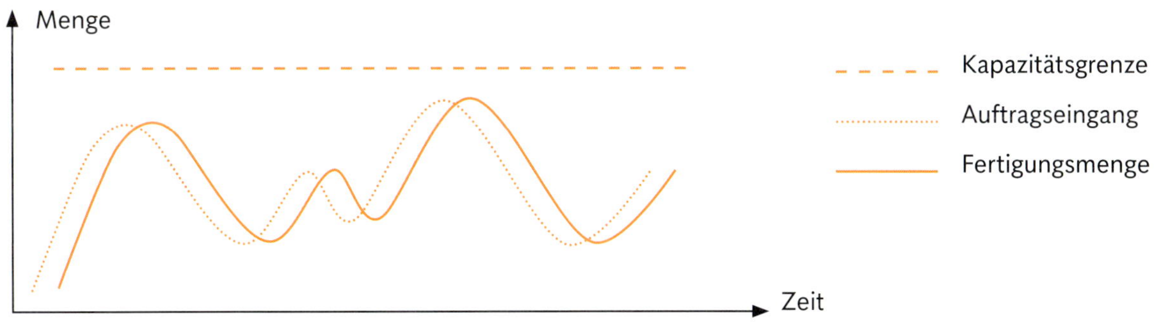

Aufgabe 5

Konstrukteure und Designer müssen bei ihrer Arbeit umfangreiche ökologische Bedürfnisse berücksichtigen. Sowohl staatliche Auflagen – z. B. das Kreislaufwirtschaftsgesetz oder das Elektrogesetz – als auch ökologische Marktbedürfnisse sind bei der Gestaltung von Produkten zu erfüllen. Als ökoeffizient gelten Produkte nur dann, wenn sie während ihres gesamten Produktlebens, also der Produktion, der späteren Verwendung durch den Nutzer sowie der anschließenden Entsorgung, mit einem minimalen Verbrauch natürlicher Ressourcen auskommen. Man spricht in diesem Zusammenhang auch von „Life-Cycle-Engineering".

Unterbreiten Sie konkrete Vorschläge, wie der Verbrauch von Ressourcen und der Ausstoß von Schadstoffen während

- der Produktion der E-Bikes,
- der Benutzung durch die Fahrradkunden sowie
- der späteren Entsorgung der Räder reduziert werden kann.

Demontiert, aber nicht wertlos: Ausgediente Motoren für E-Bikes liefern wertvolle Rohstoffe.

Zu Ihrer Information:

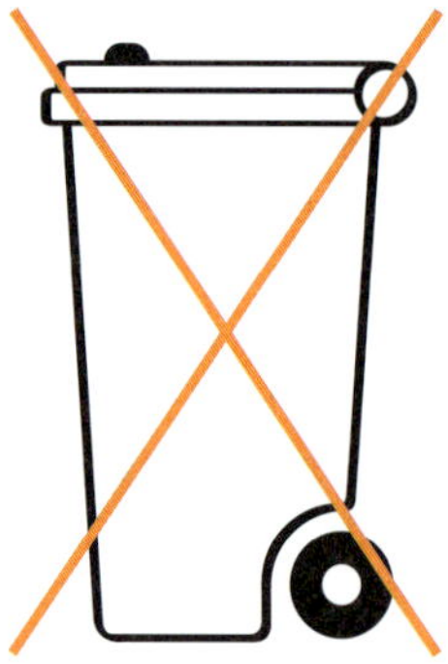

Gebrauchte Elektrogeräte dürfen gemäß europäischen Vorgaben (1) nicht zum unsortierten Hausmüll gegeben werden.

Das Symbol der Abfalltonne auf Rädern weist auf die Notwendigkeit der getrennten Sammlung hin. Bitte geben Sie dieses Gerät, wenn es nicht mehr genutzt wird, in die hierfür vorgesehenen Systeme der Getrenntsammlung.

In Deutschland sind Sie gesetzlich (2) verpflichtet, ein Altgerät einer vom unsortierten Hausmüll getrennten Erfassung zuzuführen. Die Kommunen haben hierzu Sammelstellen eingerichtet, an denen Altgeräte aus privaten Haushalten Ihres Gebietes für Sie kostenfrei entgegengenommen werden.

Bitte informieren Sie sich über Ihren lokalen Abfallkalender oder die in Ihrem Gebiet zur Verfügung stehenden Möglichkeiten der Rückgabe oder Sammlung von Altgeräten.

(1) Richtlinie 2002/96/EG des Europäischen Parlaments und des Rates über Elektro- und Elektronik-Altgeräte

(2) Gesetz über das Inverkehrbringen, die Rücknahme und die umweltverträgliche Entsorgung von Elektro- und Elektronikgeräten (Elektro- und Elektronikgerätegesetz – ElektroG)

„Beipackzettel" eines Elektrogerätes

Lernsituation 41

Produktionsprozesse planen und steuern

FK ▸ TF 12.4 | Kap. 2.2

Situation: Auftragsplanung

Die Fahrradeinzelhandelskette „Freaky Bikes“ hat bei der Fly Bike Werke GmbH 150 Mountainbikes, Modell *Constitution*, geordert. Allerdings sollen die Rahmen mit einem speziellen Effektlack und dem Freaky-Bikes-Schriftzug ausgestattet werden. Außerdem wünscht der Kunde, dass die Räder bereits standardmäßig mit einer Freaky-Bikes-Trinkflasche versehen werden. Der Standardarbeitsplan für das Mountainbike *Constitution* ist somit anzupassen:

Fly Bike Werke GmbH

Auftragsarbeitsplan

Art.-Nr. 302-20 Mountainbike Constitution *Freaky Bikes*				Losgröße: 150 Stück		
Arbeitsvorgänge	**Maschinen/ Werkstatt**	**Lohnsatz in €/Std.**	**Rüstzeit in Min.**	**Stückzeit in Min.**	**Auftragszeit in**	
					Min.	Std.
1. Gabeln montieren und reinigen	Rohbau	16,50	15	6,3		
2. Rahmen richten und reinigen	Rohbau	16,50	30	12,6		
3. Rahmen grundieren und nass lackieren	Lackiererei	16,50	150	8,6		
4. Rahmen effektlackieren und mit Schriftzug versehen	Lackiererei	16,50	30	3,0		
5. Vormontage Rahmen-Gabel-Baugruppe	Vormontage	16,50	15	15,9		
6. Vormontage Lenker	Lenkervormontage	16,50	15	3,1		
7. Vormontage Baugruppen (Sattel, Trinkflaschenhalterung)	Teilevormontage	13,50	15	6,3		
8. Einspeichen, Zentrieren und Bereifen der Laufräder	Laufradmontage	13,50	30	19,0		
9. Endmontage der Baugruppen und Teile	Endmontage	16,50	15	22,3		
10. Endkontrolle	Qualitätskontrolle	16,50	15	3,1		
Summe						

Arbeitsaufträge

1 Machen Sie sich zunächst mit den Inhalten des abgebildeten Arbeitsplanes vertraut. Markieren Sie alle Ihnen unbekannten Begriffe und klären Sie diese. Welche Informationen über einen Fertigungsprozess enthält der Arbeitsplan und wozu sind diese zu verwenden?

2 Bestimmen Sie die Gesamtauftragszeit für die Herstellung von 150 Mountainbikes „Freaky Bikes" in Stunden und Arbeitstagen, wenn ein Arbeitstag mit acht Arbeitsstunden zu planen ist.

3 Nehmen Sie nun eine **vorwärtsterminierte** Maschinenbelegung für den Auftrag über 150 Mountainbikes „Freaky Bikes" vor. Starten Sie dabei mit allen Arbeitsgängen so früh wie möglich und bestimmen Sie so den frühest möglichen Endzeitpunkt (FEZ).

Arbeitsplatz	Betriebskalendertage (Arbeitstage) Planjahr 20XX							
	5	10	15	20	25	30	35	40
Rohbau								
Lackiererei								
Vormontage								
Lenkervormontage								
Teilevormontage								
Laufradmontage								
Endmontage								
Qualitätskontrolle								

= „eingelastete" Fertigungsaufträge
(An diesen Tagen sind die Arbeitsplätze bereits belegt.)

Um den gewünschten Liefertermin einhalten zu können, würde es ausreichen, die Fertigung der Räder erst am 40. Betriebskalendertag fertigzustellen.

4 Planen Sie eine **rückwärtsterminierte** Maschinenbelegung für den Auftrag über 150 Mountainbikes „Freaky Bikes". Starten Sie dabei mit allen Arbeitsgängen so spät wie möglich und bestimmen Sie so den spätesten Anfangszeitpunkt (SAZ).

Arbeitsplatz	Betriebskalendertage (Arbeitstage) Planjahr 20XX							
	5	10	15	20	25	30	35	40
Rohbau								
Lackiererei								
Vormontage								
Lenkervormontage								
Teilevormontage								
Laufradmontage								
Endmontage								
Qualitätskontrolle								

= „eingelastete" Fertigungsaufträge
(An diesen Tagen sind die Arbeitsplätze bereits belegt.)

5 Vergleichen Sie die Vorzüge und Nachteile der beiden Planungsmethoden miteinander. Welcher Methode würden Sie den Vorzug geben? Begründen Sie Ihre Entscheidung.

6 Angenommen, die Gesamtauftragszeit müsste deutlich verkürzt werden, z. B. weil der Kunde die Räder nun doch früher haben möchte. Unterbreiten Sie drei Vorschläge, wie sich die Gesamtauftragszeit für die Fertigung der 150 Mountainbikes verkürzen und ein früherer Liefertermin erreichen ließe. Beurteilen Sie Ihre Vorschläge auch im Hinblick auf deren jeweilige Vorzüge und Nachteile.

Folgesituation: Losgrößenoptimierung

Im Zuge der Produktionsplanung sind auch die konkreten Fertigungsmengen (Losgrößen) festzulegen. Die Planungsdaten für die Festlegung der internen Fertigungsaufträge liefern sowohl die vorliegenden Kundenaufträge als auch Schätzungen zukünftiger Absatzmengen. Die im Rahmen der Auftragsumwandlung festgelegten Produktionsmengen können dabei sowohl größer als auch kleiner als die Summe der vorliegenden Kundenaufträge sein.

Die Vertriebsabteilung geht davon aus, dass in den nächsten zwölf Monaten (mittelfristiger Planungshorizont) insgesamt 2 200 Cityräder an verschiedene Kunden verkauft werden können. Bis zu ihrer Auslieferung an die Abnehmer lagern die Räder bei der Fly Bike Werke GmbH. Der Einfachheit halber soll ein gleichmäßiger Lagerabgang unterstellt werden. Die kalkulatorischen Lagerkosten werden mit 2,50 € je Stück des durchschnittlichen Lagerbestandes angesetzt.

Für das jeweilige Umrüsten der Maschinen sind kalkulatorische Kosten von 500,00 € je Los zu veranschlagen.

Arbeitsaufträge

1 Überlegen Sie zunächst, wie der durchschnittliche Lagerbestand und die Anzahl der Umrüstungen von der gewählten Losgröße abhängen.

2 Berechnen Sie mithilfe der nachstehenden Tabelle die Lagerkosten, die Umrüstkosten und die Gesamtkosten der verschiedenen Planungsalternativen. Welche Losgröße ist unter Kostengesichtspunkten optimal?
Variante: Lösen Sie die gestellte Aufgabe mithilfe eines Tabellenkalkulationsprogramms (z. B. MS Excel). Übertragen Sie dazu die nachstehende Tabellenstruktur auf ein leeres Tabellenblatt und definieren Sie geeignete Formeln zur Berechnung der gesuchten Ergebnisse.

Anzahl der Fertigungslose	Losgröße in Stück	Ø Lagerbestand in Stück	Lagerkosten in € gesamt	Rüstkosten in € gesamt	Gesamtkosten in €
1					
2					
3					
4					
5					

3 Stellen Sie die Entwicklung der Lagerkosten, der Rüstkosten und der Gesamtkosten in Abhängigkeit von der Losgröße in einer Grafik dar. Wo lässt sich die optimale Losgröße in Ihrer Grafik ablesen?

4 Beschreiben Sie mit Ihren Worten den grundsätzlichen Zusammenhang der Lagerkosten, der Umrüstkosten und der Gesamtkosten in Abhängigkeit von der Losgröße.

5 Erläutern Sie denkbare betriebliche Gründe, bewusst von der kostenminimalen Losgröße abzuweichen.

Aufgaben

Aufgabe 1
Als Mitarbeiter/-in der Fertigungssteuerung der Fly Bike Werke GmbH sind Sie damit beauftragt, die Montage der Tretlager in die Fahrradrahmen zu planen. Die auszuführenden Arbeitsgänge sind im nachstehenden Arbeitsplan dokumentiert.

a Ermitteln Sie die Belegzeiten der einzelnen Arbeitsplätze und die gesamte Ausführungszeit des Auftrages in Minuten und Stunden für eine Losgröße von 100 Stück.

Arbeitsplan Nr. 5-20-02.08			**Datum:** 10.03.20XX		**Blatt:** 1 von 1	
Benennung: Montage Tretlager				Losgröße: 100 Stück		
AVG	**Arbeitsvorgang**	**Arbeitsplatz**	**Rüstzeit (Min.)**	**Stückzeit (Min.)**	**Belegzeit (Min.)**	**Belegzeit (Std.)**
10	Bohrungen am Rahmen ausführen	Bohrzentrum	20	1,0		
20	Plandrehen am Rahmen	CNC-Drehautomat	50	1,3		
30	Lager in Rahmen einpassen	Montageplatz	50	3,1		
40	Prüfen	Kontrollarbeitsplatz	0	1,2		

b Nehmen Sie eine **vorwärtsterminierte** Maschinenbelegung für die Montage von 100 Tretlagern vor und ermitteln Sie den frühesten Fertigstellungstermin in Stunden.

Arbeitsplatz																										
Bohrzentrum																										
CNC-Drehautomat																										
Montageplatz																										
Kontrollarbeitsplatz																										
Stunden	1	2	3	4	5	6	7	8	9	10	11	12	13	14	15	16	17	18	19	20	21	22	23	24	25	26

= bereits eingelastete Fertigungsaufträge

c Nehmen Sie ebenso eine **rückwärtsterminierte** Maschinenbelegung für die Montage von 100 Tretlagern vor und ermitteln Sie den spätesten Anfangstermin in Stunden. Gehen Sie dabei davon aus, dass der Fertigungsauftrag spätestens nach drei Werktagen (zu je acht Arbeitsstunden) fertiggestellt sein muss.

Arbeitsplatz																										
Bohrzentrum																										
CNC-Drehautomat																										
Montageplatz																										
Kontrollarbeitsplatz																										
Stunden	1	2	3	4	5	6	7	8	9	10	11	12	13	14	15	16	17	18	19	20	21	22	23	24	25	26

= bereits eingelastete Fertigungsaufträge

d Beschreiben Sie zwei Vorteile der rückwärtsterminierten Planungsmethode gegenüber der vorwärtsterminierten.

e Die Fly Bike Werke GmbH überlegt, die bislang fremdbezogenen Tretlager für ihre Fahrräder längerfristig selbst zu fertigen. Eine Kostenvergleichsrechnung ergab Kostengleichheit von Eigenfertigung und Fremdbezug bei einer Stückzahl von 25 720 zu fertigenden Tretlagern bei folgenden Ausgangsdaten:
- Eigenfertigung: 2,75 € durchschnittliche variable Kosten pro Tretlager
- Fremdbezug: 4,48 € durchschnittlicher Bezugspreis pro Tretlager

1 Berechnen Sie die anteiligen Fixkosten bei Eigenfertigung.

2 Erläutern Sie drei strategische Überlegungen, die neben dem Kostenaspekt bei der Entscheidung eine Rolle spielen.

Aufgabe 2

Die Arbeitsgangfolge der Tretlagermontage sieht vor, dass am Ende der Montage eine Endkontrolle an einem separaten Prüfplatz erfolgen soll (vgl. Arbeitsplan in Aufgabe 1).

a Beschreiben Sie zwei Nachteile, die sich aus dieser Arbeitsgangfolge ergeben.

b Die Geschäftsleitung der Fly Bike Werke GmbH möchte die bisherige Endkontrolle durch ein Total-Quality-Management (TQM) nach dem Vorbild des japanischen KAIZEN-Konzeptes ersetzen. Informieren Sie sich über das japanische KAIZEN-Konzept und erläutern Sie drei wesentliche Merkmale dieses TQM gegenüber einer reinen Endkontrolle.

Aufgabe 3

Die Fly Bike Werke GmbH montiert ihre Fahrräder in Reihenfertigung.

a Beschreiben Sie diesen Organisationstyp anhand der drei Merkmale räumliche Organisation der Betriebsmittel, Materialfluss und Mitarbeitereinsatz.

b Erläutern Sie auch zwei Vorteile und zwei Nachteile dieses Organisationstyps.

Aufgabe 4

In einer Industrieunternehmung liegen folgende Daten zur Bestimmung der optimalen Losgröße vor:
- Jahresbedarf: 180 000 Stück
- Herstellkosten: 4,00 € pro Stück
- Rüstkosten: 400,00 €/Rüstvorgang
- Lagerkosten: 6,5 % des durchschnittlichen Lagerwertes

a Ermitteln Sie tabellarisch die optimale Losgröße.

Anzahl der Lose	Losgröße (Stück)	Rüstkosten €	Ø Lagerwert €	Lagerkosten €	Gesamtkosten €
1					
2					
3					
4					
5					
6					

b Begründen Sie bezogen auf die Losgröße, welche Kosten fix und welche variabel sind.

c Erläutern Sie drei Gründe, die einer Realisierung der am Jahresanfang ermittelten optimalen Losgröße entgegenstehen könnten.

Lernsituation 42

Deckungsbeitragsrechnung im Einproduktunternehmen anwenden

FK ▶ TF 12.4 | Kap. 2.4.1

Situation

Frau Werner, Leiterin der Verkaufsabteilung der Sektkellerei Söhngen GmbH, erhält folgende Anfrage:

Von: Dr. Lothar Klein (Leda-Discountmärkte AG)
An: Martina Werner (Söhngen GmbH)
Betreff: Qualitätssekt für eine Karnevalsaktion – Anfrage

Sehr geehrte Frau Werner,

die Leda-Discountmärkte AG möchte dieses Jahr in der Karnevalszeit wieder eine Sonderaktion mit Ihrem Qualitätssekt durchführen. Kurzfristig benötigen wir für diese Aktion 4 800 Flaschen Ihres Markensekts. Allerdings können wir – wie im Vorjahr – nur einen Barverkaufspreis von 4,00 € akzeptieren, da wir zurzeit aufgrund der Konkurrenzsituation keinerlei Preiserhöhungen in unserem Sortiment vornehmen können.

Darüber hinaus wären wir stark an einer Sekt-Eigenmarke für die Leda-Discountmärkte AG interessiert. Wir gehen hier langfristig von einem monatlichen Bedarf von ca. 10 000 Flaschen aus; die Etikettierung müsste auf unser Haus hinweisen und im Detail noch abgesprochen werden. Für dieses Produkt bieten wir Ihnen einen Barverkaufspreis in Höhe von 2,80 € je Flasche an.

Wir danken Ihnen für ein schnellstmögliches Angebot im Voraus.

Mit freundlichen Grüßen
Leda-Discountmärkte AG (Leiter Einkauf Wein und Sekt)

Dr. Klein

Frau Werner beauftragt Herrn Sommers, Leiter der Kosten- und Leistungsrechnung der Sektkellerei Söhngen GmbH, aktuelle Daten für eine Entscheidung bereitzustellen:

Variable Kosten je Flasche (0,75 l)	
Flasche (hochwertig nach Champagner-Art)	0,30 €
Korken (echter Kork)	0,12 €
Sekt (Selbstkosten der Erzeugung)	2,18 €
Etikett	0,05 €
Befüllungskosten	0,12 €
je 6 Flaschen wird ein Karton benötigt	1,20 €
je 20 Kartons wird eine (Mini-)Palette mit Schrumpffolie benötigt	3,60 €
Variable Kosten je Flasche	= €

Weitere Angaben	
Fixe Kosten	60.000,00 € (Monat)
Üblicher Nettoverkaufspreis (Barverkaufspreis)	5,50 € je Flasche
Durchschnittliche Absatzmenge derzeit	36 000 Flaschen (Monat)
Kapazitätsgrenze	45 000 Flaschen je Abrechnungsmonat

Arbeitsaufträge

1 Vervollständigen Sie für Herrn Sommers die nachfolgende Tabelle.

Absatzmenge in Flaschen	Variable Kosten in €	Fixe Kosten in €	Gesamtkosten in €	Erlöse in €	Verlust (–) oder Gewinn (+) in €
0					
6 000					
12 000					
18 000					
24 000					
30 000					
36 000					
42 000					
48 000					
54 000					

2 Berechnen Sie für den Abrechnungszeitraum (Absatz: 36 000 Flaschen ohne Zusatzaufträge)
   a den Gewinn im Abrechnungszeitraum,
   b den Break-even-Point.

Absatzmenge in Flaschen	Variable Kosten in €	Fixe Kosten in €	Gesamtkosten in €	Erlöse in €	Verlust (–) oder Gewinn (+) in €
36 000					

3 Stellen Sie in einer Grafik
   a alle Kostenverläufe und die Erlöse (mit Benennungen) **bis zur Kapazitätsgrenze** dar und
   b kennzeichnen Sie den Break-even-Point, die Verlustzone und die Gewinnzone.

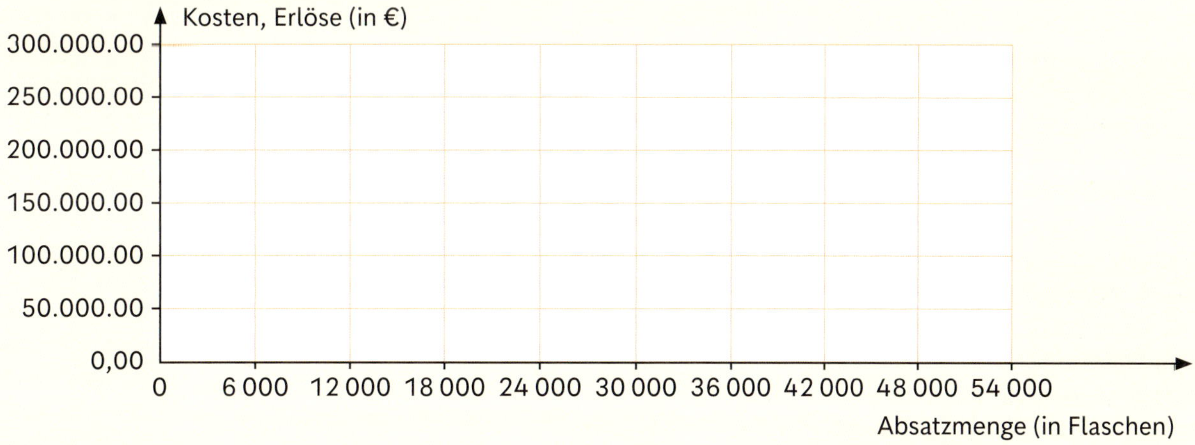

4 Welche Entscheidung ist für die Söhngen GmbH hinsichtlich der Anfrage der Leda-Discountmärkte AG bei der aktuellen Kostensituation sinnvoll?

5 Wie könnte die Entscheidung der Söhngen GmbH aussehen, wenn für die Eigenmarke der Leda-Discountmärkte AG preiswertere Flaschen (0,12 €) und Plastikkorken (0,05 €) verwendet sowie Sekt befreundeter Sektkellereien mit einem Einstandspreis von **1,56 € je Liter** abgefüllt würden (alle anderen Kosten bleiben konstant)?

Arbeitsblatt 42.1 | Deckungsbeitragsrechnung im Einproduktunternehmen

1 Grundbegriffe und Definitionen

Gesamtkosten

1. ______________________ Kosten	2. ______________________ Kosten
Beispiele:	Beispiele:
• Rohstoffverbrauch	• kalk. Abschreibungen
• ______________________	• ______________________
• ______________________	• ______________________
• ______________________	• ______________________
Kosten, die ______________________	Kosten, die ______________________
______________________	______________________

2 Berechnungen

Nettoverkaufserlös (in €)

– ______________________ Kosten (in €)

= ______________________ (in €)

fixe Kosten einer Abrechnungsperiode (in €) / ______________________ (in €/Stück) = Break-even-Point (Stück)

3 Grafische Darstellung

Tragen Sie rechts die richtigen Begriffe ein.

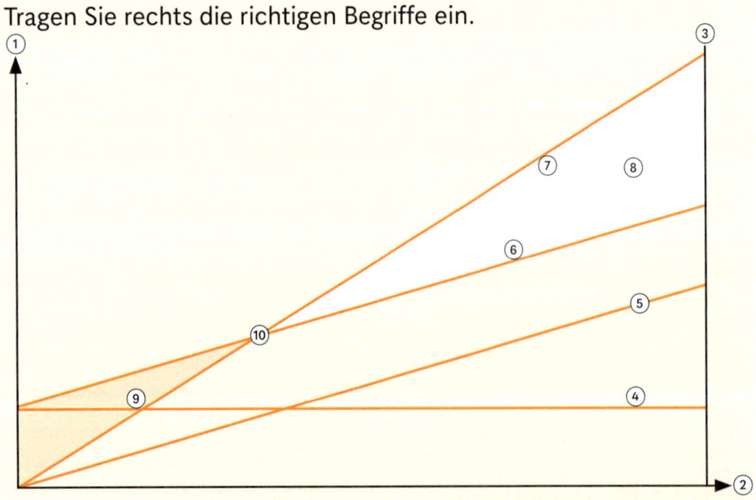

① ______________________

② ______________________

③ ______________________

④ ______________________

⑤ ______________________

⑥ ______________________

⑦ ______________________

⑧ ______________________

⑨ ______________________

⑩ ______________________

Aufgaben

Aufgabe 1

Herr Schlinkmann von der Bergischen Metall GmbH ist seit einiger Zeit unzufrieden. Die Umsätze entwickeln sich erfreulich, doch die Gewinne bleiben hinter den Erwartungen zurück. Nach längerer Diskussion in der Abteilungsleiterkonferenz beschließt man, die Unternehmensberaterin Hassel zu engagieren, die die Situation analysieren und Verbesserungsvorschläge unterbreiten soll. Frau Hassel begibt sich umgehend in die Buchhaltung und verschafft sich einen Überblick über die in der Bergischen Metall GmbH im letzten Geschäftsjahr angefallenen Kosten. Diese stellt sie in einer Übersicht zusammen:

Kosten	Betrag in €	Variator[1] in %	Fixe Kosten in €	Variable Kosten in €
Materialaufwand	4.796.954,00	100		
Personalkosten	3.658.000,00	20		
Allg. Verwaltung	220.000,00	0		
Werbung	285.000,00	0		
Weitere betr. Aufw.	225.450,00	55		
Mieten/Pachten/Leasing	660.000,00	0		
Energie	254.896,00	0		
Abschreibungen	886.000,00	0		
Summen	10.986.300,00			

[1] **Hinweis:** Der Variator gibt den Anteil der variablen Kosten einer Kostenart bei vorgegebener Beschäftigung (Produktionsmenge) an. Aus Vereinfachungsgründen wird der Variator hier als Prozentsatz angegeben.

Außerdem hat die Unternehmensberaterin Folgendes herausgefunden: Die Bergische Metall GmbH produziert nur einen Artikel, Bremsscheiben für Pkw in Standardgröße, in großen Mengen.

a Ermitteln Sie die Gesamtsumme der fixen und der variablen Kosten.

b Ermitteln Sie die variablen Kosten pro Stück. Gehen Sie von einer Produktions- und Absatzmenge von 478 779 Stück aus. Runden Sie Ihr Ergebnis auf zwei Nachkommastellen.

c Ermitteln Sie den Gesamtumsatz des abgelaufenen Geschäftsjahres. Der Barverkaufspreis beträgt 25,00 € pro Stück.

d Berechnen Sie die Kosten sowie die Erlöse für mögliche Absatzmengen von 0, 200 000, 400 000 und 600 000 Stück. Nutzen Sie hierfür die folgende Tabelle.

Menge in Stück	Fixe Kosten in €	Variable Kosten in €	Gesamtkosten in €	Erlöse in €
0				
200 000				
400 000				
600 000				

e Stellen Sie die Verläufe für die fixen, variablen und Gesamtkosten sowie für die Erlöse in einem Koordinatensystem dar.

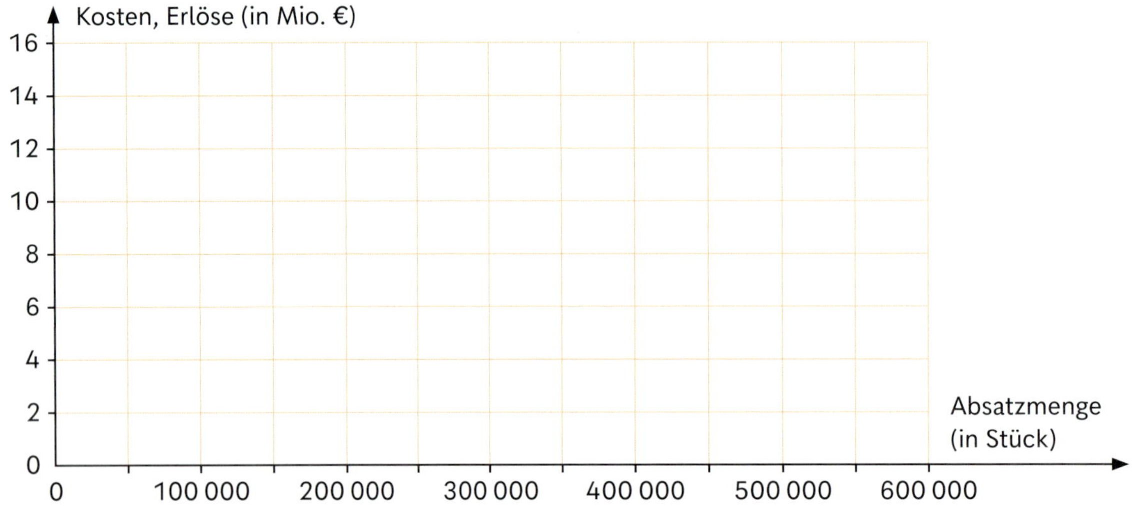

f Ermitteln Sie grafisch und rechnerisch, bei welcher Absatzmenge die Kosten und die Erlöse der Bergischen Metall GmbH gleich hoch sind.

g Machen Sie begründete Vorschläge, wie der Gewinn der Bergischen Metall GmbH gesteigert werden könnte.

Aufgabe 2

Ein Getränkehersteller produziert im Monat September 40 000 Flaschen hochwertigen Likör. Die fixen Kosten betragen 200.000,00 €, die variablen Kosten je Flasche betragen 7,00 €. Ermitteln Sie

a die Selbstkosten je Flasche,

b den Gewinn, wenn alle Flaschen zum Preis von 15,00 € verkauft werden können,

c den Umsatz, bei dem die Gewinnschwelle erreicht wird.

Aufgabe 3

Ein kleiner Holzverarbeitungsbetrieb produziert für einen Spielwarenhersteller im Auftrag Spielfiguren aus Holz. Der Materialverbrauch und die Produktionszeit je Spielfigur sind bei allen Figuren gleich.

- Produktionsmenge August: 100 000 Stück, Gesamtkosten 20.000,00 €
- Produktionsmenge September: 120 000 Stück, Gesamtkosten 22.000,00 €

Beachten Sie:

$$k_v = \frac{\text{Gesamtkostenveränderungen}}{\text{Absatzmengenveränderung}}$$

a Ermitteln Sie

1 die variablen Kosten je Spielfigur,

2 die fixen Kosten des Holzverarbeitungsbetriebs in einer Abrechnungsperiode (Monat),

3 den Gewinn im Monat September, wenn der Erlös je Figur 0,225 € beträgt,

4 die Absatzmenge, die zur Deckung der fixen Kosten notwendig ist,

5 den Gewinn im Monat Oktober, wenn zusätzlich zum Lohnauftrag des Spielwarenherstellers in Höhe von 110 000 Stück ein Zusatzauftrag (bei gleichbleibenden Kosten- und Erlösverhältnissen) über 15 000 Stück zum Barverkaufspreis von 0,18 € je Stück ausgeführt werden konnte.

b Die Kapazitätsgrenze liegt zurzeit bei 130 000 Spielfiguren je Abrechnungsperiode. Durch eine Neuinvestition könnte die Kapazitätsgrenze auf 150 000 Stück steigen. Durch diese Investition würden die fixen Kosten je Abrechnungsperiode um 2.500,00 € steigen. Erläutern Sie, ob sich diese Neuinvestition für den Holzverarbeitungsbetrieb lohnen könnte.

c Begründen Sie, warum bei Anwendung der Vollkostenrechnung und der Kostensituation des Vormonats als Kalkulationsbasis der Zusatzauftrag für den Monat Oktober hätte abgelehnt werden müssen.

Lernsituation 43

Deckungsbeitragsrechnung im Mehrproduktunternehmen anwenden

FK ▶ TF 12.4 | Kap. 2.4.2

Situation

Als Margot Rother, Abteilung Produktion, ihr E-Mail-Programm am Morgen öffnet, sieht sie die folgende E-Mail der Geschäftsleiterin der Fly Bike Werke GmbH Ewa Nowak:

Von: Ewa Nowak (Fly Bike Werke GmbH)
An: Margot Rother (Fly Bike Werke GmbH)
Betreff: Mountainbike-Produktion

Sehr geehrte Frau Rother,

wie mir Frau Gerland aus dem Vertrieb mitteilte, gibt es für den kommenden Monat einige Händlerbestellungen für Mountainbikes. Die Bestellmengen belaufen sich auf 1 000 Stück für das Modell Mountain *Dispo*, 1 500 Stück für Mountain *Constitution* und 1 800 Stück für Mountain *Unlimited*. Die Bestellungen für die beiden letztgenannten Modelle haben absoluten Vorrang, da diese von unseren Stammkunden kommen.

Leider werden ja einige Wartungsarbeiten an den Montagebändern durchgeführt, wodurch uns nur 202 000 Produktionsminuten zur Verfügung stehen. Bitte informieren Sie mich, ob alle bestellten Mountainbikes hergestellt werden können und wie hoch unser Gewinn im nächsten Monat sein wird.

Herzliche Grüße,
E. Nowak

Frau Rother lässt sich von Herrn Takano und Frau Gerland die notwendigen Informationen geben. Sie möchte das Produktionsprogramm der Sparte Mountainbikes für den kommenden Monat aufstellen. Dabei will sie zwar die Vorgabe der Geschäftsleitung berücksichtigen, gleichzeitig will sie alternativ das Produktionsprogramm aufstellen, mit dem das bestmögliche Betriebsergebnis erzielt werden kann. In beiden Fällen muss sie fixe Kosten in Höhe von 400.000,00 € berücksichtigen.

Modelle	Deckungsbeitrag je Stück	Montagezeit	Bestellte Mengen
Dispo	240,00 €	60 Minuten	1 000 Stück
Constitution	266,00 €	70 Minuten	1 500 Stück
Unlimited	180,00 €	40 Minuten	1 800 Stück

Arbeitsauftrag

1 Ermitteln Sie für Frau Rother
   a die Produktionsmengen, die Deckungsbeiträge und das Betriebsergebnis nach Vorgaben der Geschäftsleitung unter Berücksichtigung der begrenzten Produktionszeit,
   b die gewinnoptimalen Produktionsmengen, die Deckungsbeiträge und das Betriebsergebnis unter Berücksichtigung der begrenzten Produktionszeit.

Nutzen Sie hierfür die nachfolgenden Lösungstabellen.

Produktionsmengen, Deckungsbeiträge, Betriebsergebnis nach Vorgaben der Geschäftsleitung

Modell (Reihenfolge der Geschäftsleitung)		Bestellmengen in St.	Montagezeit in Min./St.	Produktionsmenge in St.	Zeitverbrauch in Min.	Restzeit in Min.	Deckungsbeitrag in €
1	*Constitution*	1 500	70	1 500	105 000	97 000	
2	*Unlimited*	1 800	40				
3	*Dispo*	1 000	60				
						Deckungsbeitrag gesamt (in €)	
						– Fixe Kosten (in €)	
						= Betriebsergebnis (in €)	

Gewinnoptimale Produktionsmengen, Deckungsbeiträge, Betriebsergebnis nach relativen Deckungsbeiträgen

Relativer Deckungsbeitrag* für *Dispo* = ______________ = ______________ (€/Min.)

Relativer Deckungsbeitrag* für *Constitution* = ______________ = ______________ (€/Min.)

Relativer Deckungsbeitrag* für *Unlimited* = ______________ = ______________ (€/Min.)

(* = Deckungsbeitrag pro 1 Minute Montagezeit)

Modell (Reihenfolge nach relativem DB)		Bestellmengen in St.	Montagezeit in Min./St.	Produktionsmenge in St.	Zeitverbrauch in Min.	Restzeit in Min.	Deckungsbeitrag in €
2	*Unlimited*	1 800	40	1 800	72 000	130 000	
						Deckungsbeitrag gesamt (in €)	
						– Fixe Kosten (in €)	
						= Betriebsergebnis (in €)	

Arbeitsblatt 43.1 | Deckungsbeitragsrechnung (bei Produktionsengpässen)

Ein Betrieb verfügt über eine Fertigungskapazität von 8 000 Fertigungsminuten je Periode. Für die Planung der folgenden Periode müssen nachstehende Daten berücksichtigt werden.

Produkt	Absetzbare Menge in St.	Zeitbedarf je Stück in Min.	Erzielbarer Preis/Stück in €	Variable Kosten/Stück in €	Deckungsbeitrag/Stück in €	Deckungsbeitrag relativ in €/Min.
A	830	4	50,00	40,00		
B	400	3	100,00	80,00		
C	500	5	70,00	49,00		
D	100	2	30,00	24,00		
E	2 000	1	10,00	5,00		

Ermitteln Sie

a die relativen Deckungsbeiträge je Minute für jedes Produkt und tragen Sie die Ergebnisse in die vorstehende Übersicht ein,

b das gewinnoptimale Produktionsprogramm und tragen Sie die Ergebnisse in die nachfolgende Übersicht ein,

c den Gewinn des Unternehmens, wenn 70.000,00 € fixe Kosten zu berücksichtigen sind.

Priorität	Produkt	Menge in St.	Zeitbedarf in Min.	Restkapazität in Min.	Deckungsbeitrag gesamt in €
1					
2					
3					
4					
5					
				Summe Gesamtdeckungsbeiträge	
				Fixkostenblock	
				Betriebsergebnis	

Arbeitsblatt 43.2 | Deckungsbeitragsrechnung im Mehrproduktunternehmen

Ein Zulieferer der Fahrradindustrie mit drei Erzeugnisgruppen plant einen Abrechnungsmonat mit folgenden Verkaufserlösen und Kosten. Das geplante Betriebsergebnis muss noch ermittelt werden.

Planwerte in €	**Erzeugnisgruppe I**			**Erzeugnisgruppe II**			**Erzeugnisgruppe III**		
Erzeugnis-Nummer	**100**	**101**	**102**	**201**	**202**	**203**	**301**	**302**	**303**
Verkauferlös/Stück	48,60	46,80	102,00	214,00	260,60	320,00	160,00	180,00	145,00
Var. Kosten/Stück	26,60	32,00	84,90	145,00	110,00	210,50	105,00	185,50	85,00
db/Stück									
Absatzmengen (St.)	4 000	3 800	3 200	400	500	1 850	6 200	3 200	4 800
DB Erzeugnis									
DB Erzeugnisgruppe									
DB Unternehmen									
Fixe Kosten	1.002.500,00								
Betriebsergebnis									

Ermitteln Sie das tatsächliche Betriebsergebnis auf Basis der Istwerte, wenn das Erzeugnis mit der Nummer 302 nicht mehr produziert wird, die Verkaufserlöse je Stück für die verbleibenden Artikel der Erzeugnisgruppe III um 10 % steigen und die geplanten Absatzmengen der Erzeugnisgruppe III um 5 % sinken. Alle weiteren Istwerte sind der Tabelle zu entnehmen.

Istwerte in €	**Erzeugnisgruppe I**			**Erzeugnisgruppe II**			**Erzeugnisgruppe III**		
Erzeugnis-Nummer	**100**	**101**	**102**	**201**	**202**	**203**	**301**	**302**	**303**
Verkauferlös/Stück	47,60	48,80	101,50	212,00	265,60	326,00		X	
Var. Kosten/Stück	26,80	32,50	82,90	145,50	110,50	211,50	105,00	X	85,00
db/Stück								X	
Absatzmengen (St.)	4 100	3 420	3 000	100	400	1 670		X	
DB Erzeugnis								X	
DB Erzeugnisgruppe									
DB Unternehmen									
Fixe Kosten	1.006.500,00								
Betriebsergebnis									

Aufgaben

Aufgabe 1

Ein Industriebetrieb produziert an der Kapazitätsgrenze. Folgende Aufträge sind noch zu berücksichtigen, obwohl nur noch 120 freie Produktionsstunden zur Verfügung stehen. Das Unternehmen produziert oberhalb der Gewinnschwelle.

Ermitteln Sie
a die kostenoptimalen Produktionsmengen für die Aufträge A, B und C,
b den maximal erreichbaren zusätzlichen Gewinn.

	Auftrag A	Auftrag B	Auftrag C
Auftragsmenge (in Stück)	200	500	200
db je Stück (in €)	300	400	770
Produktionszeit je Stück (in Minuten)	10	8	14

Aufgabe 2

Ein Fahrradhersteller für hochpreisige Rennräder bietet drei verschiedene Fahrradmodelle auf einer hausinternen Händlermesse zu Sonderpreisen an. Folgende Planwerte (geplante Produktion = geplante Absatzmenge) liegen für die nächste Abrechnungsperiode vor:

Modelle	Erlöse je Stück	Variable Kosten je Stück	Geplanter Absatz
Acer	420,00 €	240,00 €	2 000 Stück
Bee	480,00 €	290,00 €	1 500 Stück
Cray	560,00 €	350,00 €	3 000 Stück

Die erzeugnisfixen Kosten betragen für das Modell Acer 200.000,00 €, für das Modell Bee 150.000,00 € und für das Modell Cray 225.000,00 €. Die unternehmensfixen Kosten betragen insgesamt 300.000,00 €. Ermitteln Sie
a den geplanten Deckungsbeitrag je Stück (db I) für das Modell Acer,
b den Gesamtdeckungsbeitrag (DB II) für das Modell Bee, wenn die geplante Absatzmenge realisiert wird,
c den geplanten Betriebsgewinn der Abrechnungsperiode,
d den realisierten Betriebsgewinn der Abrechnungsperiode, wenn der Erlös des Modells Cray um 10,00 € sinkt, die variablen Kosten des Modells Acer aufgrund von Ausstattungsveränderungen auf Wunsch der Kunden um 15,00 € steigen und die tatsächlichen Absatzmengen für das Modell Acer 2 050 Stück, für das Modell Bee 1 400 Stück und für das Modell Cray 3 300 Stück betragen.

Aufgabe 3

Die Rad AG produziert die Kinderfahrräder KID, LIT und MID. Alle Erzeugnisse durchlaufen die gleiche Arbeitsgruppe, die eine Kapazität von 92 400 Minuten im Monat aufweist. Es gelten folgende Daten:

Erzeugnis	Variable Stückkosten (k_v)	Verkaufspreis (p)	Dauer des Schneidvorgangs (Stück)	Aufträge	Fixkosten je Monat (K_F)
KID	320,00 €	340,00 €	4 Minuten	6 000	300.000,00 €
LIT	230,00 €	242,50 €	5 Minuten	7 000	
MID	272,00 €	300,00 €	7 Minuten	5 250	

Ermitteln Sie
a den Preis in Euro, zu dem das Kinderfahrrad KID kurzfristig angeboten werden kann,
b den Deckungsbeitrag je Minute des Kinderrades MID in Euro sowie die Stückzahl, die von Erzeugnis LIT bei der Realisation des gewinnmaximalen Produktionsprogramms hergestellt wird,
c den Gewinn in Euro, der bei der Realisation des gewinnmaximalen Produktionsprogramms erzielt wird.

Industrielle Fertigung räumlich organisieren

FK ▶ TF 12.4 | Kap. 3

Situation

Die Praktikanten Mia Klein und Deniz Özal zeigen der Produktionsleiterin Frau Rother die in ihren Praktikumsbericht eingefügten Fotos von ihrem Rundgang durch die Werkshallen und besprechen die Antworten auf die von Frau Rother im Fragebogen gestellten Fragen (vgl. Lernsituation 39).

Damit Mia und Deniz die räumliche Anordnung der Maschinen und Arbeitsplätze besser verstehen können, zeigt ihnen Frau Rother die nachfolgende Skizze der Produktionsanlagen und bespricht mit ihnen die einzelnen Produktionsabschnitte (siehe Gespräch auf der folgenden Seite).

Produktionsabläufe in den Fly Bike Werken

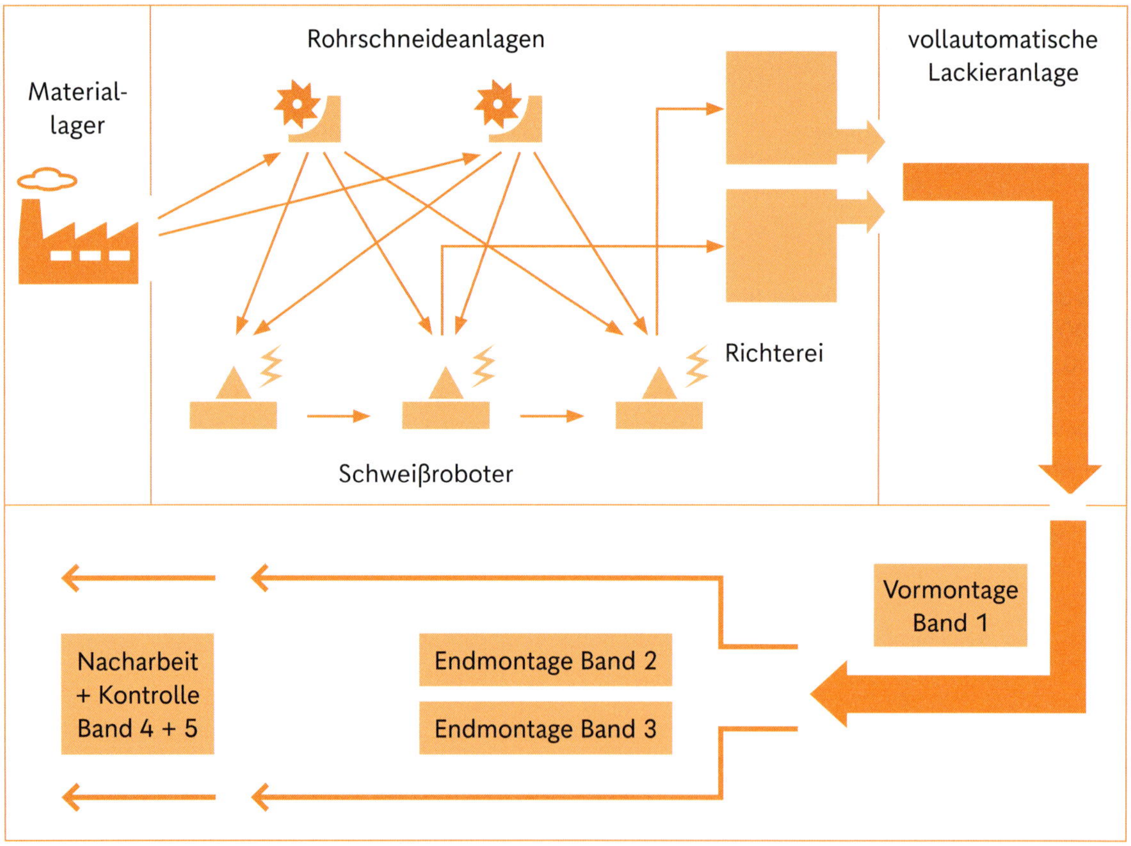

Frau Rother: „Schaut mal her. Als Erstes sind wir durch unsere beiden Werkstätten, den Rahmenrohbau und die Richterei, gegangen. Dort stehen die Maschinen zum Schneiden der Rohre sowie zum Schweißen und Nachbearbeiten der Fahrradrahmen. Die Pfeile zeigen Euch, wie das Material von einem zum nächsten Arbeitsplatz wandert."

Deniz: „Das sieht aber schon ziemlich durcheinander aus. Ist es nicht total schwierig, da den Überblick zu behalten?"

Frau Rother: „Das ist es in der Tat und das ist auch ein Problem der Fertigung in Werkstätten. Nur mit viel Erfahrung und guter Planung bekommen wir das hin. Leider macht das den Produktionsprozess relativ langsam und teuer."

Mia: „In der Lackiererei und in der Montage sieht es dann aber sehr geordnet aus. Alle Fahrradrahmen hängen schön in einer Linie hintereinander. Sehr übersichtlich ist das."

Frau Rother: „Stimmt genau. Deswegen nennen wir das auch eine Fließfertigung. Wie der Wassertropfen in einem Fluss fließt das Werkstück, also der Fahrradrahmen, von einem Arbeitsplatz zum nächsten. Jeder Mitarbeiter ergänzt ein bestimmtes Teil, z. B. den Sattel, das Vorderrad oder die Bremse, und dann fließt das Rad weiter, bis es komplett montiert ist und verpackt werden kann. Das geht sehr schnell und ist kostengünstig."

Deniz: „Ja, aber warum macht man denn dann nicht alles in Fließfertigung? Das wäre doch viel einfacher?"

Frau Rother: „Einfacher vielleicht. Aber dann könnten wir nur ein einziges Fahrradmodell herstellen. Und das auch nur in einer einzigen Größe."

Arbeitsauftrag

1 Mia und Deniz vervollständigen daraufhin ihren Praktikumsbericht. Hierfür denken sie noch einmal über das Gespräch mit Frau Rother nach. Dabei stellen sie sich folgende Fragen:

a Warum fertigen die Fly Bike Werke ihre Fahrradrahmen in Werkstätten? Welche Vor- und Nachteile hat diese Entscheidung?

b Die Vor- und Endmontage der Fahrräder erfolgt dann in fließenden Montagelinien. Warum ist dies möglich und welche Vorteile hat die Fließfertigung? Welche Nachteile stehen dem gegenüber?

Unterstützen Sie Mia und Deniz bei der Beantwortung der gestellten Fragen. Ziehen Sie dabei Ihre Fachkunde (TF 12.4, Kapitel 3) zurate.

Notizen

Aufgaben

Aufgabe 1
Die Produktion von Antriebswellen für die Maschinenbauindustrie findet als Werkstattfertigung statt.
- a Beschreiben Sie drei Merkmale der Werkstattfertigung.
- b Sie lesen in einem Fachbuch, dass die Werkstattfertigung gegenüber der Fließfertigung eine erhöhte Kapitalbindung zur Folge hat. Begründen Sie diese Aussage mit zwei Argumenten.

Aufgabe 2
Ein Industriebetrieb produziert Vorrats- und Transportbehälter für die Nahrungsmittelindustrie in Serienfertigung.
- a Grenzen Sie die Serienfertigung begrifflich von der Sorten- und der Massenfertigung ab.
- b Nennen Sie je einen speziellen Nachteil bzw. ein spezielles Problem der drei genannten Fertigungstypen.

Aufgabe 3
Sehr gleichförmige Arbeit, z. B. bei der Fließbandfertigung, wird häufig von den Mitarbeitern als monoton empfunden.
- a Nennen Sie vier negative Folgen, die sich aus der Eintönigkeit der Arbeit ergeben können.
- b Erläutern Sie zwei wirksame Maßnahmen der Unternehmensleitung gegen Monotonie am Arbeitsplatz.

Aufgabe 4
Eine Industrieunternehmung beabsichtigt, ihre Produktion von Werkstattfertigung auf Gruppenfertigung umzustellen.
- a Beschreiben Sie drei Maßnahmen, die hierzu notwendig wären.
- b Nennen Sie drei Gründe, die für eine solche Umstellung sprechen könnten.
- c Erläutern Sie auch zwei Risiken, die ein solches Vorhaben mit sich bringen könnte.

Aufgabe 5
Die Fließfertigung ist heute der weitaus häufigste Organisationstyp industrieller Fertigung. Innerhalb der Fließfertigung haben sich daher verschiedene (Unter-)Arten herausgebildet. Ergänzen Sie hierzu den nachstehenden Text durch Zuordnung der richtigen Begriffe.

Begriffe:
- Straßen- oder Linienfertigung,
- sonstige Fördermittel,
- in dauernder Folge,
- Fließbandfertigung,
- gering,
- Taktzeit,
- „Bandabriss",
- Zwischenläger,
- Massen- oder Großserienfertigung,
- Zwangslauffertigung,
- Fluss- oder Objektprinzip,
- Zeitzwang,
- Stückkosten

Für die Fließfertigung ist charakteristisch, dass die Betriebsmittel und Arbeitsplätze nach dem ______________________ (also dem Ablauf der einzelnen Produktionsschritte) angeordnet sind. Der Arbeitsablauf ist so festgelegt, dass die zu bearbeitenden Werkstücke die einzelnen Maschinen und Arbeitsplätze ______________________ durchlaufen. Daher spricht man auch von ______________________. Im Gegensatz zur Werkstattfertigung gibt es keine Rücktransporte der Werkstücke, die Durchlaufzeiten sind dementsprechend ______________________.

Erfolgt der Transport der herzustellenden Produkte zwischen den straßenartig aufgestellten Maschinen und Arbeitsplätzen ohne ______________________, so liegt eine besondere Form der Fließfertigung vor, die Reihenfertigung. Die Weitergabe der Werkstücke von Arbeitsplatz zu Arbeitsplatz geschieht hier von Hand oder durch ______________________, z. B. Rollenbahnen oder Handwagen. An den einzelnen Arbeitsplätzen werden häufig ______________________ als Vorratspuffer eingerichtet, bevor die Teile zum nachfolgenden Arbeitsplatz weitergereicht werden.

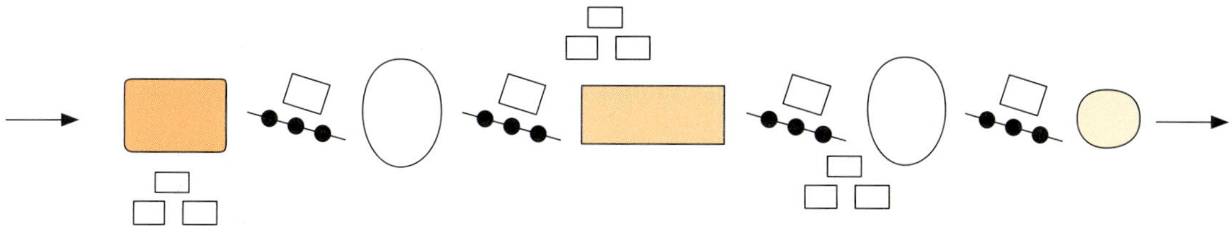

Transport der Werkstücke über Rollenbahnen

Bei der Produktion bestimmter Güter, z. B. Bier, Stahlblech oder Papier, darf der Fertigungsprozess aus technischen Gründen nicht unterbrochen werden und erzwingt so eine Anordnung der Betriebsmittel nach dem Flussprinzip. Hier spricht man von ______________________ oder naturbedingter Fließfertigung. Der Amerikaner Henry Ford (1863–1947) gilt als Erfinder der ______________________, die auch als „organisierte" Fließfertigung bezeichnet wird. Bei diesem Organisationstyp werden die Arbeitsplätze und Betriebsmittel durch mechanische Fördermittel, z. B. Fließbänder, miteinander verbunden. Dazu müssen alle Arbeitsschritte zeitlich exakt aufeinander abgestimmt werden: Alle Arbeitsplätze erhalten eine einheitliche Zeitvorgabe, die sogenannte ______________________. Innerhalb dieser vorgegebenen Zeit führen die Bandarbeiter in ständiger Folge die gleichen, auf relativ wenige Handgriffe beschränkten Arbeitsschritte aus. Eine Zwischenlagerung der Werkstücke entfällt.

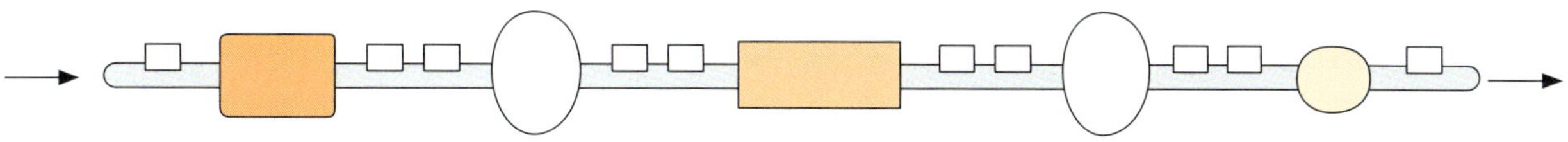

Transport mittels Fließband

Die Fließbandfertigung erlaubt durch ihren hohen Grad an Standardisierung und den Einsatz von spezialisierten Betriebsmitteln die Produktion von industriellen Gütern zu minimalen ______________________. Der Ausfall eines Betriebsmittels bzw. einer Arbeitsstation führt jedoch fast augenblicklich zum Stillstand der gesamten Produktion, dem gefürchteten ______________________. Die Fließbandfertigung eignet sie sich daher nur für Betriebe mit ______________________.

Lernsituation 45

Kosten berechnen

FK ▶ TF 12.4 | Kap. 4

Situation

Zwei Unternehmen, beide ohne „nennenswerte“ Kenntnisse über ihre eigenen Kosten, haben in der letzten Zeit „Schlagzeilen“ gemacht. Beide Unternehmen agieren am jeweiligen Markt ausschließlich über den Preis. Die übliche Vorgehensweise – Kosten ermitteln, Gewinn planen und erst dann Preise anbieten – gilt für diese Unternehmen nicht.

Unternehmen 1: Gruher AG, Bauunternehmen für den Großobjektbau (Einkaufzentren u. Ä.)
Interne Zielsetzung: Unterbietung von Konkurrenzunternehmen im Angebotspreis für den Erhalt von Anschlussaufträgen bei Großbauprojekten, die EU-weit ausgeschrieben werden

Schlagzeilen aus der Tagespresse (in zeitlicher Reihenfolge)

GRUHER AG GEWINNT BIETERSTREIT
Neuer Auftrag für das INWA-Einkaufszentrum in Bonn

Niemand baut so preiswert wie die Gruher AG
Neuer Großauftrag aus Italien

SCHADENERSATZKLAGEN GEGEN DIE GRUHER AG
Vorwurf der „schlampigen“ Bauausführung

KEINE LOHNZAHLUNGEN: GRUHER AG AM ENDE?

Unternehmen 2: Intense-Import GmbH, alleiniger Importeur in Deutschland für MG-Motorräder und deren Ersatzteile aus italienischer Produktion
Interne Zielsetzung: moderate Motorradpreise bei gleichzeitiger Höchstpreispolitik bei allen Ersatzteilen

Schlagzeilen aus der Tagespresse (in zeitlicher Reihenfolge)

Intense-Import meldet:
Zulassungszahlen für italienische MG-Motorräder erneut gestiegen

INTENSE-IMPORT GMBH ÜBERNIMMT IMPORTEUR
für italienische MG-Motorräder in den Beneluxländern

INTENSE-IMPORT BAUT NEUES ZENTRALLAGER IN AACHEN

Intense-Import
vermeldet das erfolgreichste Jahr der Firmengeschichte

MOTORRAD-HÄNDLER SIND „SAUER“
Hohe Ersatzteilpreise für MG-Motorräder verärgern die Kundschaft

NEUER ANBIETER
Ersatzteile für italienische MG-Motorräder jetzt günstig online bestellen

Arbeitsaufträge

1 Langfristig unternehmerisch erfolgreich ohne Kenntnisse über die eigenen Kosten? Überprüfen Sie diese Aussage anhand der obigen Schlagzeilen aus der Tagespresse aus Sicht der dargestellten Unternehmen.
2 Welche Zukunftsentwicklung ist für diese Unternehmen absehbar?

Arbeitsblatt 45.1 | Grundbegriffe der Kosten- und Leistungsrechnung I

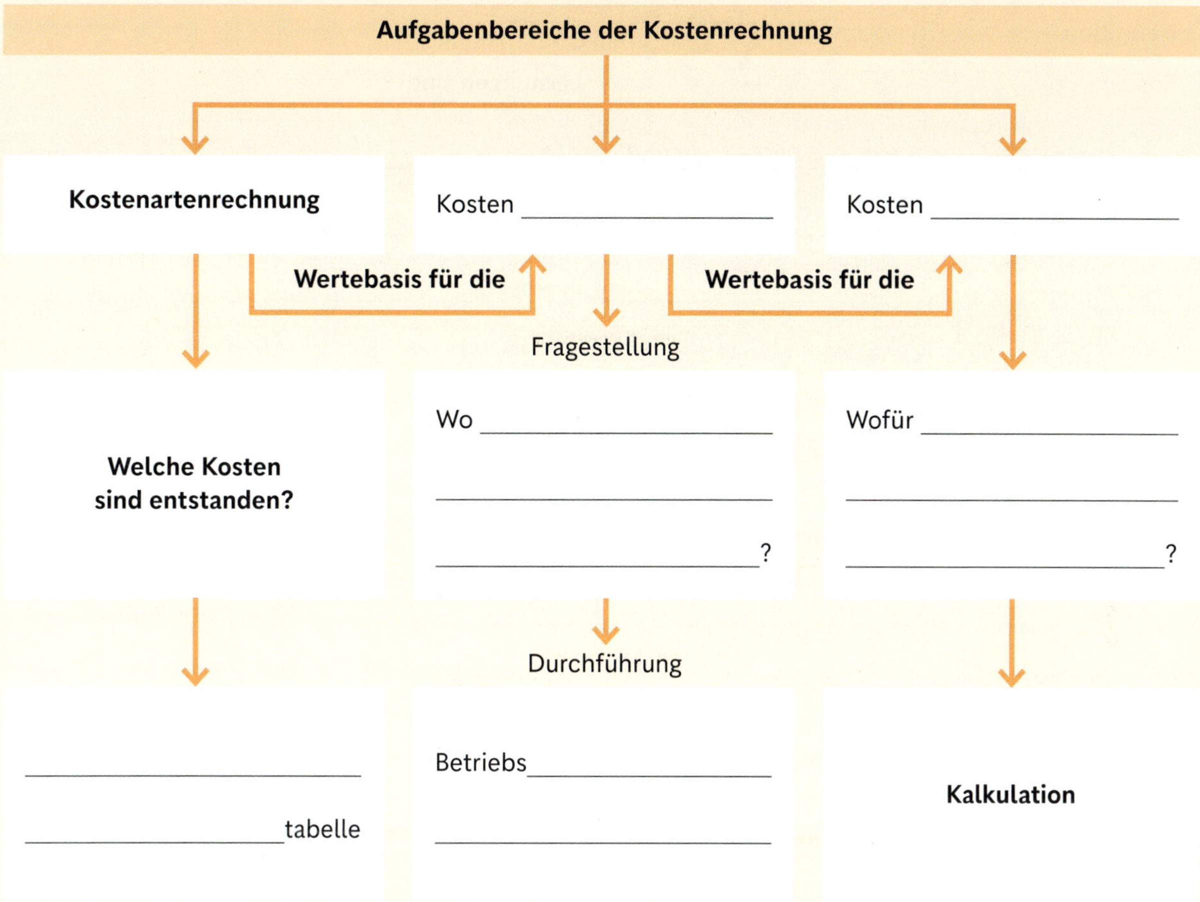

Grundbegriffe der Kostenrechnung	Erläuterung	Beispiel
Einzelkosten		
Sondereinzelkosten		
Echte Gemeinkosten		
Unechte Gemeinkosten		

Arbeitsblatt 45.2 | Grundbegriffe der Kosten- und Leistungsrechnung II

Definition	
Kosten sind	Leistungen sind
____________ und ____________ in einer ____________.	____________ und ____________ in einer ____________.

Abgrenzung	
Aufwendungen sind:	betrieblich und ____________ und periodengerecht = ____________.
	____________ oder außerordentlich oder ____________ = neutrale ____________.
Erträge sind:	betrieblich und ____________ und periodengerecht = ____________.
	____________ oder außerordentlich oder ____________ = neutrale ____________.

Zurechenbarkeit der Kosten auf die Kostenträger	
Einzelkosten	sind den Kostenträgern ____________ ____________.
Sonder-einzelkosten	der ____________ und/oder des ____________ fallen nur für bestimmte Kostenträger an.
Echte Gemeinkosten	sind den Kostenträgern ____________ ____________.
Unechte Gemeinkosten	sind den Kostenträgern ____________ ____________.

Arbeitsblatt 45.3 | Sachzielbezogene (betriebliche) Aufwendungen und Erträge

1 Ein Fahrradhersteller mit dem Produktionsprogramm Fahrräder und dem Absatzprogramm Fahrräder, Fahrradanhänger, Fahrradbekleidung sowie der Vermittlung von Fahrradreisen erzielt durch verschiedene Aktivitäten Aufwendungen oder Erträge. Kreuzen Sie folgende Aktivitäten an, wenn sie den Sachzielen des Fahrradherstellers dienen.

	Verkauf von Fahrrädern		Vermietung von Wohnungen
	Vertrieb von Prospekten über Fahrradbekleidung und Fahrradreisen		Herstellung von Zwischenprodukten (Rahmen, Gabeln) für die eigene Erzeugnisherstellung
	Unterhalt eines Testzentrums für eingekaufte Fahrradteile		Kauf (Verkauf) von Aktien anderer Unternehmen zur kurzfristigen, möglichst rentablen Geldanlage
	Vergabe von Lizenzen für die Fahrradherstellung (nur für Auslandsmärkte)		Lagerhaltung von selbst hergestellten Fahrrädern und von Handelswaren
	Erstellung von selbst konstruierten Produktionsanlagen für neue Fahrradmodelle		Betrieb einer Sportanlage (Tenniszentrum)

2 Das oben beschriebene Unternehmen ermittelt für die laufende Rechnungsperiode folgende Arten von Aufwendungen (Güterverbräuche) und Erträgen (Gütererstellungen). Stellen Sie fest, ob diese Güterverbräuche den Sachzielen des Fahrradherstellers dienen (= betrieblich) oder für die Erreichung der Sachziele nicht notwendig sind (= betriebsfremd). Kreuzen Sie das richtige Lösungsfeld an.

Aufwendungen/Erträge	Sachzielbezogen (betrieblich)	Nicht sachzielbezogen (betriebsfremd)
Aufwendungen		
a Wasserverbrauch für die Kühlung der Rohrtrennanlage		
b Rohstoffverbrauch für die Rahmenproduktion		
c Trikotwerbung bei einem ortsansässigen Fußballverein		
d Renovierungsaufwand für Werkswohnungen		
e Abschreibung eines Lackierautomaten		
f Energieaufwand für die Beheizung des Tenniszentrums		
g Verluste aus dem Verkauf von Aktien		
h Löhne und Arbeitgeberanteile für die Sozialversicherung der Mitarbeiterinnen und Mitarbeiter		
i Reisekosten des Geschäftsführers nach Mailand zum Besuch einer Fahrradmesse		
Erträge		
a Umsatzerlöse aus dem Verkauf von Fahrrädern		
b Erlöse aus dem Verkauf von Eintrittskarten für das firmeneigene Tenniszentrum		
c Erlöse aus der Vermittlung von Fahrradreisen		
d Mieterträge aus vermieteten Wohnungen		
e Erlöse aus der Vergabe von Lizenzen für die Produktion von Spezialgabeln für den amerikanischen Markt		
f Erlöse aus dem Verkauf von Fahrradanhängern		
g Fertigstellung einer selbst erstellten Produktionsanlage (aktivierte Eigenleistungen)		
h Bestandserhöhung (Lageraufbau) von Fahrrädern		
i Erlöse aus dem Verkauf von Aktien mit Gewinn		

Arbeitsblatt 45.4 | Abgrenzung Aufwendungen/Kosten und Erträge/Leistungen

1 In der Finanzbuchhaltung eines Industriebetriebes wurden in einem Abrechnungsmonat die folgenden Erträge und Aufwendungen erfasst.
  a Ordnen Sie die Abkürzungen aus der unten stehenden Übersicht den jeweiligen Werten zu.
  b Ermitteln Sie den Erfolg und die jeweiligen Werte (in €) in der unten stehenden Übersicht.

Konten-gruppe	Beschreibung	Wert in €	Zuord-nung
50	Umsatzerlöse für eigene Erzeugnisse	620.000,00	L
51	Umsatzerlöse für Handelswaren	40.000,00	
52	Bestandserhöhung fertige und unfertige Erzeugnisse	40.000,00	
53	aktivierte Eigenleistungen	20.000,00	
54	Erlöse aus Vermietung und Verpachtung	60.000,00	
	Erlöse aus Anlagenabgängen (Nettoverkaufserlöse gebrauchte Anlagen)	5.000,00	
	Zahlungseingang auf eine im Vorjahr abgeschriebene Forderung	12.000,00	
56	Erträge aus dem Verkauf von festverzinslichen Wertpapieren	6.000,00	
57	Zinserträge aus kurzfristigen Kapitalanlagen	2.000,00	
60	erfasster Materialaufwand für die Produktion	160.000,00	
	durch falsche Lagerhaltung unbrauchbares Material	4.000,00	
	Energieaufwand für betriebliche Zwecke	54.000,00	
	Energieaufwand für vermietetes Gebäude	2.900,00	
61	Reparaturkosten für Produktionsmaschinen (normaler Verschleiß)	13.000,00	
	Reparaturkosten einer Verpackungsanlage (Sachbeschädigung)	22.000,00	
	Reparaturkosten für vermietetes Gebäude	4.000,00	
62–64	Löhne und Gehälter einschließlich Sozialabgaben für Betriebsangehörige	270.000,00	
	Aushilfslöhne für Hausmeistertätigkeiten im vermieteten Gebäude	600,00	
65	planmäßige Abschreibungen auf Sachanlagen	75.000,00	
	Abschreibungen auf das vermietete Gebäude	6.000,00	
	außerplanmäßige Abschreibung: Totalschaden eines Lkws	40.000,00	
67	Miet- und Pachtzahlungen für betriebsnotwendige Anlagen	24.000,00	
	Anwaltskosten für einen Rechtsstreit mit einem Rohstofflieferanten	8.000,00	
68	Aufwendungen für Büromaterial usw.	9.000,00	
	Spende an ein Kinderheim	1.000,00	
69	Versicherungsbeiträge für betriebsnotwendige Sachanlagen	20.000,00	
	Anlagenabgänge (Buchwerte gebrauchter Anlagen beim Verkauf)	5.000,00	
70–77	Betriebliche Steuern	20.000,00	
	Gewerbesteuernachzahlung für das Vorjahr	1.500,00	
	Abschreibungen auf Wertpapiere des Umlaufvermögens	10.000,00	
	Zinsaufwendungen für das vermietete Gebäude	4.000,00	
	Erfolg		

Leistungen (L)	**Betriebsfremde Erträge (BE)**	**Außerordentliche Erträge (AE)**	**Periodenfremde Erträge (PE)**
Kosten (K)	**Betriebsfremde Aufwendungen (BA)**	**Außerordentliche Aufwendungen (AA)**	**Periodenfremde Aufwendungen (PA)**

Arbeitsblatt 45.5 | Kalkulatorische Kosten

Geschäftsbuchhaltung = Aufwandsermittlung	**Kostenrechnung** = Kostenermittlung
Basis: Handels- und Steuerrecht Geltungsbereich: alle Unternehmen	Basis: Sachzielbezogener Güterverzehr Geltungsbereich: ein bestimmtes Unternehmen

Abschreibungen (Beispiel: Abschreibung eines Fahrzeugs)			
Geschäftsbuchhaltung		**Kostenrechnung**	
Anschaffungskosten Nutzungsdauer gemäß AfA-Tabelle	50.000,00 € 6 Jahre	Wiederbeschaffungskosten Betriebsindividuelle Nutzungsdauer	54.000,00 € 8 Jahre
Abschreibungsbetrag 1. Jahr = **Aufwand**		Abschreibungsbetrag 1. Jahr = **Kosten**	

Zinsen			
Geschäftsbuchhaltung		**Kostenrechnung**	
Tatsächlich gezahlte Zinsen auf das Fremdkapital: • Darlehenszinsen • Kontokorrentzinsen	 57.500,00 € 8.750,00 €	Betriebsnotwendiges Anlage- und Umlaufvermögen – Abzugskapital = Betriebsnotwendiges Kapital	900.000,00 € 50.000,00 €
		Kalkulatorischer Zinssatz	9 %
Summe der Zinszahlungen = **Aufwand**		Kalkulatorische Zinsen = **Kosten**	

Wagnisse (Beispiel: Gewährleistungswagnis)			
Geschäftsbuchhaltung		**Kostenrechnung**	
Tatsächlich im Jahr 20XX entstandene Aufwendungen für Gewährleistungen (Personal-, Material-, Porto- und weitere Kostenarten)	22.500,00 €	Jahr Umsatz 1 1.125.000,00 € 2 1.250.000,00 € 3 1.300.000,00 € 4 1.210.000,00 € Geplanter Umsatz (20XX)	Gewährleistungen 10.250,00 € 14.510,00 € 11.000,00 € 13.125,00 € 1.150.000,00 €
Aufwand für eingetretene Gewährleistungen		Kalkulator. Gewährleistungswagnis als Durchschnittssatz von 4 Jahren = **Kosten**	

Miete (eigene Gebäude)			
Geschäftsbuchhaltung		**Kostenrechnung**	
Tatsächlich entstandene Aufwendungen für die Gebäude: • Hypothekenzinsen • Abschreibungen • Instandhaltung • Steuern/Versicherungen • Reinigung	 23.000,00 € 18.000,00 € 12.500,00 € 6.500,00 € 6.000,00 €	Ortsüblicher monatlicher Mietpreis für vergleichbare Unternehmensgebäude: • Verwaltung 150 m² • Lager 600 m²	 12,00 €/m² 8,00 €/m²
Summe der Gebäudeaufwendungen = **Aufwand**		Kalkulatorische Jahresmiete = **Kosten**	

Arbeitsblatt 45.6 | Grundbegriffe der Kosten- und Leistungsrechnung III

Vervollständigen Sie nachfolgende Übersicht (Begriffe oder Beispiele).

Begriffe der Kosten- und Leistungsrechnung	**Von Ihnen ausgewählte oder vorgegebene Beispiele für ein Industrieunternehmen der Fahrradbranche**
	Mieterträge
Außerordentliche Erträge	
Periodenfremde Erträge	
Betriebsfremde Aufwendungen	
Außerordentliche Aufwendungen	
	Gewerbesteuernachzahlung für das Vorjahr
Fixe Kosten	
Variable Kosten	
Leistungen	
	kalkulatorische Abschreibungen
Zusatzkosten	
Einzelkosten	
	Vertriebsprovisionen
Echte Gemeinkosten	
Unechte Gemeinkosten	
Mischkosten	

Aufgaben

Aufgabe 1

Ordnen Sie die Ziffern der folgenden Kosten dem richtigen Feld der Tabelle darunter zu.

1 Verbrauch von Stahlrohren
2 Verbrauch von Unterlegscheiben
3 Gehalt des Geschäftsführers
4 Telefonkosten der Verwaltung
5 Konstruktionszeichnung für ein neues Fahrradmodell
6 Vertriebsprovisionen für Reisende
7 Verbrauch von Kettenschaltungen
8 Verpackungskartons für Fahrräder
9 Akkordlöhne in der Fahrradmontage
10 Abschreibungen auf Produktionsmaschinen

Einzelkosten	Sondereinzelkosten	Echte Gemeinkosten	Unechte Gemeinkosten

Aufgabe 2

Ordnen Sie die Ziffern der folgenden Erfolgsvorgänge dem richtigen Feld der Tabelle darunter zu.

1 Reparatur eines Lackierautomaten (normaler Verschleiß)
2 Erlöse aus Fahrradverkäufen
3 Gewerbesteuernachzahlung für das letzte Geschäftsjahr
4 Mieteinnahmen
5 Erheblicher Kassenfehlbetrag (Diebstahl?)
6 Wertverlust von Wertpapieren
7 Schadenersatzzahlung eines Lieferanten
8 Zahlungseingang auf eine bereits abgeschriebene Forderung aus dem Vorjahr

Kosten	Betriebsfremde Aufwendungen	Außerordentliche Aufwendungen	Periodenfremde Aufwendungen
Leistungen	**Betriebsfremde Erträge**	**Außerordentliche Erträge**	**Periodenfremde-Erträge**

Aufgabe 3

Das betriebsnotwendige Anlagevermögen der Ralle OHG hat einen Wert von 700.000,00 €. Das durchschnittliche betriebsnotwendige Umlaufvermögen ist mit 600.000,00 € anzusetzen. Zu berücksichtigen ist allerdings ein zinsfreies Fremdkapital in Höhe von 310.000,00 €. Der Kapitalmarktzins liegt bei 6,0 %. Eine neue, erst zum Jahresbeginn angeschaffte Verpackungsmaschine hat Anschaffungskosten in Höhe von 80.000,00 € verursacht. Die betriebsgewöhnliche Nutzungsdauer beträgt zwölf Jahre. Die Forderungsausfälle der Ralle OHG nach Zielverkäufen haben sich wie folgt entwickelt:

	Umsätze auf Ziel in €	Forderungsausfall in €
20X1	6.300.000,00	77.000,00
20X2	5.900.000,00	68.000,00
20X3	5.700.000,00	69.800,00
20X4	5.600.000,00 (geplant)	

Ermitteln Sie für die Ralle OHG
a die kalkulatorischen Zinsen in Euro,
b die kalkulatorische Abschreibung für die Verpackungsmaschine, wenn eine betriebsindividuelle Nutzungsdauer von zehn Jahren unterstellt wird und für diese Maschine die lineare Abschreibung angewendet werden soll; die geplanten Wiederbeschaffungskosten betragen 90.000,00 €,
c das kalkulatorische Wagnis für Forderungsausfälle in Prozent und in Euro für das Jahr 20X4 auf Basis der durchschnittlichen Forderungsausfälle der Jahre 20X1–20X3.

Aufgabe 4

Ordnen Sie die Ziffern der folgenden Kosten dem richtigen Feld der Tabelle darunter zu.

1 Lohn- und Gehaltszahlungen
2 kalkulatorische Abschreibung
3 kalkulatorische Zinsen auf das betriebsnotwendige Eigenkapital
4 Materialverbrauch zu Verrechnungspreisen
5 Energieverbrauch in der Produktion
6 kalkulatorische Miete

Grundkosten (Zweckaufwand)	Anderskosten	Zusatzkosten

Aufgabe 5

Die Forni GmbH hat in den zurückliegenden fünf Geschäftsjahren folgende Aufwendungen für Gewährleistungen in Euro aufgezeichnet:

Jahr	Umsatzerlöse	Gewährleistungsaufwendungen
1	2.400.000,00 €	60.000,00 €
2	2.600.000,00 €	30.000,00 €
3	2.600.000,00 €	40.000,00 €
4	2.800.000,00 €	50.000,00 €
5	3.000.000,00 €	74.600,00 €

Berechnen Sie das kalkulatorische Gewährleistungswagnis als durchschnittlichen Gewährleistungsaufwand der Vergangenheit in Abhängigkeit von den Umsatzerlösen (der letzten fünf Jahre) für das Folgejahr in Euro, wenn ein Umsatz in Höhe von 3.400.000,00 € angestrebt wird.

Aufgabe 6

Für eine Maschine sind die kalkulatorischen Jahresabschreibungen in Euro zu ermitteln: Anschaffungskosten 44.000,00 €, Wiederbeschaffungskosten 52.000,00 €, betriebsgewöhnliche Nutzungsdauer lt. AfA-Tabelle acht Jahre, betriebsindividuelle Nutzungsdauer sechs Jahre, gleichmäßige Nutzung (lineare Abschreibung)

Aufgabe 7

Ermitteln Sie die kalkulatorischen Jahreszinsen in Euro aus nachfolgenden Werten:

• kalkulatorische Restwerte des Anlagevermögens	550.000,00 €
davon nicht betriebsnotwendige Anlagen	50.000,00 €
• durchschnittliches Umlaufvermögen	450.000,00 €
davon überhöhte liquide Mittel	20.000,00 €
• zinsloses Fremdkapital	250.000,00 €
• kalkulatorischer Zinssatz	8 %

Lernsituation 46

Kosten, Leistungen und das Betriebsergebnis ermitteln

FK ▶ TF 12.4 | Kap. 5

Situation

In der Finanzbuchhaltung der Fly Bike Werke GmbH ist der Monatsabschluss „gelaufen". Die Daten der Gewinn- und Verlustrechnung mit dem Gesamtergebnis des Unternehmens hat Frau Nowak schon auf ihrem Schreibtisch liegen – die waren nicht so gut. Für ihre am Abend stattfindende Besprechung mit den Gesellschaftern benötigt sie aber dringend noch das Betriebsergebnis. „Langfristig erfolgreich und damit ‚gesund' ist ein Unternehmen nur dann, wenn der eigentliche Betriebszweck zum Erfolg führt." Diesen Satz hat Frau Nowak schon oft gehört. Eigentlich ist die Ergebnistabelle ja schon fast fertig – die Abgrenzungsfälle sind schon alle eingetragen, es fehlen nur noch die Kosten und Leistungen und alle Ergebnisse.

Arbeitsaufträge

1 Ermitteln Sie die Kosten und Leistungen mithilfe der Ergebnistabelle (Arbeitsblatt 46.1).
2 Ermitteln Sie anschließend alle Ergebnisse und werten Sie sie aus.
3 Wie kann Frau Nowak den Gesellschaftern die Zahlen möglichst positiv erläutern? Formulieren Sie drei positive Aussagen im Vergleich zur Ergebnistabelle vom Vormonat Mai (vgl. Fachkunde, Seite 382–383).

	Geschäftsbuchhaltung		**Unternehmensbezogene Abgrenzung**		**Betriebsbezogene Abgrenzung**		**Kosten- und Leistungsarten**	
	1 Aufwendungen	**2 Erträge**	**3 Aufwendungen**	**4 Erträge**	**5 Aufwendungen**	**6 Erträge**	**7 Kosten**	**8 Leistungen**
Summen								
Salden (Gewinn oder Verlust)								
Ergebnisse	Gesamtergebnis		Ergebnis der unternehmensbez. Abgrenzung		Ergebnis der betriebsbez. Abgrenzung		Betriebsergebnis	
			Neutrales Ergebnis					

Ergebnisermittlung		**Betrag in €**	**Gewinn oder Verlust?**
	Ergebnis der unternehmensbezogenen Abgrenzung		
+	Ergebnis der betriebsbezogenen Abgrenzung		
=	Neutrales Ergebnis		
+	Betriebsergebnis		
=	Gesamtergebnis		

Kennziffern zur Auswertung	**Formel**	**Berechnung**	**Ergebnis**
Wirtschaftlichkeit des Unternehmens	$\frac{\text{Erträge}}{\text{Aufwendungen}}$		
Wirtschaftlichkeit des Betriebes	$\frac{\text{Leistungen}}{\text{Kosten}}$		
Eigenkapitalrentabilität des Betriebes	$\frac{\text{Betriebsergebnis} \cdot 100}{700.000{,}00\ €^{1)}}$		
Umsatzrentabilität des Betriebes	$\frac{\text{Betriebsergebnis} \cdot 100}{\text{Umsatzerlöse}}$		

1) eingesetztes Eigenkapital

Arbeitsblatt 46.1 | Ergebnistabelle

Berechnung der Werte für die Kosten- und Leistungsrechnung (Spalten 7 und 8):

- Wert der Erträge in Spalte 2 – Spalte 4 – Spalte 6 = Spalte 8 (Leistungen)
- Wert der Aufwendungen in Spalte 1 – Spalte 3 – Spalte 5 + ggf. Spalte 6 = Spalte 7 (Kosten)

		Geschäftsbuchhaltung in €		Unternehmensbezogene Abgrenzung in €		Betriebsbezogene Abgrenzung in €		Kosten- und Leistungsarten in €	
Konto-Nr.	**Kontenbezeichnung**	**1 Aufwendungen**	**2 Erträge**	**3 Aufwendungen**	**4 Erträge**	**5 Aufwendungen**	**6 Erträge**	**7 Kosten**	**8 Leistungen**
5000	Umsatzerlöse für eigene Erzeugnisse		712.000,00						
5200	Bestandsminderungen unfertige und fertige Erzeugnisse	6.200,00							
5400	Nebenerlöse (Mieterträge)		2.000,00		2.000,00				
5410	Erlöse aus Anlagenabgängen		3.200,00				3.200,00		
5490	Periodenfremde Erträge		12.800,00				12.800,00		
5710	Zinserträge		1.800,00		1.800,00				
6000	Aufwendungen für Rohstoffe[1)]	42.000,00				42.000,00	44.500,00		
6010	Aufwendungen für Fremdbauteile	275.900,00							
6020	Aufwendungen für Hilfsstoffe	11.120,00							
6030	Aufwendungen für Betriebsstoffe	4.800,00							
6040	Verpackungsmaterial	2.400,00							
6050	Energie	13.100,00		220,00					
6150	Vertriebsprovisionen	11.200,00							
6160	Fremdinstandhaltung	12.400,00		180,00					
6200	Löhne	47.860,00							
	Zwischensummen								

[1)] In der Kosten- und Leistungsrechnung werden Verrechnungspreise berücksichtigt.

Arbeitsblatt 46.1 | Ergebnistabelle (Fortsetzung)

Berechnung der Werte für die Kosten- und Leistungsrechnung (Spalten 7 und 8):

- Wert der Erträge in Spalte 2 – Spalte 4 – Spalte 6 = Spalte 8 (Leistungen)
- Wert der Aufwendungen in Spalte 1 – Spalte 3 – Spalte 5 + ggf. Spalte 6 = Spalte 7 (Kosten)

		Geschäftsbuchhaltung in €		Unternehmensbezogene Abgrenzung in €		Betriebsbezogene Abgrenzung in €		Kosten- und Leistungsarten in €	
Konto-Nr.	**Kontenbezeichnung**	**1 Aufwendungen**	**2 Erträge**	**3 Aufwendungen**	**4 Erträge**	**5 Aufwendungen**	**6 Erträge**	**7 Kosten**	**8 Leistungen**
	Zwischensummen (Übertrag von Vorseite):								
6300	Gehälter	84.200,00							
6400	Soziale Abgaben	29.714,00							
6520	Abschreibungen auf Sachanlagen	23.520,00				23.520,00			
6700	Mieten, Pachten	8.000,00							
6710	Leasing	5.454,00							
68XX	Aufwendungen für Kommunikation	24.280,00		90,00					
6900	Versicherungsbeiträge	3.350,00		20,00					
6930	Verluste aus Schadensfällen	10.800,00				10.800,00			
6979	Anlagenabgänge	16.500,00				16.500,00			
7510	Zinsaufwendungen	14.012,00				14.012,00			
70/77	Steuern	8.590,00		7.731,00					
	Kalkulatorische Abschreibungen						25.000,00		
	Kalkulatorische Zinsen						22.500,00		
	Kalkulatorische Wagnisse						12.000,00		
	Summen								
	Salden (Gewinn oder Verlust)								
	Ergebnisse	Gesamtergebnis		Ergebnis der unternehmensbezogenen Abgrenzung		Ergebnis der betriebsbezogenen Abgrenzung		Betriebsergebnis	
				Neutrales Ergebnis					

Arbeitsblatt 46.2 | Ergebnistabelle – Zuordnungen

Geben Sie für nachfolgende Aufwendungen und/oder Kosten bzw. Erträge und/oder Leistungen jeweils die Spaltennummer der Ergebnistabelle an, in der ein Eintrag erfolgen müsste:

Geschäftsbuchhaltung		**Unternehmensbezogene Abgrenzung**		**Betriebsbezogene Abgrenzung**		**Kosten- und Leistungsarten**	
1 Aufwendungen	**2 Erträge**	**3 Aufwendungen**	**4 Erträge**	**5 Aufwendungen**	**6 Erträge**	**7 Kosten**	**8 Leistungen**

1. Spalte	**2. Spalte**	**Aufwendungen, Kosten, Erträge, Leistungen**
2	8	Umsatzerlöse für eigene Erzeugnisse
		Reparaturzahlung für ein vermietetes Haus
		Kfz-Steuer für einen Lkw im Werksverkehr
		bilanzielle Abschreibungen auf Sachanlagen (Ansatz: kalk. Abschreibungen)
		Gewerbesteuernachzahlung für das Vorjahr
		Abfindungszahlungen für ausscheidende Mitarbeiter
		Rohstoffverbrauch zu Anschaffungskosten (Ansatz: Verrechnungspreise)
		Rohstoffverbrauch zu Verrechungspreisen
		Bestandsminderung von fertigen und unfertigen Erzeugnissen
		Gewerbesteuerzahlung für das laufende Geschäftsjahr
		Miete für ein Rohstofflager
		Diebstahl von Erzeugnissen
		kalkulatorische Abschreibungen auf Sachanlagen
		Bestandserhöhung von fertigen und unfertigen Erzeugnissen
		aktivierte Eigenleistungen für die Herstellung von Lagereinrichtungen
		Erträge aus anderen Finanzanlagen
		Zinserträge
		Erlöse aus dem Verkauf gebrauchter Anlagen
		gezahlte Fremdkapitalzinsen bei Ansatz von kalkulatorischen Zinsen
		kalkulatorische Zinsen auf das betriebsnotwendige Kapital
		Abschreibungen auf Forderungen wegen Insolvenz eines Großkunden
		Abschreibungen auf Finanzanlagen
		Aufwendungen durch Überschwemmung der Produktionsanlagen
		kalkulatorische Wagnisse

Aufgaben

Aufgabe 1

In einer Ergebnistabelle weisen die vorläufigen Spaltensummen die folgenden Werte auf:

	Geschäftsbuchhaltung in €		Unternehmensbezogene Abgrenzung in €		Betriebsbezogene Abgrenzung in €		Kosten- und Leistungsarten in €	
	1 Aufwendungen	2 Erträge	3 Aufwendungen	4 Erträge	5 Aufwendungen	6 Erträge	7 Kosten	8 Leistungen
	375.000,00	450.000,00	5.000,00	15.000,00	6.000,00	24.000,00	364.000,00	411.000,00
1								
2								
3								

a Folgende drei Abgrenzungsfälle sind noch in der Tabelle zu erfassen:
  1 Von insgesamt 24.000,00 € Instandhaltungskosten entfallen 2.400,00 € auf ein vermietetes Gebäude.
  2 Die bilanziellen Abschreibungen betragen 30.000,00 €.
  3 Die kalkulatorischen Abschreibungen betragen 25.000,00 €.

b Ermitteln Sie
  ba das Gesamtergebnis,
  bb das neutrale Ergebnis,
  bc das Betriebsergebnis.

Aufgabe 2

Die apv Augsburger Papierveredelungsgesellschaft mbH hat laut Finanzbuchhaltung im abgelaufenen Geschäftsjahr folgende Werte in Euro ermittelt:

Soll — Gewinn- und Verlustkonto (Werte in €) — Haben

6000	Aufwendungen für Rohstoffe	12.000.000,00	5000	Umsatzerlöse f. e. Erzeugnisse	24.000.000,00
6020	Aufwendungen für Hilfsstoffe	3.000.000,00	5200	Bestandsveränderungskonto	1.000.000,00
6030	Aufwendungen für Betriebsstoffe	305.000,00	5400	Mieterträge	480.000,00
6050	Energie	200.000,00	5410	Erlöse aus Anlagenabgängen	120.000,00
6150	Vertriebsprovisionen	480.000,00	5710	Zinserträge	36.000,00
6160	Fremdinstandhaltung	180.000,00			
6200	Löhne	3.000.000,00			
6300	Gehälter	1.500.000,00			
6400	Soziale Abgaben	850.000,00			
6520	Abschreibungen auf Sachanlagen	800.000,00			
6800	Büromaterial	130.000,00			
6870	Werbung	501.000,00			
6900	Versicherungsbeiträge	75.000,00			
6930	Verluste aus Schadensfällen	125.000,00			
6979	Anlagenabgänge	100.000,00			
70/77	Steuern	240.000,00			
7510	Zinsaufwendungen	750.000,00			
3000	Eigenkapital	1.400.000,00			
		25.636.000,00			25.636.000,00

Das Eigenkapital am Anfang der Rechnungsperiode betrug 12.500.000,00 €.

Kosten, Leistungen und das Betriebsergebnis ermitteln

Für die Abgrenzungsrechnung stehen folgende Informationen zur Verfügung:

1) Erträge		
5410	120.000,00 €	Betriebliches Sachanlagevermögen wurde gebraucht verkauft (Nettoverkaufserlöse).
5710	24.000,00 €	Verzinsung aus Wertpapieren zur kurzfristigen Kapitalanlage
	12.000,00 €	Verzugszinsen von Kunden
2) Aufwendungen		
6000	12.120.000,00 €	Bewertung des Rohstoffverbrauchs zu Verrechnungspreisen
6160	60.000,00 €	für Reparaturen am vermieteten Gebäude
	120.000,00 €	für betrieblich genutztes Anlagevermögen
6300	20.000,00 €	Entgelt für Hausmeister des vermieteten Gebäudes
6400	4.500,00 €	soziale Aufwendungen für den Hausmeister des vermieteten Gebäudes
6050	14.500,00 €	Energieverbrauch des vermieteten Gebäudes
6520	40.000,00 €	entfallen auf das vermietete Gebäude
	760.000,00 €	bilanzmäßige Abschreibungen auf betrieblich genutztes Sachanlagevermögen (in der KLR werden kalkulatorische Abschreibungen angesetzt)
6800	1.000,00 €	Büroaufwendungen für das vermietete Gebäude
6870	1.000,00 €	Anzeige (Vermietung) für das vermietete Gebäude
6900	5.000,00 €	wurden für das vermietete Gebäude entrichtet
	70.000,00 €	entfallen auf betriebliche, versicherte Risiken
6930	125.000,00 €	Verluste aus Schadensfällen (in der KLR werden kalkulatorische Wagnisse angesetzt)
6979	100.000,00 €	Betrieblich genutzte Anlagen wurden gebraucht verkauft (Buchwerte).
70/77	4.000,00 €	Grundsteuern für vermietetes Gebäude; Rest: Kosten
7510	150.000,00 €	Zinsen für Grundschuld des vermieteten Gebäudes; Rest: tatsächlich gezahlte Zinsen für Fremdkapital (in der KLR werden kalkulatorische Zinsen angesetzt)
3) Kalkulatorische Kosten		
	600.000,00 €	kalkulatorische Abschreibungen
	900.000,00 €	kalkulatorische Zinsen
	360.000,00 €	kalkulatorische Wagnisse

a Erstellen Sie eine Ergebnistabelle und ermitteln Sie das
- **aa** Gesamtergebnis,
- **ab** Ergebnis der unternehmensbezogenen Abgrenzung,
- **ac** Ergebnis der betriebsbezogenen Abgrenzung,
- **ad** Betriebsergebnis.

b Erläutern und beurteilen Sie die Ergebnisse.

c Beurteilen Sie den Erfolg des Betriebs mithilfe der Kennzahlen
- **ca** Eigenkapitalrentabilität,
- **cb** Umsatzrentabilität,
- **cc** Wirtschaftlichkeit (Leistungen/Kosten).

Aufgabe 3
In welchen Spalten der Ergebnistabelle muss in nachfolgenden Fällen eingetragen werden?

Geschäftsbuchhaltung		Unternehmensbezogene Abgrenzung		Betriebsbezogene Abgrenzung		Kosten- und Leistungsarten	
1 Aufwendungen	2 Erträge	3 Aufwendungen	4 Erträge	5 Aufwendungen	6 Erträge	7 Kosten	8 Leistungen

1 Die nicht sachzielbezogenen (betriebsfremden) Aufwendungen stehen in der Ergebnistabelle in den Spalten ________ und ________.

2 Der Rechnungskreis I betrifft nur die Spalten ________ und ________.

3 Die Aufwendungen und Steuern des GuV-Kontos stehen in Spalte ________.

4 Das neutrale Ergebnis betrifft nur die Spalten ________ bis ________.

5 Das neutrale Ergebnis und das Betriebsergebnis ergeben das ________________________________; im Falle eines Gewinns steht diese Differenz in Spalte ________.

6 Die Differenz der Summen der Spalten 8 und 7 ergibt das ______________________.

7 Die Erträge des GuV-Kontos stehen in der Ergebnistabelle in Spalte ________.

8 Die periodenfremden und außerordentlichen Aufwendungen stehen in der Ergebnistabelle in den Spalten ________ und ________.

9 Ersetzen Verrechnungspreise die Einstandspreise, so sind diese in Spalte ________ und in Spalte ________ einzutragen.

10 Werden Aufwendungen der Finanzbuchhaltung durch für kostenrechnerische Zwecke ermittelte Kosten in anderer Höhe (Anderskosten) ersetzt, so werden die Aufwendungen in Spalte ________ eliminiert und die Kosten in Spalte ________ und Spalte ________ neu eingefügt.

11 Die periodenfremden und außerordentlichen Erträge stehen in der Ergebnistabelle in den Spalten ________ und ________.

12 Die nicht sachzielbezogenen (betriebsfremden) Erträge stehen in der Ergebnistabelle in den Spalten ________ und ________.

Aufgabe 4

a Führen Sie unter Berücksichtigung nachfolgender Angaben eine Abgrenzungsrechnung für ein Industrieunternehmen durch (die GuV-Werte sind in der Ergebnistabelle auf der Folgeseite bereits eingetragen).
Zusätzliche Angaben:
- Von den Zinserträgen stammen 4.000,00 € aus verspäteten Kundenzahlungen (Verzugszinsen).
- Für Roh-, Hilfs- und Betriebsstoffe wird ein Verrechnungspreis in Höhe von 430.000,00 € angesetzt.
- Für das vermietete Wohnhaus entstanden folgende Aufwendungen:
  - Energie 1.200,00 €
  - Fremdinstandhaltung 1.800,00 €
  - Löhne, Gehälter, soziale Aufwendungen 2.300,00 €
  - Aufwendungen für Kommunikation 200,00 €
  - Versicherungsbeiträge 1.480,00 €
  - Zinsaufwendungen 2.500,00 €
- In der Position 70/77 Steuern sind 62.000,00 € als betriebsfremd abzugrenzen.
- Für die Abschreibungen auf Sachanlagen werden kalkulatorische Abschreibungen in Höhe von 55.000,00 € angesetzt.
- Für die betriebsbezogenen Zinsaufwendungen werden kalkulatorische Zinsen in Höhe von 32.000,00 € angesetzt.

b Das eingesetzte Eigenkapital des Unternehmens beträgt 2.000.000,00 €. Geben Sie folgende Auswertungsergebnisse an:

	Berechnung	Ergebnis
ba Neutrales Ergebnis		€
bb Betriebsergebnis		€
bc Eigenkapitalrentabilität des Unternehmens		%
bd Eigenkapitalrentabilität des Betriebs		%
be Umsatzrentabilität des Unternehmens		%
bf Umsatzrentabilität des Betriebs		%
bg Wirtschaftlichkeit des Unternehmens		
bh Wirtschaftlichkeit des Betriebs		

Ergebnistabelle

		Geschäftsbuchhaltung in €		Unternehmensbezogene Abgrenzung in €		Betriebsbezogene Abgrenzung in €		Kosten- und Leistungsarten in €	
Konto-Nr.	Kontenbezeichnung	1 Aufwendungen	2 Erträge	3 Aufwendungen	4 Erträge	5 Aufwendungen	6 Erträge	7 Kosten	8 Leistungen
5000	Umsatzerlöse für eigene Erzeugnisse		1.280.000,00						
5200	Mehrbestand fertige Erzeugnisse		120.000,00						
5400	Mieterträge		24.000,00						
5410	Erlöse aus Anlagenabgängen		40.500,00						
5710	Zinserträge		26.000,00						
6050	Energie	85.000,00							
60XX	Aufw. Roh-, Hilfs-, Betriebsstoffe	425.000,00							
6150	Vertriebsprovisionen	12.000,00							
6160	Fremdinstandhaltung	8.200,00							
62–64	Löhne, Gehälter, Soz. Aufwendungen	520.000,00							
6520	Abschreibungen auf Sachanlagen	65.000,00							
66XX	Sonstige Personalaufwendungen	12.400,00							
67XX	Aufwendungen für die Inanspruchnahme von Rechten und Diensten	4.700,00							
68XX	Aufwendungen für Kommunikation	7.200,00							
6900	Versicherungsbeiträge	12.600,00							
6979	Anlagenabgänge	8.400,00							
70/77	Steuern	148.000,00							
7510	Zinsaufwendungen	12.000,00							
	Kalkulatorische Abschreibungen								
	Kalkulatorische Zinsen								
		1.320.500,00	1.490.500,00						
		170.000,00							
		1.490.500,00	1.490.500,00						

Aufgabe 5

In welchen der unten stehenden Fälle sind die Aufwendungen oder Erträge

1 betriebsbezogen,
2 betriebsfremd,
3 periodenfremd oder
4 außerordentlich?

Ein Industrieunternehmen

a ☐ spendet an den Förderverein einer kaufmännischen Schule,
b ☐ kauft Rohstoffe ein, die sofort in die Produktion einfließen,
c ☐ nimmt Mieten aus Werkswohnungen ein,
d ☐ muss eine Maschine aufgrund technischer Überalterung außerplanmäßig abschreiben,
e ☐ muss für das vorherige Geschäftsjahr eine nicht eingeplante Gewerbesteuernachzahlung leisten,
f ☐ bezahlt die Rechnung für die Inspektion eines betrieblich genutzten Lkw,
g ☐ erzielt Zinserträge aus Kapitalanlagen.

Aufgabe 6

		Geschäftsbuchhaltung in €		Unternehmensbezogene Abgrenzung in €		Betriebsbezogene Abgrenzung in €		Kosten- und Leistungsarten in €	
Konto-Nr.	Konten-bez.	1 Aufw.	2 Erträ-ge	3 Aufw.	4 Erträge	5 Aufw.	6 Erträge	7 Kosten	8 Leist.
	Summen	862.800,00		60.830,00	10.500,00	209.000,00	160.900,00	695.170,00	955.000,00
	Salden (Gewinn/ Verlust)				50.330,00		48.100,00	259.830,00	

a Ermitteln Sie
aa den Gesamtgewinn oder den Gesamtverlust,
ab die Summe der Erträge in Spalte 2.

b In welchen beiden Spalten (1–8) müssen nachfolgende Werte eingetragen werden?

ba Rohstoffverbrauch zu Verrechnungspreisen: 150.000,00 €		
bb kalkulatorische Zinsen: 25.000,00 €		
bc Umsatzerlöse für eigene Erzeugnisse: 930.000,00 €		
bd Zinserträge: 7.000,00 €		
be Nettoverkaufserlöse aus dem Verkauf gebrauchter Anlagen: 5.000,00 €		
bf Fertigungslöhne: 212.000,00 €		

Kostenstellenrechnung und Kostenträgerzeitrechnung durchführen

FK ▶ TF 12.4 | Kap. 7

Situation

Die Hans Köller Spezialrahmenbau e. K., ein Zulieferer für die Fahrradindustrie, produziert in zwei Fertigungsstufen hochwertige Y-Rahmen. Für den Abrechnungsmonat Mai 20XX sind noch alle Daten für den Betriebsabrechnungsbogen (BAB) und die Kostenträgerzeitrechnung zu ermitteln. Eine neue Anfrage muss schnellstens beantwortet werden.

FLY BIKE Werke GmbH

FBW GmbH · Rostocker Str. 334 · 26121 Oldenburg

Hans Köller Spezialrahmenbau e. K.
Verkauf/ Frau Reiz
Lorenzstr. 10
18146 Rostock

Ihr Zeichen:
Ihre Nachricht vom:
Unser Zeichen: ne
Unsere Nachricht vom:

Name: Frau Nemitz
Telefon: 0441 8XX-77
Telefax: 0441 8XX-9211
E-Mail: nemitz@flybike-werke.dex

Datum: 02.06.20XX

Anfrage nach Y-Rahmen

Sehr geehrte Frau Reiz,

wie im Vorjahr planen wir auch in diesem Jahr ein Fahrrad-Sondermodell mit Y-Rahmen Ihres Modells 2. Da wir dieses Fahrradmodell im Weihnachtsgeschäft 20XX zum Sonderpreis anbieten wollen, müssen wir unsere Bezugspreise für alle Fahrradkomponenten genauestens planen.

Bei einer möglichen Auftragsmenge von 2000 Y-Rahmen bieten wir Ihnen einen Barverkaufspreis von 50,00 € je Rahmen. Wir würden die Rahmen bei Ihnen abholen lassen. Je Abholung benötigen wir ab der 40. Kalenderwoche wöchentlich 500 Rahmen.

Wir freuen uns auf Ihr Angebot.

Mit freundlichen Grüßen

Fly Bike Werke GmbH

i. A. Nemitz

Frau Nemitz

Arbeitsaufträge

1. Ermitteln Sie auf Basis der aktuellen Kostensituation die Zuschlagssätze gemäß BAB.
2. Führen Sie die Kostenträgerzeitrechnung durch.
3. Ermitteln Sie je Kostenträger (je Stück) die Selbstkosten, den Verkaufspreis, den Gewinn oder Verlust in Euro und in Prozent der Selbstkosten.
4. Kann die Firma Hans Köller Spezialrahmenbau e. K. den vorgegebenen Verkaufspreis laut Anfrage der Fly Bike Werke GmbH anbieten?

Verwenden Sie für Ihre Berechnungen die Arbeitsblätter 47.1 und 47.2 auf den Folgeseiten.

Arbeitsblatt 47.1 | Betriebsabrechnungsbogen der Hans Köller Spezialrahmenbau e. K., Mai 20XX

Kostenstellen	Gesamtkosten	Material	Fertigung Stufe I	Fertigung Stufe II	Verwaltung	Vertrieb
Hilfs- u. Betriebsstoffe/Energie in €	198.000,00					
Hilfslöhne[1] in €	172.600,00					
Gehälter[1] in €	96.600,00					
Abschreibungen in €	91.000,00					
Zinsen in €	42.500,00					
Aufw. für Kommunikation in €	7.624,00					
Übrige Kosten in €	365.000,00					
Summen Gemeinkosten in €	973.324,00					
Zuschlagsgrundlagen in €						
Zuschlagssätze in %						

[1] einschließlich direkter Lohn- und Gehaltsnebenkosten (Arbeitgeberanteile zu den Sozialabgaben)

Einzelkosten und Bestandsveränderungen	
Fertigungsmaterial in €	1.004.700,00
Fertigungslöhne Stufe I in €	650.640,00
Fertigungslöhne Stufe II in €	826.975,00
Bestandsminderung fertige Erzeugnisse in €	45.105,00

Verteilungsgrundlagen für den BAB	Material	Fertigung Stufe I	Fertigung Stufe II	Verwaltung	Vertrieb
Hilfs- u. Betriebsstoffe/Energie (MES/Zähler)	12.000,00 €	64.000,00 €	68.000,00 €	30.000,00 €	24.000,00 €
Hilfslöhne (Arbeitsstunden)	200 Std.	4 600 Std.	3 200 Std.	150 Std.	480 Std.
Gehälter (Anteile)	4	6	8	6	4
Abschreibungen (Anlagenwerte)	384.000,00 €	1.024.000,00 €	1.088.000,00 €	320.000,00 €	384.000,00 €
Zinsen (Anteile)	2	4	5	2	4
Aufw. für Kommunikation (Belege in €)	–	–	–	2.242,00 €	5.382,00 €
Übrige Kosten (in %)	15	30	35	15	5

Arbeitsblatt 47.2 | Kostenträgerzeitrechnung der Hans Köller Spezialrahmenbau e. K., Mai 20XX

	Kostenträgerzeitrechnung	Zuschlags-satz in % lt. BAB	Y-Rahmen 1 in €	Y-Rahmen 2 in €	Y-Rahmen 3 in €
	Fertigungsmaterial		502.350,00	301.410,00	200.940,00
+	Materialgemeinkosten				
=	**Materialkosten**				
	Fertigungslöhne Stufe I		227.724,00	292.788,00	130.128,00
	Fertigungsgemeinkosten Stufe I				
	Fertigungslöhne Stufe II		413.487,50	248.092,50	165.395,00
	Fertigungsgemeinkosten Stufe II				
	Fertigungskosten				
	Herstellkosten der Erzeugung				
	Bestandsminderungen fertige Erzeugnisse		20.297,25	15.786,75	9.021,00
	Herstellkosten des Umsatzes				
	Verwaltungsgemeinkosten				
	Vertriebsgemeinkosten				
	Selbstkosten				
	Gewinn oder Verlust				
	Umsatzerlöse		1.802.540,00	1.172.000,00	940.000,00

Absatzmengen in Stück	18 000	20 000	12 000
Realisierte Selbstkosten in € je Stück			
Realisierter Verkaufspreis in € je Stück			
Gewinn oder Verlust in € je Stück			
Gewinn oder Verlust in % der Selbstkosten			

Arbeitsblatt 47.3 | Betriebsabrechnungsbogen ohne Bestandsveränderungen

Ermitteln Sie die Gemeinkostenzuschlagssätze.

Gemeinkostenart	Gesamtkosten	Material	Fertigung	Verwaltung	Vertrieb
Summen Gemeinkosten in €	4.380.000,00	420.000,00	2.280.000,00	672.000,00	1.008.000,00
Zuschlagsgrundlagen	Einzel-/Herstellkosten = 100 %	Fertigungsmaterial 4.200.000,00 €	Fertigungslöhne 1.500.000,00 €	Herstellkosten[1)]	Herstellkosten[1)]
Zuschlagssätze in %	Gemeinkosten = wie viel %?				

[1)] Herstellkosten des Umsatzes

Ermittlung der Herstellkosten des Umsatzes ohne Bestandsveränderungen bei unfertigen und fertigen Erzeugnissen:

Fertigungsmaterial in €	
+ Materialgemeinkosten in €	
+ Fertigungslöhne in €	
+ Fertigungsgemeinkosten in €	
= Herstellkosten des Umsatzes in €	

Ermittlung der Zuschlagssätze für den BAB:

Zuschlagssatz	Formel	Berechnung	Prozentsatz
Materialgemeinkostenzuschlagssatz	$\frac{\text{Materialgemeinkosten} \cdot 100}{\text{Fertigungsmaterial}}$	______ =	
Fertigungsgemeinkostenzuschlagssatz	$\frac{\text{Fertigungsgemeinkosten} \cdot 100}{\text{Fertigungslöhne}}$	______ =	
Verwaltungsgemeinkostenzuschlagssatz	$\frac{\text{Verwaltungsgemeinkosten} \cdot 100}{\text{Herstellkosten des Umsatzes}}$	______ =	
Vertriebsgemeinkostenzuschlagssatz	$\frac{\text{Vertriebsgemeinkosten} \cdot 100}{\text{Herstellkosten des Umsatzes}}$	______ =	

Arbeitsblatt 47.4 | Betriebsabrechnungsbogen mit Bestandsveränderungen

Ermitteln Sie die Zuschlagssätze unter Berücksichtigung einer
- Bestandsmehrung bei den unfertigen Erzeugnissen in Höhe von 32.000,00 € und einer
- Bestandsminderung bei den fertigen Erzeugnissen in Höhe von 46.000,00 €.

Gemeinkostenart	Gesamtkosten	Material	Fertigung	Verwaltung	Vertrieb
Summe Gemeinkosten in €	2.483.980,00	812.500,00	937.500,00	282.300,00	451.680,00
Zuschlagsgrundlagen	Einzel-/Herstellkosten = 100 %	Fertigungsmaterial 1.250.000,00 €	Fertigungslöhne 750.000,00 €	Herstellkosten[1]	Herstellkosten[1]
Zuschlagssätze in %	Gemeinkosten = wie viel %?				

[1] Herstellkosten des Umsatzes

Ermittlung der Herstellkosten des Umsatzes mit Bestandsveränderungen bei unfertigen und fertigen Erzeugnissen:

Fertigungsmaterial	
+ Materialgemeinkosten	
+ Fertigungslöhne	
+ Fertigungsgemeinkosten	
– Bestandsmehrung unfertige Erzeugnisse	
+ Bestandsminderung fertige Erzeugnisse	
= Herstellkosten des Umsatzes	

Ermittlung der Zuschlagssätze für den BAB:

Zuschlagssatz	Formel	Berechnung	Prozentsatz
Materialgemeinkostenzuschlagssatz	$\frac{\text{Materialgemeinkosten} \cdot 100}{\text{Fertigungsmaterial}}$	______ =	
Fertigungsgemeinkostenzuschlagssatz	$\frac{\text{Fertigungsgemeinkosten} \cdot 100}{\text{Fertigungslöhne}}$	______ =	
Verwaltungsgemeinkostenzuschlagssatz	$\frac{\text{Verwaltungsgemeinkosten} \cdot 100}{\text{Herstellkosten des Umsatzes}}$	______ =	
Vertriebsgemeinkostenzuschlagssatz	$\frac{\text{Vertriebsgemeinkosten} \cdot 100}{\text{Herstellkosten des Umsatzes}}$	______ =	

Arbeitsblatt 47.5 | Einstufiger Betriebsabrechnungsbogen mit Kostenträgerzeitrechnung

Einem Industriebetrieb stehen im Rahmen der Kostenkontrolle und -planung nachfolgende Zahlen zur Verfügung. Verteilen Sie die Gemeinkosten auf die Kostenstellen und ermitteln Sie mithilfe der Kostenträgerzeitrechnung die Istgemeinkostenzuschlagssätze.
Zuschlagsgrundlagen: Fertigungsmaterial 800.000,00 €, Fertigungslöhne 300.000,00 €, keine Bestandsveränderung bei den unfertigen Erzeugnissen, Bestandsmehrung fertige Erzeugnisse 80.000,00 €

Einstufiger Betriebsabrechnungsbogen zur Verteilung der Gemeinkosten

Kostenart	Verteilungsschlüssel (Anteile)	Gesamtbetrag in €	Kostenstellen			
			Material	Fertigung	Verwaltung	Vertrieb
Gemeinkostenmaterial[1]	5 40 2 3	50.000,00				
Energieaufwand	50 700 150 100	100.000,00				
Hilfslöhne/Gehälter	50 70 60 120	300.000,00				
Zinsen	2 24 3 6	175.000,00				
Abschreibungen	2 16 4 1	115.000,00				
Kalkulat. Wagnisse	1 10 2 4	85.000,00				
Übrige Kosten	15 50 46 64	175.000,00				
Summen		1.000.000,00				
Zuschlagsgrundlagen						
Zuschlagssätze						

[1] Material, das Gemeinkosten verursacht, die einem Kostenträger nicht eindeutig zuzuordnen sind und die nicht separat im BAB ausgewiesen werden (Basis: Kontengruppen 60/61 = Materialaufwand)

	Kostenträgerzeitrechnung	Istkostenrechnung	
		€	%
	Fertigungsmaterial		
+	Materialgemeinkosten		
=	**Materialkosten**		
	Fertigungslöhne		
+	Fertigungsgemeinkosten		
=	**Fertigungskosten**		
=	**Herstellkosten der Erzeugung**		
–	Bestandsmehrung		
=	**Herstellkosten des Umsatzes**		
+	Verwaltungsgemeinkosten		
+	Vertriebsgemeinkosten		
=	**Selbstkosten des Umsatzes**		

Arbeitsblatt 47.6 | BAB mit Kostenträgerzeitrechnung

Der Betriebsabrechnungsbogen eines Industriebetriebs zeigt folgende Werte für einen Abrechnungsmonat:

Gemeinkosten in €			
Material	**Fertigung**	**Verwaltung**	**Vertrieb**
460.000,00	225.000,00	98.725,00	80.775,00

Einzelkosten und Bestandsveränderungen	€
Fertigungsmaterial	920.000,00
Fertigungslöhne	150.000,00
Sondereinzelkosten der Fertigung	15.000,00
Sondereinzelkosten des Vertriebs	35.000,00
Mehrbestand unfertige Erzeugnisse	12.000,00
Minderbestand fertige Erzeugnisse	37.000,00
Umsatzerlöse	2.200.000,00

Ermitteln Sie das Betriebsergebnis dieses Abrechnungsmonats je Erzeugnis.

Kostenträgerzeitrechnung	Insgesamt		Erzeugnis A	Erzeugnis B
BAB II	**€**	**%**	**€**	**€**
1. Fertigungsmaterial			552.000,00	368.000,00
2. Materialgemeinkosten				
3. Materialkosten (1. + 2.)				
4. Fertigungslöhne			90.000,00	60.000,00
5. Fertigungsgemeinkosten				
6. Sondereinzelkosten der Fertigung			9.000,00	6.000,00
7. Fertigungskosten (4. + 5. + 6.)				
8. Herstellkosten der Erzeugung (3. + 7.)				
9. +/– BVÄ unfertige Erzeugnisse			– 7.200,00	– 4.800,00
10. +/– BVÄ fertige Erzeugnisse			+ 22.200,00	+ 14.800,00
11. Herstellkosten des Umsatzes				
12. + Verwaltungsgemeinkosten				
13. + Vertriebsgemeinkosten				
14. + Sondereinzelkosten des Vertriebs			21.000,00	14.000,00
15. Selbstkosten (11. + 12. + 13. + 14.)				
16. Umsatzerlöse			1.320.000,00	880.000,00
17. Betriebsergebnis (16. – 15.)				

Aufgaben

Aufgabe 1

Vervollständigen Sie die nachstehende Kostenträgerzeitrechnung (Begriffe und Werte).

	Summe in €	Zuschlagssatz in %	Produkt A in €	Produkt B in €
Fertigungsmaterial	300.000,00			100.000,00
		10 %		
Materialkosten				
Fertigungslöhne	100.000,00		60.000,00	
		50 %		
Fertigungskosten				
Herstellkosten der ______				
Minderbestand unfertige Erzeugnisse	+ 20.000,00		+ 10.000,00	+ 10.000,00
Mehrbestand fertige Erzeugnisse	– 50.000,00		– 30.000,00	– 20.000,00
Herstellkosten des ______				
Verwaltungsgemeinkosten		5 %		
Vertriebsgemeinkosten		10 %		
Sondereinzelkosten des ______	12.500,00		10.000,00	2.500,00
Selbstkosten				
Umsatzerlöse			420.000,00	180.000,00

Aufgabe 2

Ein Industrieunternehmen ermittelt folgende Gemeinkosten für einen Abrechnungsmonat:

Gemeinkosten in €			
Material	**Fertigung**	**Verwaltung**	**Vertrieb**
130.000,00	?	36.800,00	55.200,00

Ermitteln Sie
a den Materialgemeinkostenzuschlagssatz, wenn die Materialkosten insgesamt 390.000,00 € betragen,
b die Fertigungsgemeinkosten, wenn bei einem Zuschlagssatz von 50 % die Fertigungslöhne (Fertigungseinzelkosten) 360.000,00 € betragen,
c die Herstellkosten des Umsatzes, wenn bei den unfertigen Erzeugnissen eine Bestandsminderung von 15.000,00 € und bei den fertigen Erzeugnissen eine Bestandsmehrung von 25.000,00 € ermittelt wird,
d den Verwaltungsgemeinkostenzuschlagssatz,
e die Selbstkosten der Abrechnungsperiode.

Aufgabe 3
Bringen Sie die Tätigkeiten in eine sachlich richtige Reihenfolge, indem Sie sie mit **1** bis **7** nummerieren.

☐ Ermittlung der Herstellkosten des Umsatzes
☐ Ermittlung der Summe der Gemeinkosten je Kostenstelle
☐ Zuordnung der Einzelkosten (Zuschlagsgrundlagen) zu den relevanten Kostenstellen
☐ Ermittlung aller Gemeinkostenzuschlagssätze je Kostenstelle
☐ Aufteilung der Kosten in Einzel- und Gemeinkosten
☐ Übernahme aller Kosten aus der Ergebnistabelle
☐ Verteilung der Gemeinkosten auf die Kostenstellen

Aufgabe 4
Welche der nachfolgenden Aussagen sind richtig oder falsch? Bitte kreuzen Sie an.

Richtig	Falsch	Aussage
		Alle Kosten der Ergebnistabelle werden über Verteilungsschlüssel auf die Kostenstellen des BAB verteilt.
		Die Zuschlagsgrundlage für die Verwaltungs- und Vertriebsgemeinkosten in einem BAB hat wertmäßig immer die gleiche Höhe.
		Die Materialeinzelkosten sind immer ausschließlich der Wert des Rohstoffverbrauchs.
		Sondereinzelkosten werden im BAB nicht berücksichtigt.
		Bestandsveränderungen bei den unfertigen und fertigen Erzeugnissen beeinflussen die Höhe der Herstellkosten des Umsatzes.
		Ein BAB kann mehrere Fertigungskostenstellen enthalten.
		Vertriebsprovisionen sind Gemeinkosten, die ausschließlich der Kostenstelle Vertrieb zugerechnet werden.
		Kostenstelleneinzelkosten sind Gemeinkosten.
		Der Fertigungsgemeinkostenzuschlagssatz sinkt immer dann, wenn die Fertigungslöhne steigen und die Fertigungsgemeinkosten konstant bleiben.
		Wenn die Energiekosten steigen, erhöhen sich zwangsläufig die Gemeinkostensummen aller Kostenstellen in dieser Höhe.

Lernsituation 48

Kostenträgerstückrechnung und Kalkulation durchführen

FK ▶ TF 12.4 | Kap. 8

Situation

Die Geschäftsleitung der Kaatler Fahrradzubehör GmbH ist besorgt, da Importeure dem Fahrradeinzelhandel zunehmend Fahrradanhänger zu sagenhaften Preisen anbieten. Die Einzelhändler fordern auch von der Kaatler Fahrradzubehör GmbH massive Preissenkungen. Die alte Preisliste muss dringend überprüft werden und eine neue mit reduzierten Zuschlagssätzen in der Angebotskalkulation erstellt werden. Dafür sind natürlich erst einmal die Daten der Kostenrechnung notwendig. Die Daten für den aktuellen BAB liegen gerade vor.

Kostenstellen / Gemeinkosten	Gemeinkosten in €	Verteilungsschlüssel	Material	Fertigung I	Fertigung II	Verwaltung	Vertrieb
Gemeinkostenmaterial[1]	48.000	MES/Anteile	5	14	17	2	10
Betriebsstoffe	16.000	MES/Anteile	5	63	80	0	12
Energie	50.000	Zähler/kWh	45 000 kWh	95 000 kWh	55 000 kWh	30 000 kWh	25 000 kWh
Gehälter/ Sozialkosten	806.671	Gehaltslisten in €	121.800 €	294.000 €	189.000 €	88.071 €	113.800 €
Mieten, Pachten	60.000	m^2	1 200 m^2	2 000 m^2	2 400 m^2	100 m^2	300 m^2
Versicherungen	28.000	Anteile	12	20	32	2	4
Übrige Kosten	124.000	Anteile in %	15 %	20 %	35 %	20 %	10 %
Betriebliche Steuern	40.000	Zuordnungen in €	2.500 €	7.500 €	10.000 €	5.000 €	15.000 €
Kalk. Abschreibungen	45.000	Anlagenwerte in €	150.000 €	1.800.000 €	1.450.000 €	650.000 €	450.000 €
Kalk. Wagnisse	26.900	Anteile in %	10 %	20 %	25 %	15 %	30 %
Kalk. Zinsen	22.500	Anlagenwerte in €	150.000 €	1.800.000 €	1.450.000 €	650.000 €	450.000 €

[1] Material, das Gemeinkosten verursacht, die einem Kostenträger nicht eindeutig zuzuordnen sind und die nicht separat im BAB ausgewiesen werden (Basis: Kontengruppen 60/61 = Materialaufwand)

Arbeitsaufträge

1 Erstellen Sie auf den Folgeseiten
  a den vollständigen BAB. Nutzen Sie dafür das Arbeitsblatt 48.1.
  b die Selbstkostenkalkulation für die Fahrradanhängermodelle „Köln“ und „Bonn“. Nutzen Sie dafür das Arbeitsblatt 48.2.
  c die Angebotskalkulationen mit den üblichen und den reduzierten Zuschlagssätzen der Kaatler Fahrradzubehör GmbH. Nutzen Sie dafür die Arbeitsblätter 48.3 und 48.4.

Arbeitsblatt 48.1 | Betriebsabrechnungsbogen der Kaatler Fahrradzubehör GmbH, Juli 20X1

Kostenstellen / Gemeinkosten	Gesamtkosten in €	Material in €	Fertigung I in €	Fertigung II in €	Verwaltung in €	Vertrieb in €
Gemeinkostenmaterial[1)]	48.000,00					
Betriebsstoffe	16.000,00					
Energie	50.000,00					
Gehälter/ Sozialkosten	806.671,00					
Mieten, Pachten	60.000,00					
Versicherungen	28.000,00					
Übrige Kosten	124.000,00					
Betriebliche Steuern	40.000,00					
Kalk. Abschreibungen	45.000,00					
Kalk. Wagnisse	26.900,00					
Kalk. Zinsen	22.500,00					
Gemeinkostensumme	1.267.071,00					
Zuschlagsgrundlagen		**Fertigungsmaterial**	**Fertigungslöhne I**	**Fertigungslöhne II**	**Herstellkosten**	
Zuschlagssätze						

[1)] Material, das Gemeinkosten verursacht, die einem Kostenträger nicht eindeutig zuzuordnen sind und die nicht separat im BAB ausgewiesen werden (Basis: Kontengruppen 60/61 = Materialaufwand)

Angaben zum BAB (keine Sondereinzelkosten):

- Die Materialeinzelkosten (Fertigungsmaterial) betragen 716.560,00 €.
- Die Fertigungseinzelkosten (Fertigungslöhne) der Stufe I betragen 1.064.950,00 €.
- Die Fertigungseinzelkosten (Fertigungslöhne) der Stufe II betragen 687.350,00 €.
- Die Bestandsmehrung bei den unfertigen und fertigen Erzeugnissen beträgt insgesamt 49.655,00 €.

Arbeitsblatt 48.2 | Selbstkostenermittlung

Übernehmen Sie die Zuschlagssätze aus dem BAB Juli 20X1 (siehe Arbeitsblatt 48.1).

Selbstkostenkalkulation Modell „Köln“	**Zuschlagssatz in %**	**Wert in €**
Fertigungsmaterial		52,00
Materialgemeinkosten		
Materialkosten		
Fertigungslöhne I		18,00
Fertigungsgemeinkosten I		
Fertigungslöhne II		12,00
Fertigungsgemeinkosten II		
Fertigungskosten		
Herstellkosten		
Verwaltungsgemeinkosten		
Vertriebsgemeinkosten		
Selbstkosten		

Selbstkostenkalkulation Modell „Bonn“	**Zuschlagssatz in %**	**Wert in €**
Fertigungsmaterial		45,00
Materialgemeinkosten		
Materialkosten		
Fertigungslöhne I		12,00
Fertigungsgemeinkosten I		
Fertigungslöhne II		8,00
Fertigungsgemeinkosten II		
Fertigungskosten		
Herstellkosten		
Verwaltungsgemeinkosten		
Vertriebsgemeinkosten		
Selbstkosten		

Arbeitsblatt 48.3 | Angebotskalkulation mit normalen Zuschlagssätzen

Übernehmen Sie die Selbstkosten aus der Selbstkostenkalkulation Juli 20X1 (siehe Arbeitsblatt 48.2) und ermitteln Sie die üblichen Listenverkaufspreise.

Kalkulation „alte" Preisliste

Angebotskalkulation Modell „Köln"	Zuschlagssatz in %	Wert in €
Selbstkosten		
+ Gewinnzuschlag	45	
= Barverkaufspreis		
+ Kundenskonto	3	
= Zielverkaufspreis		
+ Kundenrabatt	12	
= Listenverkaufspreis		

Angebotskalkulation Modell „Bonn"	Zuschlagssatz in %	Wert in €
Selbstkosten		
+ Gewinnzuschlag	45	
= Barverkaufspreis		
+ Kundenskonto	3	
= Zielverkaufspreis		
+ Kundenrabatt	12	
= Listenverkaufspreis		

Arbeitsblatt 48.4 | Angebotskalkulation mit reduzierten Zuschlagssätzen

Übernehmen Sie die Selbstkosten aus der Selbstkostenkalkulation Juli 20X1 (siehe Arbeitsblatt 48.2) und ermitteln Sie die Listenverkaufspreise mit reduzierten Zuschlagssätzen.

Kalkulation „neue" Preisliste

Angebotskalkulation Modell „Köln" neu	**Zuschlagssatz in %**	**Wert in €**
Selbstkosten		
+ Gewinnzuschlag	25	
= Barverkaufspreis		
+ Kundenskonto	2	
= Zielverkaufspreis		
+ Kundenrabatt	10	
= Listenverkaufspreis		

Angebotskalkulation Modell „Bonn" neu	**Zuschlagssatz in %**	**Wert in €**
Selbstkosten		
+ Gewinnzuschlag	25	
= Barverkaufspreis		
+ Kundenskonto	2	
= Zielverkaufspreis		
+ Kundenrabatt	10	
= Listenverkaufspreis		

Nach dem Versand der neuen Preisliste werden im Monat August nachfolgende, erheblich gestiegene Absatzmengen erzielt. Ermitteln Sie die Gewinne und die Gewinnveränderungen auf Basis des Gewinns je Stück nach der alten und nach der neuen Preisliste.

Berechnung der Gewinnveränderung		**Gewinn in €**		**Gewinnveränderung**	
Modelle	Absatzmenge	alte Preise	neue Preise	in €	in %
„Köln"	250				
„Bonn"	350				
Summen	600				

Welche weiteren Maßnahmen (neben der Preisreduzierung) könnte die Kaatler Fahrradzubehör GmbH ergreifen, damit zukünftig bei konstant niedrigen Preisen (neue Preisliste) wieder steigende Gewinne zu erzielen sind?

Arbeitsblatt 48.5 | Betriebsabrechnungsbogen mit Kalkulation (mit Bestandsveränderungen)

Ermitteln Sie die Zuschlagssätze und kalkulieren Sie damit den Listenverkaufspreis für selbst hergestellte Kettenschaltungen eines Zulieferers der Fahrradindustrie.

Kostenstellen	Gesamtkosten	Material	Fertigung	Verwaltung	Vertrieb
Gemeinkosten in €	14.321.500,00	2.850.000,00	9.100.000,00	1.395.000,00	976.500,00
Zuschlags-grundlagen in €		**Fertigungs-material**	**Fertigungs-löhne**	**Herstellkosten des Umsatzes**[1]	
		9.500.000,00	6.500.000,00		
Zuschlagssätze in %					

[1] Hinweis: Die Bestandsveränderung bei den unfertigen und fertigen Erzeugnissen beträgt 50.000,00 € (Bestandsmehrung).

Kalkulation Ketten-schaltungen je Stück	Zuschlags-satz in % lt. BAB	Wert in €	Kalkulation Ketten-schaltungen je Stück	Zuschlags-satz in %	Wert in €
1. Fertigungsmaterial		8,40	10. Selbstkosten (Übertrag)		
2. Material-gemeinkosten			11. Gewinnzu-schlag	25,00	
3. Materialkosten			12. Barverkaufspreis		
4. Fertigungslöhne		3,20	13. Kundenskonto	3,00	
5. Fertigungs-gemeinkosten			14. Zielverkaufspreis		
6. Fertigungskosten			15. Kundenrabatt	15,00	
7. Herstellkosten			16. Listenverkaufspreis		
8. Verwaltungs-gemeinkosten					
9. Vertriebs-gemeinkosten					
10. Selbstkosten					

Arbeitsblatt 48.6 | Kostenorientierte Preisermittlung mit der Zuschlagskalkulation

Nachfolgende Kosten sind in einer Abrechnungsperiode entstanden:

Fertigungsmaterial:	120.000,00 €	Materialgemeinkosten:	30.000,00 €
Fertigungslöhne:	360.000,00 €	Fertigungsgemeinkosten:	540.000,00 €
Verwaltungsgemeinkosten:	5 %	Vertriebsgemeinkosten:	10 %

Kalkulationsschema zur Ermittlung der Gemeinkostenzuschlagssätze			
	€		%
Fertigungsmaterial			100 %
+ Materialgemeinkosten		Materialgemeinkosten-zuschlagssatz	
= Materialkosten			
Fertigungslöhne			100 %
+ Fertigungsgemeinkosten		Fertigungsgemeinkosten-zuschlagssatz	
= Fertigungskosten			
Materialkosten			
+ Fertigungskosten			
= Herstellkosten			
Herstellkosten			100 %
+ Verwaltungsgemeinkosten		Verwaltungsgemein-kostenzuschlagssatz	
+ Vertriebsgemeinkosten		Vertriebsgemeinkosten-zuschlagssatz	
= Selbstkosten			

1 Auf Basis dieser Istkosten ist eine Angebotskalkulation für **250 Stück** zu erstellen.

2 Ermitteln Sie unter Berücksichtigung der Gemeinkostenzuschlagssätze den Angebotspreis.

Fertigungsmaterial:	12,00 €/Stück	Fertigungslöhne:	36,00 €/Stück
Gewinnzuschlagssatz:	12 %	Kundenskonto:	3 %
Kundenrabatt:	12 %		

Hinweis: Alle €-Beträge sind auf zwei Nachkommastellen kaufmännisch zu runden!

Kalkulationsschema	%	€
Fertigungsmaterial	X	
Materialgemeinkosten		
Fertigungslöhne	X	
Fertigungsgemeinkosten		
Herstellkosten	X	
Verwaltungsgemeinkosten		
Vertriebsgemeinkosten		

Kalkulationsschema	%	€
Selbstkosten	X	
Gewinnzuschlag		
Barverkaufspreis	X	
Kundenskonto		
Zielverkaufspreis	X	
Kundenrabatt		
Angebotspreis	X	

Arbeitsblatt 48.7 | BAB mit Bestandsveränderungen und Kostenträgerstückrechnung

Verteilen Sie die kalkulatorischen Kosten nach dem prozentualen Verteilungsschlüssel und ermitteln Sie alle fehlenden Werte im BAB und in der Kostenträgerstückrechnung.

Kostenstellen / Gemeinkostenarten	Gesamt in €	Hauptkostenstellen (Angaben in €)				
		Material (1)	**Fertigung I (2)**	**Fertigung II (3)**	**Verwaltung (4)**	**Vertrieb (5)**
Hilfsstoffe	48.000		9.600	38.400		
Betriebsstoffe	16.000		2.880	13.120		
Energie	50.000	5.000	10.000	30.000	2.000	3.000
Hilfslöhne	22.600	–	4.520	15.820	1.130	1.130
Gehälter	225.900	45.180	22.590	112.950	33.885	11.295
Soziale Abgaben	55.000	11.000	5.500	27.500	8.250	2.750
Mieten, Pachten	90.000	4.500	18.000	54.000	5.400	8.100
Versicherungsbeiträge	12.000	3.600	600	600	3.960	3.240
Übrige Kosten	32.000	6.400	3.200	3.200	6.400	12.800
Kalk. Abschreibungen						
Kalkulatorische Zinsen						
Kalkulatorische Wagnisse						
Summe Gemeinkosten						
Einzelkosten (Zuschlagsgrundlagen)		**Fertigungsmaterial**	**Fertigungslöhne I**	**Fertigungslöhne II**	**Herstellkosten des Umsatzes**	
		720.000	150.000	450.000		
Zuschlagssätze						
Verteilungsschlüssel für die kalkulatorischen Kosten						
Kalk. Abschreibungen	25.000	5 %	45 %	35 %	5 %	10 %
Kalkulatorische Zinsen	22.500	10 %	20 %	40 %	20 %	10 %
Kalkulatorische Wagnisse	12.000	20 %	20 %	20 %	20 %	20 %
Bestandsminderung unfertige und fertige Erzeugnisse = 2.600,00 €						

Selbstkostenkalkulation für fünf Erzeugnisse	Zuschlagssatz	Erzeugnis 1 in €	Erzeugnis 2 in €	Erzeugnis 3 in €	Erzeugnis 4 in €	Erzeugnis 5 in €
Materialeinzelkosten		12,50	16,00	18,00	19,50	22,00
+ Materialgemeinkosten						
= **Materialkosten**						
Fertigungseinzelkosten I		4,50	5,00	8,90	12,50	24,00
+ Fertigungsgemeinkosten I						
= **Fertigungskosten I**						
Fertigungseinzelkosten II		12,00	14,00	18,00	24,50	36,00
+ Fertigungsgemeinkosten II						
= **Fertigungskosten II**						
= **Herstellkosten**						
+ Verwaltungsgemeinkosten						
+ Vertriebsgemeinkosten						
= **Selbstkosten**						

Arbeitsblatt 48.8 | BAB mit Verkaufspreiskalkulation (mit Kostenverteilung und Bestandsveränderungen)

Kostenstellen	Gesamtkosten in €	Material in €	Fertigung I in €	Fertigung II in €	Verwaltung in €	Vertrieb in €
Gemeinkostenmaterial[1]	30.400,00					
Hilfslöhne[2]	25.000,00					
Gehälter[2]	105.000,00					
Abschreibungen	48.600,00					
Wagnisse	45.900,00					
Übrige Kosten	420.000,00					
Summe Gemeinkosten	674.900,00					
Zuschlagsgrundlagen		**Fertigungsmaterial**	**Fertigungslöhne**	**Fertigungslöhne**	**Herstellkosten**	
		252.000,00 €	312.800,00 €	272.750,00 €		
Zuschlagssätze in %						

[1] Material, das Gemeinkosten verursacht, die einem Kostenträger nicht eindeutig zuzuordnen sind und die nicht separat im BAB ausgewiesen werden (Basis: Kontengruppen 60/61 = Materialaufwand)
[2] einschließlich direkter Sozialabgaben

Bestandserhöhung fertige Erzeugnisse: 110.000,00 €

Verteilungsgrundlagen		Material	Fertigung I	Fertigung II	Verwaltung	Vertrieb
Gemeinkostenmaterial[1]	MES	1.268 €	8.548 €	12.426 €	1.640 €	6.518 €
Hilfslöhne	Arbeitsstunden	250 Std.	750 Std.	1 375 Std.	0 Std.	125 Std.
Gehälter[2]	Anteile	2	3	5	15	10
Abschreibungen	Anlagenwerte	77.760 €	207.360 €	220.320 €	64.800 €	77.760 €
Wagnisse	Anteile	2	4	5	2	4
Übrige Kosten	Prozent	10 %	25 %	35 %	20 %	10 %

Kalkulation	Zuschlagssatz in %	Wert in €	Kalkulation	Zuschlagssatz in %	Wert in €
Fertigungsmaterial		42,00	Selbstkosten (Übertrag)		
Materialgemeinkosten			Gewinnzuschlag	40,00	
Materialkosten			**Barverkaufspreis**		
Fertigungslöhne I		12,00	Kundenskonto	3,00	
Fertigungsgemeinkosten I			**Zielverkaufspreis**		
Fertigungslöhne II		24,00	Kundenrabatt	12,00	
Fertigungsgemeinkosten II			**Listenverkaufspreis**		
Fertigungskosten					
Herstellkosten					
Verwaltungsgemeinkosten					
Vertriebsgemeinkosten					
Selbstkosten					

Arbeitsblatt 48.9 | Vor- und Nachkalkulation

1 Vervollständigen Sie die Begriffe des Kalkulationsschemas.
2 Ermitteln Sie den Angebotspreis für ein Fahrrad mit den Daten für die Vorkalkulation.
3 Ermitteln Sie den realisierten Gewinn oder Verlust (in € und %) je Fahrrad in der Nachkalkulation.
4 Welche Gründe könnte es für die Abweichungen bei den Einzelkosten geben?
Hinweis: Alle Werte sind auf zwei Nachkommastellen kaufmännisch zu runden.

Kalkulationsschema		Vorkalkulation		Nachkalkulation	
		Beträge in €	Zuschlagssatz in %	Beträge in €	Zuschlagssatz in %
1.	Fertigungsmaterial	240,00		235,00	
2.	+ Materialgemeinkosten		8,00		10,00
3.					
4.	Fertigungslöhne (Stufe I)	34,00		35,00	
5.	+ Fertigungsgemeinkosten (Stufe I)		112,00		110,00
6.					
7.	Fertigungslöhne (Stufe II)	48,00		50,00	
8.	+ Fertigungsgemeinkosten (Stufe II)		240,00		235,00
9.					
10.					
11.	+ Verwaltungsgemeinkosten		5,00		5,50
12.	+ Vertriebsgemeinkosten		9,00		9,50
13.					
14.	+ Gewinnzuschlag		20,00		
15.					
16.	+ Kundenskonto		3,00		3,00
17.	+ Vertriebsprovision		1,50		1,50
18.					
19.	+ Kundenrabatt		30,00		32,00
20.					

Aufgaben

Aufgabe 1

Ein Industrieunternehmen ermittelt nachfolgende Einzel- und Gemeinkosten:

Kostenstellen / Gemeinkosten	Gesamtkosten in €	Material in €	Fertigung in €	Verwaltung in €	Vertrieb in €
Summe Gemeinkosten	259.125,00	31.680,00	110.920,00	79.237,00	37.288,00
Zuschlagsgrundlagen		**Fertigungsmaterial**	**Fertigungslöhne**	**Herstellkosten des Umsatzes**[1]	
		96.000,00	236.000,00		
Zuschlagssätze in %					

[1] Hinweis: Die Bestandsveränderung bei den unfertigen und fertigen Erzeugnissen beträgt 8.500,00 € (Bestandsmehrung).

Ermitteln Sie

- **a** die Herstellkosten des Umsatzes,
- **b** die Gemeinkostenzuschlagssätze,
- **c** die geplanten Selbstkosten für ein Produkt, für das 8,40 € Materialeinzelkosten und 12,20 € Fertigungslöhne veranschlagt wurden,
- **d** den geplanten Listenverkaufspreis für dieses Produkt, wenn in der Verkaufspreiskalkulation mit 25 % Gewinn, 3 % Skonto und 15 % Rabatt kalkuliert werden soll,
- **e** die tatsächlichen Selbstkosten und den darauf bezogenen Listenverkaufspreis für dieses Produkt, wenn abweichend von der Planung tatsächlich nur 8,20 € Materialeinzelkosten und 11,50 € Fertigungslöhne angefallen sind. Die Zuschlagssätze für die Verkaufspreiskalkulation bleiben unverändert.

Aufgabe 2

Ermitteln Sie die Angebotspreise für zwei Erzeugnisse.

Kalkulationsschema	Erzeugnis 1		Erzeugnis 2	
	€	%	€	%
Fertigungsmaterial	450,00		320,00	
Materialgemeinkosten		24,00		25,00
Materialkosten				
Fertigungslöhne	240,00		180,00	
Fertigungsgemeinkosten		48,00		50,00
Sondereinzelkosten der Fertigung	5,00		0,00	
Fertigungskosten				
Herstellkosten				
Verwaltungsgemeinkosten		6,00		4,00
Vertriebsgemeinkosten		5,00		7,00
Sondereinzelkosten des Vertriebs	1,80		5,00	
Selbstkosten				
Gewinnzuschlag		20,00		15,00
Barverkaufspreis				
Kundenskonto		3,00		3,00
Vertriebsprovision		2,00		6,00
Zielverkaufspreis				
Kundenrabatt		30,00		20,00
Angebotspreis				

Aufgabe 3

Ein Fahrradhersteller kalkuliert in der Vor- und Nachkalkulation mit folgenden Werten.
Hinweis: Alle Werte auf zwei Nachkommastellen kaufmännisch runden!

Kalkulationschema	Vorkalkulation		Nachkalkulation	
	€	%	€	%
Fertigungsmaterial	240,00		245,00	
Materialgemeinkosten		24,00		25,00
Materialkosten				
Fertigungslöhne (Stufe I)	34,00		35,00	
Fertigungsgemeinkosten (Stufe I)		48,00		50,00
Fertigungskosten (Stufe I)				
Fertigungslöhne (Stufe II)	48,00		50,00	
Fertigungsgemeinkosten (Stufe II)		125,00		120,00
Fertigungskosten (Stufe II)				
Herstellkosten				
Verwaltungsgemeinkosten		4,50		4,80
Vertriebsgemeinkosten		6,00		6,50
Selbstkosten				
Gewinnzuschlag		**25,00**		
Barverkaufspreis				
Kundenskonto		2,00		3,00
Vertriebsprovision		2,00		2,00
Zielverkaufspreis				
Kundenrabatt		10,00		15,00
Angebotspreis				

a Berechnen Sie alle fehlenden Werte.
b Ermitteln Sie die Gewinnminderung in Prozent.

Aufgabe 4

Die Vorkalkulation für eine Maschine basierte auf folgenden Istdaten:

Einzelkosten	€
Fertigungsmaterial	15.000,00
Fertigungslöhne	16.320,00

Zuschlagssätze	%
Materialgemeinkosten	20
Fertigungsgemeinkosten	525
Verwaltungsgemeinkosten	15
Vertriebsgemeinkosten	10
Gewinn	25

Ermitteln Sie den
a Barverkaufspreis im Rahmen der Vorkalkulation,
b effektiven Gewinnzuschlag (in € und in %), wenn die Nachkalkulation einen Verbrauch an Fertigungsmaterial von 17.500,00 € ergibt und an Fertigungslöhnen 14.400,00 € anfallen.

Selbsteinschätzung TF 12.4

Ich kann ...	Kann ich	Kann ich nicht
Produktionsprogramm		
1 ... eine bestehende Marktpositionierung analysieren.		
2 ... begründete Empfehlungen für eine Neupositionierung geben.		
3 ... Strategien der quantitativen Programmplanung beschreiben.		
Auftragsplanung		
1 ... die Teilziele der industriellen Produktionsplanung und -steuerung sowie deren Zielkonkurrenzen beschreiben.		
2 ... die wesentlichen Inhalte eines Arbeitsplanes beschreiben und mit seiner Hilfe die Auftragszeiten ermitteln..		
3 ... mithilfe eines Balkendiagramms eine vorwärts- und rückwärtsgerichtete Maschinenbelegung durchführen.		
4 ... eine optimale Losgröße in Abhängigkeit von Lager- und Rüstkosten bestimmen.		
Deckungsbeitragsrechnung		
1 ... absolute und relative Deckungsbeiträge berechnen.		
2 ... die kurz- und langfristige Preisuntergrenze ermitteln.		
Berechnung von Kosten		
1 ... die Kosten von den Aufwendungen abgrenzen.		
2 ... die Leistungen von den Erträgen abgrenzen.		
3 ... Gemein- und Einzelkosten aus Kostenträgersicht unterscheiden.		
4 ... kalkulatorische Kosten berechnen.		
Kosten, Leistungen und das Betriebsergebnis		
1 ... eine Ergebnistabelle aufstellen (unternehmensbezogene und betriebsbezogene Abgrenzung).		
2 ... eine Ergebnistabelle auswerten (Gesamtergebnis, neutrales Ergebnis, Betriebsergebnis).		
Kostenstellenrechnung und Kostenträgerzeitrechnung		
1 ... Gemeinkosten in einem Betriebsabrechnungsbogen auf Kostenstellen verteilen.		
2 ... Gemeinkostenzuschlagssätze für Hauptkostenstellen (Material, Fertigung, Verwaltung und Vertrieb) berechnen.		
3 ... mittels Gemeinkostenzuschlagssätzen den Erfolg eines Kostenträgers ermitteln.		
Kostenträgerstückrechnung und Kalkulation		
1 ... die Herstell- und die Selbstkosten mit der Zuschlagskalkulation für ein Produkt ermitteln.		
2 ... eine Verkaufskalkulation bis zum Angebotspreis (Listenverkaufspreis) durchführen.		
3 ... eine Vor- und Nachkalkulation berechnen.		

Ziele der Wirtschaftspolitik erläutern

FK ▶ TF 12.5 | Kap. 1

Situation

Es ist Mittagspause. Mia Klein und Deniz Özal sitzen mit mehreren Kolleginnen und Kollegen im Aufenthaltsraum der Fly Bike Werke GmbH. Beim Essen entspinnt sich eine lebhafte Diskussion.

Mia Klein: Ich habe gerade das Gefühl, dass wirklich alles teurer wird. Bei jedem Einkauf im Supermarkt kriege ich die Krise – und ein Essen im Restaurant kann ich mir überhaupt nicht mehr leisten ...

Saskia Engel: Die Benzinpreise sind auch schon wieder gestiegen! Und an meine nächste Heizkostenabrechnung mag ich gar nicht denken! Gerade im Bereich der niedrigen Einkommen braucht es jetzt mal kräftige Lohnerhöhungen! Es kann doch nicht sein, dass Menschen, die arbeiten, jeden Cent umdrehen müssen!

Sabrina Steffes: Ich finde, gerade jetzt sollten die Gewerkschaften es mit ihren Lohnforderungen nicht übertreiben. Denn Lohnerhöhungen erhöhen die Kosten der Unternehmen – wodurch die Preise noch mehr steigen!

Hans-Christian Müller: Immerhin, die Europäische Zentralbank versucht ja bereits, etwas gegen die Inflation zu tun. Sie hat jetzt schon mehrmals den Leitzins erhöht. Wenn die Zinsen steigen, verringert sich die umlaufende Geldmenge – und mittelfristig bremst dies den Preisanstieg.

Jan Sales: Na, toll! Bislang hat das aber nur den Effekt, dass Kredite immer teurer werden. Dadurch investieren die Unternehmen weniger und die Verbraucher konsumieren weniger. Unsere Wirtschaft wächst im Moment überhaupt nicht mehr!

Karikatur von Kostas Koufogiorgos aus dem Jahr 2023

Deniz Özal: Es ist doch eigentlich gut, wenn die Wirtschaft nicht mehr wächst. Dann werden endlich weniger Ressourcen verbraucht und es wird weniger CO_2 ausgestoßen!

Sabrina Steffes: Wenn die Wirtschaft nicht mehr wächst, gefährdet das aber den Arbeitsmarkt! Die Arbeitslosenquote ist jetzt schon höher als noch vor einem Jahr!

Oliver Thüne: Ich denke auch, dass eine schrumpfende Wirtschaft nicht die Lösung ist. Wichtig ist vor allem, dass CO_2 endlich einen angemessen Preis bekommt. Laut Umweltbundesamt müsste der um ein Vielfaches höher sein, als er derzeit ist!

Saskia Engel: Ach du liebe Güte – dann würden die Energiepreise ja noch stärker steigen, als sie es jetzt schon tun. Und dann hätten wir eine noch höhere Inflation!

Oliver Thüne: Deswegen müssen eben die erneuerbaren Energien so schnell wie möglich ausgebaut werden – wofür es übrigens massenhaft Arbeitskräfte braucht! Unser größtes Problem ist derzeit ja gar nicht die Arbeitslosigkeit, sondern der Fachkräftemangel! Und ganz wichtig: Der Staat muss für den Klimaschutz Geld in die Hand nehmen. Zum Sparen ist momentan der falsche Zeitpunkt!

Sabrina Steffes: Nachfolgenden Generationen einen riesigen Berg an Schulden, also an Zins- und Tilgungsverpflichtungen zu hinterlassen, ist aber nicht fair!

Deniz Özal: Ich denke, die nachfolgenden Generationen würden vor allem gerne auf einem bewohnbaren Planeten leben!

Mia Klein: Uff, Wirtschaftspolitik ist ganz schön schwierig. Irgendwie ist das wie die Quadratur des Kreises ...

Karikatur von Martin Erl aus dem Jahr 2023
Hinweis: Christian Lindner = FDP-Politiker, zum Zeitpunkt der Entstehung der Karikatur Bundesminister für Finanzen

Arbeitsaufträge

1 Beantworten Sie in Kleingruppen die folgenden Fragen zu dem Mittagspausengespräch. Notieren Sie Ihre Antworten.
   a In der Diskussion werden verschiedene wirtschaftspolitische Ziele angesprochen. Welche sind das?
   b Welche Maßnahmen zum Erreichen der Ziele werden in der Diskussion erwähnt?
   c Welche dieser Maßnahmen erschweren das Erreichen eines anderen wirtschaftspolitischen Ziels (Zielkonflikt)?
   d Welche Maßnahmen begünstigen das Erreichen eines anderen wirtschaftspolitischen Ziels (Zielharmonie)?

2 Betrachten Sie nun in Ihrer Gruppe die zwei Karikaturen. Welche wirtschaftspolitischen Zielkonflikte sind darin bildlich dargestellt? Notieren Sie Ihre Antworten.

3 Visualisieren Sie alle Ziele, Maßnahmen, Zielkonflikte und Zielharmonien, die Sie in dem Gespräch und in den Karikaturen gefunden haben, in Form eines Plakats. Präsentieren und diskutieren Sie Ihr Plakat im Plenum.

Arbeitsblatt 49.1 | Ziele der Wirtschaftspolitik

1 Tragen Sie die Ziele des Magischen Vierecks und des Magischen Sechsecks in die Felder ein.
2 Überlegen Sie: Wenn Sie die Möglichkeit hätten, weitere Ziele aufzunehmen, welche wären dies?
3 Es gibt verschiedene Arten von Zielbeziehungen. Tragen Sie die Erläuterungen in die Tabelle unten ein.

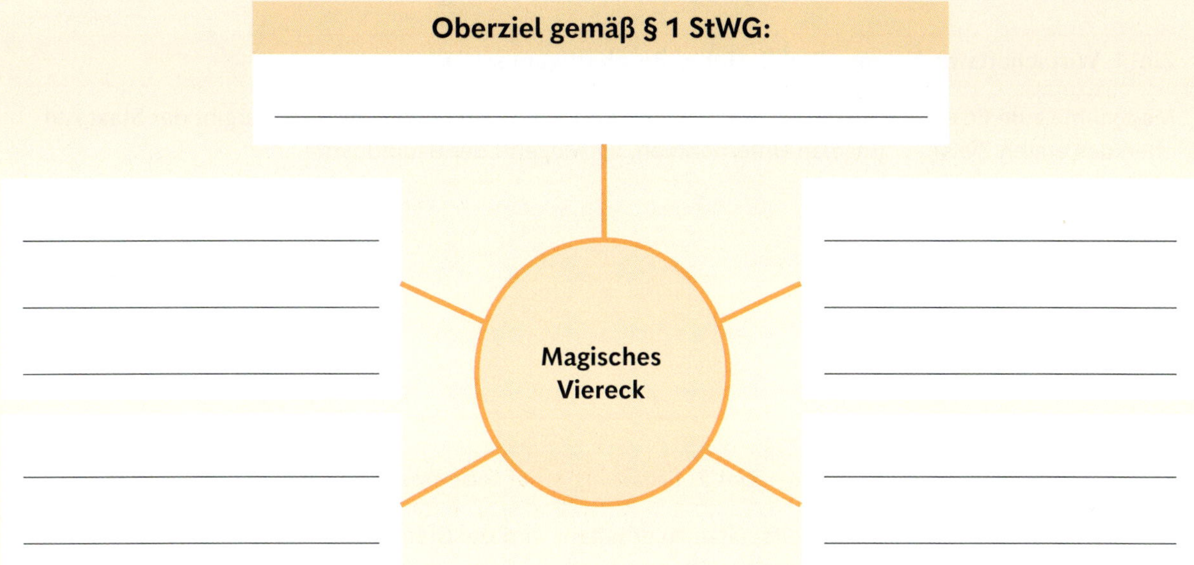

Ergänzende Ziele zum Magischen Sechseck:

Weitere mögliche Ziele:

Zielbeziehungen:

Zielbeziehung	liegt vor, wenn ...
Zielharmonie	
Zielkonflikt	
Zielneutralität	

Arbeitsblatt 49.2 | Zielbeziehungen zwischen wirtschaftspolitischen Zielen

Entscheiden Sie bei den folgenden Zielen jeweils begründet, welche Zielbeziehung zwischen diesen vorliegt. Überlegen Sie, wie sich die Maßnahme zum Erreichen des ersten Ziels auf das zweite Ziel auswirkt bzw. auswirken kann. Nennen Sie dann die vorliegende Art der Zielbeziehung.

Ziel 1: Wirtschaftswachstum – Ziel 2: Hoher Beschäftigungsstand	
Maßnahme zum Erreichen des ersten Ziels:	Um der schwächelnden Konjunktur entgegenzuwirken, vergibt der Staat Aufträge an Unternehmen, vorwiegend der Bauindustrie.
Auswirkungen auf das zweite Ziel:	
Zielbeziehung:	

Ziel 1: Hoher Beschäftigungsstand – Ziel 2: Erhaltung einer lebenswerten Umwelt	
Maßnahme zum Erreichen des ersten Ziels:	Um Arbeitsplätze zu erhalten, wird der Steinkohlebergbau im Ruhrgebiet subventioniert.
Auswirkungen auf das zweite Ziel:	
Zielbeziehung:	

Ziel 1: Außenwirtschaftliches Gleichgewicht – Ziel 2: Wirtschaftswachstum	
Maßnahme zum Erreichen des ersten Ziels:	Um den hohen Exportüberschüssen entgegenzuwirken, erlässt der Staat Exportbeschränkungen für bestimmte Branchen.
Auswirkungen auf das zweite Ziel:	
Zielbeziehung:	

Ziel 1: Gerechte Einkommens- und Vermögensverteilung – Ziel 2: Stabiles Preisniveau	
Maßnahme zum Erreichen des ersten Ziels:	Der Mindestlohn in Deutschland wird um 0,50 € erhöht, um insbesondere die Lebenssituation von Menschen mit geringem Verdienst zu verbessern.
Auswirkungen auf das zweite Ziel:	
Zielbeziehung:	

Arbeitsblatt 49.3 | Handlungsfelder der Wirtschaftspolitik

Handlungsfelder der Wirtschaftspolitik

Ordnungspolitik

Aufgaben

Aufgabe 1
Erklären Sie, welche wirtschaftliche Entwicklung in den 1960er-Jahren dazu geführt hat, dass das Gesetz zur Förderung der Stabilität und des Wachstums der Wirtschaft beschlossen wurde.

Aufgabe 2
Geben Sie zu den folgenden Aussagen jeweils an, um welches Ziel des Magischen Sechsecks es geht und ob dieses Ziel erreicht wurde.

a Die Preise sind um 7,5 % gestiegen.
b Der deutsche Exportüberschuss ist zurückgegangen.
c Das Jahr 20XX war das wärmste seit Beginn der Aufzeichnungen. In weiten Teilen der Welt gab es verheerende Extremwetterereignisse (Hitze, Dürre, Waldbrände, Überschwemmungen).
d In diesem Jahr waren in Deutschland weniger Menschen arbeitslos als im Vorjahr.
e Die Schere zwischen Arm und Reich geht in Deutschland immer weiter auseinander.
f Das Bruttoinlandsprodukt (BIP) ist dieses Jahr um 0,5 % gesunken.

Aufgabe 3
Nennen Sie zwei Ziele des Magischen Sechsecks, die Ihrer Meinung nach gleichzeitig

a gut zu erreichen sind.
b schwer zu erreichen sind.

Begründen Sie Ihre Meinung.

Aufgabe 4
Stellen Sie sich vor, in Deutschland würde die Automobilproduktion aus umweltpolitischen Gründen sehr stark eingeschränkt. Welche Auswirkungen hätte dies auf die anderen Ziele des Magischen Sechsecks?

Aufgabe 5
Nehmen Sie zu der folgenden Aussage Stellung: „Das Ziel Umweltschutz steht mit den Zielen Wirtschaftswachstum und Vollbeschäftigung in einem dauerhaften Konflikt."

Aufgabe 6
Begründen Sie, warum das Ziel „stetiges und angemessenes Wirtschaftswachstum" heutzutage das umstrittenste Ziel des Stabilitäts- und Wachstumsgesetzes ist.

Aufgabe 7
Gehören die folgenden Maßnahmen **1** zur Ordnungspolitik, **2** zur Strukturpolitik oder **3** zur Prozesspolitik? Ordnen Sie zu.

a ( ) Um der schwächelnden Konjunktur entgegenzuwirken, plant die Regierung ein großes Investitionsprogramm.
b ( ) Mit einem neuen Gesetz soll die Marktmacht großer Internet-Konzerne eingeschränkt werden.
c ( ) Für die vom Kohleausstieg betroffenen Regionen gibt es Förderprogramme, mit deren Hilfe neue Arbeitsplätze geschaffen werden sollen.
d ( ) Die Regierung will höhere Einkommen stärker besteuern und dafür niedrige Einkommen entlasten.
e ( ) Die Europäische Zentralbank erhöht die Zinsen, um die sprunghaft angestiegene Inflation zu bekämpfen.
f ( ) Um die Verbraucher zu schützen, dürfen Strom- und Gaslieferverträge nicht mehr ausschließlich übers Telefon abgeschlossen werden, sondern müssen vom Kunden schriftlich bestätigt werden.

Lernsituation 50

Ursachen von Inflation analysieren

FK ▶ TF 12.5 | Kap. 2.1

Situation

Verbraucherpreise gegenüber dem Vorjahr um 3,8 % gestiegen

Wiesbaden. Nach Angaben des Statistischen Bundesamtes lagen die Verbraucherpreise im Jahr 20X1 um 3,8 % über den Vorjahrespreisen. Preistreiber waren vor allem die Preise für Energie und Nahrungsmittel. Günstiger hingegen wurde es bei den Preisen für Unterhaltungselektronik und bei den Telefondienstleistungen. [...]

Mia Klein ist derzeit in der Abteilung Vertrieb der Fly Bike Werke GmbH eingesetzt. Lars Baumann legt einen Zeitungsausschnitt und einen Ausdruck des Produktionsprogramms vor Mia auf den Tisch.

Lars Baumann: Hier, schauen Sie mal, Frau Klein! Alle unsere Preise wurden leicht erhöht. Die Geschäftsführung hat der Preiserhöhung auch schon zugestimmt.
Mia Klein: Unsere Fahrräder werden teurer? Warum das denn?
Lars Baumann: Die Preise auf dem Rohstoffmarkt sind gestiegen, ebenso die Lohnnebenkosten. Diese Kostensteigerungen müssen wir ein Stück weit an unsere Kunden weitergeben.
Mia Klein: Werden die Leute unsere Fahrräder denn dann noch kaufen?
Lars Baumann: Ich denke schon! Mit unseren Preiserhöhungen liegen wir nämlich unter der Inflationsrate, die das Statistische Bundesamt fürs laufende Kalenderjahr ermittelt hat.

Produktionsprogramm

Modell	Artikel-Nr.	Modell-Name	Preis 20X1	Preis 20X2
City-Räder	101	City *Glide*	490,00 €	507,50 €
	102	City *Surf*	548,80 €	564,00 €
Trekking-Räder	201	Trekking *Light*	598,50 €	620,00 €
	202	Trekking *Free*	700,00 €	719,00 €
	203	Trekking *Nature*	875,00 €	909,00 €
Mountainbikes	301	Mountain *Dispo*	787,50 €	809,50 €
	302	Mountain *Constitution*	1.197,00 €	1.240,00 €
	303	Mountain *Unlimited*	1.995,00 €	2.060,00 €
Rennräder	401	Renn *Fast*	2.520,00 €	2.600,00 €
	402	Renn *Superfast*	4.410,00 €	4.565,00 €
Kinderräder	501	Kinder *Twist*	393,76 €	408,20 €
	502	Kinder *Cool*	525,00 €	545,00 €
Pedelecs	601	E-City *Wind*	2.498,00 €	2.560,50 €
	602	E-Mountain *Sturm*	2.898,00 €	2.955,50 €

Arbeitsaufträge

1 Ermitteln Sie, um wie viel Prozent die Preise für die City-Rad-Modelle *Surf* und *Glide* in der kommenden Saison steigen werden

2 Nennen Sie zusätzlich zu den im Text genannten Gründen zwei weitere Gründe, die die Fly Bike Werke GmbH dazu veranlassen könnten, die Preise zu erhöhen.

3 Der Anstieg der Verbraucherpreise wird in Deutschland vom Statistischen Bundesamt berechnet.

a Informieren Sie sich in der Fachkunde darüber, wie das Statistische Bundesamt die Preissteigerungsrate mithilfe der Warenkorbmethode berechnet. Vervollständigen Sie dann den Lückentext in Arbeitsblatt 50.1.

b Recherchieren Sie im Internet nach der aktuellen Zusammensetzung des Warenkorbs (sog. Wägungsschema) des Statistischen Bundesamtes. Tragen Sie Ihre Ergebnisse in die Tabelle in Arbeitsblatt 50.1 ein.

c Überlegen Sie, in welchen Bereichen Ihr persönliches Ausgabenverhalten vom Ausgabenverhalten des statistischen Durchschnittshaushalts abweicht. Tragen Sie Ihre persönlichen Gewichtungen in die Tabelle in Arbeitsblatt 50.1 ein.

4 Mia möchte ihrem kleinen Bruder Leon das Thema Inflation näherbringen, um ihm zu zeigen, dass auch er davon betroffen ist. Dazu packt sie einen fiktiven Warenkorb, der nur aus den folgenden Produkten besteht: Burger, Limonade, Schokoriegel, T-Shirt und Kinobesuch.

a Ermitteln Sie die jährlichen Werte der Warenkörbe.

b Ermitteln Sie für die Jahre 2 bis 4 den Preisindex im Verhältnis zum Basisjahr 1.

c Ermitteln Sie die jährlichen Preissteigerungsraten in Prozent.

	Menge in Stück	Einzelpreis im Jahr 1	Einzelpreis im Jahr 2	Einzelpreis im Jahr 3	Einzelpreis im Jahr 4
Burger	30	3,00 €	3,10 €	3,20 €	3,15 €
Limo	20	1,20 €	1,20 €	1,30 €	1,35 €
Schokoriegel	50	0,80 €	0,75 €	0,85 €	0,90 €
T-Shirt	4	25,00 €	25,50 €	25,00 €	26,00 €
Kinobesuch	8	9,00 €	9,50 €	10,00 €	10,20 €
Wert des Warenkorbs					
Preisindex		100			
Preissteigerungsrate gegenüber Vorjahr					

5 Um Inflation wirksam bekämpfen zu können, muss man Kenntnis von ihren Ursachen haben. Informieren Sie sich in der Fachkunde über die Ursachen, die zu einer Inflation führen können, und vervollständigen Sie dann Arbeitsblatt 50.2.

6 Unterschiedliche Personengruppen sind unterschiedlich von Inflation betroffen. Es gibt Verlierer und Gewinner. Informieren Sie sich in der Fachkunde über die Auswirkungen von Inflation und vervollständigen Sie dann Arbeitsblatt 50.3.

Arbeitsblatt 50.1 | Die Warenkorbmethode des Statistischen Bundesamtes

Der Warenkorb zur Ermittlung der Preissteigerungsrate ...

enthält Waren und Dienstleistungen, die

____

____

____

____

wird alle ____________ Jahre aktualisiert, weil

____

____

____

____

Güter und Dienstleistungen werden entsprechend ihrer Bedeutung bzw. Lebensdauer

____

Je größer der ____________ einer Warengruppe an den monatlichen Ausgaben ist, desto größer

ist ihr ____________ im Warenkorb.

12 Abteilungen	Beispiel(e)	Anteil an den monatlichen Ausgaben in %	
		Durchschnittshaushalt	mein persönlicher Warenkorb
Nahrungsmittel und alkoholfreie Getränke	Brot, Obst, Gemüse, Saft, ...		
Alkoholische Getränke und Tabakwaren			
Bekleidung und Schuhe			
Wohnung, Wasser, Strom, Gas und andere Brennstoffe			
Möbel, Leuchten, Geräte u. a. Haushaltszubehör			
Gesundheit			
Verkehr			
Post und Telekommunikation			
Freizeit, Unterhaltung und Kultur			
Bildungswesen			
Gaststätten- und Beherbergungsdienstleistungen			
Andere Waren und Dienstleistungen			
		100 %	100 %

Arbeitsblatt 50.2 | Ursachen von Inflation

Inflation

Definition:

Mögliche Ursachen

Nachfragebedingte Inflation		Geldmengeninflation	
			importierte nachfragebedingte Inflation:
	Kostendruckinflation:		
Staatsinflation: Investitionen des Staates (z. B. Beschäftigungsprogramme) führen zu einer Erhöhung der gesamtwirtschaftlichen Nachfrage, die das Güterangebot übersteigt.			

Arbeitsblatt 50.3 | Auswirkungen von Inflation

Auswirkungen von Inflation	
für Arbeitnehmer ☐ Verlierer ☐ Gewinner	
für Rentner und Bezieher von Transferzahlungen ☐ Verlierer ☐ Gewinner	
für Sparer ☐ Verlierer ☐ Gewinner	
für Schuldner ☐ Verlierer ☐ Gewinner	
für Unternehmer ☐ Verlierer ☐ Gewinner	
für Staat/Gesellschaft ☐ Verlierer ☐ Gewinner	

Aufgaben

Aufgabe 1
Ein Warenkorb besteht lediglich aus den Gütern A, B, C, D, und E mit der angegebenen Gewichtung.

Gut	Wägungs-anteil	Preis im Jahr 1		Preis im Jahr 2		Preis im Jahr 3	
A	2	150,00 €		155,00 €		160,00 €	
B	4	20,00 €		19,00 €		16,00 €	
C	1,5	66,00 €		67,00 €		68,00 €	
D	3	84,00 €		87,00 €		91,00 €	
E	0,5	80,00 €		83,00 €		84,00 €	
Summe Warenkorb							
Preisindex (Basisjahr Jahr 1)			100				
Preissteigerungs-rate ggü Vorjahr							

a Berechnen Sie für jedes Jahr den Gesamtpreis für den Warenkorb (Summe Warenkorb).

b Berechnen Sie die jährlichen Preissteigerungsraten sowie den Preisindex (wenn das Jahr 1 das Basisjahr ist).

Aufgabe 2
Der Warenkorb des Statistischen Bundesamtes bezieht sich immer auf einen durchschnittlichen 4-Personen-Haushalt. Nennen Sie drei weitere typische Haushalte in Deutschland, für die Ihrer Meinung nach eine Preissteigerungsrate ermittelt werden sollte.

Aufgabe 3
Erläutern Sie, warum es notwendig war, für die Europäische Union einen Harmonisierten Verbraucherpreisindex (HVPI) zu entwickeln.

Aufgabe 4
Begründen Sie, warum die Höhe der Inflationsrate allein noch nichts darüber aussagt, ob die Menschen sich mehr oder weniger leisten können.

Aufgabe 5
Erläutern Sie die verschiedenen Arten von Inflation.

a Erklären Sie den Unterschied zwischen einer offenen und einer verdeckten Inflation.

b Grenzen Sie schleichende, trabende und galoppierende Inflation voneinander ab.

c Erklären Sie die möglichen Ursachen einer Inflation.

Aufgabe 6
Welche Art von Inflation (nachfragebedingt, angebotsbedingt oder importiert) können die folgenden Sachverhalte auslösen?

a Die Beiträge zur gesetzlichen Sozialversicherung werden erhöht.

b Die Sparquote der privaten Haushalte sinkt.

c Die Unternehmen schauen optimistisch in die Zukunft und investieren mehr.

d Die Rohölpreise steigen.

e Die Tariflöhne werden erhöht.

Aufgabe 7
In Umfragen zur Inflation ist festzustellen, dass die gefühlte Inflation oft sehr viel höher ist als die tatsächliche Inflationsrate. Arbeiten Sie Gründe heraus, woran dies liegen könnte.

Aufgabe 8
Im Newsticker lesen Sie die folgende Meldung: „Verbraucherpreise sinken wieder. Droht uns jetzt eine Deflation?

a Erläutern Sie das Wesen einer Deflation.

b Beschreiben Sie, wie sich Verbraucher und Produzenten während einer Deflationsphase verhalten können und warum daraus die Gefahr einer beschleunigten konjunkturellen Abwärtsbewegung entsteht.

Die Lage auf dem Arbeitsmarkt analysieren

FK ▶ TF 12.5 | Kap. 2.2

Situation

Mia Klein sitzt mit ihrem Vater Daniel Klein im Wohnzimmer ihres Elternhauses. Im Fernsehen läuft gerade die Tagesschau. Zu den Nachrichten des Tages gehört eine Meldung zur Lage auf dem Arbeitsmarkt.

Daniel: Schau mal, das sind ja endlich mal wieder gute Nachrichten: weniger Arbeitslose in Deutschland!

Mia: Naja, es sind zwar gut 70 000 Arbeitslose weniger geworden, aber überleg mal: Es sind immer noch über 2,6 Millionen Menschen in Deutschland ohne Arbeit! Das sind mehr als dreimal so viele Menschen wie Frankfurt am Main Einwohner hat. Warum sind überhaupt so viele Menschen arbeitslos?

Daniel: Nun, das kann viele verschiedene Gründe haben: keine Aufträge bei den Unternehmen, fehlende Qualifikationen, Umzug ...

Mia: Gerade gestern habe ich im Radio gehört, dass Deutschland ein riesiges Problem mit dem Fachkräftemangel hat. Manche Restaurants können nur noch an drei Tagen in der Woche öffnen, weil sie kein Personal haben, und auf Handwerkertermine muss man manchmal monatelang warten, weil es an Fachkräften fehlt ... Das passt doch irgendwie nicht zusammen ...

Arbeitslosenquote im September

Nur schwache Herbstbelebung auf dem Arbeitsmarkt 2023

War in den vergangenen Jahren nach der typischen Sommerflaute auf dem Arbeitsmarkt immer eine deutliche Belebung auf dem Arbeitsmarkt zu spüren, so scheint sich dieser Trend im Jahr 2023 abzuschwächen. Hierzu Daniel Terzenbach, Vorstandsmitglied der Bundesagentur für Arbeit: „Die einsetzende Herbstbelebung fällt in diesem Jahr vergleichsweise gering aus, Arbeitslosigkeit und Unterbeschäftigung nehmen zwar ab, jedoch weniger als in einem September üblich.“

Im September 2023 sank die Zahl der gemeldeten Arbeitslosen in Deutschland im Vergleich zum August zwar um 69 000 auf 2,627 Millionen, dies entspricht aber lediglich einer Verbesserung der Quote um 0,1 Punkte auf 5,7 Prozent. Im September des Vorjahres fiel der Rückgang der Arbeitslosenquote mit 0,3 Punkten noch wesentlich besser aus. Insgesamt stieg die Zahl der Arbeitslosen somit 2023 um 141 000 verglichen mit dem September des Vorjahres.

Grundsätzlich zeige sich der deutsche Arbeitsmarkt aber nach wie vor stabil, betont Terzenbach auf der monatlichen Pressekonferenz der Bundesagentur für Arbeit. Laut Statistischem Bundesamt waren im August 2023 mit 45,99 Millionen Erwerbstätigen saisonbereinigt immer noch 347 000 Personen mehr erwerbstätig als im Vorjahreszeitraum.

Quelle: Autorentext (nach Daten aus Bundesagentur f. Arbeit/Statistisches Bundesamt, Sept. 2023)

Die Lage auf dem Arbeitsmarkt analysieren

Arbeitsaufträge

1 In dem Artikel ist von einer „Sommerflaute“ und einer „Herbstbelebung“ die Rede. Überlegen Sie, was damit gemeint ist und worin die Ursachen für diese Phänomene zu sehen sind.

2 Begründen Sie die Notwendigkeit eines hohen Beschäftigungsstandes mit den negativen Folgen, die eine hohe Arbeitslosigkeit mit sich bringt. Gehen Sie dabei sowohl auf individuelle als auch auf gesamtwirtschaftliche und gesamtgesellschaftliche Folgen ein.

3 Nach den Ursachen der Arbeitslosigkeit lassen sich verschiedene Arten der Arbeitslosigkeit unterscheiden.

   a Füllen Sie den oberen Teil von Arbeitsblatt 51.1 aus, indem Sie die fünf Typen von Arbeitslosigkeit benennen und jeweils kurz beschreiben.

   b Informieren Sie sich dann über mögliche Maßnahmen zur Bekämpfung der jeweiligen Art von Arbeitslosigkeit und vervollständigen Sie den unteren Teil von Arbeitsblatt 51.1.

4 Auch in Mia Kleins privatem Umfeld gab und gibt es Personen, die von Arbeitslosigkeit betroffen waren bzw. sind (Arbeitsblatt 51.2). Finden Sie für jede Person heraus, warum sie aktuell keine Arbeit hat, und ordnen Sie die jeweilige Art von Arbeitslosigkeit zu.

5 Im Rahmen der Arbeitsmarkt- und Beschäftigungspolitik stehen aktive und passive Maßnahmen zur Verfügung. Erläutern Sie in Arbeitsblatt 51.3 den Unterschied und tragen Sie stichwortartig die jeweils zur Verfügung stehenden Maßnahmen ein.

6 In dem Artikel heißt es: „Die Nachfrage nach Arbeitskräften in Deutschland ist weiterhin sehr hoch, es fehlt an vielen Stellen Personal.“ Tatsächlich ist der Mangel an Fachkräften eine der größten Herausforderungen für die Zukunft der deutschen Wirtschaft.

   a Recherchieren Sie im Internet aktuelle Zahlen zum Fachkräftemangel. Welche Branchen sind davon besonders betroffen? Welche negativen Konsequenzen bringt der Mangel an Fachkräften mit sich?

   b Recherchieren Sie im Internet, worin Wirtschaftsexperten die wesentlichen Ursachen des Fachkräftemangels sehen.

   c Diskutieren Sie anschließend in Kleingruppen, wie das Problem des Fachkräftemangels gelöst werden könnte.

Notizen

Arbeitsblatt 51.1 | Arten der Arbeitslosigkeit, Teil 1

Typen von Arbeitslosigkeit

Erläuterung:

Maßnahmen:

Erläuterung:

Maßnahmen:

Erläuterung:

Maßnahmen:

Erläuterung:

Maßnahmen:

Erläuterung:

Maßnahmen:

Arbeitsblatt 51.2 | Arten der Arbeitslosigkeit, Teil 2

	Francesco Sarini, 42 Jahre alt, hat bis vor wenigen Wochen bei einem namhaften Schuhhersteller in der Fertigung gearbeitet. Schon vor etwa einem Jahr kam die Nachricht, dass nun auch die letzte in Deutschland verbliebene Produktionsstätte ins Ausland verlagert wird. Dagegen waren Gewerkschaft und Betriebsrat Sturm gelaufen. Letztlich konnten sie die Schließung aber nicht verhindern. „Schuhe und Bekleidung lassen sich in Deutschland einfach nicht mehr zu international wettbewerbsfähigen Preisen produzieren", hieß es. Vor vier Wochen hatte Francesco seinen letzten Arbeitstag. Seitdem ist er arbeitslos.
Art der Arbeitslosigkeit	

	Sascha Schneider hat vor vier Wochen geheiratet. Nach seiner Ausbildung zum Kaufmann für Büromanagement bei der Fly Bike Werke GmbH war er in den letzten zwei Jahren in der Buchhaltung tätig. Seine Ehefrau Lisa Marie hat vor Kurzem ihr Studium der Betriebswirtschaftslehre beendet und nun ein Jobangebot bei einem großen Industrieunternehmen in Flensburg erhalten. Aufgrund des bevorstehenden Umzugs musste Sascha seine jetzige Arbeitsstelle kündigen. Er hofft, nach dem Umzug in Flensburg oder der näheren Umgebung recht schnell eine neue Arbeitsstelle zu finden.
Art der Arbeitslosigkeit	

	Jutta Maurer ist 57 Jahre alt. Sie hat von 1986 bis 1989 bei der Volksbank in ihrer Heimatstadt eine Ausbildung zur Bankkauffrau absolviert. Abgesehen von drei Unterbrechungen für die Erziehung ihrer Kinder war sie seit 1989 in der Bankfiliale ihrer Heimatstadt am Schalter tätig. Der tägliche Kontakt mit den Menschen hat ihr immer sehr viel Freude bereitet. Nachdem in den letzten 15 Jahren bereits die kleineren Filialen geschlossen wurden, erhielt Frau Maurer vor Kurzem die Nachricht, dass auch ihre Filiale zum Jahresende umstrukturiert wird. Vor wenigen Tagen bekam sie ihre Kündigung zum Jahresende. Gleichzeitig wurde ihr eine Abfindung angeboten, die sie angenommen hat. Sie glaubt kaum, dass sie noch einmal eine vergleichbare Arbeitsstelle finden wird.
Art der Arbeitslosigkeit	

	Mias Freundin Michelle lebt in einer Urlaubsregion in den österreichischen Alpen, wo sie als Bedienung und Servicekraft in einer großen Hotelanlage arbeitet. Besonders in der Wintersportsaison von Dezember bis Ende März ist das Hotel immer ausgebucht. Auch in den Sommermonaten und im Frühherbst sind viele Wanderer und Familien mit Kindern in der Region und sorgen für eine gute Auslastung des Hotels. In den Monaten April und Mai sowie Oktober und November wirkt die Region aber oft wie ausgestorben. In diesen Monaten kann Michelle leider nicht vom Hotel beschäftigt werden. Sie meldet sich dann arbeitslos.
Art der Arbeitslosigkeit	

	Martin Thiele arbeitet in der Fertigung bei einem großen Hersteller von Photovoltaikanlagen. Gestern erhielt er die Nachricht, dass ihm zum Ende des Jahres aus betriebsbedingten Gründen gekündigt wird. Konkret wird die allgemein schlechte Marktlage angeführt, aufgrund derer sich das Unternehmen leider gezwungen sieht, die Kündigung auszusprechen. In den vergangenen 15 Jahren wurde Martin Thiele aus ähnlichen Gründen bereits mehrfach gekündigt. Bislang wurde er aber immer nach wenigen Monaten wieder eingestellt. Er hofft, dass dies auch diesmal der Fall sein wird.
Art der Arbeitslosigkeit	

Arbeitsblatt 51.3 | Aktive und passive Arbeitsmarkt- und Beschäftigungspolitik

Arbeitsmarkt- und Beschäftigungspolitik

Aktive Arbeitsmarkt- und Beschäftigungspolitik

Ziel:

Maßnahmen/Leistungen:

Passive Arbeitsmarkt- und Beschäftigungspolitik

Ziel:

Maßnahmen/Leistungen:

Aufgaben

Aufgabe 1
Aus einem Bundesland sind folgende Zahlen bekannt: 850 000 Einwohner, 558 000 Erwerbspersonen. Im vergangenen Monat waren 35 900 Menschen arbeitslos. Berechnen Sie die Arbeitslosenquote. Wenden Sie dabei die von der Bundesagentur für Arbeit verwendete Formel an.

Aufgabe 2
Vergleichen Sie die Definition der Arbeitslosenquote der Bundesagentur für Arbeit mit der Definition, die das Statistische Bundesamt gemäß der Definition der Internationalen Arbeitsorganisation (ILO) für seine Zahlen zur Erwerbsstatistik zugrunde legt. Welche Gründe könnten dafür ausschlaggebend sein, dass die Definition der Bundesagentur für Arbeit von der der ILO abweicht?

Aufgabe 3
Erläutern Sie, inwieweit die Arbeitslosenquote das wahre Niveau der Arbeitslosigkeit unter- bzw. überschätzt.

Aufgabe 4
Ordnen Sie den folgenden Fällen jeweils die Art der Arbeitslosigkeit (friktionell, saisonal, konjunkturell oder strukturell) zu.

a Den Mitarbeitern im Straßenbau wird zum Winterbeginn gekündigt.
b Weil der Absatz in der Branche deutlich zurückgegangen ist, erhält Sophie ihre Kündigung
c Nach bestanderer Abschlussprüfung am 15. Juni bewirbt sich Emilio bei verschiedenen Unternehmen. Sein erster Arbeitstag beim neuen Unternehmen ist der 1. September.
d Aufgrund des Kohleausstiegs verlieren die Arbeiter im Steinkohlebergbau ihren Job.

Aufgabe 5
Nehmen Sie zu folgender Aussage Stellung: „Die strukturelle Arbeitslosigkeit ist viel problematischer als die konjunkturelle Arbeitslosigkeit."

Lernsituation 52

Über Wachstum und Grenzen des Wachstums diskutieren

FK ▸ TF 12.5 | Kap. 2.3

Situation

Mia Klein und ihre Mitbewohnerin Asra, die eine Ausbildung zur Industriekauffrau bei einem Werkzeughersteller macht, sitzen am Küchentisch ihrer WG. Seitdem Mia Mitglied der Projektgruppe „Nachhaltiges Handeln" der Fly Bike Werke GmbH ist, interessiert sie sich sehr für das Thema Nachhaltigkeit. Gerade liest sie eine Broschüre, die sie gestern vom Infostand einer Umweltorganisation mitgenommen hat.
Im Hintergrund läuft das Radio. Eine Sprecherin des Wirtschaftsministeriums sagt: „Wir brauchen wieder eine konstante Steigerung des BIP. Momentan sitzen wir an der Ausarbeitung eines entsprechenden Programms. Nur so können wir die Arbeitslosenquote gering halten und unseren Wohlstand sichern ..."

Umweltfreund*innen Deutschland e. V.

Ist Wirtschaftswachstum noch zeitgemäß?

Der Energieverbrauch ist Hauptverursacher der Klimakrise und die Energie wird immer noch hauptsächlich aus fossilen Energieträgern gewonnen. Der Energieverbrauch steigt, wenn die Wirtschaft wächst. Denn mehr Produktion bedeutet mehr Energie, die verbraucht wird, um Produkte herzustellen. Selbst wenn dies vor allem mit erneuerbaren Energien passieren würde: Auch diese müssen mithilfe von Rohstoffen gewonnen werden, z. B. für die Errichtung von Wind- und Solarparks. Diese Rohstoffe sind nicht unbegrenzt vorhanden und häufig sehr energieintensiv in der Gewinnung. [...]

Mia: Es kann doch nicht sein, dass wir so sehr vom Wirtschaftswachstum abhängig sind! Kein Mensch braucht die Unmengen an T-Shirts, die energieintensiv hergestellt werden, nur um am Ende im Müll zu landen. Wir müssen die Klimakrise aufhalten. Sie zerstört schon jetzt die Lebensgrundlagen vieler Menschen!

Asra: Ja, aber kein Wachstum ist doch auch keine Lösung. Eine zusammenbrechende Wirtschaft wäre verheerend für uns alle!

Mia: Das stimmt. So, wie wir momentan wirtschaften, hätte fehlendes Wachstum schlimme Folgen. Wenn immer effizienter produziert wird, die Produktion aber nicht steigt, gibt es weniger Arbeit und damit weniger Arbeitsplätze, mehr Armut usw. Aber muss es nicht eine andere Lösung geben?

Asra: Es ist schon wichtig, dass die Produktion immer effizienter und dadurch schneller und sparsamer wird!

Mia: Aber muss sie deshalb auch mehr werden? Es ist doch kein effizienter Umgang mit Rohstoffen, ständig mehr zu produzieren, als nötig wäre! Ich finde, wir sollten nur das herstellen, was wir wirklich brauchen, um gut leben zu können.

Asra: Wenn weniger produziert wird, gibt es halt weniger Arbeit. Mit allen negativen Folgen ...

Mia: Dann müssen wir als Gesellschaft eine Lösung finden, wie die Arbeit gerecht verteilt werden kann, sodass alle gut leben können. Und das, was wir produzieren, muss auf nachhaltige Art und Weise produziert werden. Schau mal, in der Broschüre hier wird beschrieben, dass es Effizienz, Konsistenz und Suffizienz braucht, um nachhaltig wirtschaften zu können.

Asra: Suffizienz? Was soll das denn sein?

Mia: Naja, Effizienz heißt, mit weniger Ressourcen gleich viel herzustellen. Konsistenz heißt, dass die Art der Herstellung möglichst nachhaltig ist, z. B. durch die Verwendung erneuerbarer Energien oder Recycling. Und Suffizienz heißt, tatsächlich weniger herzustellen – bzw. nur das, was wirklich gebraucht wird.

Asra: Heißt das dann, wir müssen alle sparsam leben und können uns gar keinen spaßigen Konsum mehr erlauben?

Mia: Hier steht, dass es gar nicht so sehr um individuellen Verzicht geht, sondern dass die Politik Rahmenbedingungen schaffen sollte, damit mehr Verbrauch gar nicht nötig ist. Wenn Häuser z. B. besser gedämmt sind, braucht es weniger Energie, um sie warm zu halten. Und trotzdem ist es im Winter warm im Haus! Oder wenn es mehr kleine Lebensmittelläden in Dörfern gäbe, müsste niemand mit dem Auto eine halbe Stunde zum nächsten Supermarkt fahren. Und trotzdem hätten alle etwas zu essen!

Asra: Das wäre natürlich cool. Am Ende wäre es auch billiger für uns, wenn weniger Energie und Benzin verbraucht würden ...

Arbeitsaufträge

1 In dem Gespräch zwischen Mia und Asra geht es um Wirtschaftswachstum bzw. die Steigerung des BIP. Aber was genau ist das eigentlich? Informieren Sie sich in der Fachkunde und ergänzen Sie das Arbeitsblatt 52.1.

2 Wirtschaftswachstum ist ein umstrittenes Thema, zu dem die Ansichten stark auseinandergehen. Beantworten Sie in Kleingruppen die folgenden Fragen:
- a Welche Sichtweisen vertreten die Sprecherin des Wirtschaftsministeriums, die Umweltorganisation sowie Mia und Asra?
- b Welche Interessen stecken hinter diesen Sichtweisen?
- c Welche weiteren Perspektiven kennen Sie?

3 Bereiten Sie in Kleingruppen ein Streitgespräch zum Thema Wirtschaftswachstum vor und führen Sie es durch.
- a Erarbeiten Sie Argumente, die für und gegen Wirtschaftswachstum sprechen. Sammeln Sie hierfür Informationen aus der Fachkunde sowie aus dem Dialog zwischen Mia und Asra. Recherchieren Sie weitere Informationen im Internet (z. B. unter www.endlich-wachstum.de). Notieren Sie alle Argumente in Arbeitsblatt 52.2.
- b Überlegen Sie, wer in welche Rolle (z. B. Sprecherin des Wirtschaftsministeriums, Vertreter der Umweltorganisation usw.) schlüpfen könnte. Führen Sie dann das Streitgespräch.
- c Tauschen Sie sich anschließend darüber aus, welche Argumente Sie besonders überzeugend fanden und warum.

4 Beschäftigen Sie sich in Kleingruppen mit der Frage, was Lebensqualität ist und wie man sie messen kann.
- a Tauschen Sie sich darüber aus, was ein „gutes Leben für alle" aus Ihrer Sicht bedeutet.
- b Diskutieren Sie, ob das BIP ein geeigneter Indikator hierfür ist. Warum (nicht)?
- c Gibt es einen Indikator, der besser passen würde? Informieren Sie sich hierzu in der Fachkunde und recherchieren Sie ggf. im Internet.
- d Vervollständigen Sie anschließend das Arbeitsblatt 52.3.

5 Mia hat gelesen, dass für Smartphones viele Materialien verbraucht werden, deren Abbau sehr umweltschädlich ist. Sie hat ein Handy im Internet entdeckt, dessen Hersteller damit wirbt, dass es nur aus recycelten Materialien besteht. Überlegen Sie in der Kleingruppe: Sollte Mia sich das Handy kaufen, da es besser für die Umwelt ist? (Mias altes Smartphone funktioniert noch sehr gut!) Begründen Sie Ihre Antwort.

6 Nehmen Sie Stellung zu der folgenden Äußerung der „Fridays for Future"-Aktivistin Carla Reemtsma:

„Ich studiere Wirtschaftswissenschaften, und nach sechs Semestern kann mir immer noch niemand erklären, warum wir unbedingt ein Zwei-Prozent-Wachstum brauchen. Oder warum wir überhaupt Wachstum brauchen. Es ist eben nicht das, worauf alles gründet – sondern, dass wir einen intakten Planeten haben. Dass wir Ressourcen zukunftsfähig nutzen und nicht die planetaren Grenzen sprengen."

Quelle: GEO.de (06.06.2019): „Wirtschaftswachstum ist nicht das, worauf alles gründet – sondern ein intakter Planet". Interview mit Luisa Neubauer und Carla Reemtsma, [online] https://www.geo.de/natur/nachhaltigkeit/21445-rtkl-fridays-future-wirtschaftswachstum-ist-nicht-das-worauf-alles [01.12.2023].

Arbeitsblatt 52.1 | Bruttoinlandsprodukt und Wirtschaftswachstum

Argumente für und gegen Wirtschaftswachstum

Bruttoinlandsprodukt (BIP)	Bruttonationaleinkommen (BNE)
Definition: • alle wirtschaftlichen Leistungen, die ________ ________________ • alle Einkünfte, die ________ ________________	Definition: • ________________ ________________ • ________________ ________________

Drei Seiten des BIP

Blickwinkel	Berechnung des BIP
Produktionsseite: Entstehungsrechnung (Wie ist das BIP entstanden?)	BIP = Summe aller Werte, die durch die ________ von Waren und Dienstleistungen im ________ entstanden sind
Nachfrageseite: ________ (Wofür wurde das BIP verwendet?)	BIP = privater ________ + ________ + Investitionen + ________ (Exporte – Importe)
Einkommensseite: ________ (Wie wurde das BIP verteilt?)	BIP = Summe aller ________ (Löhne und Gewinne), die von ________ (privaten Haushalten, ________ ________ und Staat) sowie Ausländern im ________ erzielt wurden

BIP und Preisniveau

Nominales BIP	Reales BIP
Definition: ________________ ________________	Definition: ________________ ________________

Wirtschaftswachstum

Definition: ________________ ________________	Formel: ________________ ________________ ________________

Arbeitsblatt 52.2 | Wirtschaftswachstum – ein umstrittenes Ziel

Messgrößen für den wirtschaftlichen Erfolg einer Volkswirtschaft

Argumente für Wirtschaftswachstum	Argumente gegen Wirtschaftswachstum

Arbeitsblatt 52.3 | Das BIP – ein umstrittener Wohlstandsindikator

Kritikpunkte am BIP

Es werden nur Leistungen erfasst, die auf Märkten gehandelt werden. Viele weitere wichtige Leistungen (unbezahlte Fürsorge-Arbeit, Nachbarschaftshilfe, ehrenamtliche Tätigkeiten, aber auch Schwarzarbeit) werden nicht erfasst.

Alternative Wohlstandsmaße		
Human Development Index (HDI)	Better Life Index	Happy Planet Index
Erläuterung:	Erläuterung:	Erläuterung:
Weitere Wohlstandsmaße:		

Aufgaben

Aufgabe 1
Geben Sie für die folgenden Fälle an, ob sie
1 sowohl ins BIP als auch ins BNE,
2 nur ins BIP,
3 nur ins BNE oder
4 weder ins BIP noch ins BNE
einfließen.

a ( ) Katja Schultze ist deutsche Staatsbürgerin. Derzeit lebt und arbeitet sie in den USA.
b ( ) Farzaneh Behzadpour hat einen iranischen Pass. Sie lebt und arbeitet in Köln.
c ( ) Agnieszka Kowalczyk lebt in Zgorzelec (Polen), pendelt aber jeden Tag über die Grenze, um bei einem Unternehmen in Görlitz zu arbeiten.
d ( ) Dietmar Schmidt wohnt in Konstanz. Er pendelt jeden Tag über die Grenze, um bei einem Schweizer Unternehmen zu arbeiten.

Aufgabe 2
Eine kleine Volkswirtschaft besteht aus vier Unternehmen und den privaten Haushalten. Bei den Unternehmen handelt es sich um einen Landwirtschaftsbetrieb, eine Mühle, eine Bäckerei und einen Lebensmittelhandel. Der Landwirt verkauft Weizen im Wert von 700 Geldeinheiten (GE) an die Mühle. Von dem Erlös bezahlt er seinen Auszubildenden; der Rest ist Gewinn für seine Arbeit und seinen Kapitaleinsatz. In der Mühle wird das Korn gemahlen und das Mehl ausgesiebt. Das Mehl wird für 1 400 GE an eine Großbäckerei verkauft. Die dort produzierten Brötchen werden für 2 300 GE von dem Lebensmittelhändler gekauft und von diesem für 2 900 GE an seine Kunden weiterverkauft.
a Entwickeln Sie ein Kreislaufbild dieser Volkswirtschaft.
b Berechnen Sie die Wertschöpfung auf den einzelnen Stufen.
c Wie hoch ist das Bruttoinlandsprodukt in dieser Volkswirtschaft?

Aufgabe 3
Erläutern Sie, warum bei der Berechnung des BIP die Vorleistungen vom Produktionswert abgezogen werden müssen.

Aufgabe 4
Bei der Beurteilung der Leistungsfähigkeit des Produktionsstandortes Deutschland und bei internationalen Vergleichen wird vor allem das Bruttoinlandsprodukt und nicht das Bruttonationaleinkommen genutzt. Erklären Sie, warum dies so ist.

Aufgabe 5
Das nominale Bruttoinlandsprodukt in einem Land stieg von 2.758 Mrd. Euro im Jahr 1 auf 2.971 Mrd. Euro im Jahr 2. Im gleichen Zeitraum betrug die Preissteigerungsrate 2,3 %.
Berechnen Sie
a die Steigerung des nominalen BIP in Prozent,
b das reale BIP für das Jahr 2 (Basisjahr ist das Jahr 1),
c die Steigerung des realen BIP in Prozent.

Aufgabe 6
Stellen Sie zwei Listen zusammen:
a mit Dingen, die die Lebensqualität verbessern, aber nicht das BIP steigern,
b mit Dingen, die das BIP steigern, aber nicht die Lebensqualität verbessern.

Aufgabe 7
Das Ziel „stetiges und angemessenes Wirtschaftswachstum" wurde 1967 als eines der vier wichtigsten wirtschaftspolitischen Ziele in das Stabilitäts- und Wachstumsgesetz aufgenommen.
a Nennen Sie Gründe, warum dieses Ziel als wichtig erachtet wurde.
b Nennen Sie Gründe, warum es heute so umstritten ist.

Aufgabe 8
Nehmen Sie Stellung zu folgender Aussage: „Mit fortschreitender Erderhitzung wird die Aussagekraft des BIP als Wohlstandsindikator immer geringer werden. Denn es wird faktisch in ein Wohlstands-BIP und ein Notstands-BIP gespalten sein."

Aufgabe 9
Während beim „Human Development Index" europäische Länder die Spitzenpositionen einnehmen, schneiden beim „Happy Planet Index" vor allem lateinamerikanische Länder sehr gut ab. Recherchieren Sie, was die Gründe hierfür sind.

Aufgabe 10
Das kleine Königreich Bhutan im Himalaya (Südasien) hat seinen eigenen Index entwickelt: das „Bruttonationalglück".
a Recherchieren Sie im Internet, was für ein Index das ist.
b Diskutieren Sie, ob das „Bruttonationalglück" auch in Deutschland eine Alternative zum BIP sein könnte.

Die Bedeutung des Außenhandels analysieren

FK ▶ TF 12.5 | Kap. 2.4

Situation

Es ist Mittagspause. Im Aufenthaltsraum der Fly Bike Werke GmbH wird beim Essen wieder lebhaft diskutiert. Heute geht es um das Thema Medikamente.

Saskia Engel: Meine Tochter war letzte Woche krank. Und stellt euch vor: Die Kleine hat gehustet und gehustet – aber in der Apotheke gab es keinen Hustensaft! Manchmal kann ich kaum noch glauben, dass wir in einem Industrieland leben!

Soave Dioli: Meiner Nachbarin ging es kürzlich ähnlich: Sie hatte eine Harnwegsinfektion – und konnte einfach kein passendes Antibiotikum bekommen!

Mia Klein: Wie kann das denn sein?

Oliver Thüne: Das liegt daran, dass die Wirkstoffe für unsere Arzneimittel überwiegend in Asien, vor allem in China produziert werden. Für manche Wirkstoffe gibt es nur noch ganz wenige Hersteller. Und wenn da mal einer ausfällt oder es Probleme bei der Produktion, beim Transport usw. gibt – dann stehen wir hier in Europa dumm da.

Mia Klein: Ich verstehe das trotzdem nicht. Kann ein Land wie Deutschland solche Wirkstoffe nicht selber produzieren?

Oliver Thüne: Das könnte es schon. Aber die Produktion in Asien ist einfach billiger: niedrigere Löhne, weniger Umweltauflagen, geringere Energiekosten. Für die Verbraucher ist es natürlich prima, wenn Medikamente billig sind. Aber die deutschen Produzenten können in diesem Preiswettbewerb nicht mithalten. Und wenn sie ständig Verluste machen, geben sie halt auf. Inzwischen gibt es für manche Wirkstoffe überhaupt keinen deutschen Produzenten mehr.

Deniz Özal: Ich fände es gut, wenn viel mehr Produkte wieder in Deutschland oder zumindest in Europa produziert würden. Dann wären wir nicht so abhängig.

Kolumne

Es lebe der internationale Handel!

Bananen aus Kolumbien, Kakao von der Elfenbeinküste, Gurken aus den Niederlanden oder aus Spanien, auf den Burger gehört natürlich Fleisch vom argentinischen Rind, weil's besser schmeckt. Dazu kein Bier von der lokalen Brauerei, nein, es muss schon das Bier aus Mexiko sein, das man so schön mit der Limette (aus Ägypten) genießen kann. Ach ja, Deutschlands beliebtestes Obst, die Äpfel, kann man ganzjährig genießen, im Winter kommen sie dann eben aus Neuseeland, sogar in Bio-Qualität.

Haben Sie schon mal versucht, sich ausschließlich mit in Deutschland produzierten Klamotten zu bekleiden? Nahezu unmöglich und wenn doch, dann extrem teuer. Klamotten aus China und Bangladesch hängen in den Textilmärkten im Überfluss herum und man kann sie jederzeit rund um die Uhr im Internet bestellen.

Familie Huber fährt ein schwedisches Auto, die Marke ist bekannt für ihre gute Qualität und Langlebigkeit. Der Zweitwagen muss dann etwas günstiger sein. Ein Modell aus Rumänien tut's da auch. Smartphones „Made in Germany" sind was für Idealisten, die angesagten Modelle kommen aus Indien, China oder Vietnam.

Könnten Sie sich noch vorstellen, auf all das zu verzichten? *Quelle: Autorentext*

Oliver Thüne: Ja, mit Blick auf die Versorgungssicherheit wäre es schon gut, wenn wir in manchen Bereichen etwas unabhängiger würden. Aber so einfach ist das nicht ... Schaut mal, in der Zeitung gab es heute eine nette Kolumne dazu.

Soave Dioli: Und eines dürfen wir nicht vergessen: Unterm Strich exportiert Deutschland mehr Güter, als es importiert. Würde plötzlich jedes Land wieder sein eigenes Ding machen, hätten wir in mehrfacher Hinsicht ein Problem!

Arbeitsaufträge

1 In dem Gespräch zwischen den Mitarbeitenden der Fly Bike Werke GmbH geht es um Lieferengpässe bei Medikamenten. Kennen Sie weitere Importgüter, bei denen es in letzter Zeit Lieferengpässe gab?

2 Außenhandel kann Probleme aufwerfen – es gibt aber auch gute Gründe, ihn zu betreiben.
   a Informieren Sie sich in der Fachkunde, weshalb Außenhandel betrieben wird. Notieren Sie die Gründe in Arbeitsblatt 53.1.
   b In dem Mittagspausengespräch und in dem Zeitungstext finden sich viele Beispiele für Außenhandel. Ordnen Sie diese Beispiele in Arbeitsblatt 53.1 den Gründen für Außenhandel zu.
   c Ergänzen Sie weitere Beispiele.

3 Diskutieren Sie in Kleingruppen:
   a Welche Vorteile bzw. Chancen bringt der internationale Handel aus Ihrer Sicht mit sich?
   b Welche Nachteile bzw. Risiken bringt der internationale Handel aus Ihrer Sicht mit sich?
   c Was könnte man tun, um die Risiken zu minimieren (z. B., um Lieferketten besser abzusichern)?

4 Informieren Sie sich über die Leistungsbilanz und ihre Teilbilanzen. Ordnen Sie dann die in Arbeitsblatt 53.2 genannten Fälle der jeweiligen Teilbilanz zu.

5 Nicht ohne Grund wurde das Ziel des außenwirtschaftlichen Gleichgewichts im Stabilitätsgesetz verankert. Deutschland hat traditionell einen Leistungsbilanzüberschuss.
   a Recherchieren Sie: Welche Länder haben neben Deutschland traditionell einen Leistungsbilanzüberschuss? Und was sind die Länder mit den größten Leistungsbilanzdefiziten?
   b Stellen Sie die positiven Auswirkungen, aber auch die möglichen Risiken eines dauerhaften Leistungsbilanzüberschusses in Arbeitsblatt 53.3 dar.

Arbeitsblatt 53.1 | Warum Außenhandel stattfindet

Warum findet Außenhandel statt?

→ ______________________________

Beispiele:
- Bananen aus Kolumbien
- ______________________________
- ______________________________
- ______________________________
- ______________________________
- ______________________________
- ______________________________

→ ______________________________

Beispiele:
- Bekleidung aus China
- ______________________________
- ______________________________
- ______________________________
- ______________________________
- ______________________________
- ______________________________

→ ______________________________

Beispiele:
- Bier aus Mexiko
- ______________________________
- ______________________________
- ______________________________
- ______________________________
- ______________________________
- ______________________________

Arbeitsblatt 53.2 | Teilbilanzen der Leistungsbilanz

	Handelsbilanz	Dienstleistungsbilanz	Bilanz der Erwerbs- und Vermögenseinkommen	Bilanz der laufenden Übertragungen
Ein deutsches Unternehmen liefert eine Maschine zur Trinkwasseraufbereitung in den Sudan.				
Ein niederländisches Ehepaar macht während seines Urlaubs eine Schifffahrt auf dem Edersee.				
Eine im Elsass (Frankreich) lebende Managerin fährt zu ihrem Arbeitsplatz in Saarbrücken.				
Eine deutsche Touristin kauft in einer Pariser Boutique Luxushandtaschen für 4.000,00 Euro ein.				
Ein kaufmännischer Angestellter aus München fährt über die österreichische Grenze und arbeitet dort für ein Versicherungsunternehmen in Salzburg.				
Ein türkischer Arbeiter in der Fertigung eines Automobilherstellers schickt jeden Monat 1.000,00 Euro in die Türkei, um seine Familie dort zu unterstützen.				
Deutschland leistet Aufbauhilfen, um in einem Land die von einem Krieg zerstörte Infrastruktur wieder aufzubauen.				
Eine Klasse der Fachoberschule unternimmt eine Klassenfahrt nach Prag und gibt dort für Hotel und Besichtigungen 4.500,00 Euro aus.				
Ein deutsches Maschinenbau-Unternehmen importiert für 8 Mio. Euro Stahl aus China.				
Ein polnischer Spediteur übernimmt die Auslieferung der Waren für ein deutsches Unternehmen.				
Die Familie eines mexikanischen Studenten, der in Marburg studiert, überweist ihm monatlich 800,00 Euro zur Finanzierung seines Lebensunterhaltes.				

Arbeitsblatt 53.3 | Vor- und Nachteile eines Leistungsbilanzüberschusses

Leistungsbilanzüberschuss (z. B. in Deutschland)

→ Positive Auswirkungen:

→ Mögliche negative Auswirkungen:

Aufgaben

Aufgabe 1
Aus welchen Ländern kommen die Güter, die Sie im Alltag nutzen bzw. verbrauchen? Erstellen Sie eine Liste.

Aufgabe 2
Nennen Sie Gründe, weshalb Deutschland die folgenden Güter importiert.
a Mangos aus Peru
b T-Shirts aus Bangladesch
c E-Autos aus Korea
d Designer-Schuhe aus Italien
e Basmati-Reis aus Indien
f Computer aus China

Aufgabe 3
Betrachten Sie die Grafik „Deutschlands wichtigste Handelspartner" in der Fachkunde auf S. 438.
a Ermitteln Sie die fünf Länder, die hinsichtlich des Handelsvolumens (Summe der Importe und Exporte) Deutschlands wichtigste Handelspartner sind.
b Nennen Sie drei Länder, denen gegenüber Deutschland einen Handelsüberschuss hat.
c Nennen Sie drei Länder, denen gegenüber Deutschland ein Handelsdefizit hat.

Aufgabe 4
Betrachten Sie die Grafiken „Deutschlands Export-Palette" und „Deutschland Import-Palette" in der Fachkunde auf S. 439.
a Vergleichen Sie die fünf wichtigsten Güterarten in der Export-Palette mit den fünf wichtigsten Güterarten in der Import-Palette. Was fällt Ihnen auf?
b Nennen Sie mögliche Gründe für diese Auffälligkeit.

Aufgabe 5
Deutschland ist ein Land mit traditionell hohen Exportüberschüssen. Den bisher höchsten Handelsüberschuss erzielte Deutschland im Jahr 2016 (248,9 Mrd. Euro). In den Jahren danach sank der Saldo der Handelsbilanz jedoch. Nennen Sie mögliche Gründe für die folgenden zwei Entwicklungen:
a Von 2019 bis 2021 sank der Saldo der deutschen Handelsbilanz von 224 Mrd. auf 175 Mrd. Euro.
b Von 2021 auf 2022 sank der Saldo der deutschen Handelsbilanz von 175 Mrd. auf 81 Mrd. Euro.

Aufgabe 6
Die deutsche Dienstleistungsbilanz weist regelmäßig einen negativen Saldo auf. Doch in den Corona-Krisenjahren 2020 und 2021 war sie vorübergehend leicht im Plus. Was könnte der Grund hierfür sein?

Prinzipien der Einkommensverteilung diskutieren

FK ▶ TF 12.5 | Kap. 2.5

Situation

Heute besucht Mia Klein in der Mittagspause ihre Freundin Ramona. Ramona arbeitet als Teamassistentin beim lokalen Carsharing. Endlich – ihre erste volle Stelle! Die beiden Freundinnen sitzen mit Ramonas Kollegen Juan in der Cafeteria.

Während Mia und Juan an ihrem Salat mit geröstetem Kürbis knabbern, schlürft Ramona etwas müde an ihrer Limonade. Ramonas Aufgaben bestehen im Moment vor allem darin, anderen zu assistieren, Treffen zu organisieren, das Telefon zu bedienen. Sie macht viele Überstunden und oft bleibt sie länger als die meisten anderen im Büro. Trotzdem verdient sie weniger, nämlich Mindestlohn. Sie findet das unfair ...

Mia: Aber deine Aufgaben sind ja auch leichter als die der Menschen, die schon seit Jahren in der Firma arbeiten. Deshalb ist es fair, dass du weniger verdienst.

Juan: Naja, aber am Ende des Tages ist jeder Mensch gleich viel wert und hat das gleiche Recht auf ein würdevolles, gutes Leben. Also sollte auch jeder Mensch gleich viel verdienen.

Vom Nebentisch meldet sich Olaf, der das Gespräch mit angehört hat.

Olaf: Das sind ja noble Werte, die du da vertrittst, Juan! Mein Gehalt ist in der Tat höher als Ramonas. Aber ich habe drei Kinder zu Hause, die ich mit versorgen muss. Da mein Partner gesundheitliche Probleme hat, kann ich auch nicht so viele Stunden in der Woche arbeiten wie Ramona. Trotzdem brauchen wir mein Gehalt! Ich und meine Familie haben einfach andere Bedürfnisse, die nur so befriedigt werden können.

Ramona: Stimmt, ich brauche tatsächlich nicht so viel Geld. Ich wohne gerne in meiner WG und das Zimmer ist auch mit niedrigerem Gehalt bezahlbar. Trotzdem habe ich das Gefühl, dass meine harte Arbeit und die vielen Überstunden, die ich leiste, hier nicht wertgeschätzt werden. Ich übernehme zwar noch nicht viel Verantwortung, aber ohne meine Arbeit würde hier trotzdem nichts laufen ...

Mia: Ja, das verstehe ich.

Arbeitsaufträge

1 Gibt es für die unterschiedlichen Positionen, die hier vertreten werden, Namen in der VWL? Welche Person vertritt welche Position? Ordnen Sie diese zu.

2 Kira arbeitet als Putzkraft in dem Unternehmen. Acht Stunden pro Tag putzt sie hier und räumt auf. Zu Hause zieht sie als Alleinerziehende ein Kind groß. Sie ist gerade dabei, den Nachbartisch abzuwischen, und hört das Gespräch. Was würde sie sagen? Besprechen Sie die Frage zu zweit.

3 Können Sie die unterschiedlichen Positionen nachvollziehen? Was finden Sie an den unterschiedlichen Positionen gut oder nicht so gut? Tauschen Sie sich zu zweit darüber aus.

4 Notieren Sie die Namen von allen, die am Gespräch beteiligt waren. Ziehen Sie einen Namen zufällig. Schreiben Sie nun aus Sicht der Person einen Brief mit Forderungen an einen Bundestagsabgeordneten bzw. eine Bundestagsabgeordnete Ihres Wahlkreises. Im Bundestag findet nächste Woche eine Diskussion zu sozialer Ungleichheit, Mindestlohn und Grundsicherung statt.

Arbeitsblatt 54.1 | Verteilung des Volkseinkommens

Primäre Einkommensverteilung
Verteilung des Einkommens, die durch die Entlohnung der Produktionsfaktoren im Marktprozess entsteht.

Lohneinkommen:

____

____

____

____

____

Gewinneinkommen:

____

____

____

____

____

Lohnquote:

____

____

____

____

____

Gewinnquote:

____

____

____

____

____

Staatliche Umverteilung durch

1. Erhebung von Einkommensteuern

2. ______________________________

z. B. ______________________________

____

____

Verteilung des Einkommens, die sich nach der Umverteilung der primären Einkommen durch Umverteilungsmaßnahmen des Staates ergibt.

Aufgaben

Aufgabe 1
Bei der Verteilung des Einkommens in einer Gesellschaft unterscheidet man zwischen funktioneller und personeller Einkommensverteilung. Stellen Sie diese beiden Betrachtungsweisen gegenüber.

Aufgabe 2
Zur Umverteilung des Einkommens nutzt der Staat Transferzahlungen und Steuern. Erläutern Sie diese beiden Möglichkeiten der Umverteilung. Nennen Sie jeweils zwei Beispiele.

Aufgabe 3
Stellen Sie dar, inwiefern sich die Leistungen der gesetzlichen Sozialversicherung von staatlichen Transferleistungen unterscheiden.

Aufgabe 4
In der folgenden Grafik ist eine Verteilung der Einkommen in Deutschland dargestellt. Formulieren Sie drei Aussagen, die Sie der Grafik entnehmen können.

Aufgabe 5
Um das Ziel einer gerechten Einkommensverteilung zu erreichen, orientiert sich die Gesellschaft in der Regel am Leistungs-, am Bedürfnis- und am Gleichheitsprinzip.

a Erläutern Sie diese Prinzipien.
b Diskutieren Sie, warum es bei verteilungspolitischen Entscheidungen schwierig ist, gleichzeitig das Bedürfnisprinzip und das Leistungsprinzip zu beachten.

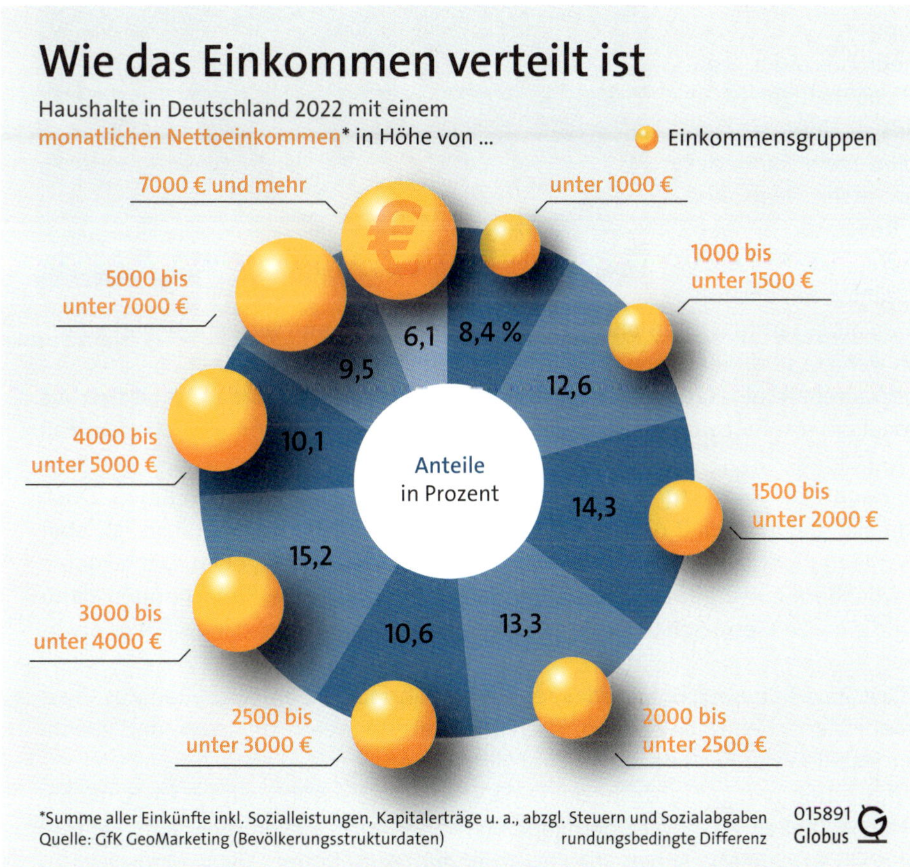

Instrumente der Umweltpolitik erörtern

FK ▶ TF 12.5 | Kap. 2.6

Situation

Mia Klein und Deniz Özal sitzen mit Soave Dioli und anderen Mitarbeitenden in einer Besprechung der Projektgruppe „Nachhaltiges Handeln". Sie diskutieren darüber, wie die Fly Bike Werke GmbH nachhaltiger wirtschaften kann.

Mia Klein: Ich bin echt froh, bei einem Unternehmen zu arbeiten, das Fahrräder produziert und keine Autos. So können wir klimafreundlicheren Verkehr unterstützen! Trotzdem verbraucht ja auch die Herstellung von Fahrrädern alle möglichen Materialien. Am besten wäre es doch, wenn Menschen sich nicht so schnell neue Räder kaufen würden, sondern ihre alten reparieren oder mit besseren Teilen aufwerten könnten. Warum bieten wir eigentlich keine Fahrradreparatur als Dienstleistung an?

Soave Dioli: Klar, je mehr Fahrräder repariert werden, desto nachhaltiger ist es natürlich. Aber für uns als Unternehmen ist es doch profitabler, mehr Fahrräder zu verkaufen. Wenn mehr Menschen ihre Fahrräder zur Reparatur bringen, anstatt neue zu kaufen, kann das zu niedrigeren Verkaufszahlen bei uns führen und dann haben wir als gesamtes Unternehmen ein Problem. Denn wenn wir weniger verkaufen, produzieren wir auch weniger und Menschen verlieren womöglich ihren Arbeitsplatz.

Mia Klein: Aber die Fahrradreparatur würde ja auch Arbeitsplätze schaffen. Und dafür müssten die Menschen nicht einmal umgeschult werden. Wer ein Fahrrad bauen kann, kann es im besten Fall auch reparieren!

Soave Dioli: Da hast du Recht. Die Reparatur würde sehr viel Arbeitszeit in Anspruch nehmen. Doch wahrscheinlich würde sich das finanziell nicht lohnen, weil die Reparatur arbeitsintensiv ist, aber die Kundinnen und Kunden nicht bereit sind, für die Reparatur viel Geld auszugeben. Dann kaufen sie sich womöglich woanders günstige neue Fahrräder. Wenn wir staatliche Subventionen dafür bekämen, da es ja für die ganze Gesellschaft sinnvoll wäre, mehr zu reparieren, dann wäre es etwas anderes.

Mia Klein: Ja, stimmt! Der Staat könnte z. B. für jedes reparierte Fahrrad einen finanziellen Zuschuss zahlen. Das würde mehr Menschen dazu bringen, ihre Fahrräder reparieren zu lassen, und gleichzeitig zur finanziellen Stabilität der Fly Bike Werke GmbH beitragen.

Deniz Özal: Das ist ja alles schön und gut, aber ihr denkt da schon ganz schön weit. Ich frage mich – auch im Sinne der Nachhaltigkeit – wie wir überhaupt Menschen dazu bekommen, aufs Fahrrad umzusteigen. Es gibt noch so viele Menschen, die lieber mit dem Auto fahren. Diese Menschen zu erreichen, wäre für die Umwelt und auch für das Unternehmen gut!

Mia Klein: Stimmt, meine Eltern z. B. haben gar keine Fahrräder, sondern fahren die 5 bis 8 km zur Arbeit mit je einem Auto. Allerdings ist es auch eine sehr kurvige Strecke, wo es nur eine Landstraße ohne Fahrradweg gibt. Dort Fahrrad zu fahren, ist einfach nicht sicher.

Soave Dioli: Ja, das ist auch ein Problem. Ohne die richtige Infrastruktur wird das Fahrradfahren schnell zur Last. Es bräuchte bessere Fahrradwege überall. Das würde die Sicherheit und Geschwindigkeit beim Radfahren erhöhen. Außerdem wäre es sinnvoll, mehr autofreie Zonen einzuführen, vor allem in Gegenden mit viel Fuß- und Radverkehr. So gäbe es weniger Unfälle und die Luftqualität wäre besser. Nicht nur hilfreich für die Umwelt, sondern auch für die Gesundheit. Wir waren auch schon in Kontakt mit der Radfahrbeauftragten der Stadt und sie hat schon was in die Wege geleitet. So wurden z. B. weitere 10 km Radwege bewilligt, die nächstes Jahr gebaut werden sollen. Aber es sind lange, aufwändige Prozesse und kleine Schritte. Bisher tut sich nur langsam etwas.

Deniz Özal: Aber der Umweltschutz ist doch sogar im Grundgesetz verankert. Eine gute Infrastruktur für Fahrräder zur Verfügung zu stellen, muss doch Teil der Politik sein!

Soave Dioli: Das stimmt. Wir müssten einen Weg finden, mehr Aufmerksamkeit auf das Thema zu lenken, vielleicht tut sich dann mal schneller etwas.

Mia Klein: Was ist denn mit Lastenrädern? Wenn demnächst unser neues E-Lastenrad auf den Markt kommt, könnten wir als Aktion mit vollbeladenen Lastenrädern durch die Stadt fahren. So würden wir veranschaulichen, wie viel mit so einem Rad transportiert werden kann. Gleichzeitig könnte es auch eine Aktion für eine bessere Fahrradinfrastruktur sein, da zehn Lastenräder auf der normalen Straße den Verkehr ausbremsen, wenn er nicht besser auf Fahrräder angepasst ist.

Deniz Özal: Coole Idee! Vielleicht bei der nächsten Critical Mass? Ich war da letztens mit meiner Schwester. Das ist so eine Demonstration, die immer am letzten Freitag des Monats stattfindet und das auf der ganzen Welt! Es war super cool, mit so vielen Menschen auf der Straße zu radeln, es lief Musik. Und mir wurde noch mal bewusst, wie viele Tausend Menschen auf so eine Straße passen, wenn sie sich auf Fahrrädern bewegen und nicht alle in einzelnen Autos sitzen.

Mia Klein: Na dann, auf geht's!

Arbeitsaufträge

1 Diskutieren Sie in Kleingruppen: Welche konkreten umweltpolitischen Instrumente könnten eingesetzt werden, damit die Ideen von Mia, Deniz und Soave umgesetzt werden können?

2 Soave Dioli ist im kommenden Monat zu einer Konferenz zum Thema „Transport der Zukunft! Klimafreundliche Mobilität von Morgen“ eingeladen. Dort soll sie einen Vortrag halten. Erstellen Sie in Kleingruppen eine PowerPoint-Präsentation für diesen Vortrag.
   a In Ihrer Präsentation sollen sowohl die Möglichkeiten als auch die Herausforderungen der Fly Bike Werke GmbH auf dem Weg zu einer nachhaltigen Wirtschaft erkennbar werden.
   b Darüber hinaus soll deutlich werden, welche politischen Maßnahmen notwendig sind, damit die Fly Bike Werke GmbH wirklich nachhaltiger wirtschaften kann.

3 Mia Klein und Deniz Özal setzen einen Teil ihrer Ideen gleich in die Tat um: Sie leihen sich das Lastenrad von Deniz' Schwester aus, um damit an der Critical Mass teilzunehmen, die nächste Woche im Stadtzentrum stattfindet. Auf Plakate schreiben sie ihre Forderungen an die Politik für ein nachhaltiges Mobilitätssystem und eine bessere Fahrradinfrastruktur.
   a Welche Forderungen fallen Ihnen ein? Brainstormen Sie in Kleingruppen.
   b Schreiben Sie Ihre Ideen auf Plakate, die auch als Demo-Schilder genutzt werden können.

Arbeitsblatt 55.1 | Instrumente der Umweltpolitik

Instrumente der Umweltpolitik

Planungsrechtliche Instrumente

Beispiele:

Beispiele:

Beispiele:

Beispiele:

Aufgaben

Aufgabe 1
Der Umweltschutz ist ein wichtiges wirtschaftspolitisches Ziel des Magischen Sechsecks. Geben Sie an, auf welcher gesetzlichen Grundlage der Umweltschutz fester Bestandteil der Ordnungspolitik ist.

Aufgabe 2
Welches Prinzip der Umweltpolitik liegt den folgenden vier Sachverhalten zugrunde?

a Laut dem Pariser Klimaabkommen soll die Erderwärmung auf deutlich unter 2 °C im Vergleich zur vorindustriellen Zeit begrenzt werden, damit nachfolgende Generationen auf einem bewohnbaren Planeten leben können.

b Vier große deutsche Mobilfunknetzbetreiber haben gegenüber dem Bundesumweltministerium eine freiwillige Selbstverpflichtung zum Strahlenschutz abgegeben.

c Die Straßengüterverkehr verursacht hohe gesamtwirtschaftliche Kosten, u. a. durch Umweltschäden. Die 2005 eingeführte Lkw-Maut soll dafür sorgen, dass diese Kosten zumindest teilweise von denen getragen werden, die dafür verantwortlich sind.

d Nach der Flutkatastrophe im Ahrtal beschlossen Bundestag und Bundesrat 2021 eine Wiederaufbauhilfe in Höhe von 30 Milliarden Euro.

Aufgabe 3
Um welches Instrument der Umweltpolitik geht es bei den folgenden Sachverhalten?

a Die Umweltorganisation Greenpeace fordert, die Mehrwertsteuer auf Tierprodukte zu erhöhen und im Gegenzug die Mehrwertsteuer auf Obst und Gemüse abzuschaffen.

b In Neubauten in Neubaugebieten dürfen ab 2024 nur noch Heizungen eingebaut werden, die zu mindestens 65 % mit erneuerbaren Energien betrieben werden.

c 2022 startete das Bundesministerium für Wirtschaft und Klimaschutz die Kampagne „80 Millionen gemeinsam für den Energiewechsel“. Mit vielen praktischen Tipps sollten Unternehmen wie private Haushalte zum Energiesparen motiviert werden.

d Die Bundesregierung möchte das Straßenverkehrsrecht reformieren, damit die Kommunen mehr Flexibilität bei der Errichtung von Radwegen, Busspuren und Tempo 30-Zonen haben.

Aufgabe 4
Viele Ökonomen halten die Vergabe von Emissionslizenzen und den Handel damit für das beste Instrument der Umweltpolitik. Nennen Sie Gründe, weshalb der Emissionshandel als besonders effizient gilt.

Aufgabe 5
Seit 2021 gibt es in Deutschland einen nationalen Emissionshandel in den Bereichen Verkehr und Wärme.

a Recherchieren Sie, wie hoch aktuell der Preis für eine Tonne CO_2 ist.

b Recherchieren Sie, wie hoch aus Sicht des Umweltbundesamtes der Preis für eine Tonne CO_2 müsste, um die dadurch verursachten Schäden abzudecken.

c Unterscheiden sich die beiden Preise? Wenn ja, diskutieren Sie die möglichen Gründe.

Aufgabe 6
Bei der Umweltpolitik spielen Interessengruppen eine besondere Rolle.

a Nennen Sie drei Umweltverbände, die Einfluss auf die Umweltpolitik haben.

b Recherchieren Sie und stellen Sie eine Umweltschutzorganisation näher vor.

Gründe von Wirtschaftsschwankungen analysieren

FK ▶ TF 12.5 | Kap. 3

Situation

Jenny Lius Mutter Miriam ist Leiterin der Personalabteilung eines mittelständischen Unternehmens, das hochwertige Armaturen für Bäder und Küchen produziert und knapp 300 Mitarbeitende beschäftigt.
Gerade sitzt Jenny mit ihrer Mutter und ihrer Oma Louise in der Küche ihres Elternhauses. Eigentlich will Jenny von ihren Erlebnissen der letzte Tage erzählen. Doch sie merkt, dass ihre Mutter überhaupt nicht zuhört.

Jenny: Sag mal, Mama, was ist denn los mit dir?
Miriam: Sei mir nicht böse, aber im Moment bin ich mit meinen Gedanken völlig woanders.
Jenny: Was gibt's denn?
Miriam: Wir haben gerade ziemliche Probleme mit unserem größten Absatzmarkt Asien. Unsere Exportorientierung macht uns zu schaffen. Seit die wirtschaftliche Dynamik in einigen asiatischen Ländern nachlässt, merken wir, wie abhängig wir vom Ausland sind. Und ich muss in meinem Job halt nicht nur den Umsatz und die Gewinnentwicklung im Blick haben, sondern auch die möglichen Konsequenzen für die 300 Mitarbeitenden ...
Jenny: Das kann ich verstehen, dass dir das Sorgen macht ... Ich weiß auch noch gut, wie gestresst du warst, als 2020 die Corona-Krise ausgebrochen ist.
Miriam: Ja, das war nicht lustig. Da hatten wir aus heiterem Himmel die weltweit größte Wirtschaftskrise seit dem Zweiten Weltkrieg! Im Vergleich zu anderen Ländern hat sich die deutsche Wirtschaft aber ziemlich schnell wieder erholt – zum Glück!

Jenny denkt einen Moment nach und blickt dann zu ihrer Oma.

Jenny: Oma, du bist doch kurz nach dem Zweiten Weltkrieg geboren. Du hast bestimmt noch ganz andere Sachen erlebt, oder?
Louise: Ja, in den ersten Jahren nach dem Krieg habe ich eine ziemlich bittere Armut erlebt. Und dann, in den 1950er- und 1960er-Jahren einen Aufschwung, der so rasant war, dass er als „deutsches Wirtschaftswunder" bezeichnet wurde.
Jenny: Zu erleben, wie es ständig bergauf geht – das muss ein tolles Gefühl gewesen sein! Und was kam dann?
Louise: Hier schau mal, vor Kurzem war in der Zeitung diese Grafik des Statistischen Bundesamtes abgebildet: eine Darstellung der wirtschaftlichen Entwicklung der Bundesrepublik Deutschland in den letzten 70 Jahren. Fällt dir was auf?
Jenny: Es geht ständig auf und ab.
Louise: Genau. Das nennt man Konjunktur.

Arbeitsaufträge

1 Informieren Sie sich in der Fachkunde über den Begriff der Konjunktur, die Phasen eines Konjunkturzyklus sowie Konjunkturindikatoren. Füllen Sie dann das Arbeitsblatt 56.1 aus.

2 Betrachten Sie in Kleingruppen die in Arbeitsblatt 56.2 abgebildete Grafik des Statistischen Bundesamtes.

a Analysieren Sie die Ursachen der wirtschaftlichen Auf- und Abschwünge seit den 1960er-Jahren. Recherchieren Sie dazu im Internet mithilfe der Stichwörter „Rezession" und „Boom".

b Recherchieren Sie, wie die Veränderung des realen Bruttoinlandsprodukts im Jahr 2023 und danach aussah. Notieren Sie Ihre Ergebnisse.

3 Diskutieren Sie zunächst in Kleingruppen und dann im Plenum:

a Welche der folgenden Faktoren können Ihrer Meinung nach für eine nachlassende wirtschaftliche Dynamik in einem Land verantwortlich sein?

- Verfall der Weltmarktpreise wichtiger Exportgüter eines Landes
- mangelnder technischer Fortschritt
- schwache Investitionen
- Reduktion von Forschungs- und Entwicklungsausgaben
- Erhöhung der Leitzinsen durch die Notenbank
- nachlassende Wirtschaftliche Dynamik bei wichtigen Handelspartnern
- Sanktionen gegen Politiker und Unternehmen (z. B. Stopp der Exporte in ein Land aufgrund politischer Gründe)
- schlechte Infrastruktur

b Wie würden Sie das Nachlassen bzw. die Steigerung der wirtschaftlichen Dynamik eines Landes messen?

Notizen

Arbeitsblatt 56.1 | Vier Phasen des Konjunkturzyklus

1 Tragen Sie die einzelnen Konjunkturphasen in die Grafik ein und bestimmen Sie jeweils, wie sich die Kapazitätsauslastung, das Beschäftigungsniveau und das Lohn- und Preisniveau entwickeln.

Konjunkturbewegung in der Marktwirtschaft

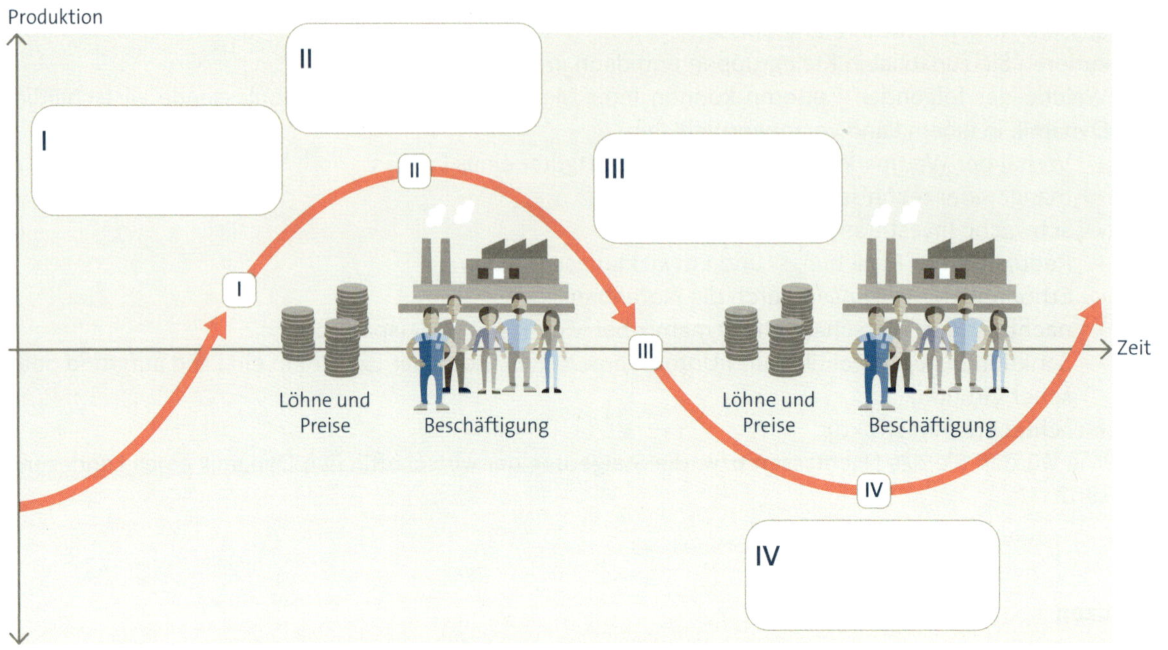

	I	II	III	IV
Kapazitätsauslastung				
Beschäftigung				
Lohn-/Preisniveau				

2 Experten nutzen bei der Beurteilung der konjunkturellen Entwicklung in Deutschland verschiedene Indikatoren. Analysieren Sie, um welche Art von Indikator es sich bei den nachfolgenden Daten handelt.

	Frühindikator (vorlaufender Indikator)	**Präsenzindikator** (gleichlaufender Indikator)	**Spätindikator** (nachlaufender Indikator)
ifo-Geschäftsklimaindex	☐	☐	☐
Zahl der Insolvenzen	☐	☐	☐
Auftragseingänge im verarbeitenden Gewerbe (Industrie) und Baugewerbe	☐	☐	☐
Industrieproduktion	☐	☐	☐
Zahl der Arbeitslosen	☐	☐	☐
Entwicklung des Bruttoinlandsprodukts	☐	☐	☐
Baugenehmigungen im Hochbau	☐	☐	☐

Arbeitsblatt 56.2 | Konjunktur in Deutschland (Zeitverlauf)

Wirtschaftswachstum in Deutschland
(Veränderung des preisbereinigten Bruttoinlandsprodukts gegenüber dem Vorjahr in %)

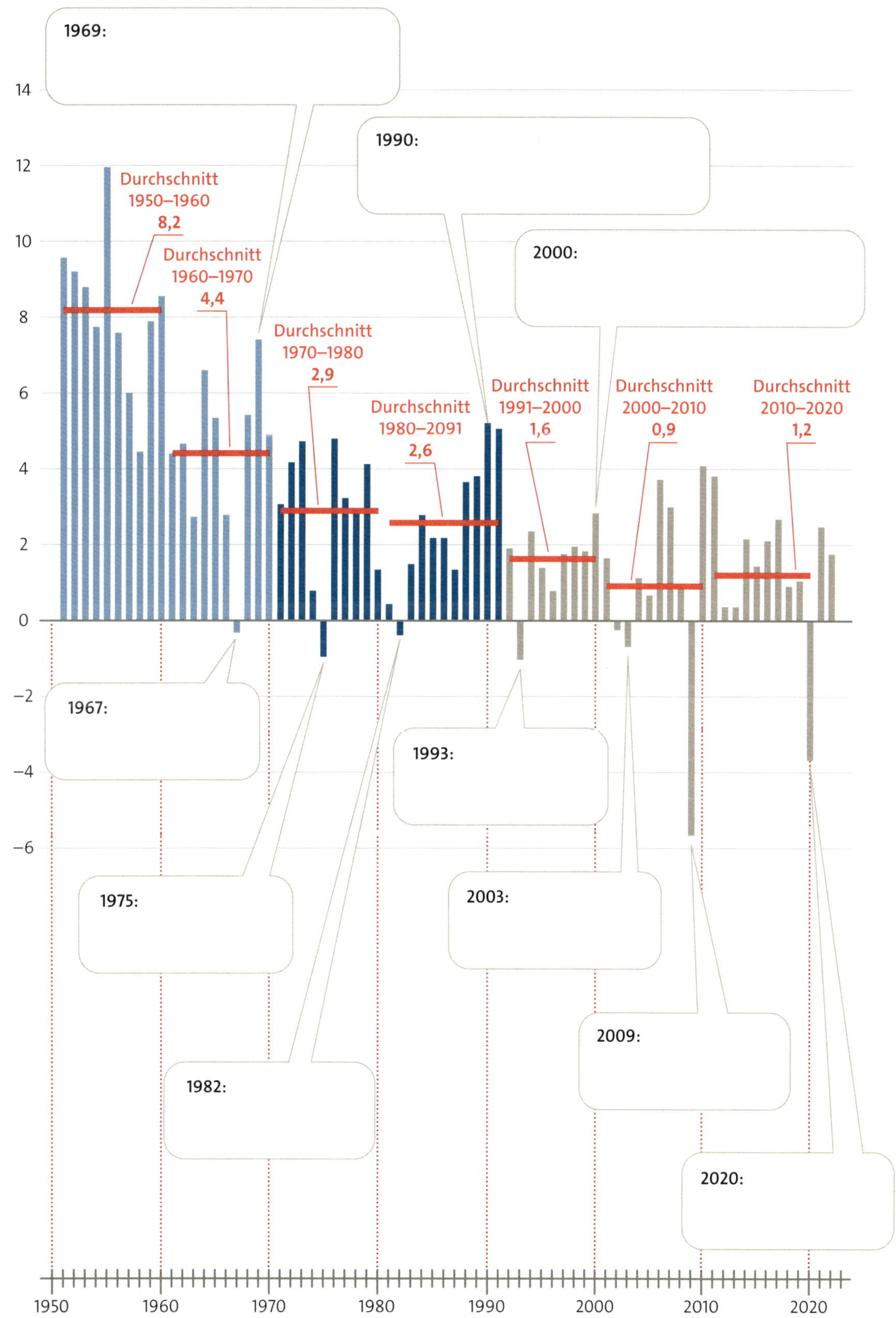

Quelle: Statistisches Bundesamt (Destatis) 2023

Aufgaben

Aufgabe 1
Welche Konjunkturphasen werden in den nachfolgenden gesamtwirtschaftlichen Situationen beschrieben? Ordnen Sie zu.

1 Aufschwung (Expansion)
2 Hochkonjunktur (Boom)
3 Abschwung (Rezession)
4 Tiefstand (Depression)

a Bei niedriger Kapazitätsauslastung und sehr hohen Lagerbeständen geraten Preise und Löhne unter Druck.
b Die Arbeitslosenquote beginnt zu steigen und die privaten Haushalte konsumieren weniger.
c Die Nachfrage ist größer als das Angebot und die Inflationsrate ist hoch.

Aufgabe 2
Der Konjunkturverlauf hängt von verschiedenen Faktoren ab.

a Erläutern Sie den Einfluss psychologischer Faktoren auf den Konjunkturverlauf.
b Nennen und erklären Sie kurz fünf weitere Faktoren, die für Konjunkturschwankungen mitverantwortlich.

Aufgabe 3
Entscheiden Sie, ob die nachfolgend geschilderten Nachfrageveränderungen der Kunden der Fly Bike Werke GmbH betriebs- oder konjunkturbedingt sind, und begründen Sie.

a Die Fly Bike Werke GmbH startet aufgrund fehlerhafter Bremsen eine Rückrufaktion für das Kinderrad *Cool*. Die Nachfrage nach dem Modell kommt zum Erliegen.
b Aufgrund des wiederholten Ausfalls einer Maschine konnten Liefertermine gegenüber Kunden im Einzelhandel nicht eingehalten werden. Zwei wichtige Kunden gehen verloren.
c Wegen länger andauernder Kapazitätsengpässe können Kunden nicht beliefert werden, die daraufhin zu anderen Lieferanten wechseln.
d Die Nachfrage nach Freizeiträdern (alle Modelle) sinkt seit drei Monaten kontinuierlich.
e Ein Kunde im Einzelhandel ersetzt Modelle der Fly Bike Werke GmbH durch höherwertige Modelle der Konkurrenz mit einem höheren Verkaufspreis.

Aufgabe 4
Neben Konjunkturschwankungen gibt es auch kurzfristige sowie längerfristige Schwankungen.

a Erläutern Sie, wodurch sich saisonale Schwankungen ergeben.
b Erläutern Sie, wodurch sich Kondratieff-Zyklen ergeben.

Aufgabe 5
Mithilfe von Konjunkturindikatoren können Rückschlüsse und Erkenntnisse auf den Stand und die Entwicklung der Wirtschaft gezogen werden. Welche der folgenden Indikatoren sind Frühindikatoren?

a Geschäfts- und Konsumklimaindex
b Produktionsmengen
c Steuereinnahmen
d Bauanträge
e Bruttoinlandsprodukt
f Kreditanträge

Aufgabe 6
Die Lohn- und Gehaltsentwicklungen zählen zu den Spätindikatoren. Sie treten demnach zeitlich nachgelagert zur Konjunktursituation auf, die sie kennzeichnen. Warum ist dies so?

Aufgabe 7
Was sind die Gründe, warum die Aussagekraft von Konjunkturindikatoren begrenzt ist und nicht immer rechtzeitig erkennbar wird, ob sich in der konjunkturellen Entwicklung eine Wende anbahnt?

Aufgabe 8
Trotz hoher Fehlerquoten gelten Konjunkturprognosen als unerlässlich. Erläutern Sie, für wen und warum Konjunkturprognosen wichtig sind.

Lernsituation 57

Nachfrage- und Angebotspolitik unterscheiden

FK ▶ TF 12.5 | Kap. 4

Situation

Es ist Mittagspause. Im Aufenthaltsraum der Fly Bike Werke GmbH entspinnt sich heute ein ungewöhnlich hitziges Streitgespräch zwischen Sabrina Steffes und Oliver Thüne.

Sabrina Steffes: Also, wenn ich als Controllerin mir angucke, wie unsere Regierung mit Geld umgeht, kriege ich die Krise! Hier ein neues Programm, da ein neuer Fördertopf – und dann auch noch eine kräftige Erhöhung des Bürgergeldes! Es wird höchste Zeit, dass endlich mal wieder gespart wird und ein ausgeglichener Haushalt zustande kommt!

Oliver Thüne: Ach je. In den Jahren vor der Corona-Krise wurde gespart, gespart, gespart. Und was haben wir davon? Schienennetze, Straßen, Brücken sind marode, Kitas und Schulen sind in einem erbärmlichen Zustand ... Ich kann dieses Gerede vom Sparen einfach nicht mehr hören!

Sabrina Steffes: Das ist doch ein Märchen, dass wir uns zu Tode sparen! Wir haben jede Menge Geld – mehr als 450 Milliarden Euro im aktuellen Bundeshaushalt – und die Regierung gibt es mit beiden Händen aus! Wobei ich betonen möchte, dass das unser aller mühsam erarbeitetes Steuergeld ist! Ich würde mir wirklich wünschen, dass die Politik etwas verantwortungsvoller damit umgeht.

Oliver Thüne: Entschuldige, aber wir hatten in den letzten Jahren wirklich gewaltige Krisen: erst die Corona-Pandemie, dann Energiekrise und Inflation infolge des Ukraine-Kriegs. In kaum einem anderen Land haben Unternehmen und private Haushalte so viel Unterstützung bekommen wie in Deutschland. Dank dessen sind wir ziemlich gut durch diese Krisen hindurchgekommen. Wir mussten im Winter nicht frieren, es gab keine Produktionsstopps, keinen sprunghaften Anstieg der Arbeitslosigkeit. Das kann man doch mal anerkennen!

Sabrina Steffes: Ja, klar! Nur kann unsere Regierung nicht Jahr für Jahr behaupten, in einer akuten Notlage zu sein. Irgendwann muss mit dem Ausnahmezustand auch mal Schluss sein. Denn letztlich kann der Staat nur das ausgeben, was zuvor auch erwirtschaftet wurde. Und zu diesem Prinzip sollte die Politik endlich wieder zurückkehren!

Oliver Thüne: Du willst, dass der Staat agiert wie eine schwäbische Hausfrau. Aber das funktioniert so nicht. Für Investitionen braucht es Kredite. Jede Privatperson, die z. B. ein Eigenheim erwerben möchte, finanziert das mit Krediten. Jedes Unternehmen, das investieren möchte, finanziert das mit Krediten. Und beim Staat ist das nicht anders!

Sabrina Steffes: Das Problem ist, dass unser Staat schon jetzt eine Zinsbelastung von zig Milliarden Euro pro Jahr stemmen muss – und dieses Geld fehlt dann wieder an anderer Stelle.

Mia Klein: Äh, kleine Zwischenfrage: In was zum Beispiel sollte der Staat denn investieren?

Oliver Thüne: Zum Beispiel in den Ausbau des Schienennetzes, in den Ausbau der erneuerbaren Energien, in grünen Stahl, Wasserstoff, Halbleiter ... Anderswo, z. B. in den USA und in China, werden in diesen Bereichen gerade riesige staatliche Investitionen getätigt. Da können wir doch nicht tatenlos zuschauen! Solche Investitionen sind Investitionen in die Zukunftsfähigkeit unserer Wirtschaft! Auch können wir damit die immensen zukünftigen Kosten durch die Folgen des Klimawandels reduzieren. Und ganz nebenbei bringen wir so unsere schwächelnde Konjunktur in Schwung!

Sabrina Steffes: Klar, Investitionen in Infrastruktur – ins Schienennetz, in Straßen – und auch in Bildung sind wichtig. Solche Investitionen sind auch eine klassische Aufgabe des Staates. Aber den ganzen Rest sollte der Staat doch lieber privaten Investoren überlassen. Und vor allem: Es muss endlich Schluss sein mit diesen ständigen staatlichen Subventionen für alles! Es kann doch nicht sein, dass jeder Hausbesitzer, der sich eine Solaranlage aufs Dach schraubt, eine staatliche Förderung bekommt!

Mia Klein: Hm, also Subventionen für die Reparatur von Fahrrädern fände ich ja eigentlich gut. Darüber haben wir neulich in der Projektgruppe „Nachhaltiges Handeln“ gesprochen ...

Arbeitsaufträge

1 Beschäftigen Sie sich in Kleingruppen mit dem Streitgespräch von Sabrina Steffes und Oliver Thüne.
   a Welche Positionen zum Thema Staatsverschuldung vertreten die beiden und welche Argumente führen sie dafür an? Tragen Sie die Argumente in Arbeitsblatt 57.1 ein.
   b Welche weiteren Argumente für bzw. wider die Verschuldung des Staates gibt es? Informieren Sie sich in der Fachkunde und recherchieren Sie bei Bedarf im Internet. Ergänzen Sie die Liste in Arbeitsblatt 57.1.
   c Tauschen Sie sich darüber aus, welche Argumente Sie besonders überzeugend finden und welche weniger. Begründen Sie Ihre Meinungen.
   d Überlegen Sie, ob Sie Politiker und Politikerinnen kennen, die ähnlich argumentieren wie Sabrina Steffes bzw. Oliver Thüne.

2 Sabrina Steffes und Oliver Thüne haben nicht nur unterschiedliche Ansichten zum Thema Staatsverschuldung – sie vertreten auch zwei unterschiedliche wirtschaftspolitische Denkrichtungen.
   a Informieren Sie sich in der Fachkunde über nachfrageorientierte und angebotsorientierte Wirtschaftspolitik. Vervollständigen Sie die Übersicht in Arbeitsblatt 57.2.
   b Schauen Sie sich in der Kleingruppe nochmals das Streitgespräch von Sabrina Steffes und Oliver Thüne an: Wer von den beiden vertritt welche Denkrichtung?
   c Markieren Sie Aussagen der beiden, die typisch für die nachfrageorientierte bzw. die angebotsorientierte Denkrichtung sind. Markieren Sie auch Aussagen, die eine Kritik an der jeweils anderen Denkrichtung beinhalten. Bearbeiten Sie anschließend Arbeitsblatt 57.3.
   d Oliver Thüne meint, mit umfangreichen staatlichen Investitionen könne die „schwächelnde Konjunktur in Schwung" gebracht werden. Informieren Sie sich in der Fachkunde, wie das im Idealfall funktioniert. Vervollständigen Sie dann die Arbeitsblätter 57.4 bis 57.6.
   e Schauen Sie sich Arbeitsblatt 57.6 noch einmal näher an: Wie wahrscheinlich ist es, dass eine Regierung bei boomender Konjunktur antizyklische Maßnahmen ergreift? Und welche Folgen hat es, wenn dies nicht geschieht? Diskutieren Sie darüber in der Kleingruppe.

Folgesituation

Mia Klein hat dem Streitgespräch zwischen Sabrina Steffes und Oliver Thüne aufmerksam zugehört. Bevor die Mittagspause endet, möchte sie unbedingt noch eine Frage an die beiden loswerden.

Mia Klein: Den Ausbau des Schienennetzes und der erneuerbaren Energien finde ich ja auch sehr wichtig. Aber ich denke, wir können die Klimakrise nur aufhalten, wenn wir weniger produzieren – also nur noch das, was wir wirklich brauchen. Deshalb wollte ich Sie fragen, Frau Steffes und Herr Thüne: Wie stehen Sie zum Wirtschaftswachstum?

Arbeitsauftrag

1 Überlegen Sie in Kleingruppen, was
   a Sabrina Steffes und
   b Oliver Thüne
auf Mias Frage vermutlich antworten werden.

Arbeitsblatt 57.1 | Verschuldung des Staates – ein umstrittenes Thema

Argumente für und gegen eine Verschuldung des Staates

Pro-Argumente	Kontra-Argumente

Arbeitsblatt 57.2 | Angebots- versus nachfrageorientiertes Paradigma I

	Nachfrageorientierte Wirtschaftspolitik	Angebotsorientierte Wirtschaftspolitik
Entstehungshintergrund		Reaktion auf grundlegende Schwierigkeiten einer nachfrageorientierten Wirtschaftspolitik, die in den 1970er-Jahren sichtbar wurden
Wichtigster Vertreter		
Vorrangiges Ziel		
Annahmen	• • •	• Angebotstheoretiker haben ein hohes Vertrauen in die Selbstheilungskräfte des Marktes. • Der Staat sollte • •
Instrumente	• • •	• • • •
Kritik	• wachsende Staatsverschuldung • Inflationsdruck • • • • •	• wachsende Ungleichheit bei der Einkommensverteilung • zunehmende „Ökonomisierung“ aller Lebensbereiche (z. B. der Bildung und des Gesundheitswesens)

Arbeitsblatt 57.3 | Angebots- versus nachfrageorientiertes Paradigma II

Überlegen Sie, ob die folgenden Aussagen zum nachfrageorientierten Paradigma (N) oder zum angebotsorientierten Paradigma (A) gehören. Begründen Sie Ihre Entscheidung.

Aussage	Paradigma (N oder A)	Begründung (Stichworte)
a „Lieber 5 % Inflation als 5 % Arbeitslosigkeit."		
b „Eine zurückhaltende Lohnpolitik der Gewerkschaften hat einen positiven Einfluss auf den Beschäftigungsgrad. Sie verhindert, dass der Faktor Arbeit durch den Faktor Kapital substituiert wird."		
c „Nach den Jahren der Lohnzurückhaltung brauchen die Arbeitnehmer eine deutliche Einkommenserhöhung. Das steigert den privaten Konsum und ist damit gut für die Konjunktur."		
d „In der gegenwärtigen Lage ist eine Senkung des Zinsniveaus nötig, damit die Unternehmen wieder mehr investieren."		
e „Auch in einer angespannten konjunkturellen Lage sollten die Zentralbanken vor allem darauf achten, dass es keine Inflation durch eine zu hohe Geldmenge gibt."		
f „Wenn die Unternehmer aufgrund negativer Zukunftserwartungen zu wenig investieren, muss es eben der Staat tun und auf diese Weise die Konjunktur wieder in Schwung bringen."		
g „Leistung muss sich wieder lohnen!"		
h „Die Regierung sollte dringend die Steuern senken, damit die Menschen wieder mehr konsumieren und die Unternehmen wieder mehr investieren."		
i „Auch im Bereich der hohen Einkommen sollten die Steuern gesenkt werden, um Anreize für Innovationen zu schaffen."		
j „Ein berühmter Ökonom hat mal gesagt: ‚In the long run we are all dead.' Das heißt: Wichtig sind Maßnahmen, die sofort wirken."		
k „Wir brauchen keinen Aktionismus, sondern eine ‚Politik des langen Atems'."		
l „Es zeigt sich immer wieder, dass die ‚unsichtbare Hand des Marktes' nicht alles regeln kann. Wo der Markt versagt, muss der Staat eingreifen."		
m „Politiker neigen dazu, nur populäre Maßnahmen zu ergreifen und unpopuläre Maßnahmen zu vermeiden. Deshalb können staatliche Eingriffe ins Wirtschaftsgeschehen viel Schaden anrichten."		

Arbeitsblatt 57.4 | Antizyklische Fiskalpolitik I

Antizyklische Fiskalpolitik als Mittel nachfrageorientierter Konjunkturpolitik

„antizyklisch" bedeutet:

____

____

____

____

„Fiskalpolitik" bedeutet:

____

____

____

____

Begründer: ____

Grundgedanke:

________________________________ ist entscheidend für die wirtschaftliche Entwicklung_

↓ ↓

Bei Abschwung oder Tiefstand:

Die Nachfrage ist: ____________________

↓

Aufgabe des Staates:

Der Staat soll: ____________________

____

____

Mittel:

____________________ Staatsausgaben

____________________ Staatseinnahmen

evtl. finanziert über (zusätzliche) Schulden

(= ______________________________)

Bei Hochkonjunktur:

Die Nachfrage ist: ____________________

↓

Aufgabe des Staates:

Der Staat soll: ____________________

____

____

Mittel:

____________________ Staatsausgaben

____________________ Staatseinnahmen

Bildung einer ________________________ möglich

Arbeitsblatt 57.5 | Antizyklische Fiskalpolitik II

Antizyklische Fiskalpolitik: Maßnahmen bei Rezession/Depression (nachfragefördernd)

Bereich	Mögliche Maßnahmen
Steuerpolitik	
Staatsaufträge	
Transfer-zahlungen	
Subventionen	
Investitions-anreize	

Erhoffte Folgen:

- Einkommen der Konsumenten: ______________________
- Nachfrage nach Konsumgütern: ______________________
- Aufträge der Unternehmen: ______________________
- Gewinne der Unternehmen: ______________________
- Investitionen der Unternehmen: ______________________
- Arbeitslosigkeit: ______________________

→ Die Konjunktur wird ______________________.

Arbeitsblatt 57.6 | Antizyklische Fiskalpolitik III

Antizyklische Fiskalpolitik: Maßnahmen bei starkem Aufschwung/Boom (nachfragedämpfend)

Bereich	Mögliche Maßnahmen
Steuerpolitik	
Staatsaufträge	
Transfer-zahlungen	
Subventionen	
Investitions-anreize	

Erhoffte Folgen:

- Einkommen der Konsumenten: ____________
- Nachfrage nach Konsumgütern: ____________
- Aufträge der Unternehmen: ____________
- Gewinne der Unternehmen: ____________
- Investitionen der Unternehmen: ____________
- Arbeitslosigkeit: ____________

→ Die Konjunktur wird ____________.

Aufgaben

Aufgabe 1
2009 wurde die sogenannte „Schuldenbremse“ im Grundgesetz verankert.
a Erläutern Sie die Hintergründe dieser Grundgesetzänderung.
b Recherchieren Sie den aktuellen Stand: Wird die Schuldenbremse von der derzeitigen Regierung eingehalten? Wurde sie reformiert oder sogar abgeschafft?

Aufgabe 2
Erläutern Sie kurz die Grundidee der antizyklischen Nachfragepolitik.

Aufgabe 3
Entscheiden Sie bei den nachfolgend genannten Maßnahmen jeweils, ob diese eine konjunkturfördernde oder eine konjunkturdämpfende Wirkung haben. Begründen Sie Ihre Antwort.

	Maßnahme	Wirkung	Begründung
a	Die Einkommensteuer wird gesenkt.	☐ konjunkturfördernd ☐ konjunkturdämpfend	
b	Der Staat reduziert die zuvor gewährten Subventionen für exportierende Unternehmen.	☐ konjunkturfördernd ☐ konjunkturdämpfend	
c	Der Staat beschließt zusätzliche Staatsausgaben zur Sanierung der Straßen.	☐ konjunkturfördernd ☐ konjunkturdämpfend	
d	Das Elterngeld wird für Personen mit einem Einkommen von mehr als 1.500 Euro um 10 % gekürzt.	☐ konjunkturfördernd ☐ konjunkturdämpfend	
e	Der Staat erhöht die Körperschaftssteuer (Steuer auf das Einkommen juristischer Personen und Kapitalgesellschaften).	☐ konjunkturfördernd ☐ konjunkturdämpfend	

Aufgabe 4
Notieren Sie für die nachfolgenden Maßnahmen jeweils stichwortartig eine Wirkungskette, die die erwünschten bzw. zu erwartenden Auswirkungen dieser Maßnahmen auf die Konjunktur verdeutlicht. Versuchen Sie, jeweils mindestens vier Wirkungsschritte aufzuzeigen.
a Senkung der Lohnsteuer, insbesondere im unteren Einkommensbereich
b Reduzierung der Staatsausgaben für die Instandhaltung öffentlicher Gebäude
c Erhöhung der Mehrwertsteuer
d Gewährung von Subventionen an die Exportwirtschaft

Beispiel: Senkung der Einkommensteuer → geringere Steuerabgaben für Arbeitnehmer → mehr Nettolohn → ...

Aufgabe 5
Übertragen Sie zwei der zu Aufgabe 2 erstellten Wirkungsketten in einen Fließtext.

Aufgabe 6
Erläutern Sie die wichtigsten Unterschiede zwischen einer keynesianischen Nachfragepolitik und einer monetaristischen Angebotspolitik.

Aufgabe 7
Nennen Sie Gründe, weshalb die Nachfragepolitik in der Kritik steht.

Aufgabe 8
Recherchieren Sie, warum auch die Angebotspolitik in der Kritik steht.

Selbsteinschätzung TF 12.5

Ich kann ...	Kann ich	Kann ich nicht
Gesamtwirtschaftliches Gleichgewicht als wirtschaftspolitische Zielsetzung		
1 ... erläutern, was unter Wirtschaftspolitik verstanden wird.		
2 ... die wirtschaftspolitischen Ziele des Magischen Vierecks benennen und erläutern.		
3 ... die Ergänzungen zum Magischen Sechseck begründen und erläutern.		
4 ... Zielharmonien und Zielkonflikte zwischen den Zielen des Magischen Vierecks bzw. Magischen Sechsecks erkennen und begründen.		
5 ... zwischen Ordnungs-, Struktur- und Prozesspolitik unterscheiden und die Handlungsfelder voneinander abgrenzen.		
Ziele im Magischen Sechseck – Preisniveaustabilität		
1 ... die Warenkorbmethode als Hilfsmittel bei der Ermittlung der Preissteigerungsrate erläutern.		
2 ... basierend auf dem Warenkorb den Preisindex und die Preissteigerungsrate berechnen.		
3 ... die verschiedenen Arten und Ursachen von Inflation unterscheiden.		
4 ... die Auswirkungen einer Inflation auf bestimmte Personengruppen und auf die Volkswirtschaft im Ganzen beschreiben.		
5 ... die Problematik einer Deflation darstellen.		
Ziele im Magischen Sechseck – Hoher Beschäftigungsstand		
1 ... die Notwendigkeit eines hohen Beschäftigungsstandes begründen.		
2 ... erläutern, wie die Arbeitslosenquote von der Bundesagentur für Arbeit ermittelt wird.		
3 ... Arten und Ursachen von Arbeitslosigkeit sowie deren Folgen beschreiben.		
4 ... verschiedene Maßnahmen zur Bekämpfung von Arbeitslosigkeit beschreiben.		
5 ... die Maßnahmen der aktiven und passiven Arbeitsmarkt- und Beschäftigungspolitik darstellen.		
Ziele im Magischen Sechseck – Stetiges und angemessenes Wirtschaftswachstum		
1 ... Gründe nennen, warum ein Wachstum der Wirtschaft für notwendig erachtet wird.		
2 ... erklären, warum das Wachstumsziel inzwischen zu einem umstrittenen Ziel geworden ist.		
3 ... das Bruttoinlandsprodukt definieren und die unterschiedlichen Methoden seiner Berechnung erläutern.		
4 ... das reale Bruttoinlandsprodukt vom nominalen Bruttoinlandsprodukt abgrenzen.		
5 ... zwischen dem Bruttonationaleinkommen und dem Bruttoinlandsprodukt unterscheiden.		

Selbsteinschätzung TF 12.5

Ich kann ...	Kann ich	Kann ich nicht
6 ... Stellung beziehen zur Frage, ob das Bruttoinlandsprodukt als Wohlstandindikator geeignet ist.		
7 ... alternative Messgrößen zur Messung des Wohlstands einer Volkswirtschaft nennen, erklären und bewerten.		
Ziele im Magischen Sechseck – Außenwirtschaftliches Gleichgewicht		
1 ... Gründe nennen, warum Außenhandel stattfindet bzw. notwendig ist.		
2 ... den Aufbau der Zahlungsbilanz und ihrer Teilbilanzen erklären.		
3 ... die Teilbilanzen der Leistungsbilanz erklären.		
4 ... die möglichen negativen Folgen sowohl eines Leistungsbilanzüberschusses als auch eines Leistungsbilanzdefizits erläutern.		
Ziele im Magischen Sechseck – Gerechte Einkommens- und Vermögensverteilung		
1 ... die Prinzipien der Einkommensverteilung (Leistungs-, Bedürfnis- und Gleichheitsprinzip) beschreiben.		
2 ... zwischen funktioneller und personeller Einkommensverteilung unterscheiden.		
3 ... die Instrumente staatlicher Umverteilung nennen.		
Ziele im Magischen Sechseck – Erhaltung einer lebenswerten Umwelt		
1 ... die Ziele und Prinzipien staatlicher Umweltpolitik beschreiben.		
2 ... mögliche Instrumente der Umweltpolitik aufzeigen.		
Wachstums- und Konjunkturschwankungen		
1 ... die vier Phasen des Konjunkturzyklus benennen und beschreiben.		
2 ... Gründe für Konjunkturschwankungen nennen.		
3 ... zwischen Früh-, Präsenz- und Spätindikatoren unterscheiden.		
4 ... die aktuelle Konjunkturlage anhand von Konjunkturindikatoren bestim men.		
Finanz- und Fiskalpolitik		
1 ... zwischen Finanz-, Fiskal- und Konjunkturpolitik unterscheiden.		
2 ... verschiedene Einnahmequellen des Staates beschreiben.		
3 ... die wichtigsten Ausgabenposten des Staates nennen.		
4 ... Argumente für und gegen eine Verschuldung des Staates nennen.		
5 ... zwischen Nachfragepolitik und Angebotspolitik unterscheiden.		
6 ... die Instrumente einer antizyklischen Fiskalpolitik sowie deren erhoffte Wirkungsweise erläutern.		

Lernsituation 58

Investitionen beurteilen

FK ▶ TF 12.6 | Kap. 2.3

Situation

Die Gesellschafter der Fly Bike Werke GmbH, Jan Ullmann und Björn Ries, planen, in eine neue Rohrschneidemaschine zu investieren. Die bisherige Anlage ist veraltet und sie erhoffen sich durch die Investition eine höhere Effizienz. Zur Auswahl stehen zwei verschiedene Anlagen.
Um eine gute Investitionsentscheidung treffen zu können, soll Sabrina Steffes aus dem Controlling verschiedene statische Investitionsrechenarten durchführen. Zu jeder Anlage liegen ihr dazu verschiedene Informationen vor (siehe Tabelle unten).
Außerdem planen die Gesellschafter neben der Weiterverarbeitung der Rohre für die eigene Produktion auch einen Verkauf der zugeschnittenen Rohre. Der durchschnittliche Absatzpreis beläuft sich beim Zuschnitt auf Anlage 1 auf 0,55 € pro Stück ohne Entgratung der Kanten und beim Zuschnitt auf Anlage 2 auf 0,58 € pro Stück mit Entgratung der Kanten.

Die Ergebnisse ihrer Berechnungen soll Frau Steffes in der nächsten Sitzung der Abteilungsleiter präsentieren, damit sie entscheiden können, welche Rohrschneidemaschine angeschafft werden soll.

	Anlage 1[1)]	**Anlage 2[1)]**
geplante Produktionsmenge	120 000 Rohre/Jahr	120 000 Rohre/Jahr
Anschaffungskosten	18.000,00 €	24.000,00 €
Nutzungsdauer gemäß Herstellerangaben	9 Jahre	10 Jahre
Abschreibungstyp	linear	linear
Wiederbeschaffungskosten	20.000,00 €	26.800,00 €
kalkulatorischer Zinssatz	10 %	10 %
fixe Wartungskosten pro Jahr gemäß Herstellerangaben	800,00 €	980,00 €
Materialkosten	0,20 €/Stück	0,20 €/Stück
Energiekosten	0,09 €/Stück	0,06 €/Stück
variable Wartungskosten	0,05 €/Stück	0,04 €/Stück
variable Personalkosten	0,16 €/Stück	0,20 €/Stück

1) Es wird angenommen, dass für die Anlage kein Restwert kalkuliert wird.

Arbeitsaufträge

1 Unterstützen Sie Frau Steffes bei der Investitionsrechnung, indem Sie die Arbeitsblätter 58.1 und 58.2 nutzen. Gehen Sie bei Ihren Berechnungen von der geplanten Produktionsmenge von 120 000 Rohren pro Jahr aus.
2 Präsentieren Sie Ihre Ergebnisse in der Sitzung der Abteilungsleiterinnen und Abteilungsleiter.
3 Treffen Sie mithilfe der Investitionsrechenverfahren eine begründete Entscheidung.

Arbeitsblatt 58.1 | Kosten- und Gewinnvergleichsrechnung

Kostenvergleichsrechnung		
	Anlage 1 (in €)	**Anlage 2 (in €)**
Anschaffungskosten		
Wiederbeschaffungskosten		
Nutzungsdauer		
Kostenbestandteile		
fixe Kosten/Jahr		
kalkulatorische Abschreibungen		
kalkulatorische Zinsen auf das durchschnittlich gebundene Kapital		
Wartungskosten (fix)		
Summe fixe Kosten		
variable Kosten/Jahr		
Materialkosten		
Energiekosten		
Wartungskosten		
Personalkosten		
Summe variable Kosten		
Gesamtkosten/Jahr		

Gewinnvergleichsrechnung		
	Anlage 1 (in €)	**Anlage 2 (in €)**
Erlöse/Jahr		
– Gesamtkosten/Jahr		
= Gewinn/Jahr		

Arbeitsblatt 58.2 | Rentabilitäts- und Amortisationsrechnung sowie Auswertung der Ergebnisse

Rentabilitätsrechnung		
	Anlage 1 (in €)	**Anlage 2 (in €)**
Gewinn nach Zinsen		
+ kalkulatorische Zinsen		
= Gewinn vor Zinsen		
durchschnittlich gebundenes Kapital		
Rentabilität		

Amortisationsrechnung		
	Anlage 1 (in €)	**Anlage 2 (in €)**
durchschnittlicher Gewinn		
+ kalkulatorische Abschreibungen		
+ kalkulatorische Zinsen		
= durchschnittlicher Kapitalrückfluss		
Amortisationsdauer		

Ergebnisse der statischen Investitionsrechenverfahren im Überblick		
	Anlage 1 (in €)	**Anlage 2 (in €)**
Kostenvergleichsrechnung		
Gewinnvergleichsrechnung		
Rentabilitätsrechnung		
Amortisationsrechnung		

Arbeitsblatt 58.3 | Investitionsrechenverfahren im Überblick

	Erklärung	Entscheidungsregel	Nachteile
Kostenvergleichsrechnung			
Gewinnvergleichsrechnung			
Rentabilitätsrechnung			
Amortisationsrechnung			

Arbeitsblatt 58.4 | Investitionsarten – Investitionsziele

Ordnen Sie die genannten Investitionsarten
a den Investitionszielen in Tabelle 2 und
b den Situationen in Tabelle 3 zu. (Mehrfachzuordnungen sind möglich)

Investitionsarten		
1. nach den Objekten	2. nach der Nutzungsdauer	3. nach dem Zeitpunkt
a Real- bzw. Sachinvestition b Finanzinvestition c immaterielle Investition	a kurzfristige Investition b mittelfristige Investition c langfristige Investition	a Gründungsinvestition b laufende Investition
4. nach der Zwecksetzung		
a Errichtungsinvestition b Ersatzinvestition	c Rationalisierungsinvestition d Erweiterungsinvestition	e Sozialinvestition f Sicherheitsinvestition

Nr.	**Investitionsziel**
	Kapitalanlage für Forschung, Werbung, Ausbildung
	Erstmalige Bereitstellung des Anlage- und Umlaufvermögens
	Verbesserung der Leistungsfähigkeit (Produktivität, Kosten) von Betriebsmitteln
	Erhöhung der eisernen Bestände im Vorratsvermögen
	Aufbau einer betrieblichen Altersvorsorge für Mitarbeiter
	Ersatz verbrauchter Betriebsmittel
	Schaffung neuer Produktionsgrundlagen bei veränderten Unternehmenszielen
	Anpassung der Betriebsmittel an den technischen Fortschritt
	Vergrößerung der Kapazität (zusätzliche oder leistungsfähigere Betriebsmittel)

Nr.	**Situation**
	Ein Waschmittelhersteller plant eine groß angelegte Werbeaktion in Deutschland.
	Eine Raffinerie verdoppelt ihren Vorrat an Rohöl.
	Ein Automobilhersteller rüstet seine Montagebänder für ein neues Pkw-Modell um.
	Ein Existenzgründer erwirbt und renoviert eine gebrauchte Produktionsanlage.
	Eine Versicherung stellt verstärkt Ausbildungsplätze zur Verfügung.
	Der Geschäftsführer einer GmbH kauft ein neues Dienstfahrzeug und gibt das vergleichbare Altfahrzeug in Zahlung.
	Aufgrund gestiegener Absatzmengen erwirbt ein Fahrradhersteller ein drittes Montageband.
	Die Personal Computer in der Verwaltung werden durch eine neue Gerätegeneration ersetzt.
	Ein Chemiekonzern verstärkt seine Forschungsaktivitäten für neue Medikamente.
	Ein Unternehmen beteiligt sich zu 50 % an der betrieblichen Altersvorsorge der Mitarbeiter.
	Um auch kurzfristig auf die Entwicklung auf allen Beschaffungsmärkten reagieren zu können, hält ein Unternehmen stets erhebliche Finanzmittel bereit.
	Eine halbautomatische Werkzeugmaschine wird durch eine vollautomatische Werkzeugmaschine mit höherer Kapazität ersetzt.

Aufgaben

Aufgabe 1
Es gibt einige Argumente für und gegen Erweiterungsinvestitionen.

a Nennen Sie drei mögliche Gründe, die zu einer Erweiterungsinvestition führen können.

b Beschreiben Sie die (positiven oder negativen) wirtschaftlichen Folgen, die eine Erweiterungsinvestition nach sich ziehen kann.

Aufgabe 2
Warum ist es wichtig, vor der Durchführung einer Investition eine Investitionsplanung anzufertigen?

Aufgabe 3
Geben Sie kurz die typischen Phasen der Investitionsplanung an und stellen Sie das Hauptaugenmerk jeder einzelnen Phase dar.

Aufgabe 4
Beschreiben Sie Sinn und Zweck der Investitionsrechnung. Unterscheiden Sie statische und dynamische Investitionsrechenarten.

Aufgabe 5
Die Siggenthaler GmbH bezog bisher Fertigteile von einem Lieferanten. Im Zuge eines Auftragsbooms weitet sich der Bedarf an Messingprodukten aus. Gleichzeitig fordert der Lieferant statt 20,00 € pro Messingteil 30,00 €. Das Management der Siggenthaler GmbH überlegt auf dieser Grundlage, die bisher bezogenen Messingteile in Eigenfertigung herzustellen. Eine Marktuntersuchung ergibt zwei Möglichkeiten zur Eigenfertigung:

- Einsatz eines Vollautomaten mit einer Jahreskapazität von 1 150 Teilen und Anschaffungskosten in Höhe von 11.500,00 €. Die Nutzungsdauer beträgt zehn Jahre. Es fallen weiterhin Lohnkosten pro Stück von 0,38 € und Materialkosten pro Stück von 1,13 € an.
- Als zweite Möglichkeit wird ein Halbautomat mit einer Kapazität von 975 Teilen jährlich und einem Preis von nur 3.950,00 € in Betracht gezogen. Die Nutzungsdauer entspricht der des Vollautomaten. Die Lohnkosten pro Stück würden 4,22 € und die Materialkosten pro Stück 1,67 € betragen.

a Stellen Sie im Rahmen einer Kostenvergleichsrechnung fest, welche der Alternativen für das Unternehmen günstiger ist. Berücksichtigen Sie einen Kalkulationszinssatz von 9,5 %.

b Welche Nachteile schränken die Anwendung der Kostenvergleichsrechnung in der Praxis ein? Nennen Sie drei Beispiele.

Aufgabe 6
Ein Unternehmen benötigt zur Kapazitätserweiterung eine Maschine.

a Es liegt das folgende Angebot vor. Berechnen Sie im Rahmen einer Gewinnvergleichsrechnung den Gewinn/Stück und den Jahresgewinn insgesamt.
- Anschaffungskosten: 55.800,00 €
- jährliche Kapazität: 7 500 Stück
- kalkulatorische Abschreibung: 6.200,00 €
- kalkulatorische Zinsen: 2.500,00 €
- jährliche Betriebskosten: 10.500,00 €
- jährliche Absatzmenge: 7 500 Stück
- Umsatzerlös/Stück: 4,75 €

b Verspätet kommt das folgende zweite Angebot hinzu. Vergleichen Sie dieses Angebot mit dem ersten und ermitteln Sie, welches Angebot nach der Gewinnvergleichsrechnung für das Unternehmen günstiger ist.
- Anschaffungskosten: 63.900,00 €
- jährliche Kapazität: 7 500 Stück
- kalkulatorische Abschreibung 7.100,00 €
- kalkulatorische Zinsen: 1.800,00 €
- jährliche Betriebskosten: 13.500,00 €

c Bevor sich die Geschäftsführer für eines der beiden vorliegenden Angebote entscheiden, möchten sie mithilfe der Rentabilitätsrechnung weitere Informationen sammeln. Der kalkulatorische Resterlös für Maschine I wird mit 2.500,00 € angenommen. Für Maschine II werden 1.800,00 € Resterlös eingeplant. Ermitteln Sie die Rentabilität für beide Maschinen.

d Die bisher ermittelten Kennzahlen überzeugen die Geschäftsführer nicht. Sie beschließen, die Amortisationsdauer der beiden Maschinen ebenfalls zu vergleichen, um dann zu einer abschließenden Entscheidung zu gelangen. Ermitteln Sie die Amortisationsdauer für die geplante Investition.

Aufgabe 7
Nennen Sie jeweils drei qualitative Nachhaltigkeitskriterien für

a Gebäude und

b technische Anlagen.

Aufgabe 8
Qualitative Kriterien der Investitionsplanung lassen sich nicht immer in Geldwerten beziffern. Wie können die Kriterien trotzdem bei einer Investitionsentscheidung berücksichtigt werden?

Lernsituation 59

Mit kurzfristigen Krediten finanzieren

FK ▶ TF 12.6 | Kap. 3.2.1

Situation

Jenny Liu ist zurzeit in der Buchhaltung der Fly Bike Werke GmbH eingesetzt. Sie findet folgende Belege auf ihrem Schreibtisch zur Bearbeitung vor. Sie ist sich unschlüssig: Soll sie die Rechnung überweisen oder lieber noch abwarten?

UNION ELEKTRO AG

Union Elektro AG
Landsberger Str. 66
12623 Berlin

Union Elektro AG, Landsberger Str. 66, 12623 Berlin

Fly Bike Werke GmbH
Rostocker Str. 334
26121 Oldenburg

Bankverbindung:
IKL-Bank
IBAN: DE35 1001 0700 0160 9233 09
BIC: IKLBDE10XXX

Ihre Zeichen	Ihre Nachricht vom	Unser Zeichen	Unsere Nachricht vom	Tel.:	Lieferdatum	Herford,
rt	22.02.20XX	kr/s		030 5628XX2	11.03.20XX	12.03.20XX

Rechnung Nr.: 613

Für die Ausführung Ihrer Bestellung Nr. 312 stellen wir Ihnen folgende Positionen in Rechnung:

Menge/Stück	Artikelbezeichnung	Einzelpreis in €	Gesamtpreis in €
200	Rücklampe ‚Blinky', Art.-Nr. 234	6,45	1.290,00
300	Beleuchtungssystem ‚Magic Light', Art.-Nr. 122	22,08	6.624,00
	Warenwert		7.914,00
	+ 19 % Umsatzsteuer		1.503,66
	= Rechnungsbetrag		**9.417,66**

Zahlungsbedingungen: 8 Tage 2 % Skonto oder 60 Tage Ziel
Lieferungsbedingungen: Frei-Haus-Lieferung

Oldenburg-Bank

IBAN	Kontoauszug	Auszug	Blatt
DE86 2804 0114 0112 3264 44	Oldenburg-Bank	15	1

Buchungstag	Wert	Vorgang/Erläuterungen	Beträge in €
		Kontostand am 20.03.20XX	350,00 –
		Kreditlimit	10.000,00 –
		Zinssatz für Kontokorrentkredit im Limit	12,9 %
		Zinssatz für geduldete Überziehung	16,9 %

Fly Bike Werke GmbH, Oldenburg

Arbeitsaufträge

1 Helfen Sie Jenny, indem Sie die Höhe der Ersparnis bei vorzeitiger Zahlung ermitteln.

2 Wie sähe Ihre Empfehlung aus, wenn das reguläre Zahlungsziel der Union Elektro AG 30 Tage betragen würde?

3 Erklären Sie Jenny, inwiefern der Lieferant durch seine Zahlungsbedingungen einen Kredit anbietet.

Arbeitsblatt 59.1 | Kontokorrent- und Lieferantenkredit

Beschreiben Sie die Merkmale eines Kontokorrentkredits und eines Lieferantenkredits.

Kontokorrentkredit	
Laufzeit:	
Kosten:	
Sicherheit:	
Sonstige Merkmale:	
Vorteile	Nachteile

Lieferantenkredit	
Laufzeit:	
Kosten:	
Sicherheit:	
Sonstige Merkmale:	
Vorteile	Nachteile

Arbeitsblatt 59.2 | Guthaben-, Soll- und Überziehungszinsen

Die Zweirad Ritter GmbH hat bei ihrer Hausbank ein Kontokorrentkonto, für das ein Kreditlimit von 10.000,00 € und die folgenden Zinssätze vereinbart sind: 2 % Habenzinsen, 9 % Sollzinsen und 16 % Überziehungszinsen. Zu Beginn des Monats Juni 20XX beträgt der Kontostand 2.000,00 € (Guthaben). Im weiteren Verlauf des Monats sind die Zahlungsausgänge jedoch höher als die Zahlungseingänge:

Datum, Vorgang	€
01.06. Guthaben	2.000,00
04.06. Gutschrift	12.000,00
12.06. Gutschrift	4.000,00
14.06. Lastschrift	20.000,00
22.06. Lastschrift	16.000,00
24.06. Gutschrift	6.000,00
27.06. Lastschrift	2.000,00

Hinweis: Angegeben sind jeweils die Daten der Wertstellung. Die Hausbank berücksichtigt (verzinst) nach ihren allgemeinen Geschäftsbedingungen den aktuellen Kontostand jeweils ab dem Tag der Wertstellung.

1 Zeichnen Sie den Verlauf (Guthaben, Kredit und Überziehung) des Kontokorrentkredits der Zweirad Ritter GmbH in die folgende Grafik ein:

Guthabenzinsbereich: grün Sollzinsbereich: blau Überziehungszinsbereich: gelb

	€	1	2	3	4	5	6	7	8	9	10	11	12	13	14	15	16	17	18	19	20	21	22	23	24	25	26	27	28	29	30
Guthaben	28.000,00																														
	26.000,00																														
	24.000,00																														
	22.000,00																														
	20.000,00																														
	18.000,00																														
	16.000,00																														
	14.000,00																														
	12.000,00																														
	10.000,00																														
	8.000,00																														
	6.000,00																														
	4.000,00																														
	2.000,00																														
Kredit	-2.000,00																														
	-4.000,00																														
	-6.000,00																														
	-8.000,00																														
	-10.000,00																														
	-12.000,00																														
	-14.000,00																														
	-16.000,00																														
	-18.000,00																														
	-20.000,00																														
	-22:000,00																														

2 Berechnen Sie alle Zinsen (Guthaben-, Soll- und Überziehungszinsen) mit der kaufmännischen Zinsformel:

$$Z = \frac{K \cdot p \cdot t}{100 \cdot 360}$$

Erläuterung:
Z = Zinsbetrag, K = Kapital, p = Zinssatz (in %), t = Verzinsungszeit (in Tagen)

Arbeitsblatt 59.3 | Lieferantenkredit

Die Fly Bike Werke GmbH hat die folgende Eingangsrechnung erhalten:

Alu-Werke Bonn AG

Alu-Werke Bonn AG · Sankt-Augustiner-Straße 30 · 53225 Bonn

Sankt-Augustiner-Straße 30
53225 Bonn

Tel.: 0228 617XX4
Fax: 0228 464XX11
E-Mail: awb@bonn.dex
Ansprechparter: Herr Köllen

Fly Bike Werke GmbH
Rostocker Straße 334
26121 Oldenburg

Lieferdatum: 08.05.20XX
Lieferscheinnummer: 664
Rechnungsdatum: 08.05.20XX

Rechnung-Nr.: 664

Artikel Nr.	Artikelbezeichnung für Aluminiumrohre	Menge in Metern	Einzelpreis in €	Gesamtpreis in €
40045225	Rundrohr 45 × 2,25	2000	10,20	20.400,00
		– 12,5 % Rabatt		2.550,00
		= Warenwert		17.850,00
		+ Transportkosten		500,00
		= Nettorechnungsbetrag		18.350,00
		+ 19 % Umsatzsteuer		3.486,50
		= Bruttorechnungsbetrag		21.836,50

Der Rechnungsbetrag ist innerhalb von 45 Tagen fällig. Bei Zahlung innerhalb von 10 Tagen gewähren wir auf den Warenwert der Rundrohre 2,5 % Skonto.

Während der Skontofrist befindet sich das Kontokorrentkonto der Fly Bike Werke GmbH im Kreditbereich. Die Sollzinsen würden 9 % betragen. Ermitteln Sie den Finanzierungserfolg bei kreditfinanzierter Skontoausnutzung.

Begriffe	Formeln	Berechnungen und Ergebnisse
Nettoskonto	· Skontosatz in %	
Überweisungsbetrag	Bruttorechnungsbetrag –	
Lieferantenkreditfrist	Zahlungsziel –	
Bankzinsen	(Überweisungsbetrag · ·) / (100 · 360)	
Finanzierungserfolg	Nettoskonto –	
Effektive Verzinsung des Lieferantenkredits	(· 360 · 100) / (· Lieferantenkreditfrist)	

Aufgaben

Aufgabe 1

Ein Lieferant gewährt grundsätzlich einen Skonto von 3 % bei Zahlung innerhalb von 8 Tagen und ein Zahlungsziel von 30 Tagen.

a Berechnen Sie, wie teuer dieser Lieferantenkredit bei einem Rechnungsbetrag von 23.800,00 € inkl. 19 % Umsatzsteuer wäre:
   1 in € und
   2 in % (effektiver Zinssatz).

b Wie hoch wäre der Finanzierungserfolg, wenn für die Zahlung innerhalb der Skontofrist das Kontokorrentkonto mit einem Sollzinssatz von 9,5 % überzogen werden muss?

Aufgabe 2

Die Fly Bike Werke GmbH erhält eine Rechnung über 10.000,00 € mit folgenden Zahlungsbedingungen: „Zahlbar innerhalb von 6 Wochen ohne Abzug, innerhalb von 14 Tagen werden 2 % Skonto gewährt." Die Fly Bike Werke GmbH könnte die 2 % Skonto nur zulasten ihres Kontokorrentkredits (15 % p. a.) in Anspruch nehmen.

a Entscheiden Sie, ob sich die Ausnutzung von Skonto lohnt, indem Sie die Kosten der beiden Finanzierungsalternativen gegenüberstellen.

b Erklären Sie das in a ermittelte Ergebnis, indem Sie den Jahreszins betrachten.

Aufgabe 3

Ermitteln Sie die Zinstage für folgende Zinszeiträume:

a 20.06. – 31.10.
b 31.05. – 01.12.
c 20.09. – 10.05. (Folgejahr)
d 26.02. – 31.07.
e 25.04. – 19.09.
f 30.08. – 28.02. (Folgejahr)
g 25.07. – 30.12.
h 06.04. – 01.12.
i 01.10. – 31.03. (Folgejahr)

Aufgabe 4

Berechnen Sie die Zinsen für die folgenden Kreditangebote:

	Kreditsumme (in €)	Zinssatz (in %)	Kreditlaufzeit (von – bis)
a	25.000,00	12,00	24.08. – 31.12.
b	80.000,00	7,50	31.01. – 14.09.
c	12.000,00	3,75	16.03. – 17.06.
d	9.000,00	8,5	28.03. – 29.11.

Aufgabe 5

Ein Metallbaubetrieb stundet einem Großkunden eine Rechnung vom 10.04. mit 60 Tagen Ziel bis zum 20.11. Er berechnet dafür 12,5 % Zinsen. Ermitteln Sie bei einem Rechnungsbetrag von 33.120,00 €

a den Zinsertrag des Metallbaubetriebs und
b den Überweisungsbetrag zum 20.11.

Aufgabe 6

Erläutern Sie die Begriffe

a Guthabenzinsen,
b Sollzinsen und
c Überziehungszinsen

im Zusammenhang mit der Führung eines Kontokorrentkontos bei einer Bank.

Lernsituation 60

Mit langfristigen Krediten finanzieren

FK ▶ TF 12.6 | Kap. 3.2.2

Situation

Die Gesellschafter der Fly Bike Werke GmbH planen zusammen mit der Geschäftsführerin Ewa Nowak eine Kapazitätserweiterung am Standort Oldenburg. Hierfür benötigen sie frisches Kapital, da nicht genügend Rücklagen für eine solche Investition zur Verfügung stehen. Sie beauftragen Cem Samet, aus vier Darlehensangeboten verschiedener Banken das günstigste herauszusuchen.

Von: Ewa Nowak (Fly Bike Werke GmbH)
An: Cem Samet (Fly Bike Werke GmbH)
Betreff: Betriebserweiterung – Finanzierungsangebote

Lieber Herr Samet,

im Zuge der Gesellschafterversammlung vor zwei Wochen haben wir beschlossen, einige größere Investitionen zu tätigen, um eine Kapazitätserweiterung am Standort Oldenburg zu erreichen. Ziel ist die Steigerung des Umsatzes und des Gewinns. Zur Umsetzung dieser Pläne hat Frau Steffes aus dem Controlling einen Finanzbedarf von ca. 200.000,00 € ermittelt, der über ein langfristiges Darlehen abgedeckt werden soll. Bitte prüfen Sie die Finanzierungsangebote der Banken im Anhang (S. 269–270) und teilen Sie mir bis zum 25.02.20XX mit, welches Angebote das interessanteste für uns ist.

Ewa Nowak

Arbeitsaufträge

1 Lesen Sie den Informationstext der Oldenburg-Bank auf Seite 268 und vergleichen Sie die Kreditangebote der Oldenburg-Bank und der IKL Bank auf Seite 269.
   - a Erstellen Sie einen Zins- und Tilgungsplan für die beiden Angebote. Nutzen Sie hierfür die Arbeitsblätter 60.1 und 60.2.
   - b Ermitteln Sie das günstigste der beiden angebotenen Annuitätendarlehen und tragen Sie Ihr Ergebnis unten in die Tabelle ein.

2 Lesen und vergleichen Sie die Kreditangebote der Bank 3000 und der TAXABANK auf Seite 270.
   - a Erstellen Sie einen Zins- und Tilgungsplan für die beiden Angebote. Nutzen Sie hierfür die Arbeitsblätter 60.3 und 60.4.
   - b Ermitteln Sie das günstigste der beiden angebotenen Abzahlungsdarlehen und tragen Sie Ihr Ergebnis unten in die Tabelle ein.

3 Für welches Darlehen sollte die Fly Bike Werke GmbH sich entscheiden? Begründen Sie.

Ermittlung der Kreditkosten	**Angebote**			
	Oldenburg-Bank	**IKL Bank**	**Bank 3000**	**TAXABANK**
Zinsen für die gesamte Kreditlaufzeit				
+ Disagio				
= gesamte Kreditkosten				

Information der Oldenburg-Bank

Das passende Darlehen für jeden Bedarf!

Sie möchten eine planbare und konstante Ratenzahlung?
Dann ist das Annuitätendarlehen genau das Richtige für Sie!

Darlehensart	Art der Tilgung	Kreditkosten
Annuitätendarlehen	Das Annuitätendarlehen zeichnet sich durch eine **gleichbleibende Belastungsrate** (Annuität = Tilgung + Zins) für den Kreditnehmer aus. Beachten Sie, dass hierbei die **Tilgungsrate (Abzahlung) des Darlehens steigt**. Die Zinsen werden mit sinkender Kreditsumme geringer.	- Zinsen von der jeweiligen Restschuld - Disagio

Sie möchten eine abnehmende Ratenbelastung?
Dann ist das Abzahlungsdarlehen genau das Richtige für Sie!

Darlehensart	Art der Tilgung	Kreditkosten
Abzahlungsdarlehen/ Ratendarlehen	Das Abzahlungsdarlehen zeichnet sich durch eine hohe anfängliche Belastung aus, die während der Laufzeit fällt. Hierbei ist zu beachten, dass die jährliche **Belastungsrate** (= Tilgung + Zins) sinkt. Die **Tilgungsrate (Abzahlung) des Darlehens ist jedoch konstant**. Der Zinsanteil in der jährlichen Rate sinkt mit der Laufzeit.	- Zinsen von der jeweiligen Restschuld - Disagio

Sie möchten Ihr Darlehen in einer Summe zum Ende der Laufzeit tilgen?
Dann ist das Festdarlehen genau das Richtige für Sie!

Darlehensart	Art der Tilgung	Kreditkosten
Festdarlehen	Beim Festdarlehen tilgen Sie zum Ende der Laufzeit die Kreditschuld in einer Summe.	- Der Darlehensbetrag wird während der Laufzeit nicht getilgt, entsprechend bleiben die Zinsen konstant. - Disagio

Oldenburg-Bank

Es schreibt Ihnen
Elisabeth Lange
Tel. 0441 28XX-88
Fax 0441 28XX-89
Datum 25.01.20XX

Oldenburg Bank, PF 2552, 21620 Oldenburg

Fly Bike Werke GmbH
Rostocker Str. 334
26121 Oldenburg

Ihre Finanzierungsanfrage vom 22.01.20XX

Sehr geehrte Frau Nowak,

Ihre Finanzierungsanfrage haben wir bearbeitet. Wir freuen uns, Ihnen folgendes Angebot unterbreiten zu können:

Gewerbekredit (Annuitätendarlehen) über	200.000,00 €
Disagio:	3 % der Darlehenssumme
Nominalzinssatz:	3,5 % pro Jahr
Laufzeit:	10 Jahre
Jährliche Belastungsrate:	24.048,27 €

Wir freuen uns auf die weitere Zusammenarbeit!

Mit freundlichen Grüßen

Oldenburg-Bank

Elisabeth Lange

Elisabeth Lange

IKL Bank

Es schreibt Ihnen
Thomas Lufen
Tel. 0441 210XX
Fax 0441 211XX
Datum 24.01.20XX

IKL Bank · PF 3041 · 21620 Oldenburg

Fly Bike Werke GmbH
Rostocker Str. 334
26121 Oldenburg

Ihre Finanzierungsanfrage vom 22.01.20XX

Sehr geehrte Frau Nowak,

Ihre Finanzierungsanfrage haben wir bearbeitet. Nach eingehender Überprüfung Ihrer Unterlagen können wir Ihnen folgendes Angebot unterbreiten:

Gewerbekredit (Annuitätendarlehen):	200.000,00 €
Disagio:	4 % der Darlehenssumme
Nominalzinssatz:	5 % pro Jahr
Laufzeit:	10 Jahre
Jährliche Belastungsrate:	25.900,91 €

Wir freuen uns auf eine künftige Zusammenarbeit!

Mit freundlichen Grüßen

IKL Bank

Thomas Lufen

Thomas Lufen

Bank 3000

Bank 3000 AG
Staugraben 10
26122 Oldenburg

Paul Michels
Telefon 0441 21XX-15
Telefax 0441 21XX-3

Datum 24.01.20XX

Bank 3000 · PF 8903 · 21620 Oldenburg

Fly Bike Werke GmbH
Rostocker Str. 334
26121 Oldenburg

Ihre Anfrage zu einem Darlehen

Sehr geehrte Frau Nowak,

bezüglich Ihrer Anfrage vom 22.01.20XX können wir Ihnen aufgrund Ihrer guten Bonität zu folgenden Konditionen ein Darlehen als Abzahlungsdarlehen anbieten:

Abzahlungsdarlehen (Ratendarlehen):	200.000,00 €
Disagio:	7 % der Darlehenssumme
Nominalzinssatz:	3 % pro Jahr
Laufzeit:	10 Jahre

Weitere Fragen beantworten wir Ihnen gerne.

Mit freundlichen Grüßen

Paul Michels

Paul Michels
Abt. Geschäftskunden

TAXA/BANK

Es schreibt Ihnen
Luise Metzger
Tel. 0441 8XX-50
Fax 0441 8XX-70
Datum 24.01.20XX

TAXABANK · PF 1022 · 21620 Oldenburg

Fly Bike Werke GmbH
Rostocker Str. 334
26121 Oldenburg

Ihre Finanzierungsanfrage

Sehr geehrte Frau Nowak,

bezüglich Ihrer Anfrage vom 22.01.20XX können wir Ihnen ein Abzahlungsdarlehen anbieten. Wir möchten jedoch darauf hinweisen, dass die damit verbundene anfängliche Belastung vergleichsweise hoch ausfällt. Das Angebot gestaltet sich wie folgt:

Abzahlungsdarlehen über:	200.000,00 €
Disagio:	5,5 % der Darlehenssumme
Nominalzinssatz:	4,5 % pro Jahr
Laufzeit:	10 Jahre

Weitere Fragen beantworten wir Ihnen gerne!

Mit freundlichen Grüßen

TAXABANK AG

Luise Metzger

Luise Metzger

Arbeitsblatt 60.1 | Zins- und Tilgungsplan für das Annuitätendarlehen der Oldenburg-Bank

Jahr	Schuld am Jahresanfang	Annuität (Belastungsrate)	Zinsen	Tilgung	Schuld am Jahresende
1					
2					
3					
4					
5					
6					
7					
8					
9					
10					
Summe					

Arbeitsblatt 60.2 | Zins- und Tilgungsplan für das Annuitätendarlehen der IKL Bank

Jahr	Schuld am Jahresanfang	Annuität (Belastungsrate)	Zinsen	Tilgung	Schuld am Jahresende
1					
2					
3					
4					
5					
6					
7					
8					
9					
10					
Summe					

Arbeitsblatt 60.3 | Zins- und Tilgungsplan für das Abzahlungsdarlehen der Bank 3000

Jahr	Schuld am Jahresanfang	Zinsen	Tilgung	Jährliche Gesamtzahlung	Schuld am Jahresende
1					
2					
3					
4					
5					
6					
7					
8					
9					
10					
Summe					

Arbeitsblatt 60.4 | Zins- und Tilgungsplan für das Abzahlungsdarlehen der TAXABANK

Jahr	Schuld am Jahresanfang	Zinsen	Tilgung	Jährliche Gesamtzahlung	Schuld am Jahresende
1					
2					
3					
4					
5					
6					
7					
8					
9					
10					
Summe					

Arbeitsblatt 60.5 | Fälligkeits-, Abzahlungs- und Annuitätendarlehen

Die Fly Bike Werke GmbH benötigt dringend Kapital für einen neuen Lackierautomaten. Die Hausbank bietet ein Darlehen in Höhe von 120.000,00 € mit einer Laufzeit von acht Jahren. Wahlweise kann das Darlehen als Fälligkeitsdarlehen (Festdarlehen), Abzahlungsdarlehen (Ratendarlehen) oder auch als Annuitätendarlehen gewährt werden. Die Konditionen sind immer gleich: Disagio 5,2 %, Nominalzins 6,5 %.

1 Ermitteln Sie den Tilgungsverlauf des Darlehens in Abhängigkeit von der gewählten Darlehensart.

Fälligkeitsdarlehen (Tilgung am Ende der Kreditlaufzeit)

Jahr	Schuld am Jahresanfang	Zinsen	Tilgung	Jährliche Gesamtzahlung	Schuld am Jahresende
1					
2					
3					
4					
5					
6					
7					
8					
Summe					

Abzahlungsdarlehen (Tilgung in gleichbleibenden Jahresraten)

Jahr	Schuld am Jahresanfang	Jährliche Gesamtzahlung	Zinsen	Tilgung	Schuld am Jahresende
1					
2					
3					
4					
5					
6					
7					
8					
Summe					

Annuitätendarlehen (jährliche Gesamtzahlung = 19.708,48 € = Annuität)

Jahr	Schuld am Jahresanfang	Zinsen	Tilgung	Annuität (jährliche Gesamtzahlung)	Schuld am Jahresende
1					
2					
3					
4					
5					
6					
7					
8					
Summe					

2 Ermitteln Sie den effektiven Zinssatz für das Fälligkeitsdarlehen.

Aufgaben

Aufgabe 1
Vergleichen Sie das Fälligkeits-, das Abzahlungs- und das Annuitätendarlehen im Hinblick auf die Entwicklung des Tilgungsbetrags, der Zinszahlungen und der Gesamtbelastung.

	Fälligkeitsdarlehen	Abzahlungsdarlehen	Annuitätendarlehen
Tilgungsbetrag			
Zinszahlungen			
Gesamtbelastung			

Aufgabe 2
Ordnen Sie den nachfolgenden Aussagen die Darlehensarten zu. Die Konditionen (Nominalzins und Disagio) sind bei allen Darlehensarten gleich.
1 = Fälligkeitsdarlehen   2 = Abzahlungsdarlehen   3 = Annuitätendarlehen

Zuordnung	Aussage
	Die Belastung bleibt während der Darlehenslaufzeit immer gleich hoch.
	Die Darlehenszinsen sind im Vergleich am geringsten.
	Die jährlichen Zahlungen sinken von Jahr zu Jahr.
	Zum Ende der Darlehenslaufzeit sind die Zahlungen am höchsten.
	Für Existenzgründer, die erst in Zukunft Gewinne erwarten, ist diese Darlehensart optimal.
	Für die Finanzplanung ist diese Darlehensform am besten kalkulierbar.

Aufgabe 3
Berechnen Sie das Disagio, die Zinsen und die Gesamtkosten für die folgenden Kreditangebote:

	Kreditsumme (€)	Disagio (% der Kreditsumme)	Zinssatz (%)	Kreditlaufzeit (Jahre)
a	50.000,00	0,50	12,00	5,0
b	240.000,00	0,25	8,50	8,0
c	320.000,00	0,75	7,25	15,0
d	15.000,00	1,25	6,25	7,5

Aufgabe 4
Berechnen Sie die Zinsen für folgende Fälligkeitsdarlehen:

a 24.000,00 € zu 6,0 % für 3 Jahre
b 3.500,00 € zu 9,2 % für 8 Jahre
c 92.540,00 € zu 6,5 % für 12,5 Jahre
d 22.375,20 € zu 14,1 % für 3,25 Jahre

Aufgabe 5
Für einen Großkredit sind jährlich 1 % Tilgung und 8 % Zinsen zu bezahlen. Am Ende des ersten Jahres werden insgesamt 18.000,00 € überwiesen. Wie hoch ist die Kreditsumme?

Aufgabe 6
Erstellen Sie eine Tabelle mit den Vor- und Nachteilen der einzelnen Darlehensarten.

Aufgabe 7
Der Großhandelskaufmann Werner Wolf kauft im Namen seines Unternehmens eine Maschine im Wert von 36.900,00 € ein. Zwei Drittel dieses Preises müssen als Fremdkapital für drei Jahre aufgenommen werden. Der Zinssatz beträgt 9 %. Das Disagio beläuft sich auf 1,25 % der Kreditsumme. Berechnen Sie

a das Disagio in Euro.
b die Zinsen für ein Jahr und für drei Jahre.
c die Gesamtkosten für den Kredit.

Aufgabe 8
Die Hausbank der Fly Bike Werke GmbH gewährt ein weiteres Darlehen:

- Darlehensbetrag: 10.000,00 €
- Zinssatz: 10 %
- Laufzeit: 6 Jahre

Erstellen Sie einen Tilgungsplan für die folgenden Fälle:

a Das Darlehen wird in gleichen jährlichen Raten getilgt.
b Das Darlehen wird in gleichen Annuitäten getilgt.
c Das Darlehen wird am Ende der Laufzeit getilgt.

Aufgabe 9
Ein Unternehmen prüft für die Anschaffung eines neuen Lkws verschiedene Kreditangebote. Berechnen Sie die Kosten der vorliegenden Angebote und treffen Sie aufgrund Ihrer Ergebnisse eine Entscheidung.

- Angebot 1: Abzahlungsdarlehen (Ratendarlehen), gleichbleibender Zinssatz von 7 % p. a.
- Angebot 2: Annuitätendarlehen, die jährliche Rate beträgt 11.000,00 €, gleichbleibender Zinssatz von 7 % p. a.
- Für beide Angebote gilt:
  Laufzeit: 5 Jahre
  Kreditsumme: 45.000,00 €

Aufgabe 10
Ein Fälligkeitsdarlehen in Höhe von 400.000,00 € mit einer Laufzeit von fünf Jahren wird mit einem Disagio in Höhe von 3 % zum Nominalzinssatz von 4,5 % angeboten. Ermitteln Sie den effektiven Zinssatz.

Aufgabe 11
Ein Industrieunternehmen benötigt für die Neuanschaffung eines Fahrzeugs ein Darlehen von seiner Hausbank. Das Angebot der Hausbank lautet:

- Darlehenssumme: 36.000,00 €
- Disagio: 7,5 %
- Darlehenslaufzeit: 6 Jahre
- Nominalzinssatz: 5,5 %

a Erstellen Sie einen Zins- und Tilgungsplan für die gesamte Laufzeit für ein Abzahlungsdarlehen.
b Erstellen Sie einen Zins- und Tilgungsplan für ein Annuitätendarlehen (Annuität = 7.206,44 €).
c Ermitteln Sie den effektiven Zinssatz für das Darlehen, wenn sich das Industrieunternehmen aufgrund von Liquiditätsüberlegungen für ein Fälligkeitsdarlehen entscheidet.

Aufgabe 12
Ordnen Sie zu, um welche Darlehnsart es sich jeweils handelt. Tragen Sie Ihre Ergebnisse unter der jeweiligen Grafik ein.

a
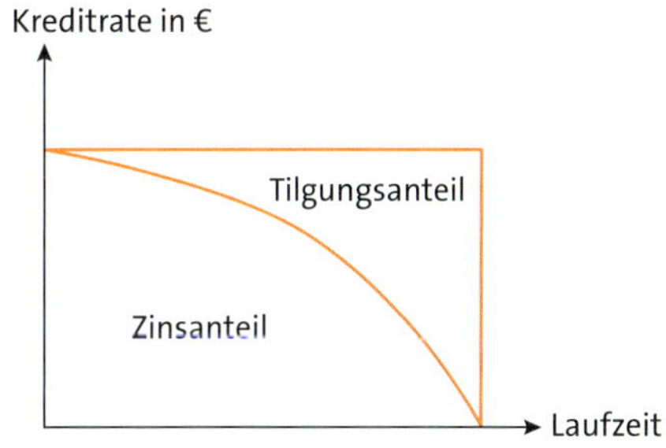

____

b
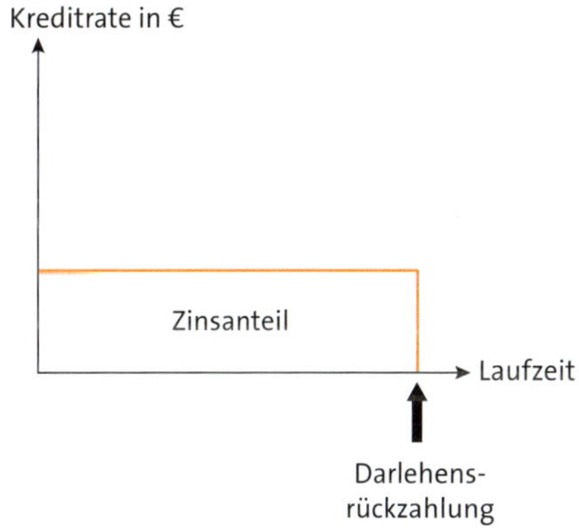

____

c
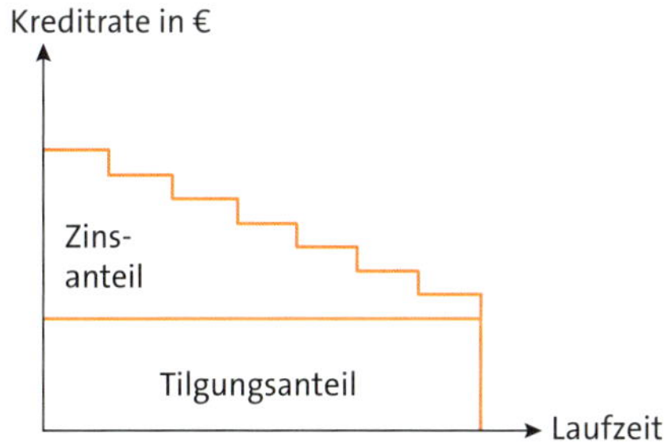

____

Lernsituation 61

Weitere Finanzierungsmöglichkeiten entwickeln

FK ▶ TF 12.6 | Kap. 3.3

Situation

Eine Wettbewerbsanalyse auf dem Fahrradmarkt hat ergeben, dass die wichtigsten Konkurrenten der Fly Bike Werke GmbH in den vergangenen zwei Jahren massiv investiert haben, um ihre Wettbewerbsfähigkeit zu verbessern. Es besteht daher dringender Handlungsbedarf für weitere Investitionen bei der Fly Bike Werke GmbH, um gegenüber den Wettbewerbern nicht zurückzufallen.

Von: Ewa Nowak (Fly Bike Werke GmbH)
An: Cem Samet (Fly Bike Werke GmbH)
Betreff: Finanzierungsmöglichkeiten für weitere Zukunftsinvestitionen

Lieber Herr Samet,

nach einer Analyse der Wettbewerbssituation auf dem Fahrradmarkt sind wir zu dem Schluss gekommen, dass wir neben der kürzlich beschlossenen Kapazitätssteigerung am Standort Oldenburg, weitere Investitionen ins Auge fassen müssen, um langfristig konkurrenzfähig zu bleiben. Wir überlegen daher, welche zusätzlichen Maßnahmen neben der Aufnahme eines Darlehens möglich sind, um den erhöhten Kapitalbedarf für weitere Zukunftsinvestitionen abzudecken.

Machen Sie konkrete Vorschläge, wie solche zusätzlichen Investitionen finanziert werden sollten, und stellen Sie jeweils Vor- und Nachteile dar.

Zusätzliche Informationen:
- Die Gesellschafter sind bereit, sich mit einer Gewinnausschüttung von insgesamt 40 % zufriedenzugeben. Nur im Notfall könnten die Einlagen erhöht werden.
- Die Gesellschafter wären bereit, einen neuen Gesellschafter aufzunehmen, ein geeigneter Kandidat ist bisher aber noch nicht in Sicht.

Bitte reichen Sie Ihre Unterlagen so bald wie möglich schriftlich ein.

Viele Grüße

Ewa Nowak

Arbeitsaufträge

1. Machen Sie sich mit möglichen weiteren Finanzierungsarten vertraut. Nutzen Sie hierfür Arbeitsblatt 61.1.
2. Entwickeln Sie Vorschläge für geeignete Finanzierungsarten im Rahmen der Kapitalaufstockung für weitere Zukunftsinvestitionen.

Arbeitsblatt 61.1 | Finanzierungsarten

Finanzierungsarten

- **Woher stammt das Kapital?**
  - Geld stammt von innerhalb des Unternehmens: ____________________
  - Geld stammt von ____________ des Unternehmens: ____________________
- **Wer ist Kapitalgeber?**
  - Eigentümer = ____________________
    - ____________________
    - offene Selbstfinanzierung
    - • ____________________
    - Finanzierung aus Abschreibungsgegenwerten
  - Gläubiger = ____________________
    - Finanzierung aus Rückstellungsgegenwerten
    - ____________________
      - kurzfristig:
        - • ____________________
        - • ____________________
      - ____________________
        - • ____________________
        - • ____________________
        - • ____________________
  - ____________________
    - ____________________
    - • ____________________
    - ____________________
    - ____________________
    - • ____________________

Arbeitsblatt 61.2 | Finanzierungsarten zuordnen

Benennen Sie die Finanzierungsart und kreuzen Sie an, ob es sich dabei um eine Eigen- oder Fremdfinanzierung, Innen- oder Außenfinanzierung handelt.

Situation	Finanzierungsart	Eigen- oder Fremdfinanzierung?		Innen- oder Außenfinanzierung?	
		eigen	fremd	innen	außen
a Um einen Verwaltungsneubau zu finanzieren, wird eine Hypothek aufgenommen.					
b Eine GmbH nimmt einen neuen Gesellschafter gegen Leistung eines Gesellschafteranteils auf.					
c Eine Aktiengesellschaft bildet freiwillig Rücklagen für zukünftige Betriebserweiterungen.					
d Die Gesellschafter einer GmbH beschließen in der Gesellschafterversammlung, dass der Gewinn des abgelaufenen Geschäftsjahres zu 50 % nicht ausbezahlt, sondern für Rationalisierungsinvestitionen in der Produktion eingesetzt wird.					
e Eine Aktiengesellschaft beschließt auf ihrer Hauptversammlung eine Kapitalerhöhung durch die Ausgabe von neuen Aktien.					
f Es wird ein neuer Gesellschafter ins Unternehmen aufgenommen.					
g Erzielte Gewinne werden vom Unternehmen einbehalten und für Investitionszwecke verwendet.					
h Das Unternehmen nimmt einen Kredit auf.					
i Dem Unternehmen wird eine Maschine geliefert, die erst sechs Wochen später zu bezahlen ist.					
j Ein Unternehmen verkauft ein betriebseigenes Grundstück und schafft für den Erlös zwei neue Lieferwagen an.					
k Nur ein Teil des Jahresüberschusses wird an die Gesellschafter ausgeschüttet. Vom restlichen Gewinn werden Rücklagen gebildet.					

Arbeitsblatt 61.3 | Eigenfinanzierung aus einbehaltenen Gewinnen: OHG

In der Werner & Klausen OHG ist ein Jahresgewinn in Höhe von 356.500,00 € ermittelt worden. Vor der Aufstellung der Bilanz (Bilanz nach vollständiger Ergebnisverwendung) muss der Gewinn noch verteilt werden. Die Regelungen aus dem Gesellschaftsvertrag zur Gewinnverteilung lauten:

- Die Gesellschafter Herr Werner und Herr Klausen erhalten vorab ein monatliches Arbeitsentgelt in Höhe von 3.000,00 €. Frau Klausen, die nur halbtags arbeitet, erhält ein Arbeitsentgelt in Höhe von 1.500,00 € je Monat. Frau Werner arbeitet nicht in der OHG.
- Die Kapitalanteile (vom Geschäftsjahresbeginn) werden mit 4 % verzinst.
- Der Restgewinn wird nach den Kapitalanteilen vom Jahresanfang verteilt.

Ermitteln Sie
a den Gesamtgewinn je Gesellschafter,
b die Kapitalanteile je Gesellschafter am Geschäftsjahresende,
c die Höhe der Selbstfinanzierung der OHG.

Beschluss der Gesellschafterversammlung zur Gewinnverteilung des Jahres 20XX:
Zur Verbesserung der Eigenkapitalausstattung der Werner & Klausen OHG werden aus dem Gewinn des aktuellen Geschäftsjahres in Höhe von 356.500,00 € die Arbeitsentgelte voll und alle anderen Gewinnanteile nur zu 30 % ausgezahlt.

Gesellschafter der OHG	Kapitalanteile am 01.01.20XX	Anteile	Arbeitsentgelte 01.01. bis 31.12.20XX	Verzinsung Kapitalanteile	Restgewinn	Gesamtgewinn	Kapitalanteile am 31.12.20XX
Ole Werner	1.000.000,00						
Simon Klausen	800.000,00						
Anna Klausen	400.000,00						
Lara Werner	400.000,00						
Summen	2.600.000,00						

Arbeitsblatt 61.4 | Eigenfinanzierung aus einbehaltenen Gewinnen: KG

Das Industrieunternehmen Niko Miller KG muss für seinen Jahresabschluss das Eigenkapital der Gesellschaft nach vollständiger Ergebnisverwendung ermitteln. Der zu verteilende Gewinn des Geschäftsjahres beträgt 306.000,00 €. Die Regelungen aus dem Gesellschaftsvertrag zur Gewinnverteilung lauten:

- Die Komplementäre Niko Miller und Dennis Raul erhalten vorab ein Arbeitsentgelt in Höhe von 4.000,00 € pro Monat.
- Die Verzinsung der Kapitalanteile vom Jahresanfang beträgt für alle Gesellschafter 4 %.
- Der Restgewinn wird im Verhältnis der Kapitalanteile vom Jahresanfang verteilt.

Ermitteln Sie
a das Eigenkapital der KG nach der Gewinnverteilung und der vereinbarungsgemäßen Auszahlung von Gewinnanteilen,
b die Höhe der Selbstfinanzierung der KG.

Beschluss der Gesellschafterversammlung zur Gewinnverteilung des Jahres 20XX:
Zur teilweisen Finanzierung einer Betriebserweiterung erhalten die Vollhafter Niko Miller und Dennis Raul von ihrem Gewinn das Arbeitsentgelt und 60 % ihres darüber hinausgehenden Gewinnanteils ausgezahlt. Die Kapitalanteile der Kommanditisten (alle anderen Gesellschafter) erhöhen sich aus ihren Gewinnanteilen um je 5.000,00 €. Darüber hinausgehende Gewinnanteile werden ausgezahlt.

Gesellschafter der KG	Kapitalanteile am 01.01.20XX	Anteile	Arbeitsentgelte 01.01. bis 31.12.20XX	Verzinsung Kapitalanteile	Restgewinn	Gesamtgewinn	Kapitalanteile am 31.12.20XX
Niko Miller	800.000,00						
Dennis Raul	600.000,00						
Yasmin Werner	150.000,00						
Josefine Claset	100.000,00						
Tom Claset	50.000,00						
Kevin Rost	50.000,00						
Summen	1.750.000,00						

Aufgaben

Aufgabe 1
Unterscheiden Sie Innen- und Außenfinanzierung.

Aufgabe 2
Unterscheiden Sie Eigen- und Fremdfinanzierung.

Aufgabe 3
Erklären Sie den Unterschied zwischen einer offenen Selbstfinanzierung und einer stillen Selbstfinanzierung.

Aufgabe 4
Ergänzen Sie die folgende Tabelle.

	Innenfinanzierung	Außenfinanzierung
Fremdfinanzierung		Kreditfinanzierung • kurzfristig • langfristig
Eigenfinanzierung		

Aufgabe 5
Die Walthy AG benötigt zum Kauf einer neuen Fertigungsanlage Kapital in Höhe von 500.000,00 €.

a Nennen und beschreiben Sie eine Form der Eigen- und eine Form der Fremdfinanzierung.

b Worin sehen Sie den Vorteil der Beteiligungsfinanzierung gegenüber der Kreditfinanzierung, wenn die Walthy AG zu einem späteren Zeitpunkt einen zusätzlichen Kredit aufnehmen will?

Aufgabe 6
a Worin liegen die Gemeinsamkeiten der Beteiligungsfinanzierung bei den verschiedenen Gesellschaftsformen?

b Welche Möglichkeiten der Beteiligungsfinanzierung hat die Fly Bike Werke GmbH?

Aufgabe 7
Eine GmbH nimmt einen neuen Gesellschafter auf. Bisher waren die Stammeinlagen wie folgt verteilt:

Gesellschafter	Stammeinlage in €	Anteile	Gewinnanteil in €
A	350.000,00		
B	250.000,00		
C	150.000,00		
D			
Summe			120.000,00

a Ermitteln Sie bei einer Stammeinlage von D = 250.000,00 € und einem Agio von 100 % die Gewinnanteile aller GmbH-Gesellschafter, wenn ein Gewinn von 120.000,00 € erzielt wird und der Gewinn im Verhältnis der Stammeinlage verteilt wird.

b Berechnen Sie die Verzinsung des eingesetzten Kapitals von D im ersten Geschäftsjahr.

Aufgabe 8
Ermitteln Sie den Gesamtgewinn der folgenden Investition für ein Jahr und ziehen Sie aus dem Ergebnis eine Schlussfolgerung.

Verkaufspreis je Stück:	25,00 €
variable Kosten je Stück:	15,00 €
produzierte Menge:	12 000 Stück/Jahr
fixe Kosten:	25.000,00 €/Jahr

Lernsituation 62

Zwischen Kredit und Leasing unterscheiden

FK ▶ TF 12.6 | Kap. 3.5

Situation

Heute findet Cem Samet die folgende E-Mail von Ewa Nowak in seinem E-Mail-Postfach.

Von: Ewa Nowak (Fly Bike Werke GmbH)

An: Cem Samet (Fly Bike Werke GmbH)

Betreff: Fuhrpark: Finanzierungsangebote

Lieber Herr Samet,

für die Erneuerung unseres Fuhrparks sind folgende zwei Angebote eingegangen.

Bitte treffen Sie eine begründete Vorauswahl und stellen Sie mir diese vor.

Viele Grüße

Ewa Nowak

Darlehensvertrag für Selbstständige

Nutzfahrzeuge GmbH

Fahrzeug:	IOCAB Daily
Nettokaufpreis:	31.500,00 €
Anzahlung:	0,00 €
Darlehensvertragssumme:	31.500,00 €
Laufzeit:	48 Monate
monatliche Rate netto:	760,90 €

Darlehensvertrag für Selbstständige

Nutzfahrzeuge GmbH

Fahrzeug:	IOCAB Daily
Leasingrate netto:	520,08 €
Sonderzahlung:	0,00 €
Laufzeit:	48 Monate
Restwert:	13.230,60 €
Kilometer pro Jahr:	20 000

Arbeitsaufträge

1 Welche Gründe sprechen für den Darlehensvertrag? Erläutern Sie.
2 Welche Gründe sprechen für den Leasingvertrag? Erläutern Sie.
3 Für welche Variante sollte die Fly Bike Werke GmbH sich entscheiden?

Arbeitsblatt 62.1 | Kredit- und Leasingfinanzierung I

1 Nennen Sie die wesentlichen Unterschiede zwischen einer Kredit- und einer Leasingfinanzierung.

Unterschiede Kreditfinanzierung – Leasing	
Kreditfinanzierung	Leasing

2 Nennen Sie die Vor- und Nachteile einer Leasingfinanzierung.

Leasing	
Vorteile	Nachteile

Arbeitsblatt 62.2 | Kredit- und Leasingfinanzierung II

1 Wer ist der Leasinggeber beim direkten und beim indirekten Leasing?

Direktes Leasing	Indirektes Leasing
Der Leasinggeber ist	Der Leasinggeber ist

2 Vergleichen Sie das operative Leasing mit dem Finanzierungsleasing.

Vergleichskriterium	Operatives Leasing	Finanzierungsleasing
Laufzeit		
Kündbarkeit		
Träger des Risikos einer Fehlinvestition		

3 Wie kann der Leasinggegenstand nach Ablauf der Grundmietzeit beim Finanzierungsleasing verwendet werden?

Verwendungsmöglichkeit 1	
Verwendungsmöglichkeit 2	
Verwendungsmöglichkeit 3	

4 Welche Kosten entstehen regelmäßig bei einer Kreditfinanzierung und bei einer Leasingfinanzierung?

Kosten bei einer Kreditfinanzierung (Darlehen)	Kosten bei einer Leasingfinanzierung

Aufgaben

Aufgabe 1
Ermitteln Sie, welche Finanzierung in den folgenden Fällen die günstigere ist.

a Fall 1: Anschaffung eines Lkws
Kredit-Angebot der Hausbank:
- Kreditbetrag: 80.000,00 €
- Zinssatz: 3 % pro Jahr
- Kreditlaufzeit: 8 Jahre
- Fälligkeitsdarlehen mit jährlicher Zinszahlung und Kredittilgung am Ende der Laufzeit

Leasing:
- Grundmietzeit: 8 Jahre
- monatliche Leasingrate: 1 % der Anschaffungskosten
- kalkulierter Restwert: 10.000,00 €
- Der Lkw kann am Ende der Grundmietzeit zum Restwert gekauft werden.

b Fall 2: Erwerb einer neuen Lagereinrichtung
Kredit-Angebot der Hausbank
- Kreditbetrag: 50.000,00 €
- Zinssatz: 3,5 % pro Jahr
- Kreditlaufzeit: 6 Jahre
- Fälligkeitsdarlehen mit jährlicher Zinszahlung und Kredittilgung am Ende der Laufzeit

Leasing:
- Grundmietzeit: 6 Jahre
- monatliche Leasingrate: 1,4 % der Anschaffungskosten
- kalkulierter Restwert: 25.000,00 €
- Die Lagereinrichtung kann am Ende der Grundmietzeit zum Restwert gekauft werden.

Aufgabe 2
Ein Industrieunternehmen möchte eine bereits bestehende Lagerhalle mit Bürotrakt auf Dauer nutzen.

Kauf mit Kreditfinanzierung
- Kreditbetrag: 200.000,00 €
- Zinssatz: 4 % pro Jahr
- Kreditlaufzeit: 10 Jahre
- Art des Kredits: Fälligkeitsdarlehen mit jährlicher Zinszahlung am Jahresende und Kredittilgung zum Ende der Kreditlaufzeit

Finanzierungsleasing
- Grundmietzeit: 10 Jahre
- monatliche Leasingrate: 1 % der Anschaffungskosten
- kalkulierter Restwert: 80.000,00 €
- Die Lagerhalle kann am Ende der Grundmietzeit zum Restwert gekauft werden.

a Ermitteln Sie für beide Finanzierungsalternativen die Gesamtzahlungen innerhalb von zehn Nutzungsjahren, wenn die Liegenschaft nach Ablauf der Grundmietzeit zum kalkulierten Restwert gekauft werden kann.

b Nennen Sie drei Vor- und drei Nachteile einer Leasingfinanzierung im Vergleich zu einer Kreditfinanzierung.

Aufgabe 3
Zur Finanzierung einer neuen Maschine benötigt ein Unternehmen ein Darlehen in Höhe von 420.000,00 € (= Anschaffungswert) mit einer Laufzeit von fünf Jahren. Das Darlehen würde mit 8,5 % verzinst und zum Beginn des neuen Geschäftsjahres ausgezahlt. Das Disagio beträgt 5 %.

a Berechnen Sie jeweils die Gesamtkosten bei einem Abzahlungsdarlehen (Ratendarlehen), einem Annuitätendarlehen (der Kapitalwiedergewinnungsfaktor ist selbst zu berechnen!) und einem Fälligkeitsdarlehen (Festdarlehen).

b Eine Leasinggesellschaft würde eine entsprechende Maschine ebenfalls für eine Grundmietzeit von fünf Jahren zur Verfügung stellen. Bei einem kalkulierten Restwert von 120.000,00 € wären die Leasingbedingungen:
- Sonderzahlung bei Übernahme der Maschine: 50.000,00 €
- Leasingrate: 1,6 % vom Anschaffungswert je Monat
- Die Maschine kann am Ende der Grundmietzeit zum Restwert erworben werden.

Welche Finanzierungsart (Leasing oder Kredit) ist für das Unternehmen günstiger?

c Welche Verwendung des Leasinggegenstands nach Ablauf der Grundmietzeit wäre bei diesem Finanzierungsleasing je nach Vertragsgestaltung möglich?

Aufgabe 4
Im Leasingvertrag für einen Pkw ist für eine Leasingdauer von 36 Monaten eine Kilometerleistung von 45 000 km fest vereinbart. Abweichungen bis maximal 2 500 km bleiben unberücksichtigt. Mehrkilometer werden mit 12,7 Cent/km berechnet, Minderkilometer werden mit 8,7 Cent/km bis zu einem Höchstbetrag von 500,00 € vergütet. Mit welchen Zahlungen muss der Leasingnehmer rechnen, wenn er das Fahrzeug mit

a 52 500 km oder mit

b 28 000 km zurückgibt?

Hinweis: Ein vertragsgerechter Zustand des Fahrzeugs wird in beiden Fällen unterstellt.

Kreditsicherheiten bewerten

FK ▶ TF 12.6 | Kap. 4

Situation

Als die Fly Bike Werke GmbH für ihre Betriebserweiterung (siehe Lernsituation 60, Seite 267) ein Darlehen über 200.000,00 € benötigte, war dies nicht ohne Gewährung einer Kreditsicherheit möglich. Nach Überprüfung der Bonität der Fly Bike Werke GmbH machte die Oldenburg-Bank der Geschäftsführerin, Frau Nowak, ein weiteres Angebot. Herr Samet, der Leiter der Abteilung Verwaltung, hatte sich in der Zwischenzeit über die Kosten für die Eintragung einer Grundschuld informiert.

Oldenburg-Bank

Oldenburg Bank, PF 2552, 21620 Oldenburg

Fly Bike Werke GmbH
Rostocker Str. 334
26121 Oldenburg

Es schreibt Ihnen
Elisabeth Lange
Tel. 0441 28XX-88
Fax 0441 28XX-89
Datum 25. 01. 20XX

Finanzierung der Betriebserweiterung

Sehr geehrter Frau Nowak,

wie vereinbart bieten wir Ihnen gerne auch ein Abzahlungsdarlehen an. Die zuvor besprochenen Konditionen können aufgrund Ihrer guten Bonität übernommen werden. In einem persönlichen Beratungsgespräch können wir gerne noch weitere Möglichkeiten zur Finanzierung der Betriebserweiterung erörtern.

Unser Angebot lautet wie folgt:

Gewerbekredit als Fälligkeitsdarlehen:	200.000,00 €
Disagio:	2 % der Darlehenssumme
Nominalzinssatz:	4,5 % pro Jahr
Laufzeit:	10 Jahre

Zur Absicherung unserer Darlehensforderung haben wir vereinbart, dass eine Grundschuld auf das Firmengrundstück Rostocker Str. 334 in 26121 Oldenburg in Höhe von 200.000,00 € eingetragen wird.

Mit freundlichen Grüßen

Oldenburg-Bank

Elisabeth Lange

Elisabeth Lange

Kosten für Eintragung der Grundschuld

Darlehenssumme 200.000,00 €

Notarkosten	
Beurkundung	446,25 €
Schreibgebühren	20,00 €
Postgebühren	12,00 €
Summe Notarkosten	478,25 €
+ 19 % Umsatzsteuer	90,87 €
Rechnungsbetrag des Notars	569,12 €
Grundbuchkosten (mit Briefausstellung	446,25 €
Gesamtkosten (exkl. Umsatzsteuer)	**924,50 €**

Arbeitsaufträge

1 Erstellen Sie für das von der Oldenburg-Bank angebotene Abzahlungsdarlehen den Zins- und Tilgungsplan. Nutzen Sie hierfür das Arbeitsblatt 63.1.

2 Ermitteln Sie die gesamten Kreditkosten (einschließlich Grundschuldeintrag).

3 Welche weiteren Möglichkeiten der Kreditsicherung stehen einem Unternehmen noch zur Verfügung? Erarbeiten Sie im Team die verschiedenen Kreditsicherheiten. Nutzen Sie hierfür das Arbeitsblatt 63.2.

Arbeitsblatt 63.1 | Zins- und Tilgungsplan für das Abzahlungsdarlehen der Oldenburg-Bank

Jahr	Schuld am Jahresanfang	Zinsen	Tilgung	Jährliche Gesamtzahlung	Schuld am Jahresende
1					
2					
3					
4					
5					
6					
7					
8					
9					
10					
Summe					

Arbeitsblatt 63.2 | Kreditsicherheiten im Vergleich

Kredit-sicherheit	Erklärung/Besonderheit	Vorteil aus Sicht des Kreditnehmers	Nachteil aus Sicht des Kreditnehmers	Möglicher betroffener Bilanzposten
Bürgschaft				
Sicherheits-übereignung				
Faustpfand/ Lombard				
Grund-pfandrechte				

Aufgaben

Aufgabe 1
Erläutern Sie die Bedeutung von Kreditsicherheiten.

Aufgabe 2
Fritz Lange ist Inhaber eines Getränke-Abfüllunternehmens. Zur Erweiterung des Fuhrparks will er einen Lkw im Wert von 90.000,00 € beschaffen. Die Hausbank ist bereit, den Kauf zu finanzieren, wenn Herr Lange der Bank eine entsprechende Kreditsicherung anbieten kann. Herr Lange hat eine vermögende Tante, die bereit wäre, ihn zu unterstützen.

a Erläutern Sie, was unter einer Bürgschaft zu verstehen ist.
b Die erforderlichen Verträge (Darlehens- und Bürgschaftsvertrag) werden zwischen den Vertragsparteien rechtswirksam abgeschlossen. Nach einiger Zeit gerät Fritz Lange in Liquiditätsschwierigkeiten und kann mehrere Monatsraten nicht bezahlen. Die Bank wendet sich direkt an die Tante und verlangt von ihr die Zahlung der fälligen Beträge. Welche Formulierung hätten die Vertragsparteien in den Bürgschaftsvertrag aufnehmen müssen, damit die Bank ohne vorherige Zwangsvollstreckung gegen Fritz Lange die fälligen Beträge von seiner Tante verlangen kann? Wie nennt sich diese Art des Bürgschaftsvertrages?

Aufgabe 3
Erklären Sie die Begriffe Kreditfähigkeit, Kreditwürdigkeit und Kreditsicherheit.

Aufgabe 4
Erklären Sie die Besitz- und Eigentumsverhältnisse bei einer Sicherungsübereignung.

Aufgabe 5
Beschreiben Sie den Vorteil, den eine Sicherungsübereignung für den Kreditnehmer gegenüber anderen Kreditsicherheiten hat.

Aufgabe 6
Wenn es schwierig ist, ein ungesichertes Darlehen zu bekommen, kann ein Lombardkredit ein Ausweg sein.

a Definieren Sie den Begriff „Lombardkredit".
b Welche Vermögensgegenstände kommen bei einem Lombardkredit als Pfandobjekte infrage?
c Wer ist bei einem Lombardkredit der Eigentümer und wer ist der unmittelbare Besitzer des Pfandobjekts?
d Bietet ein Lombardkredit dem Kreditgeber eine hundertprozentige Sicherheit? Begründen Sie Ihre Antwort.

Aufgabe 7
Welche Art der Kreditsicherung passt zu den folgenden Bilanzposten?

a Grundstücke und Bauten
b Technische Anlagen und Maschinen
c Betriebs- und Geschäftsausstattung

Aufgabe 8
Um welche Kreditsicherheiten handelt es sich bei den folgenden Aussagen?

a Ein Dritter verpflichtet sich zur Rückzahlung der Schulden, falls der Schuldner nicht zahlen kann.
b Als Sicherheit dient ein Grundstück.
c Der Schuldner überträgt dem Gläubiger das Eigentum an Vermögensgegenständen, die in seinem Besitz bleiben.
d Der Schuldner übergibt dem Kreditgeber Wertgegenstände als Pfand.

Aufgabe 9
Ein Unternehmer benötigt einen Lombardkredit. Folgende Vermögensgegenstände kann er der Bank zur Verfügung stellen. Ermitteln Sie die maximale Kreditsumme.

Vermögensgegenstände	Kurswert	Beleihungsgrenze der Bank	Beleihungswert
Aktien (DAX)	1,2 Mio. €	55%	
Aktien (International)	1,6 Mio. €	42 %	
Anleihen (International)	500.000,00 €	40 %	
Gold in Barren	700.000,00 €	75 %	
Kreditsumme			

Lernsituation 64

Einen Jahresabschluss auswerten

FK ▸ TF 12.6 | Kap. 5

Situation

Herr Sommer, Geschäftsführer der Hochlicht GmbH, Bonn, hat fast alle Jahresabschlusswerte vorliegen. In der nächsten Woche muss er den Jahresabschluss in der Gesellschafterversammlung vorstellen und erläutern.

Arbeitsaufträge

1 Erstellen Sie die Strukturbilanz auf dieser Seite.
2 Ermitteln Sie alle Ergebnisse der GuV-Rechnung (Arbeitsblatt 64.1).
3 Ermitteln Sie alle Kennzahlen und deren Veränderung (Arbeitsblätter 64.2 bis 64.4).

Bilanz der Hochlicht GmbH, Bonn, zum 31.12.20X2 (in €)

Aktiva	Vorjahr (20X1)	Berichtsjahr (20X2)	Passiva	Vorjahr (20X1)	Berichtsjahr (20X2)
A. Anlagevermögen			**A. Eigenkapital**		
I. Immaterielle Vermögensgegenstände	50.000,00	40.000,00	I. Gezeichnetes Kapital	1.500.000,00	1.500.000,00
II. Sachanlagen	4.406.250,00	4.322.600,00	II. Kapitalrücklage	50.000,00	50.000,00
III. Finanzanlagen			III. Gewinnrücklagen	50.000,00	70.000,00
B. Umlaufvermögen			IV. Gewinnvortrag	250,00	750,00
I. Vorräte	462.600,00	698.200,00	V. Jahresüberschuss	172.600,00	215.000,00
II. Forderungen und sonstige Vermögensgegenstände	423.720,00	396.200,00	**B. Rückstellungen**	2.300,00	54.000,00
III. Wertpapiere	2.000,00	6.500,00	**C. Verbindlichkeiten**	3.650.000,00	3.680.100,00
IV. Kassenbestand, Bundesbankguthaben, Guthaben bei Kreditinstituten und Schecks	80.580,00	106.350,00			
	5.425.150,00	5.569.850,00		5.425.150,00	5.569.850,00

Strukturbilanz der Hochlicht GmbH, Bonn, zum 31.12.20X2 für die Auswertung (in €)

Aktiva	Vorjahr (20X1)	Berichtsjahr (20X2)	Passiva	Vorjahr (20X1)	Berichtsjahr (20X2)
Anlagevermögen			Eigenkapital[3]		
Umlaufvermögen			Fremdkapital		
davon • Vorräte			davon • langfristig[4]		
• Forderungen[1]			• kurzfristig[5]		
• flüssige Mittel[2]					
Gesamtvermögen			**Gesamtkapital**		

[1] Alle Forderungen sind kurzfristig.
[2] einschließlich Wertpapiere des Umlaufvermögens
[3] Das Eigenkapital des Vorvorjahres (20X0) betrug 1.700.150,00 €; das Gesamtkapital des Vorvorjahres (20X0) betrug 5.387.000,00 €.
[4] Im Berichtsjahr sind 75 % der Verbindlichkeiten langfristig; im Vorjahr waren 80 % der Verbindlichkeiten langfristig.
[5] einschließlich aller Rückstellungen

Arbeitsblatt 64.1 | Ergebnisse der GuV-Rechnung der Hochlicht GmbH, Bonn

	Vorjahr 20X1 (in €)	Berichtsjahr 20X2 (in €)
Umsatzerlöse	19.249.000,00	23.980.000,00
Bestandserhöhung unfertige und fertige Erzeugnisse	79.305,00	45.000,00
Aktivierte Eigenleistungen	23.240,00	41.509,00
Sonstige betriebliche Erträge	218.000,00	52.000,00
Materialaufwand	10.009.480,00	12.757.360,00
Personalaufwand	6.737.150,00	8.105.240,00
Abschreibungen (auf Anlagen)	528.750,00	518.712,00
Sonstige betriebliche Aufwendungen	1.732.410,00	2.110.240,00
Betriebsergebnis		
Sonstige Zinsen und ähnliche Erträge	14.300,00	17.700,00
Sonstige Zinsen und ähnliche Aufwendungen (Fremdkapitalzinsen)	327.455,00	345.657,00
Finanzergebnis		
Ergebnis vor Steuern		
Steuern	76.000,00	84.000,00
Jahresüberschuss (Gewinn)		

Arbeitsblatt 64.2 | Kennzahlenanalyse I: Vermögens- und Kapitalstruktur der Hochlicht GmbH, Bonn

	Kennzahlen: Formeln	Kennzahlen: Ergebnisse		Kennzahlen: Veränderung	
		Vorjahr	Berichtsjahr	%-Punkte	%
Vermögensstruktur					
Anlagenintensität (Anlagenquote)	$\frac{\text{Anlagevermögen} \cdot 100}{\text{Gesamtvermögen}}$				
Umlaufintensität (Anteil des Umlaufvermögens)	$\frac{\text{Umlaufvermögen} \cdot 100}{\text{Gesamtvermögen}}$				
Vorratsquote	$\frac{\text{Vorräte} \cdot 100}{\text{Gesamtvermögen}}$				
Forderungsquote	$\frac{\text{Forderungen} \cdot 100}{\text{Gesamtvermögen}}$				
Kapitalstruktur					
Eigenkapitalquote	$\frac{\text{Eigenkapital}^{1)} \cdot 100}{\text{Gesamtkapital}^{1)}}$				
Fremdkapitalquote	$\frac{\text{Fremdkapital}^{1)} \cdot 100}{\text{Gesamtkapital}^{1)}}$				
Verschuldungsgrad	$\frac{\text{Fremdkapital}^{1)} \cdot 100}{\text{Eigenkapital}^{1)}}$				

[1)] Hinweis: In der Bilanzanalyse → Eigen-, Fremd- und Gesamtkapital am Geschäftsjahresende

Arbeitsblatt 64.3 | Kennzahlenanalyse II: Anlagendeckung und Liquidität der Hochlicht GmbH, Bonn

Kennzahlen: Formeln		Kennzahlen: Ergebnisse		Kennzahlen: Veränderung	
		Vorjahr	Berichtsjahr	%-Punkte	%
Anlagendeckung					
Deckungsgrad I	$\frac{\text{Eigenkapital}^{1)} \cdot 100}{\text{Anlagevermögen}}$				
Deckungsgrad II	$\frac{(\text{Eigenkapital}^{1)} + \text{langfrist. FK}) \cdot 100}{\text{Anlagevermögen}}$				
Liquidität					
Liquidität 1. Grades	$\frac{\text{flüssige Mittel} \cdot 100}{\text{kurzfristiges Fremdkapital}}$				
Liquidität 2. Grades	$\frac{(\text{flüssige Mittel + Forderungen}) \cdot 100}{\text{kurzfristiges Fremdkapital}}$				
Liquidität 3. Grades	$\frac{\text{Umlaufvermögen} \cdot 100}{\text{kurzfristiges Fremdkapital}}$				

1) Hinweis: In der Bilanzanalyse → Eigenkapital am Geschäftsjahresende

Arbeitsblatt 64.4 | Kennzahlenanalyse III: Rentabilität der Hochlicht GmbH, Bonn

	Kennzahlen: Formeln	Kennzahlen: Ergebnisse		Kennzahlen: Veränderung	
		Vorjahr	Berichtsjahr	%-Punkte	%
Rentabilität					
Eigenkapital-rentabilität	$\frac{\text{Gewinn} \cdot 100}{\text{Eigenkapital}^{1)}}$				
Gesamtkapital-rentabilität	$\frac{(\text{Gewinn} + \text{Fremdkapitalzinsen}) \cdot 100}{\text{Gesamtkapital}^{2)}}$				
Umsatzrentabilität	$\frac{\text{Gewinn} \cdot 100}{\text{Umsatzerlöse}}$				

[1] Hinweis: Die Hochlicht GmbH setzt in der Rentabilitätsanalyse als Eigenkapital folgenden Durchschnittswert an: (AB + EB) : 2
[2] Hinweis: Die Hochlicht GmbH setzt in der Rentabilitätsanalyse als Gesamtkapital folgenden Durchschnittswert an: (AB + EB) : 2

Arbeitsblatt 64.5 | Kennzahlen: Bilanz und GuV-Rechnung

Aktiva	Strukturbilanz (Werte in €)		Passiva
Anlagevermögen	800.000,00	Eigenkapital	1.000.000,00
Umlaufvermögen	703.200,00	Fremdkapital	503.200,00
davon: • Vorräte	158.000,00	davon: • langfristig	300.000,00
• kurzfristige Forderungen	331.800,00	• kurzfristig	203.200,00
• flüssige Mittel	213.400,00		
Summe Vermögen	**1.503.200,00**	**Summe Kapital**	**1.503.200,00**

Werte aus der GuV-Rechnung (in €)			
Umsatzerlöse	5.500.000,00	betriebl. Aufwendungen gesamt	5.163.000,00
Materialaufwand	2.640.000,00	betriebl. Erträge gesamt	5.550.000,00
Personalaufwand	1.375.000,00	Fremdkapitalzinsen	12.000,00
Abschreibungen	302.500,00	Jahresüberschuss nach Steuern	250.000,00
sonstige betriebl. Aufwendungen	845.500,00		

Kennzahl	Formel	Berechnungen, Ergebnisse
Anlagenintensität	$\frac{\text{Anlagevermögen} \cdot 100}{\text{Gesamtvermögen}}$	$\frac{800.000,00 \cdot 100}{1.503.200,00} = 53,22\,\%$
Umlaufintensität		
Eigenkapitalquote		
Fremdkapitalquote		
Deckungsgrad I		
Deckungsgrad II		
Liquidität 1. Grades		
Liquidität 2. Grades		
Liquidität 3. Grades		
Eigenkapitalrentabilität[1]		
Gesamtkapitalrentabilität[2]		
Umsatzrentabilität		

[1] Eigenkapital am Jahresanfang: 750.000,00 €
[2] Gesamtkapital am Jahresanfang: 1.246.800,00 €

Aufgaben

Aufgabe 1

Ergebnisse der FitAct GmbH, Bonn, zum 31.12.20X1

Aktiva — Bilanz der FitAct GmbH, Bonn, zum 31.12.20X1 (Werte in €) — Passiva

Aktiva		Passiva	
A. Anlagevermögen		**A. Eigenkapital**	
I. Sachanlagen	840.000,00	I. Gezeichnetes Kapital	600.000,00
II. Finanzanlagen	210.000,00	II. Kapitalrücklage	200.000,00
B. Umlaufvermögen		III. Gewinnrücklagen	60.000,00
I. Vorräte	1.050.000,00	IV. Gewinnvortrag	5.000,00
II. Forderungen und sonstige Vermögensgegenstände	1.680.000,00	V. Jahresüberschuss	138.000,00
		B. Rückstellungen	445.000,00
III. Wertpapiere	42.000,00	**C. Verbindlichkeiten**	2.730.000,00
IV. Kassenbestand, Bundesbankguthaben, Guthaben bei Kreditinstituten und Schecks	356.000,00		
	4.178.000,00		4.178.000,00

Bonn, 24.03.20X2 *Walter Hermsen, Klaus Hermsen*

Gewinn- und Verlustrechnung der FitAct GmbH, Bonn, zum 31.12.20X1

GuV (Gesamtkostenverfahren) nach § 275 HBG		€
1.	Umsatzerlöse	9.200.000,00
4.	sonstige betriebliche Erträge	276.000,00
5.	Materialaufwand	7.406.000,00
6.	Personalaufwand	1.047.100,00
7.	Abschreibungen	128.800,00
8.	sonstige betriebliche Aufwendungen	506.000,00
10.	Erträge aus anderen Wertpapieren u. Ausleihungen d. Finanzanlagevermögens	10.500,00
11.	sonstige Zinsen und ähnliche Erträge	50.000,00
12.	Abschreibungen auf Finanzanlagen u. Wertpapiere d. Umlaufvermögens	4.000,00
13.	Zinsen und ähnliche Aufwendungen	147.200,00
14.	Steuern vom Einkommen und vom Ertrag	110.400,00
15.	Ergebnis nach Steuern	
16.	sonstige Steuern	49.000,00
17.	Jahresüberschuss	

Informationen aus dem Anhang zur Bilanz und zur GuV-Rechnung der FitAct GmbH, Bonn, zum 31.12.20X1 (Auszüge)

- Gesamtbetrag der Verbindlichkeiten mit einer Restlaufzeit von mehr als einem Jahr: 300.000,00 €
- Gesamtbetrag der Verbindlichkeiten mit einer Restlaufzeit bis zu einem Jahr: 2.430.000,00 €
- Alle Forderungen haben eine Restlaufzeit bis zu einem Jahr.
- Die Rückstellungen für Pensionen betragen 385.000,00 €.

a Ermitteln Sie aus den Ergebnissen der FitAct GmbH für 20X1 die nachfolgenden Werte in € vor der Ergebnisverwendung.

Aktiva — Strukturbilanz (Werte in €) — Passiva

Aktiva		Passiva	
Anlagevermögen	______	Eigenkapital	______
Umlaufvermögen	______	Fremdkapital	______
davon:		davon:	
• Vorräte	______	• langfristig[2]	______
• kurzfristige Forderungen	______	• kurzfristig	______
• flüssige Mittel[1]	______		
Summe Vermögen	______	Summe Kapital	______

[1] einschließlich Wertpapiere des Umlaufvermögens
[2] einschließlich Pensionsrückstellungen (alle anderen Rückstellungen sind kurzfristiges Fremdkapital)

b Ein Brancheninformationsdienst hat für das Geschäftsjahr 20X1 durchschnittliche Kennzahlen der Branche veröffentlicht.

ba Berechnen Sie die entsprechenden Kennzahlen für die FitAct GmbH im Geschäftsjahr 20X1 auf Basis der unter a ermittelten Werte und der Jahresabschlussergebnisse.

bb Vergleichen Sie die Kennzahlen der FitAct GmbH mit den Branchendurchschnittswerten. Analysieren Sie die Ergebnisse im Hinblick auf die wirtschaftliche Situation der FitAct GmbH zum Geschäftsjahresende 20X1.

Kennzahl	Branchendurchschnitt	FitAct GmbH
Eigenkapitalquote	14,5 %	
Anlagenintensität	15,7 %	
Deckungsgrad II	129,6 %	
Liquidität 2. Grades	78,7 %	
Eigenkapitalrentabilität[1]	4,2 %	
Gesamtkapitalrentabilität[2]	3,2 %	
Umsatzrentabilität	1,4 %	

[1] Eigenkapital am Jahresanfang: 865.000,00 €
[2] Gesamtkapital am Jahresanfang: 4.200.000,00 €

Aufgabe 2
Ein Industrieunternehmen (GmbH) ermittelt am Geschäftsjahresende folgende Werte (alphabetische Aufzählung):

Bilanz- und GuV-Werte	Zuordnung[1]	Beträge
Abschreibungen		40.000,00 €
Aufwendungen für die Inanspruchnahme von Rechten und Diensten sowie für Kommunikation		20.000,00 €
Betriebliche Steuern		45.000,00 €
Betriebs- und Geschäftsausstattung		120.000,00 €
Flüssige Mittel		80.000,00 €
Forderungen aus Lieferungen und Leistungen		120.000,00 €
Fremdinstandhaltung		50.000,00 €
Gewinnrücklagen		50.000,00 €
Gezeichnetes Kapital		450.000,00 €
Grundstücke und Gebäude		400.000,00 €
Langfristige Bankverbindlichkeiten (Darlehen)		240.000,00 €
Löhne und Gehälter, soziale Aufwendungen		1.020.000,00 €
Materialaufwand		4.750.000,00 €
Provisionserträge		150.000,00 €
Rückstellungen		80.000,00 €
Technische Anlagen und Maschinen		250.000,00 €
Umsatzerlöse für eigene Erzeugnisse		5.850.000,00 €
Verbindlichkeiten aus Lieferungen und Leistungen		180.000,00 €
Vorräte		80.000,00 €
Zinsaufwendungen (Fremdkapitalzinsen)		30.000,00 €
Zinserträge		5.000,00 €

[1] Abkürzungen siehe Aufgabenstellung unten

Ermitteln Sie:

Anlagevermögen (AV)	€
Umlaufvermögen (UV)	€
Gesamtvermögen	€
Eigenkapital einschließlich Jahresüberschuss (EK)	€
Fremdkapital (FK)	€
Gesamtkapital	€
Erträge (E)	€
Aufwendungen (A)	€
Jahresüberschuss	€
Gesamtkapitalrentabilität (GK am Jahresanfang: 950.000,00 €)	%
Eigenkapitalrentabilität (EK am Jahresanfang: 500.000,00 €)	%

Aufgabe 3

Ein Unternehmen veröffentlicht folgende Jahresabschlusswerte:

Aktiva	Strukturbilanz (Werte in €)		Passiva
Anlagevermögen	800.000,00	Eigenkapital[1]	500.000,00
Umlaufvermögen	1.600.000,00	Fremdkapital[2]	1.900.000,00
davon:		davon:	
• Vorräte	500.000,00	• langfristig	700.000,00
• kurzfristige Forderungen	720.000,00	• kurzfristig	1.200.000,00
• flüssige Mittel	380.000,00		
Summe Vermögen	**2.400.000,00**	**Summe Kapital**	**2.400.000,00**

[1] Eigenkapital am Jahresanfang: 350.000,00 € [2] Fremdkapital am Jahresanfang: 1.800.000,00 €

Werte aus der GuV-Rechnung (in €):	
Umsatzerlöse	5.500.000,00
Fremdkapitalzinsen	65.000,00
Jahresüberschuss	150.000,00

Ermitteln Sie für dieses Unternehmen die Kennzahlen zur Vermögens-, Finanz- und Ertragslage.
Hinweis: Alle Kennzahlen sind ggf. auf eine Nachkommastelle kaufmännisch zu runden.

Aufgabe 4

Ermitteln Sie die fehlenden Werte sowie

a die Liquidität 1. Grades,
b die Liquidität 2. Grades,
c den Deckungsgrad I,
d den Deckungsgrad II,
e die Eigenkapitalquote,
f die Fremdkapitalquote,
g den Verschuldungsgrad.

Aktiva	Vorjahr (in Tsd. €)	Berichtsjahr (in Tsd. €)
Sachanlagen	5.500	5.000
Finanzanlagen	4.500	4.000
Summe des Anlagevermögens		
Vorräte	2.000	1.900
Forderungen	2.500	2.200
flüssige Mittel	500	900
Summe des Umlaufvermögens		
Gesamtvermögen		

Passiva	Vorjahr (in Tsd. €)	Berichtsjahr (in Tsd. €)
gezeichnetes Kapital	5.000	5.000
Gewinnrücklagen	500	450
Summe Eigenkapital		
langfristige Rückstellungen	500	450
langfristige Verbindlichkeiten	4.500	6.080
Summe langfristiges Fremdkapital		
kurzfristige Rückstellungen	50	70
kurzfristige Verbindlichkeiten	4.450	1.950
Summe kurzfristiges Fremdkapital		
Gesamtkapital		

Selbsteinschätzung TF 12.6

Ich kann ...	Kann ich	Kann ich nicht
Investitionen		
1 ... die Investition von der Finanzierung unterscheiden.		
2 ... verschiedene Investitionsarten unterscheiden.		
3 ... die einzelnen Verfahren zur Investitionsrechnung nennen und erklären.		
4 ... entscheiden, wann ich welche Investitionsrechnung anwende.		
Kurzfristige Kredite		
1 ... einen Kontokorrentkredit von einem Lieferantenkredit unterscheiden.		
2 ... den Finanzierungserfolg einer Skontozahlung ermitteln.		
Langfristige Kredite		
1 ... Fälligkeits-, Annuitäten- und Abzahlungsdarlehen unterscheiden.		
2 ... Fälligkeits-, Annuitäten- und Abzahlungsdarlehen berechnen.		
3 ... mich anhand von Kriterien situationsbedingt für eine Darlehensart entscheiden.		
Weitere Finanzierungsmöglichkeiten		
1 ... Eigen- und Fremdfinanzierung unterscheiden.		
2 ... Innen- und Außenfinanzierung unterscheiden.		
3 ... verschiedene Varianten der Eigenfinanzierung beschreiben.		
Kredit und Leasing		
1 ... direktes vom indirekten Leasing unterscheiden.		
2 ... verschiedene Leasingarten nennen und erklären.		
3 ... eine Leasingrate berechnen.		
4 ... eine Vergleichskalkulation zwischen Leasing und Kreditkauf vornehmen.		
5 ... Leasing, Kauf und Miete abgrenzen.		
Kreditsicherheiten		
1 ... verschiedene Möglichkeiten der Kreditsicherung nennen und beschreiben.		
2 ... den Unterschied zwischen Personalsicherheiten und Realsicherheiten erläutern.		
3 ... die Sicherungsübereignung vom Faustpfand unterscheiden.		
Jahresabschluss		
1 ... eine Bilanz für die Jahresabschlussanalyse aufbereiten.		
2 ... Kennzahlen zur Bilanzanalyse (Vermögensstruktur, Kapitalstruktur, Anlagendeckung und Liquidität) ermitteln und auswerten.		
3 ... eine Gewinn- und Verlustrechnung für die Jahresabschlussanalyse aufbereiten.		
4 ... Kennzahlen zur Erfolgsanalyse (Eigenkapitalrentabilität, Gesamtkapitalrentabilität und Umsatzrentabilität) ermitteln und auswerten.		

Ziele und Aufgaben des Personalwesens erkennen

FK ▶ TF 12.7 | Kap. 1

Situation

Wie jedes Jahr bietet die Fly Bike Werke GmbH ein zweiwöchiges Schülerpraktikum für Schülerinnen und Schüler der nahe gelegenen Ludwig-Erhard Schule an. Frau Linden bittet die Auszubildenden Jenny Liu und Elias Schumacher um ihre Mithilfe bei der Vorbereitung des Praktikums.

Von: Veruschka Linden (Fly Bike Werke GmbH)

An: Jenny Liu, Elias Schumacher (Fly Bike Werke GmbH)

Betreff: Präsentation „Ziele und Aufgaben des Personalwesens" für Praktikanten

Liebe Frau Liu, lieber Herr Schumacher,

ab kommendem Montag werden wieder einige Schülerinnen und Schüler der Ludwig-Erhard-Schule ein zweiwöchiges Schülerpraktikum bei uns absolvieren. Wie in den vergangenen Jahren auch, habe ich Einsatzpläne für die einzelnen Praktikanten erstellt, damit sie einen möglichst umfassenden Einblick in unsere Betriebsabläufe bekommen.

Mit Frau Nowak habe ich mich darauf verständigt, dass die Praktikanten nicht im Personalwesen eingesetzt werden sollen, da wir großen Wert auf den Schutz der personenbezogenen Daten unserer Mitarbeiterinnen und Mitarbeiter legen.

Weil die Aufgaben des Personalwesens aber unserer Meinung nach wichtige betriebliche Prozesse darstellen, möchten wir die Praktikanten trotzdem über diesen Unternehmensbereich informieren. Bitte bereiten Sie zu diesem Zweck eine kurze Präsentation zu den Zielen und Aufgaben der Personalwirtschaft vor.

Vielen Dank im Voraus für Ihre Unterstützung.

Veruschka Linden

Arbeitsaufträge

1 Bearbeiten Sie den Arbeitsauftrag von Frau Linden in Gruppenarbeit.
   - a Informieren Sie sich über die verschiedenen Ziele und Aufgaben der Personalwirtschaft in Ihrem Fachbuch.
   - b Besprechen Sie in der Gruppe die einzelnen Ziele und Aufgabenbereiche und erläutern Sie diese mithilfe des Arbeitsblattes 65.1.
   - c Präsentieren Sie Ihre Arbeitsergebnisse anhand Ihres ausgefüllten Arbeitsblattes 65.1.

Arbeitsblatt 65.1 | Ziele und Aufgaben der Personalwirtschaft

Ziele der Personalwirtschaft

Aufgaben der Personalwirtschaft	
Aufgabe	Erläuterung
Personalbedarfs-planung	
Personalbeschaffung und -auswahl	
Optimierung der menschlichen Arbeitsleistung	
Personalentlohnung	
Personalfreisetzung	
Berücksichtigung betrieblicher Mitbestimmungs-rechte	

Aufgaben

Aufgabe 1

Die Rheintaler Brunnen GmbH & Co. KG, ein mittelständischer Getränkeproduzent, plant die Anschaffung einer vollautomatischen Abfüllanlage im Wert von 1,4 Mio. € für den Bereich der kohlensäurehaltigen Erfrischungsgetränke. Diese Maßnahme hätte zur Folge, dass in dem Arbeitsbereich „Abfüllung" statt acht angelernter Arbeiter nur noch eine Fachkraft erforderlich ist. Erläutern Sie, welche Aufgabenbereiche des Personalwesens durch die geplante Maßnahme berührt werden.

Aufgabe 2

Nennen Sie für die folgenden Vorgänge jeweils den zugehörigen Aufgabenbereich der Personalwirtschaft.

a Veruschka Linden gibt auf Anweisung von Ewa Nowak für einen Mitarbeiter der Endmontage eine Prämie von 300,00 € in die EDV ein, die der Mitarbeiter im folgenden Monat erhalten soll.

b Kim Beck gibt bei Veruschka Linden ihre Kündigung ab, da sie nach Berlin zieht.

c Um die Arbeitsstelle von Kim Beck neu zu besetzen, formuliert Veruschka Linden eine Stellenanzeige für eine Jobbörse im Internet.

d Frau Nowak und Frau Linden planen Schulungsmaßnahmen für verschiedene Mitarbeiter der Produktion.

e Cem Samet bespricht mit der Personalsachbearbeiterin Veruschka Linden, anhand welcher Kriterien sie die Bewerbungsunterlagen für eine frei gewordene Stelle im Einkauf beurteilen soll.

f Veruschka Linden legt dem Betriebsrat der Fly Bike Werke GmbH die getroffene Einstellungsentscheidung für die frei gewordene Stelle im Einkauf und die Bewerbungsunterlagen vor.

g Veruschka Linden ermittelt anhand von Daten aus dem Personalinformationssystem, ob in nächster Zeit in der Fly Bike Werke GmbH mit Personalabgängen (z. B. wegen Renteneintritts oder Mutterschutz bzw. Elternzeit) zu rechnen ist.

Aufgabe 3

Eines der wichtigsten Ziele der Personalarbeit besteht darin, das Unternehmen (auch zukünftig) mit Fachkräften zu versorgen.

a Beschreiben und interpretieren Sie die untenstehende Grafik „Was Unternehmen bieten".

b Erklären Sie, welche Aufgaben der Personalwirtschaft in der Grafik angesprochen werden.

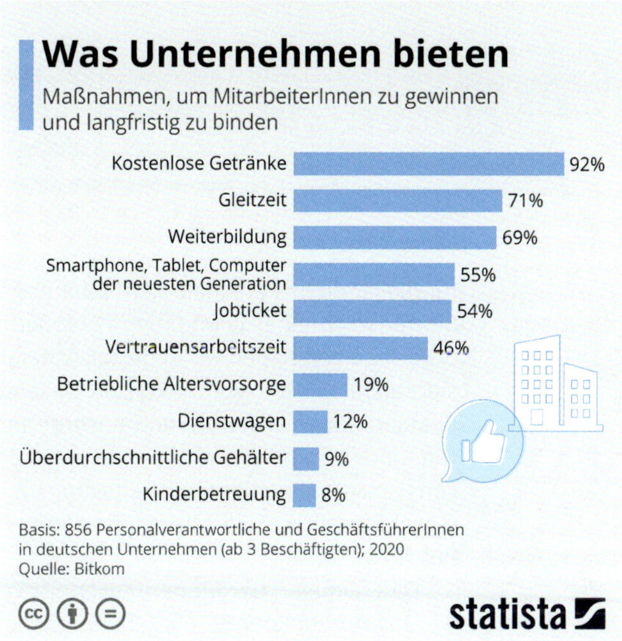

Lernsituation 66

Den zukünftigen Personalbedarf planen

FK ▶ TF 12.7 | Kap. 2

Situation

Cem Samet hat für eine Besprechung mit der Geschäftsführerin Ewa Nowak über die jährliche Personalbedarfsplanung einige Informationen zusammengestellt, um erforderliche Personalbeschaffungen und -freisetzungen vorbereiten zu können. Er bittet Veruschka Linden um Unterstützung.

Von: Cem Samet (Fly Bike Werke GmbH)

An: Veruschka Linden (Fly Bike Werke GmbH)

Betreff: Personalbedarfsplanung Abteilung Produktion

Liebe Frau Linden,

für die jährliche Personalbedarfsplanung benötige ich Ihre Unterstützung. Bitte führen Sie für mich eine quantitative Personalbedarfsplanung für die Abteilung Produktion durch. Zurzeit haben wir in dieser Abteilung einen Soll-Bestand von 20 Stellen. Diese sind auch alle mit Vollzeitkräften besetzt, sodass der aktuelle Ist-Bestand dem Soll-Bestand entspricht. Aufgrund unserer anhaltend positiven Umsatzentwicklung möchten wir den Soll-Bestand aber entsprechend der prognostizierten Umsatzzahlen anpassen (Umsatz aktuelles Geschäftsjahr = 7 Mio. € / prognostizierter Umsatz kommendes Geschäftsjahr = 7,35 Mio. €). Folgende Personalveränderungen in der Abteilung sind bekannt:

- Dirk Sammer, der für den Zuschnitt verantwortlich ist, geht in den Ruhestand.
- Der Auszubildende Elias Schumacher (bisher im Personalbestand nicht erfasst) beendet seine Ausbildung in Kürze und soll in der Produktionsabteilung übernommen werden, wahrscheinlich auf der Stelle von Herrn Sammer.
- Pauline Rekate kommt aus dem Mutterschutz zurück, wird in der Endmontage aber bis auf Weiteres nur mit einer halben Stelle zur Verfügung stehen.
- Der befristete Arbeitsvertrag des Mitarbeiters Oliver Hübner (Endmontage) läuft zum 31. 03. aus. Er hat bereits angefragt, ob der Vertrag verlängert wird, und die Abteilungsleiterin Margot Rother und ich haben bereits zugestimmt.
- Luisa Wohlleben (Arbeitsplanung) geht ab dem 01. 02. (voraussichtlich für drei Jahre) in Elternzeit.
- Die Mitarbeiterin Rika Boberg (Endmontage) möchte in Teilzeit gehen (50 %). Wir werden ihrem Wunsch entsprechen.
- Für die Endmontage wurde bereits erfolgreich eine Personalbeschaffung durchgeführt. Luca Brandes wird unser Team zum 01. 01. verstärken.
- Die Mutterschutzfrist von Marit Glaner beginnt am 14. 02. Sie hat mir bereits mitgeteilt, dass sie danach direkt mindestens zwei Jahre Elternzeit nehmen wird.

Herzliche Grüße

Cem Samet

Arbeitsaufträge

1 Helfen Sie Veruschka Linden bei ihrer Aufgabe und führen Sie die quantitative Personalbedarfsplanung für die Abteilung Produktion mithilfe des Arbeitsblatts 66.1 durch.

2 Fassen Sie die Vorgehensweise bei der quantitativen Personalbedarfsplanung in Arbeitsblatt 66.2 stichwortartig zusammen.

Arbeitsblatt 66.1 | Personalbedarfsrechnung

Fly Bike Werke GmbH

Personalbedarfsplan

		Abteilung			
		Einkauf/ Logistik	Produktion	Verwaltung	Vertrieb
	aktueller Ist-Personalbestand				
voraussichtliche Personalabgänge	– Renteneintritt				
	– Arbeitnehmerkündigungen				
	– Arbeitgeberkündigungen				
	– Ablauf befristeter Arbeitsverträge				
	– Versetzung				
	– Beginn Mutterschutz/Elternzeit				
	– Stundenreduzierungen im Rahmen der Teilzeitarbeit				
	– sonstige Gründe				
	= Personalbestand nach Abgängen				
voraussichtliche Personalzugänge	+ Übernahme von Auszubildenden				
	+ Versetzung				
	+ Rückkehr aus Mutterschutz/ Elternzeit				
	+ feststehende Einstellungen				
	+ Stundenaufstockungen von Teilzeitarbeitkräften				
	+ sonstige Gründe				
	= voraussichtlicher Personalbestand				
Ergebnis der Personalbedarfsrechnung	Neu- bzw. Ersatzbedarf				
	Minderbedarf				
	zukünftiger Soll-Personalbestand				

Arbeitsblatt 66.2 | Quantitative Personalbedarfsplanung

aktueller Ist-Personalbestand

erhöht sich durch Personalzugänge, z. B. wegen

verringert sich durch Personalabgänge, z. B. wegen

Aus einem Vergleich mit dem geplanten Soll-Personalbestand (ggf. ermittelt mit der Kennzahlenmethode) kann sich ergeben:

Ersatzbedarf

Erläuterung:

Neubedarf

Erläuterung:

Minderbedarf

Erläuterung:

Kennzahlenmethode

Erläuterung:

Folgesituation

Ewa Nowak und Cem Samet haben heute Vormittag die Personalbedarfsplanung der Fly Bike Werke GmbH für das kommende Geschäftsjahr besprochen. Unter anderem wurde beschlossen, dass zum 1. August 20XX die neue Stelle einer Webdesignerin bzw. eines Webdesigners geschaffen und besetzt werden soll. Die permanente Pflege des Internetauftritts der Fly Bike Werke GmbH, die bisher von einem externen Dienstleister durchgeführt wurde, soll zukünftig durch eigenes Personal erfolgen. Herr Samet beauftragt heute mit folgender interner Mail Veruschka Linden mit der Erstellung einer Stellenbeschreibung.

Von: Cem Samet (Fly Bike Werke GmbH)

An: Veruschka Linden (Fly Bike Werke GmbH)

Betreff: Personalbeschaffung Webdesigner(-in)

Guten Morgen, Frau Linden,

in der heutigen Besprechung mit Frau Nowak haben wir uns darauf verständigt, zum 01. 08. die Stelle eines Webdesigners zu schaffen und zu besetzen, damit wir die Pflege des Internetauftritts zukünftig im Unternehmen durchführen können. Wir wollen einen Internetauftritt realisieren, der optisch immer zeitgemäß ist, permanent aktualisiert wird und noch attraktiver ist als bisher. Bitte übernehmen Sie die Erstellung der neuen Stellenbeschreibung.

Der oder die neue Mitarbeiter/-in soll vor allem Frau Dioli (Private Label/Marketing) entlasten. Sie hat bisher die Abstimmung mit dem externen Dienstleister übernommen und hat Grundkenntnisse in der Programmierung von Webinhalten. Sie könnte den neuen Mitarbeiter bei Abwesenheit auch vertreten – und umgekehrt. Wie alle Mitarbeiter im Vertrieb muss der neue Webdesigner in hohem Maß mit den Mitarbeiterinnen und Mitarbeitern aus allen Abteilungen im Team zusammenarbeiten können.

Konkret soll die oder der Neue unseren Onlineauftritt kreativ gestalten und Internetseiten mit Bildern, Texten und interaktiven Bestandteilen programmieren. Dabei muss insbesondere die Benutzerfreundlichkeit beachtet werden. Auch muss die oder der Neue in ständigem Kontakt mit den Abteilungsleitern stehen und deren Ideen und Wünsche kreativ im Internetauftritt umsetzen. Zusätzlich soll er oder sie unsere Unternehmenspräsenz in den gängigen sozialen Netzwerken aufbauen und pflegen. Letztendlich ist er oder sie für die permanente Funktionsfähigkeit und Korrektheit unseres gesamten Onlineauftritts verantwortlich, auch in rechtlicher Hinsicht. Über die Gestaltung der Internetseiten entscheidet die oder der Neue eigenständig.

Bezüglich der erforderlichen Qualifikationen kann ich Ihnen leider keine Informationen geben, da fehlt mir vor allem das IT-Verständnis. Bitte recherchieren und entscheiden Sie!

Herzliche Grüße

Cem Samet

Arbeitsauftrag

1 Erstellen Sie mithilfe von Arbeitsblatt 66.3 die erforderliche Stellenbeschreibung. Treffen Sie gegebenenfalls sinnvolle Annahmen oder recherchieren Sie (z. B. die Qualifikationen) im Internet.

Arbeitsblatt 66.3 | Stellenbeschreibung

STELLENBESCHREIBUNG

FLY BIKE Werke GmbH

1. Stellenbezeichnung:
2. Abteilung:
3. Stelleninhaber:

4. Vorgesetzter:
5. Weisungsberechtigt gegenüber:
6. Vertritt:
7. Wird vertreten von:

8. Hauptaufgabe und Stellenziel:

9. Einzelaufgaben:

10. Verantwortung und Befugnisse:

11. Anforderungen:

Aufgaben

Aufgabe 1

Im Rahmen der Personalbedarfsplanung der Möblia AG, einem Produzenten von Büromöbeln, haben Sie die Aufgabe, den Stellenplan der Verkaufsabteilung auf Grundlage folgender Informationen zu aktualisieren.

- Der aktuelle Ist-Bestand entspricht dem aktuellen Soll-Bestand, mit Ausnahme des Bereichs „Sachbearbeiter/-in Marketing", der aufgrund einer kurzfristigen Arbeitnehmerkündigung um eine Vollzeitstelle unterbesetzt ist.
- Für die Planungsperiode wird mit einem Umsatzrückgang von 8 % gerechnet, der sich direkt auf den Personalbedarf der Sachbearbeiterebene „Auftragsbearbeitung" auswirken soll. Für die weiteren Stellenarten wird davon ausgegangen, dass der Umsatzrückgang den Personalbedarf nicht beeinflusst.
- Marlies Gosda (Sachbearbeiterin Kalkulation) kehrt mit einer vollen Stelle aus der Elternzeit zurück. Sie hat Interesse daran geäußert, mit reduzierter Stundenzahl zu arbeiten.
- Werner Wichers (Gruppenleiter Auftragsbearbeitung) geht zum Ende der Planungsperiode in Ruhestand.
- Die Auszubildende Marina Lewandowski (wurde im Stellenplan bisher nicht erfasst) soll als Sachbearbeiterin (geplant ist der Bereich Auftragsbearbeitung) übernommen werden.

Möblia AG	**Stellenplan „Abteilung Verkauf"**				
Stellenart	Tarifgruppe	Ist-Bestand	Zu-/Abgänge	Soll-Bestand	Personalbedarf
Abteilungsleiter/-in	G8	1			
Gruppenleiter/-in	G5–6	4			
Sachbearbeiter/-in Auftragsbearbeitung	G3–4	6			
Sachbearbeiter/-in Marketing	G3–4	2			
Sachbearbeiter/-in Reklamationen	G3–4	2			
Sachbearbeiter/-in Kalkulation	G3–4	2,5			

Aufgabe 2

Geben Sie auf Grundlage des von Ihnen aktualisierten Stellenplans der Abteilung Verkauf in der Möblia AG (siehe Aufgabe 1) konkrete Handlungsempfehlungen.

Aufgabe 3

In der Konzernzentrale der Centy AG, eines großen Handelsunternehmens, soll die Personalabteilung umorganisiert werden. Zukünftig sollen sich die zwölf Sachbearbeiterinnen und Sachbearbeiter der Personalabteilung um spezielle Aufgabenfelder kümmern.

Im Zuge der Umorganisation möchte der Abteilungsleiter Sascha Mahler auch die Stellenbeschreibungen aller Mitarbeiterinnen und Mitarbeiter erneuern.

a Erstellen Sie einen Vorschlag für eine mögliche Stellenbeschreibung von Amelie Seidel, die künftig als Sachbearbeiterin den Bereich „Personalplanung" bearbeiten wird. Berücksichtigen Sie, dass sich Amelie Seidel und die Sachbearbeiterin Personalverwaltung, Tanja Nagel, gegenseitig bei Krankheit oder Urlaub vertreten sollen.

b Beschreiben Sie drei mögliche Situationen, in denen diese Stellenbeschreibung hilfreich ist.

Aufgabe 4
Bei der Wolff GmbH in Mainz hat der Auszubildende Jens Lübkemann eine Stellenbeschreibung erstellt. Leider sind die Zeilen durcheinandergeraten. Ordnen Sie die folgenden Elemente einer Stellenbeschreibung zu, indem Sie die Ziffern in die Felder eintragen.

1 Stellenbezeichnung
2 Abteilung
3 Stelleninhaber
4 Vorgesetzter
5 Weisungsberechtigt gegenüber
6 Vertritt
7 Wird vertreten von
8 Hauptaufgaben und Stellenziel
9 Einzelaufgaben
10 Verantwortung und Befugnisse
11 Anforderungen

Stellenbeschreibung Wolff GmbH

Abteilungsleiter / -in Allgemeine Verwaltung	☐
Gruppenleiter / -in Einkauf	☐ ☐
Der Stelleninhaber ist dafür verantwortlich, dass eingehende und ausgehende Post im Unternehmen zügig, effizient und sicher bearbeitet wird. Er entscheidet über die Formen der Postbeförderung.	☐
Sachbearbeiter Posteingang und Sachbearbeiter Postausgang	☐
Organisation aller Arbeitsabläufe des Posteingangs und -ausgangs	☐
Sylvia Schrader	☐
Gruppenleiter / -in Einkauf	☐
• kaufmännische Ausbildung • Organisationsfähigkeit • Mitarbeiterführung • Kenntnisse über die verschiedenen Möglichkeiten zur Beförderung von Ausgangspost • Verschwiegenheit	☐
Gruppenleiter / -in Postwesen	☐
• Personaleinsatzplanung der Sachbearbeiter Posteingang und Postausgang • Kontrolle der ordnungsgemäßen Kuvertierung und Frankierung • Beschaffung der Brief- und Versandumschläge • ...	☐
Allgemeine Verwaltung	

Aufgabe 5

a Führen Sie für ein Unternehmen aufgrund der Informationen in der folgenden Tabelle die Personalbedarfsplanung für das erste Quartal durch.

b Beschreiben Sie Maßnahmen, die Sie auf Basis der durchgeführten Planung treffen würden.

Personalbedarfsplan 1. Quartal					
	Abt. Einkauf	Abt. Produktion	Abt. Vertrieb	Abt. Verwaltung	Insgesamt
Bestand zu Beginn der Periode	16	12	18	14	
Bekannte Gründe für Abgänge in der Periode					
Pensionierung		1		1	
Wirksame Kündigungen des Arbeitgebers			1		
Änderungskündigung/abgebende Abteilung			1		
Kündigung durch Arbeitnehmer	1				
Beförderung	1				
Versetzung		1			
Abgang freiwilliges soziales Jahr					
Abstellung Fortbildung				1	
Mutterschutz/Elternzeit					
Sonstige Gründe					
Summe der Abgänge					
Bestand nach Abgängen					
Bekannte Gründe für Zugänge in der Periode					
Übernahme aus Ausbildungsverhältnis	1				
Beförderung		1			
Versetzung				1	
Änderungskündigung/aufnehmende Abteilung		1			
Rückkehr freiwilliges soziales Jahr	1				
Rückkehr Fortbildung			1		
Rückkehr Mutterschutz/Elternzeit			1	1	
Sonstige Gründe	1				
Summe der Zugänge					
Bestand am Ende der Periode					
Zu planende Personalfreisetzungen					
Zu planende Neueinstellungen					
Geplanter Personalbestand	14	14	16	10	

Personal beschaffen und Stellenanzeigen formulieren

FK ▶ TF 12.7 | Kap. 3.1

Situation

Nach Fertigstellung der Stellenbeschreibung findet Veruschka Linden den nebenstehenden Zettel von Cem Samet auf ihrem Schreibtisch.

C. Samet → V. Linden

Ein/-e Webdesigner/-in soll zum 01.01.20X7 eingestellt werden (Art der Bewerbung: Onlinebewerbung). Bitte
- Stellenanzeige entwerfen (Vorbereitung mit Leitfaden)
- Medium für Stellenanzeige vorschlagen

Fly Bike Werke GmbH

FLY BIKE Werke GmbH

Leitfaden zur Vorbereitung einer Stellenanzeige

zu besetzende Stelle	
Medium (ggf. mehrere)	
Informationen über unser Unternehmen	
Einstellungstermin und ggf. Befristung	
Aufgaben/Tätigkeiten	
gewünschte Qualifikationen	
Wir bieten	
Bewerbungsfrist	
gewünschte Art der Bewerbung	
Ansprechpartner/ Bewerbungsanschrift	

Arbeitsauftrag

1 Übernehmen Sie die Aufgaben von Frau Linden. Nutzen Sie die Stellenbeschreibung aus Lernsituation 66.

Arbeitsblatt 67.1 | Möglichkeiten der Personalbeschaffung

Möglichkeiten der Personalbeschaffung

innerbetrieblich ( )	**außerbetrieblich** ( )
Erläuterung:	Erläuterung:
Beispiele:	Beispiele:
Vorteilc:	Vorteile:

Recht des Betriebsrats bei der Art der Personalbeschaffung

Aufgaben

Aufgabe 1

Erläutern und interpretieren Sie das nebenstehende Schaubild.

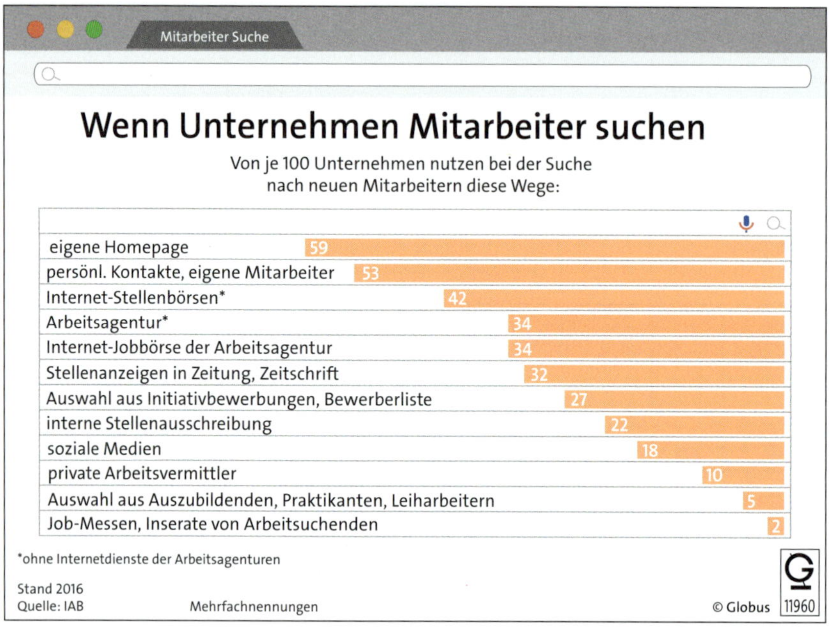

Aufgabe 2

In der Fly Bike Werke GmbH soll zum 1. Januar 20X7 auch die Stelle des Sachbearbeiters Versand neu besetzt werden, da der derzeitige Stelleninhaber Robert Gilles gekündigt hat.

a Wägen Sie ab, ob die Stelle intern oder extern besetzt werden sollte. Berücksichtigen Sie dabei vor allem auch Kostenaspekte.

b Neben einer internen Ausschreibung der Stelle soll zeitgleich auch eine Stellenanzeige in einer Oldenburger Tageszeitung veröffentlicht werden (siehe unten abgedruckte Stellenanzeige).

Ordnen Sie die folgenden Bestandteile einer Stelleanzeige zu, indem Sie die Ziffern an den richtigen Stellen in die Kreise eintragen.

1 Leistungen des Unternehmens
2 Bewerbungsfrist
3 Adressat der Bewerbungsunterlagen
4 Anforderungen
5 Name des Unternehmens und Unternehmensvorstellung
6 Einstellungstermin
7 Stellenbezeichnung
8 Aufgaben/Tätigkeiten

Fly Bike Werke GmbH

FLY BIKE Werke GmbH

○

Wir sind eine ein mittelständischer Produzent von hochwertigen Fahrrädern und suchen zum 1. Januar 20X7 zur Verstärkung ○
eine/einen Sachbearbeiter/-in Versand (m/w/d). ○

Ihr Aufgabengebiet umfasst alle Tätigkeiten im Rahmen des Versands unserer Produkte einschließlich der eigenverantwortlichen Auswahl angemessenen Versandmaterials. ○

Sie haben
- eine abgeschlossene Ausbildung als Fachlagerist/-in (m/w/d) und ○
- können selbstständig und teamorientiert arbeiten.

Dann freuen wir uns auf Ihre qualifizierte Bewerbung bis zum 15.10.20X6 ○
per E-Mail an Frau Veruschka Linden (v.linden@flybike-werke.dex). ○

Freuen Sie sich auf ein vielseitiges und erweiterbares Aufgabengebiet, eine leistungsgerechte Bezahlung und flexible Arbeitszeiten. ○

c Herr Samet möchte die Stelle der Sachbearbeiterin bzw. des Sachbearbeiters Versand (siehe Aufgabe 2b) nun auch in der Online-Stellenbörse Jobstone veröffentlichen. Bitte füllen Sie das Formular aus.

JobStone

1. Angaben zum Stellenangebot

Art der Stelle	☐ Arbeitsstelle ☐ Ausbildungsstelle
Bezeichnung der Stelle	
Stellenbeschreibung (max. 1 000 Zeichen)	
Stellenanforderungen	
Tätigkeitsbeginn	TT __ MM __ JJJJ __

2. Angaben zum Unternehmen

Firma	
Branche	
Straße und Hausnummer	
Postleitzahl	
Ort	
Land	

Bewerbungsverfahren durchführen und Arbeitsverträge unterscheiden

FK ▶ TF 12.7 | Kap. 3.2–3.4

Situation

Auf die Stellenanzeige der Fly Bike Werke GmbH (vgl. Lernsituation 67) sind inzwischen drei Online-Bewerbungen für die neue Stelle einer Webdesignerin/eines Webdesigners eingegangen, die interessant erscheinen. Der Verwaltungsleiter Cem Samet beauftragt die Sachbearbeiterin Veruschka Linden mit der Organisation des anstehenden Personalauswahlverfahrens.

Von: Cem Samet (Fly Bike Werke GmbH)

An: Veruschka Linden (Fly Bike Werke GmbH)

Betreff: Personalauswahlverfahren: Webdesigner(-in)

Liebe Frau Linden,

auf unsere Stellenanzeige sind inzwischen drei Online-Bewerbungen eingegangen (siehe beigefügte Anhänge 1 bis 3). Ich habe aus den Bewerbungsunterlagen die wichtigsten Informationen zusammengefasst und im Mailanhang beigefügt. Bitte unternehmen Sie die anstehenden Schritte der Personalauswahl. Nehmen Sie mithilfe der in unserer Personalabteilung verwendeten Entscheidungstabelle eine erste Beurteilung der Bewerberinnen und Bewerber anhand der Informationen aus den Bewerbungsunterlagen vor und planen Sie bitte auch schon den Ablauf eines eintägigen Assessment-Centers am 15.04.20XX, zu dem wir die drei Bewerberinnen und Bewerber einladen werden.

Herzliche Grüße

Cem Samet

Arbeitsaufträge

Unterstützen Sie Veruschka Linden, indem Sie die folgenden Arbeitsaufträge bearbeiten.

1 Beschreiben Sie, was Herr Samet von Frau Linden erwartet.

2 Treffen Sie eine erste Vorauswahl bezüglich der Eignungen der Bewerberinnen und Bewerber anhand der Informationen aus den Online-Bewerbungen. Nutzen Sie für einen objektiven Vergleich Ihre in Lernsituation 66 (Arbeitsblatt 66.3) erstellte Stellenbeschreibung, Ihre in Lernsituation 67 erstellte Stellenanzeige und die Entscheidungstabelle zur Personalauswahl in Arbeitsblatt 68.1. Ergänzen Sie hier zunächst bei Bedarf weitere sinnvolle Kriterien zur Bewerberauswahl und vergleichen Sie dann die Bewerberinnen und Bewerber mithilfe der Nutzwertanalyse.

3 Legen Sie sechs Kriterien fest, anhand derer Sie in einem Assessment-Center eine weitere Beurteilung der Bewerberinnen und Bewerber vornehmen wollen. Nutzen Sie hierfür Ihre Fachkunde und das Arbeitsblatt 68.2. Begründen Sie kurz, welche sechs Kriterien Sie ausgewählt haben.

4 Erstellen Sie einen Ablaufplan für das durchzuführende Assessment-Center. Überlegen Sie sich sinnvolle, stellenbezogene Aufgaben, die von Ihnen mit denen in Arbeitsauftrag 3 festgelegten Kriterien beobachtet und beurteilt werden können.

E-Mail-Anhänge:

Informationen zur Bewerberin Nicole Krietenstein: Frau Krietenstein ist 24 Jahre alt, verheiratet, hat eine einjährige Tochter und lebt in Oldenburg. Sie hat vor fünf Jahren an einer Fachoberschule ihre Fachhochschulreife erworben (Durchschnittsnote 2,1). Danach hat sie eine Ausbildung zur Mediengestalterin bei einem großen Handelskonzern absolviert (Abschlussprüfung: 78 Punkte – befriedigend). Sie schreibt, dass in ihrem Ausbildungsbetrieb eine Übernahme wegen „Schwierigkeiten" mit einem Abteilungsleiter nicht möglich war. Deswegen befindet sie sich seit knapp einem Jahr in einer Aushilfsbeschäftigung als Kassiererin in einem Supermarkt. Während ihrer Schulzeit hat sie ein dreiwöchiges Praktikum in einer Drogerie in der Innenstadt von Oldenburg absolviert. Sie hat gute Englischkenntnisse, sehr gute Kenntnisse in MS-Word, MS-Excel und MS-Access und Grundkenntnisse in MS-Publisher. Vor zwei Jahren hat sie einen VHS-Kurs „Neuerungen in Office" besucht. In ihrem Ausbildungszeugnis wird eine schnelle Auffassungsgabe, Selbstständigkeit, Engagement und Kreativität hervorgehoben. Sie hat Print- und Onlinemedien entworfen und realisiert sowie Websites mit HTML programmiert. Auffallend wird ihre Stärke bei individuellen Arbeiten hervorgehoben, während das Verhältnis zu Vorgesetzten und Kollegen eher nicht gut war. Frau Krietenstein kann uns ab dem 01.10.20XX zur Verfügung stehen.

Informationen zum Bewerber Jörg Möller: Herr Möller ist 25 Jahre alt, ledig und wohnt in Bremen. Er hat vor sechs Jahren den Realschulabschluss gemacht und danach eine dreijährige Ausbildung zum Groß- und Außenhandelskaufmann bei einem großen deutschen Handelsunternehmen für Sanitärkeramik und Armaturen absolviert. In diesem Unternehmen wurde er nach der Ausbildung als Webbetreuer des Online-Shops übernommen und ist dort nach wie vor in ungekündigter Stellung tätig. Uns stünde er zum 01.12.20XX zur Verfügung. Direkt nach der Ausbildung hat er berufsbegleitend ein 18-monatiges Fernstudium zum Webdesigner an der Medienakademie Hamburg absolviert (Gesamtnote 2,3 / Inhalte u. a. Webdesign, Adobe Photoshop, Websiteerstellung in HTML und CSS, Programmierung interaktiver Inhalte mit JavaScript, rechtliche Grundlagen des Internets, Online-Marketing und Social-Media-Marketing). Im Arbeitszeugnis werden ihm hervorragende Programmierkenntnisse, Sorgfalt, eine schnelle Auffassungsgabe, Belastbarkeit und Flexibilität bescheinigt. Seine kreativen Fähigkeiten werden mit „im Großen und Ganzen zur Zufriedenheit" bescheinigt. Bei Vorgesetzten und Mitarbeitern war er anscheinend außerordentlich beliebt.

Informationen zur Bewerberin Annina Kühme: Frau Kühme ist 23 Jahre alt, verheiratet, hat zwei Söhne (1 und 3 Jahre) und wohnt in Leer. Nach dem Abitur (Durchschnittsnote 1,4) hat sie zunächst ein Lehramtsstudium begonnen (Mathematik und Sport), das sie aber nach zwei Semestern abgebrochen hat. Direkt im Anschluss hat sie eine zweieinhalbjährige Ausbildung zur Kauffrau für Marketingkommunikation in einer großen Hamburger Werbeagentur (Prüfungsnote 2,8) absolviert. In ihrem Ausbildungsbetrieb wurde sie als Sachbearbeiterin Personalwesen übernommen und übt diese Stelle jetzt seit etwa einem Jahr aus. Vor zwei Monaten hat sie einen dreimonatigen Lehrgang (Gesamtumfang 120 Stunden) zur IHK-Fachkraft Webdesign (Inhalte u. a. Adobe Photoshop, Webdesign und HTML, Digitalfotografie, Interaktive Websites, Animationstechniken) abgeschlossen. Sie spielt Fußball in der 2. Damenfußballmannschaft von Werder Bremen. Im Ausbildungszeugnis werden ihr Fleiß, ein hohes Maß an Kreativität und überdurchschnittlicher Leistungswille bescheinigt. Im dritten Ausbildungsjahr wurde Frau Kühme aufgrund ihrer sehr guten Kommunikations- und Teamfähigkeiten bereits mit eigenständiger Kundenbetreuung betraut. Wegen ihrer freundlichen und hilfsbereiten Art war sie bei Vorgesetzten und Mitarbeitern beliebt.

Arbeitsblatt 68.1 | Entscheidungstabelle zur Personalauswahl

Auswahlkriterien	Gewichtungsfaktor (GF)	Nicole Krietenstein		Jörg Möller		Annina Kühme	
		Einzelpunkte (EP)	Gesamtpunkte (GP)	Einzelpunkte (EP)	Gesamtpunkte (GP)	Einzelpunkte (EP)	Gesamtpunkte (GP)
Fachkenntnisse							
Berufserfahrung							
Teamfähigkeit							
Kreativität							
Eintrittstermin							
Summe							

Hinweise zur Durchführung: Die grundsätzliche Vorgehensweise entspricht jener beim qualitativen Angebotsvergleich per Nutzwertanalyse im Rahmen der Beschaffung von Waren oder Werkstoffen (Fachkunde, Themenfeld 12.2, Kap. 1.4.2).

Bitte gehen Sie folgendermaßen vor:

1. Ergänzen Sie bei Bedarf weitere stellenbezogene Auswahlkriterien.
2. Überlegen Sie, welchen Stellenwert die einzelnen Auswahlkriterien für die durchzuführende Personalauswahl haben. Ordnen Sie den Auswahlkriterien entsprechende Prozentwerte als Gewichtungsfaktoren zu. Die Summe der Gewichtungsfaktoren muss 100 ergeben.
3. Vergeben Sie für jedes Kriterium Einzelpunkte an die Bewerber. Nutzen Sie die Skala von 1 („Kriterium nicht erfüllt") bis 10 („Kriterium voll erfüllt").
4. Ermitteln Sie jeweils die Gesamtpunkte durch Multiplikation der Einzelpunkte mit den Gewichtungsfaktoren (GP = EP · GF).
5. Addieren Sie für jeden Bewerber die Gesamtpunkte und ermitteln Sie den „besten Bewerber" anhand der Summen.

Arbeitsblatt 68.2 | Kriterien der Personalauswahl

FLY BIKE Werke GmbH

Kriterien der Personalauswahl zur Vorbereitung von Auswahlinstrumenten (Beispiele)
→ Kreuzen Sie jene Kriterien an, die für die anstehende Personalauswahl bedeutsam sind.

1. Fachliche Kompetenzen

- ☐ Bildungsabschluss (z. B. Art des Abschlusses, Durchschnittsnote)
- ☐ Berufsausbildung (z. B. Art der Ausbildung, Note der Prüfung)
- ☐ Berufserfahrung (z. B. Art der Tätigkeit, Branche, Dauer der Tätigkeit)
- ☐ Weiterbildungen (z. B. Art der Weiterbildung, Umfang, Zeitpunkt)
- ☐ Fachwissen (z. B. technische Kenntnisse, Programmierkenntnisse)
- ☐ Fachliche Fertigkeiten (z. B. handwerkliches Geschick, Kraft, Geschicklichkeit)

2. Soziale Kompetenzen

- ☐ Teamfähigkeit (Fähigkeit, sich in eine Gruppe einzubringen und einzuordnen)
- ☐ Kommunikationsfähigkeit (Ausdruck, Wortwahl, Verständlichkeit, Richtigkeit)
- ☐ Einfühlungsvermögen (Fähigkeit, sich in andere hineinversetzen zu können)
- ☐ Kooperationsbereitschaft (Bereitschaft, sich mit anderen abzustimmen)
- ☐ Führungsfähigkeit (Fähigkeit, andere Mitarbeiter zu leiten und zu motivieren)
- ☐ Delegationsfähigkeit (Fähigkeit, Aufgaben und Verantwortung abzugeben)

3. Persönliche Kompetenzen

- ☐ Kreativität (Fähigkeit, etwas Neues oder Originelles zu erschaffen)
- ☐ Belastbarkeit (Fähigkeit, einer hohen Belastung lange standzuhalten)
- ☐ Genauigkeit (Fähigkeit, Arbeiten exakt und präzise auszuführen)
- ☐ Motivation (dauerhafte Bereitschaft zur Leistungserbringung)
- ☐ Selbstständigkeit (Bearbeitung von Aufgaben ohne erforderliche Anweisung)
- ☐ Flexibilität (Fähigkeit, sich schnell auf neue Situationen einzustellen)

4. Methodische Kompetenzen

- ☐ Auffassungsgabe (Fähigkeit, Sachverhalte schnell zu verstehen und zu erfassen)
- ☐ Analytisches Denken (Fähigkeit, Probleme zu erkennen und zu durchdringen)
- ☐ Problemlösefähigkeit (Fähigkeit, für Probleme Lösungen zu entwickeln)
- ☐ Zielstrebigkeit (Fähigkeit, das Handeln ständig an einem Ziel auszurichten)
- ☐ Entscheidungsfähigkeit (Fähigkeit, schnelle Entscheidungen zu treffen)
- ☐ Organisationsfähigkeit (Fähigkeit zur effektiven Planung und gezielten Umsetzung)

Arbeitsblatt 68.3 | Instrumente der Personalauswahl

1. Analyse der Bewerbungsunterlagen	
Zu den Bewerbungsunterlagen gehören z. B.:	Kriterien zur Bewertung der Unterlagen:

2. Assessment-Center

Erläuterung:

Vorteile gegenüber Einstellungstests:

Nachteile gegenüber Einstellungstests:

3. Vorstellungsgespräche	
Informationen für das Unternehmen:	Informationen für den Bewerber:

Arbeitsblatt 68.4 | Arten von Arbeitsverträgen

Vervollständigen Sie das Schaubild, indem sie die genannten Arten von Arbeitsverträgen erläutern.

Unbefristete Arbeitsverträge:

Befristete Arbeitsverträge:

Arten von Arbeitsverträgen

Minijobs:

Praktikumsverträge:

Aufgaben

Aufgabe 1

Sie stoßen in einer Online-Jobbörse auf die folgende Stellenanzeige.

a Nennen Sie typische Inhalte einer Stellenanzeige, die in dem Beispiel fehlen.

b Begründen Sie, ob die Stellenanzeige gegen das Allgemeine Gleichbehandlungsgesetz verstößt.

WorldWideJobs.dex

Suche:

Wo:

→ Zurück zur Ergebnisliste

Stellenanzeigen

Huber + Wilms KG

Wir suchen zur Verstärkung unseres Kaufmännischen Bereichs eine attraktive

Sachbearbeiterin.

Wenn Sie eine abgeschlossene Ausbildung haben, nicht älter als 25 Jahre sind, Deutsch als Muttersprache sprechen und teamorientiert arbeiten können, freuen wir uns auf Ihre Bewerbung.

Da unsere kaufmännischen Mitarbeiter bei Bedarf auch im Lager eingesetzt werden, bevorzugen wir Bewerber, die körperlich uneingeschränkt belastbar sind.

Haben Sie Interesse an einem attraktiven Aufgabengebiet und einer leistungsgerechten Bezahlung? Dann bewerben Sie sich am besten sofort!

Aufgabe 2

Die Stein AG stellt jedes Jahr vier Auszubildende für die Ausbildung zum Kaufmann / zur Kauffrau für Büromanagement ein. Erstellen Sie jeweils einen Katalog an Auswahlkriterien, der

a bei der Analyse der Bewerbungsunterlagen und

b im Rahmen eines Assessment-Centers berücksichtigt werden könnte.

Aufgabe 3

Begründen Sie, warum die Stein AG im Rahmen des Auswahlverfahrens für die Ausbildungsplätze zu Kaufleuten für Büromanagement (siehe Aufgabe 2) ein Assessment-Center einem klassischen Einstellungstest vorzieht.

Aufgabe 4

Bei einem Automobilproduzenten soll die Stelle eines Einkaufsleiters in der Sparte Elektroautos neu besetzt werden.

a Nennen Sie fünf sinnvolle Möglichkeiten der Personalbeschaffung.

b Vergleichen Sie Ihre fünf Vorschläge unter dem Aspekt, dass eine möglichst große Zahl an Bewerbern gewünscht ist, und wählen Sie unter diesem Aspekt die vielversprechendste Möglichkeit aus. Begründen Sie Ihre Auswahl.

c Nennen Sie acht Kriterien, die Sie bei der Personalauswahl berücksichtigen würden.

Aufgabe 5

In der Boberg KG liegen nach einer Stellenanzeige auf der Homepage des Unternehmens 18 Bewerbungen für die Stelle des Sachbearbeiters Rechnungswesen vor. Welche Instrumente der Personalauswahl schlagen Sie vor? Begründen Sie Ihre Wahl.

Aufgabe 6

Auf eine Stellenanzeige eines Automobilproduzenten für die Stelle eines „Qualitätsingenieurs Elektrofahrzeuge“, die auf der eigenen Homepage veröffentlicht wurde, liegen zum Bewerbungsschluss nur zwei Bewerbungen vor. Beschreiben Sie, wie das Unternehmen den Bewerberkreis vergrößern könnte.

Aufgabe 7

In der Stein KG muss die Stelle des IT-Systemadministrators neu besetzt werden. Beschreiben Sie, welchen Nutzen die Stellenbeschreibung im Rahmen des Auswahlverfahrens hat.

Aufgabe 8
Vervollständigen Sie den folgenden Lückentext zum Allgemeinen Gleichbehandlungsgesetz mithilfe der folgenden Wörter:

Behinderungen – Bewerber – Mitarbeiter – geschlechtsneutral – Antidiskriminierungsgesetz – ethnische Herkunft – Alter – Geschlecht

Das Allgemeine Gleichbehandlungsgesetz

Mit diesem Gesetz wird das Ziel verfolgt, dass weder ______________________ noch ______________________ auf eine Stelle diskriminiert, d. h. aufgrund der im Gesetz genannten Merkmale benachteiligt, werden. Es wird deswegen umgangssprachlich auch als ______________________ bezeichnet. Vor allem im Rahmen der Personalbeschaffung und -auswahl dürfen Aspekte wie ______________________ die ______________________, das ______________________ oder das ______________________ eines Bewerbers keinen Einfluss auf die Einstellungsentscheidung haben. Deswegen müssen beispielsweise Stellenausschreibungen ______________________ und ohne Angabe eines gewünschten Alters formuliert werden.

Aufgabe 9
Veruschka Linden bereitet in der Fly Bike Werke GmbH gerade die Arbeitsverträge für zwei neue Mitarbeiter/-innen vor. Da die Disponentin Ann-Kathrin Nemitz in wenigen Wochen eine dreijährige Elternzeit beginnt, soll für diese Zeit Benjamin Neumann eingestellt werden. Zudem soll die Bewerberin Anne Schöppchen als weitere Mitarbeiterin in der Endmontage eingestellt werden, um die weiterhin zunehmende Auftragslage bewältigen zu können. Cem Samet möchte, dass auch dieser Arbeitsvertrag befristet abgeschlossen wird.

a Begründen Sie, ob für den Arbeitsvertrag von Benjamin Neumann eine Befristung für drei Jahre rechtlich möglich ist.
b Begründen Sie, für welchen Zeitraum der Arbeitsvertrag von Anne Schöppchen maximal befristet abgeschlossen werden darf.
c Begründen Sie, warum Arbeitgeber wie die Fly Bike Werke GmbH häufig einen Teil der Arbeitsverträge als befristete Arbeitsverträge abschließen.
d Beschreiben Sie, welches weitere Instrument der externen Personalbeschaffung Unternehmen zur Verfügung steht, um zeitlich befristeten Personalbedarf zu decken.

Leistungsbereitschaft und Leistungsvermögen der Mitarbeiter fördern

FK ▸ TF 12.7 | Kap. 4

Situation

Ewa Nowak frühstückt morgens gerne in aller Ruhe, bevor sie zur Arbeit fährt. Auch eine ausgiebige Zeitungslektüre gehört für sie immer dazu. Heute stößt sie beim Frühstück im Wirtschaftsteil der Tageszeitung auf den folgenden Artikel, der ihr Interesse weckt.

Geld ist doch nicht alles – was Mitarbeiter motiviert und bindet

Der demografische Wandel fordert stärkere Mitarbeiterorientierung

Frankfurt am Main. Eine aktuelle Studie des Meinungsforschungsinstituts Telmind wurde am vergangenen Freitag beim jährlichen Kongress der hessischen Industrie- und Handelskammern intensiv diskutiert. Das Meinungsforschungsinstitut hat deutschlandweit 5 000 Arbeitnehmer nach ihrer Zufriedenheit mit ihrem Arbeitgeber befragt. Auffallend ist, dass im Vergleich zu früheren Studien die Höhe des Gehalts deutlich weniger Einfluss auf die Mitarbeiterzufriedenheit und -motivation hat. Stattdessen wünschen sich viele Arbeitnehmer eine flexiblere Arbeitszeitgestaltung durch Arbeitszeitmodelle wie Gleitzeit oder eine flexible Lebensarbeitszeit. Die Vereinbarkeit von Privatleben und Beruf ist in den Augen der Befragten bei vielen Arbeitgebern nicht möglich. Darunter leidet die Leistungsbereitschaft und zudem nimmt die Neigung zu, den Arbeitgeber zu verlassen.

Dr. Jörg Heuke von der IHK Fulda meint hierzu, dass in vielen Unternehmen ein Umdenken erfolgen müsste. „Der demografische Wandel ist längst auf dem Arbeitsmarkt in Form eines zunehmenden Fachkräftemangels spürbar. Die Verhandlungspositionen der Arbeitnehmer verbessern sich und führen schon jetzt dazu, dass sich qualifizierte Arbeitskräfte jene Arbeitgeber aussuchen können, bei denen das Gesamtpaket aus Bezahlung, flexibler Arbeitszeitgestaltung, demokratischem Führungsstil und erfüllendem Aufgabengebiet passt. Unternehmen müssen verstärkt Anreize schaffen, um Mitarbeiter zu motivieren und zu binden sowie attraktiv für potenzielle Bewerber zu sein. Modelle wie Gleitzeit, Teilzeit oder Sabbaticals leisten hierzu einen erheblichen Beitrag. Auch durch verschiedene Gestaltungsformen der Arbeitsorganisation wie Job-Rotation, Job-Enlargement oder Job-Enrichment kann Mitarbeiterzufriedenheit – und damit Leistungsbereitschaft und Mitarbeiterbindung – gefördert werden. Die persönlichen Wünsche der Mitarbeiter beschränken sich eben nicht nur auf monetäre Aspekte."

Quelle: Autorentext

Im Laufe des Tages sucht Frau Nowak das Gespräch mit dem Verwaltungsleiter Cem Samet. Am Ende des Gesprächs sind sich beide einig, dass sie eine Arbeitsgruppe gründen, die alle Bereiche und alle Stellen des Unternehmens hinsichtlich Verbesserungsmöglichkeiten bei der Arbeitszeitgestaltung und Arbeitsorganisation untersucht. Sie wollen diesem Aspekt zukünftig größere Aufmerksamkeit schenken, damit die Leistungsbereitschaft und Bindung der Mitarbeiter gefördert wird und das Unternehmen noch attraktiver für Bewerberinnen und Bewerber wird.

Arbeitsaufträge

1 Informieren Sie sich mithilfe des Artikels auf der vorangegangenen Seite und der Fachkunde über flexible Arbeitszeitmodelle und fassen Sie diese in Arbeitsblatt 69.1 stichwortartig zusammen. Bedenken Sie, dass Vorteile sowie Nachteile für den Arbeitnehmer (AN) und / oder Arbeitgeber (AG) bestehen.

2 Nehmen Sie zu Ihren Ergebnissen aus Arbeitsauftrag 1 das Organigramm der Fly Bike Werke GmbH hinzu und formulieren Sie für jedes Arbeitszeitmodell aus Arbeitsblatt 69.1 einen begründeten Vorschlag, in welchem Unternehmensbereich das jeweilige Modell sinnvoll einsetzbar ist. Sie können auch vorschlagen, dass es für alle Mitarbeiter einsetzbar ist.

3 Vervollständigen Sie das Arbeitsblatt 69.2 zu Führungsstilen und Führungsmethoden. Begründen Sie anschließend, welcher Führungsstil und welche Führungsmethoden Ihrer Meinung nach geeignet wären, um in der Fly Bike Werke GmbH die Mitarbeitermotivation und -bindung zu fördern.

4 Verschaffen Sie sich mithilfe der Fachkunde einen Überblick über die verschiedenen Gestaltungsformen der Arbeitsorganisation. Vervollständigen Sie anschließend die folgende Tabelle mit kurzen stichwortartigen Erläuterungen der vier Gestaltungsformen. Ergänzen Sie dann jeweils ein eigenes Beispiel, wie die jeweilige Gestaltungsform der Arbeitsorganisation in der Fly Bike Werke GmbH zur Anwendung kommen könnte. Nutzen Sie hierfür auch das Organigramm und die Personalliste des Unternehmens.

Gestaltungsformen der Arbeitsorganisation	
Job Rotation	
Erläuterung:	Beispiel:
Job Enlargement	
Erläuterung:	Beispiel:
Job Enrichment	
Erläuterung:	Beispiel:
Teilautonome Arbeitsgruppen	
Erläuterung:	Beispiel:

Arbeitsblatt 69.1 | Flexible Arbeitszeitmodelle

Arbeitszeitmodelle mit Erläuterung	Vorteile	Nachteile
Schichtarbeit:		
Gleitzeit:		
Teilzeit:		
Flexible Lebensarbeitszeit:		
Homeoffice und Mobileoffice:		
Vertrauensarbeitszeit:		

Arbeitsblatt 69.2 | Führungsstile und Führungsmethoden

Führungsstile		
Kriterien	**Autoritärer Führungsstil**	**Kooperativer Führungsstil**
Wie finden Entscheidungen statt?		
Welche Rolle spielen die untergeordneten Mitarbeiter?		
Wie ist das Verhältnis zwischen Vorgesetztem und Mitarbeiter?		

Führungsmethoden

Management-by-Exception

Erläuterung:

Management-by-Objectives

Erläuterung:

Management-by-Delegation

Erläuterung:

Arbeitsblatt 69.3 | Personalentwicklung

Vorteile der Personalentwicklung

für den Arbeitgeber:

für den Arbeitnehmer:

Formen der Personalentwicklung (Erläuterungen)

Aufgaben

Aufgabe 1
In der Rheintaler Brunnen GmbH & Co. KG findet gerade eine Sitzung der Jugend und Auszubildendenvertretung statt. Im Rahmen des Tagesordnungspunktes „Personalentwicklung“ stellt Meike Kracht die Forderung auf, die berufliche Fort- und Weiterbildung auszuweiten. Unterstützen Sie Meike Kracht, indem Sie mindestens fünf Argumente für eine Intensivierung der Fort- und Weiterbildung nennen und erläutern.

Aufgabe 2
Ordnen Sie den unten beschriebenen Beispielen jeweils die gewählte Maßnahme zur Arbeitsorganisation zu.

1 Job-Rotation
2 Job-Enlargement
3 Job-Enrichment
4 Teilautonome Arbeitsgruppen

a Daniela Pieper hat in der Vergangenheit in der Porta KG an mehreren Auswahlverfahren mitgewirkt. Zukünftig führt sie die Personalauswahl der neuen Auszubildenden eigenständig durch.	
b Für die Entwicklung einer neuen Werbekampagne der Buchenstork Schuhe GmbH wurde ein Projektteam mit Uwe Dittmer, Sabine Meyer und Jacques Schneider gegründet, die die Projektdurchführung selbst organisieren.	
c Die Mitarbeiter der Goldregen Einkaufszentrum GmbH werden wochenweise abwechselnd in der Kundenberatung und an der Kasse eingesetzt.	
d In der Drogerie AG war Ulrich Knollmann bisher für die Kreditorenbuchhaltung zuständig. Ab sofort kümmert er sich auch um die Debitorenbuchhaltung.	

Aufgabe 3
Rechts sehen Sie ein Schaubild zu den Arbeitszeitmodellen der Arbeitnehmerinnen und Arbeitnehmer in Deutschland aus dem Jahr 2010.

a Erläutern Sie das Schaubild. Berücksichtigen Sie dabei auch die Anmerkung zu dem Bereich „starre Arbeitszeitregelung“.
b Begründen Sie, warum man in dem Schaubild Arbeitsverhältnisse mit wechselnden, vom Arbeitgeber vorgegebenen Zeiten mit bei der starren Arbeitszeitregelung erfasst hat.
c Stellen Sie Vermutungen an, wie sich die Statistik seit dem Jahr 2010 verändert haben könnte. Begründen Sie Ihre Vermutungen.
d Erläutern Sie den Unterschied zwischen „Arbeitszeitkonto“, „Gleitzeit bei fester täglicher Arbeitszeit“ und „völlig flexibel“.

Aufgabe 4
In der P. Hennesmayer Motorenfabrik GmbH beschwert sich der Produktionsleiter ständig bei der Geschäftsführung, dass bei krankheits- oder urlaubsbedingten Ausfällen von Mitarbeitern die Produktionsbereitschaft gefährdet ist, weil andere Mitarbeiter nicht flexibel genug qualifiziert sind, um die Aufgaben der ausfallenden Kollegen zu übernehmen. Begründen Sie, mit welcher Gestaltungsform der Arbeitsorganisation dieses Problem langfristig behoben werden könnte.

Aufgabe 5
Ordnen Sie zu, ob es sich bei den folgenden Aspekten um:
1 einen Vorteil des demokratischen Führungsstils,
2 einen Nachteil des demokratischen Führungsstils,
3 einen Vorteil des autoritären Führungsstils oder
4 einen Nachteil des autoritären Führungsstils
handelt.

a Gefahr eines schlechten Betriebsklimas	
b höhere Motivation der untergeordneten Mitarbeiter	
c schnelle Entscheidungsfindung	
d besseres Verhältnis zwischen Vorgesetztem und Mitarbeitern	
e hohe Fluktuation	
f lange Entscheidungsprozesse durch Diskussionen	
g tendenziell bessere Entscheidungen durch Teamwork	
h Gefahr psychischer Probleme für die Mitarbeiter durch „hohen Druck“	

Aufgabe 6
In der Fly Bike Werke GmbH wird die Auszubildende Jenny Liu seit vier Monaten in der Vertriebsabteilung ausgebildet. Schwerpunktmäßig bearbeitet sie dort Reklamationen der Fachhändler – immer in Absprache mit der Sachbearbeiterin Sabine Ganser. Heute spricht Frau Ganser Jenny an und teilt ihr Folgendes mit: „Sie bearbeiten die Reklamationen ja sehr gewissenhaft und gründlich. Ab sofort können Sie einfache Reklamationen, die eindeutig sind, ohne Rücksprache mit mir bearbeiten. Nehmen Sie mich nur noch hinzu, wenn Sie sich unsicher sind.“

Begründen Sie,
a welche Führungstechnik Sabine Ganser mit ihrer Aussage anwendet.
b welcher Führungsstil hiermit unterstützt wird.

Lernsituation 70

Formen des betrieblichen Entgelts unterscheiden

FK ▶ TF 12.7 | Kap. 5.1

Situation

Ewa Nowak hat heute Vormittag in einer Besprechung mit Cem Samet über das Thema „Gerechte Formen der Mitarbeitervergütung" gesprochen. Die beiden haben verschiedene Möglichkeiten diskutiert, wie die Mitarbeiterinnen und Mitarbeiter der Fly Bike Werke GmbH zukünftig vergütet werden könnten. Frau Nowak hat entschieden, dass die Mitarbeiter über die Pläne bereits sehr früh informiert werden sollen, und hat heute folgende Information am schwarzen Brett der Fly Bike Werke GmbH ausgehängt:

Fly Bike Werke GmbH

Einladung zur Mitarbeiterversammlung

4. März 20X7

Termin: 20. März 20X7, 14:00 Uhr
Ort: Besprechungsraum 1

Thema: Formen des betrieblichen Entgelts

Liebe Mitarbeiterinnen und Mitarbeiter,

die Geschäftsleitung plant, das Entgeltsystem umzustellen. Wir möchten mehr Leistungsgerechtigkeit erreichen und planen daher, die pauschalen übertariflichen Zulagen abzuschaffen. Stattdessen möchten wir vermehrt leistungsabhängige Prämien und Provisionen auf realisierte Aufträge einführen. Mitarbeiter sollen dadurch mehr Möglichkeiten bekommen, ihr Grundgehalt durch leistungsabhängige Entgeltkomponenten deutlich aufzustocken.

Außerdem wollen wir die pauschalen Sonderzahlungen (Urlaubs- und Weihnachtsgeld) durch jährliche Gewinnbeteiligungen ersetzen. Wir möchten, dass unsere Mitarbeiter in erfolgreichen Geschäftsjahren auch angemessen am Unternehmenserfolg teilhaben. Wir freuen uns darauf, die geplanten Veränderungen mit allen Mitarbeiterinnen und Mitarbeitern konstruktiv zu beraten und Ihre Fragen dazu zu beantworten.

Ewa Nowak

Geschäftsführung

Arbeitsaufträge

1 Die beiden Auszubildenden möchten sich im Vorfeld der Mitarbeiterversammlung gerne über die verschiedenen „Formen des betrieblichen Entgelts" informieren. Helfen Sie ihnen, indem Sie das Arbeitsblatt 70.1 stichpunktartig vervollständigen.

2 Erarbeiten Sie in Gruppen
   a Argumente für ein Prämiensystem anstelle von pauschalen Zulagen,
   b Argumente gegen ein Prämiensystem anstelle von pauschalen Zulagen,
   c Argumente für eine Gewinnbeteiligung anstelle pauschaler Sonderzahlungen,
   d Argumente gegen eine Gewinnbeteiligung anstelle pauschaler Sonderzahlungen.

Arbeitsblatt 70.1 | Formen des betrieblichen Entgelts

Formen des betrieblichen Entgelts

Zeitlohn

Erläuterung:

Anwendungsbereiche:

Vorteile

Provisionen

Erläuterung:

Prämienlohn

Beispiele für Prämienarten:

Erfolgsbeteiligung (Beteiligungslohn)

1. Gewinnbeteiligung (Erläuterung):

2. Kapitalbeteiligung (Erläuterung):

Akkordlohn

Erläuterung:

Anwendungsbereiche:

Vorteile:

Zuschläge und Zulagen

Beispiele:

Aufgaben

Aufgabe 1
In der Holtmann KG werden Schreibtischplatten im Akkord gefertigt. Zur Ermittlung der Normalleistung wurde die Arbeitsleistung von 16 Mitarbeitern ausgewertet, die an drei normalen Arbeitstagen (je 8 Arbeitsstunden) zusammen 1 536 Platten gefertigt haben. Die Holtmann KG zahlt ihren Akkordarbeitern auf Grundlage einer Betriebsvereinbarung eine Zulage von 1,50 € zum tariflichen Mindestlohn von 18,50 €. Mit dem Betriebsrat hat man sich zudem auf einen Akkordzuschlag von 10 % auf den betrieblichen Mindestlohn geeinigt.
Der Mitarbeiter Max Weber produzierte im zurückliegenden Monat (160 Arbeitsstunden = Regelarbeitszeit laut Tarifvertrag) 740 Schreibtischplatten. Die Mitarbeiterin Svenja Buhrmester fertigte im selben Zeitraum 520 Platten.

a Ermitteln Sie die Normalleistung pro Stunde.
b Ermitteln Sie den betrieblichen Mindestlohn.
c Ermitteln Sie den Akkordrichtsatz.
d Ermitteln Sie den Stückakkordsatz.
e Ermitteln Sie den Bruttolohn von Max Weber.
f Ermitteln Sie den Bruttolohn von Svenja Buhrmester.

Aufgabe 2
Begründen Sie, ob in den folgenden Fällen vom Arbeitgeber eher ein Zeitlohn oder ein Leistungslohn gezahlt werden sollte.

a Mitarbeiter, der Spielzeugenten aus Holz montiert
b Angestellter Arzt im Krankenhaus
c Abteilungsleiter in der Fly Bike Werke GmbH
d Erntehelfer auf einem Spargelhof
e Lehrer

Aufgabe 3
Beschreiben und interpretieren Sie das Schaubild.

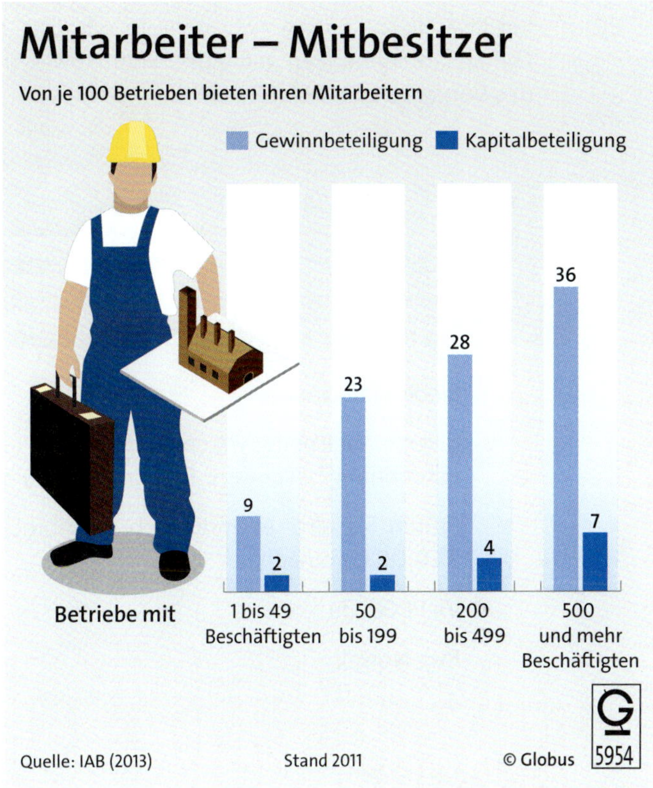

Lernsituation 71

Gehaltsabrechnungen prüfen

FK ▸ TF 12.7 | Kap. 5.2

Situation

Bei Ewa Nowak haben sich mehrere empörte Mitarbeiterinnen und Mitarbeiter wegen fehlerhafter Gehaltsabrechnungen gemeldet. Frau Nowak bittet Frau Linden per E-Mail, sie bei der Überprüfung des Vorgangs zu unterstützen.

Von: Ewa Nowak (Fly Bike Werke GmbH)
An: Veruschka Linden (Fly Bike Werke GmbH)
Betreff: Fehler in der Personalbuchhaltung

Liebe Frau Linden,

diverse Mitarbeiter waren heute bei mir und haben sich über eine fehlerhafte Gehaltsabrechnung beschwert. Es wurde überwiegend zu wenig ausbezahlt.

Prüfen Sie bitte exemplarisch die Abrechnung von Herrn Baumann, er fordert über 750,00 Euro nach.

Viele Grüße

Ewa Nowak

Arbeitsaufträge

1 Prüfen Sie zunächst die Steuerabzüge in der Gehaltsabrechnung auf der Seite 335. Nutzen Sie dazu alternativ den abgebildeten Auszug aus der Lohnsteuertabelle für 2023 oder den Abgabenrechner des Finanzministeriums im Internet unter https://www.bmf-steuerrechner.de. Rufen Sie hier „BERECHNUNG DER LOHNSTEUER für das Jahr 2023 (September!)“ auf und tragen Sie die Daten für Herrn Baumann ein.

2 Wie sieht die korrekte Abrechnung für Herrn Baumann aus? Ist seine Gehalts-Nachforderung von 750,00 € gerechtfertigt? Füllen Sie hierzu das Schema auf Seite 336 mit den korrekten Daten aus. Berücksichtigen Sie dafür auch die Informationen zu den Beitragssätzen der Sozialversicherung (2023) auf Seite 335 unten.

Auszug aus der neu erstellten Personalstammdatei:

Personal Nr. 302			
Name	Baumann	Konfession	–
Vorname	Lars	Nationalität	Deutschland
PLZ	26121	Monatsentgelt	3.613,00 €
Ort	Oldenburg	Sonderzahlung	17,00 €
Straße	Zur Waldesruh 4	VL AG-Anteil	26,00 €
Telefon	0441 126XX	VL-Sparbetrag	40,00 €
Bankverbindung	Oldenburg-Bank	Weihnachtsgeld	62,5 %
IBAN	DE86 2804 0114 0112 3264 44	Urlaubsgeld	50,0 %
BIC	OLBADEOL261	Steuerfreibetrag	0,00
Krankenkasse	KK Fit + Gesund	Eintritt	01.10.20XX
Geburtsdatum	12.01.1990	Ausbildung	Bürokaufmann
Familienstand	verheiratet	Stelle	Sachbearbeiter Vertrieb
Kinder	keine	Entgeltgruppe	lt. Arbeitsvertrag
Steuerklasse	III	tägliche Arbeitszeit	7,70 Stunden
		Urlaubstage	30 Werktage

Fly Bike Werke GmbH

Gehaltsabrechnung

Personalnummer: 302	**Abrechnung:** September 2023			
	Lohnsteuermerkmale			
	Steuerklasse	Kinderfreibetrag	Konfession	
Lars Baumann Zur Waldesruh 4 26121 Oldenburg	III	0	rk	
	Sozialversicherungsmerkmale (ohne Zu- und Abschläge)			
	KV	PV	RV	AV
	14,6 %	3,4 %	18,6 %	2,6 %

	€
Monatsgehalt	**3.613,00**
+ Sonderzahlungen	17,00
+ vermögenswirksame Leistungen (AG-Anteil)	26,00
= sozialversicherungspflichtiges Bruttoentgelt	3.656,00
– Steuerfreibetrag	–
= steuerpflichtiges Bruttoentgelt	3.656,00
– Lohnsteuer	203,16
– Solidaritätszuschlag	–
– Kirchensteuer	18,28
Summe steuerliche Abzüge	221,44
– Krankenversicherung	592,27
– Pflegeversicherung	146,24
– Rentenversicherung	680,02
– Arbeitslosenversicherung	95,06
Summe Sozialversicherungen	1.513,59
= Nettoentgelt	1.920,97
– VL-Sparbetrag (AG- + AN-Anteil)	40,00
– Vorschuss	–
Summe privater Abzüge	40,00
= **Nettoauszahlungsbetrag**	**1.880,97**

Hinweise zu den Sozialversicherungsbeiträgen:
KV = 14,6 % + 1,6 %-Punkte = 16,2 %
PV = 3,4 % (zzgl. 0,6 %-Punkte für kinderlose Arbeitnehmer ab 23 Jahre)*
RV = 18,6 %
AV = 2,6 %

* Zum 1. Juli 2023 ist der Beitragssatz in der Pflegeversicherung auf 3,4 % = Basiswert (AN 1,7 %, AG 1,7 %) gestiegen. Dieser Basiswert ohne Zuschlag - soweit er nicht zukünftig erhöht wird - gilt für Eltern mit Kind lebenslang. Kinderlose ab dem 23. Geburtstag zahlen allein einen Zuschlag von 0,6 % (insgesamt 2,3 %). Eltern mit mehr als einem Kind erhalten bis zum 25. Lebensjahr dieser Kinder (also nicht lebenslang) Abschläge in Höhe von 0,25 % für das jeweilige Kind. Beispiel: Eltern mit fünf oder mehr Kindern erhalten den Höchstabschlag von 1,0 %, zahlen also nur noch 0,7 % für die Pflegeversicherung.

MONAT bis 3.689,99 €

Lohn/Gehalt bis	Steuerklasse	Lohnsteuer	ohne Kinderfreibetrag			0,5			1,0		
			SolZ	Kirchensteuer		SolZ	Kirchensteuer		SolZ	Kirchensteuer	
			5,5 %	8 %	9 %	5,5 %	8 %	9 %	5,5 %	8 %	9 %
3.653,99	I	500,75	-	40,06	45,06	-	31,06	34,94	-	22,57	25,39
	II	393,50	-	31,48	35,41	-	22,96	25,83	-	14,96	16,83
	III	208,16	-	16,65	18,73	-	9,61	10,81	-	3,73	4,19
	IV	500,75	-	40,06	45,06	-	35,49	39,92	-	31,06	34,94
	V	885,08	-	70,80	79,65						
	VI	929,41	-	74,35	83,64						
3.656,99	I	501,50	-	40,12	45,13	-	31,11	35,00	-	22,62	25,45
	II	394,25	-	31,54	35,48	-	23,02	25,89	-	15,02	16,89
	III	208,83	-	16,70	18,79	-	9,65	10,85	-	3,77	4,24
	IV	501,50	-	40,12	45,13	-	35,55	39,99	-	31,11	35,00
	V	886,16	-	70,89	79,75						
	VI	930,41	-	74,43	83,73						
3.659,99	I	502,33	-	40,18	45,20	-	31,17	35,06	-	22,68	25,51
	II	395,00	-	31,60	35,55	-	23,08	25,96	-	15,07	16,95
	III	209,33	-	16,74	18,83	-	9,70	10,91	-	3,81	4,28
	IV	502,33	-	40,18	45,20	-	35,61	40,06	-	31,17	35,06
	V	887,16	-	70,97	79,84						
	VI	931,50	-	74,52	83,83						

Auszug: Rehm Monats-Lohnsteuertabelle 2023, Verlagsgruppe Hüthig Jehle Rehm, Heidelberg

Fly Bike Werke GmbH

Gehaltsabrechnung

Personalnummer: 302	**Abrechnung:** September 2023			
Lars Baumann Zur Waldesruh 4 26121 Oldenburg	**Lohnsteuermerkmale**			
	Steuerklasse	Kinderfreibetrag	Konfession	
	Sozialversicherungsmerkmale (mit Zu- und Abschlägen)			
	KV	PV	RV	AV

	€
Monatsgehalt	
+ Sonderzahlungen	
+ vermögenswirksame Leistungen (AG-Anteil)	
= sozialversicherungspflichtiges Bruttoentgelt	
– Steuerfreibetrag	
= steuerpflichtiges Bruttoentgelt	
– Lohnsteuer	
– Solidaritätszuschlag	
– Kirchensteuer	
Summe steuerliche Abzüge	
– Krankenversicherung	
– Pflegeversicherung	
– Rentenversicherung	
– Arbeitslosenversicherung	
Summe Sozialversicherungen	
= Nettoentgelt	
– VL-Sparbetrag (AG- + AN-Anteil)	
– Vorschuss	
Summe privater Abzüge	
= Nettoauszahlungsbetrag	

Arbeitsblatt 71.1 | Schema einer Lohn- und Gehaltsabrechnung

Gehaltsabrechnung	Erläuterungen	Wer bekommt dieses Geld?
Monatsgehalt		
+ Sonderzahlungen		
+ vermögenswirksame Leistungen		
= sozialversicherungspflichtiges Bruttoentgelt	Grundlage für die Berechnung der Sozialversicherungsbeiträge des Arbeitnehmers (AN) und des Arbeitgebers (AG)	
– Steuerfreibetrag		
= steuerpflichtiges Bruttoentgelt	Grundlage für die Berechnung der steuerlichen Abzüge	
– Lohnsteuer		____________
– Solidaritätszuschlag		____________
– Kirchensteuer		____________
– Krankenversicherung	Beitragssatz 14,6 % + Zuschlagssatz 1,6 %[1] = 16,2 %; Grundlage: sozialversicherungspflichtiges (SV) Bruttoentgelt, AG 50 % des Beitragssatzes, AN 50 % des Beitragssatzes	Summe der Sozialabgaben überweist der Arbeitgeber gesammelt an die Krankenkassen der Arbeitnehmer
– Pflegeversicherung	Beitragssatz 3,4 % des SV-Bruttoentgelts, AG 50 %, AN 50 % (+ 0,6 % Zuschlag für Kinderlose ab 23 Jahren, Abschläge ab dem 2. Kind)[2]	
– Rentenversicherung	Beitragssatz 18,6 % des SV-Bruttoentgelts, AG 50 %, AN 50 %	
– Arbeitslosenversicherung	Beitragssatz 2,6 % des SV-Bruttoentgelts, AG 50 %, AN 50 %	
= Nettoentgelt		____________
– vermögenswirksame Sparleistung des Arbeitnehmers		____________
– Vorschuss		____________
= Nettoauszahlungsbetrag		____________

[1] Der Zuschlagssatz wird seit 2015 von jeder Krankenkasse individuell festgelegt, die 1,6 %-Punkte sind die durchschnittliche Höhe des Sonderbeitrags im Jahr 2023. [2] Pflegeversicherung (Stand: 01.07.2023)

Arbeitsblatt 71.2 | Steuerklassen und steuerliche Abzüge

1 Geben Sie an, welche Steuerklasse jeweils zugeordnet wird oder gewählt werden sollte.

Eine Steuerklassen-„Liebes- und Lebensgeschichte“.

1 Rosi und Klaus sind beide berufstätig und unendlich verliebt – natürlich. Sie sind noch nicht verheiratet und wollen bald eine eigene Wohnung anmieten.

Steuerklasse Rosi: ____________________ Steuerklasse Klaus: ____________________

2 Es ist geschafft: Die Wohnung ist gemietet, bezogen und die Hochzeitsglocken haben schon geläutet. Die Bruttoentgelte? Beide bringen in etwa gleich viel oder besser gesagt wenig „nach Hause“.

Steuerklasse Rosi: ____________________ Steuerklasse Klaus: ____________________

3 Die Jahre vergehen. Der Kinderwunsch ist „übermächtig“ geworden. Der kleine Paul wird geboren und Rosi übernimmt für die nächsten Jahre die Erziehung von Paul – ohne einer Berufstätigkeit nachzugehen.

Steuerklasse Rosi: ____________________ Steuerklasse Klaus: ____________________

4 Die Mietwohnung wird mit Paul und der zweitgeborenen Paula etwas zu klein. Ein eigenes Haus muss her. Rosis Mutter übernimmt täglich für einige Stunden die Aufsicht über die Kinder. Rosi geht wieder halbtags arbeiten.

Steuerklasse Rosi: ____________________ Steuerklasse Klaus: ____________________

5 Das Haus wird gekauft, aber das Geld reicht nicht so ganz. Klaus hat jetzt einen Zweitjob (keinen Minijob) angenommen. Mehr geht nicht.

Steuerklasse von Klaus für den Zweitjob: ____________________

6 Es funktioniert auf Dauer alles nicht. Nicht die Finanzierung für das Haus und die Ehe auch nicht. Klaus zieht aus. Das Haus wird verkauft. Die Ehe wird geschieden. Die Kinder bleiben (wohnen) bei ihrer Mutter und Klaus wohnt allein. Beide gehen ganztags arbeiten.

Steuerklasse Rosi: ____________________ Steuerklasse Klaus: ____________________

Hinweise: Die Geschichte ist natürlich frei erfunden und hat mit der Lebenswirklichkeit nur in Ausnahmefällen zu tun. Es geht tatsächlich nur um die Steuerklassen! Sollte die Steuerklassenkombination III/V abgeschafft werden, so ist für jeden Ehepartner die Kombination IV/IV mit Faktor anzugeben.

2 Tragen Sie in die folgende Tabelle die Berechnungsgrundlagen zur Ermittlung von steuerlichen Abzügen ein.

Berechnungsgrundlagen zur Ermittlung der steuerlichen Abzüge	
1.	
2.	
3.	
4.	
5.	
6.	

Aufgaben

Aufgabe 1
Unterscheiden Sie
a sozialversicherungspflichtiges Bruttoentgelt und steuerpflichtiges Bruttoentgelt und
b Nettoentgelt und Nettoauszahlungsbetrag.

Aufgabe 2
Stellen Sie bei den unten stehenden Abzügen vom Bruttogehalt die Leistungen fest, die:
1 vom Arbeitgeber allein,
2 anteilig vom Arbeitgeber und Arbeitnehmer,
3 vom Arbeitnehmer allein,
4 weder vom Arbeitgeber noch Arbeitnehmer
zu tragen sind.

a Lohnsteuer
b Beitrag zur gesetzlichen Pflegeversicherung
c Lebensversicherungsprämie
d Beitrag zur gesetzlichen Unfallversicherung
e Solidaritätszuschlag
f private Altersvorsorge

Aufgabe 3
a Ordnen Sie den folgenden Fällen die richtige Steuerklasse zu.
b Welche Alternativen bestehen für Ehegatten bei der Steuerklassenwahl?

Fall	Steuerklasse
allein verdienender, verheirateter Angestellter mit einem Kind	
unverheiratete Frau, 34 Jahre alt, mit einem Kind (wohnt bei der Mutter)	
berufstätiger Ehemann mit Ehefrau in Steuerklasse V (ggf. IV mit Faktor)	
verheirateter Angestellter mit vier Kindern und nicht berufstätiger Ehefrau für seinen genehmigten Nebenjob	

Aufgabe 4
In einer einfachen Gehaltsabrechnung für Klaus Müller, ein unverheirateter, kirchensteuerpflichtiger und kinderloser Arbeitnehmer, der 26 Jahre alt ist und in Hessen lebt und arbeitet, gelten im Oktober 2023 folgende Berechnungen (Steuerklasse I, 0 Kinderfreibeträge):

Monatsentgelt		**3.400,00 €**
+ vermögenswirksame Leistungen (VL) des Arbeitgebers		13,00 €
+ Sonderzahlungen (z. B. Prämien oder Überstundenvergütung)		200,00 €
= Bruttoentgelt		**3.613,00 €**
– Lohnsteuer (LSt)		483,83 €
– Kirchensteuer (KiSt)	9,0 % der Lohnsteuer	43,54 €
– Rentenversicherung	9,3 % des Bruttoentgelts	336,01 €
– Arbeitslosenversicherung	1,3 % des Bruttoentgelts	46,97 €
– Krankenversicherung (Zuschlag: 1,6 %-Punkte)	8,1 % des Bruttoentgelts	292,65 €
– Pflegeversicherung	2,3 % des Bruttoentgelts	83,10 €
= Nettoentgelt		**2.326,90 €**
– vermögenswirksame Sparrate des Arbeitnehmers		40,00 €
= Auszahlungsbetrag		**2.286,90 €**

a Nennen Sie drei mögliche Bestandteile des Bruttoentgelts eines Gehaltsempfängers.
b Welche gesetzlichen Pflichtabgaben sind von Gehaltsempfängern zu leisten?
c Wie wird der Auszahlungsbetrag für einen Gehaltsempfänger ermittelt?
d Wie hoch ist das Nettoentgelt von Klaus Müller in % seines Bruttoentgelts?
e Wie hoch sind die gesetzlichen Pflichtabgaben von Herrn Müller in € und in % seines Bruttoentgelts?

Aufgabe 5

Die Personalkosten für Klaus Müller auf Basis der Gehaltsabrechnung aus Aufgabe 4 setzen sich für den Arbeitgeber wie folgt zusammen:

Monatsentgelt		**3.400,00 €**
+ vermögenswirksame Leistungen (VL) des Arbeitgebers		13,00 €
+ Sonderzahlungen (z. B. Prämien oder Überstundenvergütung)		200,00 €
+ Arbeitgeberanteil zur Rentenversicherung	9,3 % des Bruttoentgelts	336,01 €
+ Arbeitgeberanteil zur Arbeitslosenversicherung	1,3 % des Bruttoentgelts	46,97 €
+ Arbeitgeberanteil zur Krankenversicherung	8,1 % des Bruttoentgelts	292,65 €
+ Arbeitgeberanteil zur Pflegeversicherung	1,7 % des Bruttoentgelts	61,42 €
= gesamte Personalkosten (aus dieser Gehaltsabrechnung)		**4.350,05 €**

Berechnen Sie das Nettoentgelt in % der Personalkostensumme unter Beachtung der Gehaltsabrechnung aus Aufgabe 4.

Aufgabe 6

Frau Maria Merzig, verheiratet, evangelisch, geboren am 20.06.1985, Steuerklasse IV ohne Faktor, 2 Kinderfreibeträge, 2 Kinder, für die keine Steuerfreibeträge auf ihrer Steuerkarte eingetragen sind, wohnt und arbeitet in Frankfurt und verdient im Monat 3.200,00 €. Der Arbeitgeber zahlt zusätzlich 26,00 € vermögenswirksame Leistungen. Frau Merzig hat einen Bausparvertrag abgeschlossen, die monatliche Sparrate beträgt 40,00 €. Ihr Krankenkassenbeitragssatz beträgt 14,6 % (zzgl. Zuschlag 1,6 %-Punkte).

a Erstellen Sie eine Entgeltabrechnung für den Monat September 2023 für Frau Merzig.
Hinweis: Nutzen Sie falls möglich einen Brutto-Netto-Rechner im Internet.
b Wie hoch ist das Nettoentgelt von Maria Merzig in % ihres Bruttoentgelts?
c Begründen Sie die unterschiedliche Höhe des Nettoentgelts in % bei Klaus Müller (Aufgabe 4) und Maria Merzig.
d Ermitteln Sie die Summe der Personalkosten für den Arbeitgeber aufgrund dieser Gehaltsabrechnung.
e Geben Sie das Nettoentgelt von Frau Merzig in % der Personalkosten des Arbeitgebers an.

Aufgabe 7

Ermitteln Sie für Herrn Werner Klausen, verheiratet, evangelisch, geboren am 17.04.1985, 2 Kinder (10 und 8 Jahre alt), alle notwendigen Daten für eine vollständige Gehaltsabrechnung mit den entsprechenden Auswertungen für den Abrechnungsmonat November des aktuellen Jahres. Seine Ehefrau, römisch-katholisch, ist nicht berufstätig. Daten für die Gehaltsabrechnung für Herrn Klausen, der in Bonn wohnt und arbeitet, sind:

Monatsentgelt	3.600,00 €
Steuerfreibetrag/Monat	300,00 €
vermögenswirksame Leistungen (VL) des Arbeitgebers	13,00 €
Überstundenvergütung	200,00 €
vermögenswirksame Sparrate des Arbeitnehmers	40,00 €
Einbehaltung Barvorschuss	400,00 €

a Ergänzen Sie die fehlenden Ergebnisse:

aa Die Steuerklasse des Arbeitnehmers = ______________________.

ab Die Anzahl der Kinderfreibeträge des Arbeitnehmers = ______________________.

ac

Gehaltsabrechnung	Beträge in €
Sozialversicherungspflichtiges Bruttoentgelt	
Steuerpflichtiges Bruttoentgelt	
Lohnsteuer	
Solidaritätszuschlag	0,00
Kirchensteuer	
Rentenversicherung	
Arbeitslosenversicherung	
Krankenversicherung (KV-Zuschlagssatz 1,6 %-Punkte)	
Pflegeversicherung	
Summe gesetzliche Pflichtabgaben	
Nettoentgelt	
sonstige Abzüge	
Auszahlungsbetrag	

b Ermitteln Sie nachfolgende Werte:

Werteermittlung für die Auswertung	Werte in € oder %
Sozialversicherungsvorauszahlung (Arbeitnehmer- + Arbeitgeberanteil zur SV)	
Überweisungsbetrag an die Finanzbehörde	
gesamte Personalkosten des Arbeitgebers (durch diese Gehaltszahlung)	
Nettoentgelt (in %) der gesamten Personalkosten für diese Gehaltszahlung	

Aufgabe 8

Kennzeichnen Sie nur die richtigen Aussagen durch Ankreuzen.

	Bruttoentgelt – gesetzliche Pflichtabgaben = Nettoentgelt
	Vermögenswirksame Leistungen des Arbeitgebers sind abgabenfrei.
	Nettoentgelte und Auszahlungsbeträge sind in Gehaltsabrechnungen immer identische Beträge.
	Alle gesetzlichen Pflichtabgaben müssen an das Betriebsstättenfinanzamt des Unternehmens abgeführt werden.
	Für die Höhe der Steuerlast in einer Gehaltsabrechnung sind im Normalfall nur die Steuerklasse, die Anzahl der Kinderfreibeträge und bei Kirchensteuerpflicht der Ort der regelmäßigen Arbeitsstätte entscheidend, wenn keine Steuerfreibeträge geltend gemacht werden können.
	Bruttogehalt = Bruttoentgelt
	Die Krankenkasse des Arbeitnehmers erhält alle Sozialversicherungsbeiträge des Arbeitgebers und des Arbeitnehmers, die sich aus seiner Gehaltsabrechnung ergeben.
	Vorschüsse vermindern ausschließlich den Auszahlungsbetrag in einer Gehaltsabrechnung.
	Eine Gehaltserhöhung in Höhe von 100,00 € erhöht das Nettoentgelt um mindestens 80,00 €.

Lernsituation 72

Arbeitsverhältnisse beenden

FK ▶ TF 12.7 | Kap. 6

Situation

Nach Abschluss der Personalbedarfsplanung für das kommende Geschäftsjahr informiert Cem Samet die Geschäftsführerin Ewa Nowak und die Abteilungsleiterin für die Produktion, Frau Rother in einer Besprechung über eine Personalüberdeckung in der Produktion. Beide halten eine Reduzierung des Personalbestands in der betroffenen Abteilung um einen Mitarbeiter angesichts der Personalkostenstatistik für angemessen. Sie bitten daher Cem Samet darum, gemeinsam mit der Personalsachbearbeiterin Veruschka Linden einen Vorschlag für die Freisetzung eines Mitarbeiters zu erarbeiten.

Von: Cem Samet (Fly Bike Werke GmbH)
Datum: 11.07.20X7
An: Veruschka Linden (Fly Bike Werke GmbH)
Betreff: Personalüberdeckung Abteilung Produktion

Liebe Frau Linden,

aufgrund einer Personalüberdeckung in der Abteilung Produktion müssen wir den Personalstand in der Produktion leider um einen Mitarbeiter reduzieren.

Inzwischen hat mir Frau Rother einige Informationen zu den Mitarbeitern zusammengestellt, die ihrer Meinung nach für die erforderliche Personalfreisetzung infrage kommen. Die entsprechenden Unterlagen habe ich der E-Mail angehängt (siehe Seite 343–344).

Bitte prüfen Sie zunächst anhand des KSchG, ob Kündigungen der vier Kandidaten möglich wären. Ermitteln Sie dann die Termine, zu denen wir ihnen frühestens kündigen könnten. Beachten Sie dabei den Manteltarifvertrag, auf den wir uns in den Arbeitsverträgen ja immer beziehen.

Bitte stellen Sie Ihre Ergebnisse hierzu übersichtlich zusammen und geben Sie mir auch eine kurze begründete Rückmeldung, welcher der vier Mitarbeiter Ihrer Meinung nach entlassen werden sollte.

Mit freundlichen Grüßen,

Cem Samet

Auszug aus dem Manteltarifvertrag

§ 21 Kündigungsfristen

I. Nach Ablauf der Probezeit kann das Arbeitsverhältnis vonseiten des Arbeitnehmers oder des Arbeitgebers mit einer Frist von vier Wochen zum 15. oder zum Ende eines Kalendermonats gekündigt werden.

II. Für eine Kündigung durch den Arbeitgeber beträgt die Kündigungsfrist, wenn das Arbeitsverhältnis in dem Betrieb oder Unternehmen

1. zwei Jahre bestanden hat, einen Monat zum Ende eines Kalendermonats,
2. fünf Jahre bestanden hat, zwei Monate zum Ende eines Kalendermonats,
3. acht Jahre bestanden hat, drei Monate zum Ende eines Kalendermonats,
4. zehn Jahre bestanden hat, vier Monate zum Ende eines Kalendermonats,
5. zwölf Jahre bestanden hat, fünf Monate zum Ende eines Kalendermonats,
6. 15 Jahre bestanden hat, sechs Monate zum Ende eines Kalendermonats,
7. 20 Jahre bestanden hat, sieben Monate zum Ende eines Kalendermonats.

III. Die Beschäftigungszeit nach II. wird ab dem Eintrittsdatum gerechnet.

Fly Bike Werke GmbH

Von:

Cem Samet (Fly Bike Werke GmbH)

Mitarbeiterinformation: Michael Meier

Alter:	28
Familienstand:	ledig, keine Kinder
Beschäftigt seit:	01.04.20X7
Beschäftigt als:	Monteur Endmontage
Abteilung:	Produktion
Bruttogehalt:	ca. 3.100,00 €

Bemerkungen der Abteilungsleiterin:

Obwohl Herr Meier erst seit Kurzem bei uns beschäftigt ist (seine Probezeit ist erst am 30.06. abgelaufen), arbeitet er bereits sehr produktiv, schnell und fehlerlos. Seine Leistungen bewerte ich als sehr gut. Zudem hat er sich nach Meinung der Kollegen hervorragend in unser Team eingefügt. Er ist im Zuge seines Arbeitsplatzwechsels aus Erfurt nach Oldenburg gezogen und hat hier für 200.000,00 € eine Eigentumswohnung erworben. Es bestehen daher hohe Abzahlungsverpflichtungen. Aufgrund der bevorstehenden Modernisierungsmaßnahmen in seinem Tätigkeitsbereich sehe ich die Möglichkeit der Einsparung seiner Stelle.

Fly Bike Werke GmbH

Mitarbeiterinformation: Kim Beck

Alter:	43
Familienstand:	geschieden, 3 Kinder
Beschäftigt seit:	01.07.20X2
Beschäftigt als:	Mitarbeiterin Vorfertigung
Abteilung:	Produktion
Bruttogehalt:	ca. 4.200,00 €

Bemerkungen der Abteilungsleiterin:

Ihre früheren Leistungsbeurteilungen waren durchweg gut bis sehr gut. Seit drei Jahren wird sie allerdings durch eine chronische Augenentzündung beeinträchtigt, die sie zu häufigen und lang andauernden Krankmeldungen veranlasst. Ihre Leistungsfähigkeit hat erheblich nachgelassen und eine Besserung des Leidens ist nach Aussage der Ärzte nicht wahrscheinlich. Frau Meyer ist seit einem Jahr geschieden und hat als Alleinerziehende drei Kinder zu versorgen.

Fly Bike Werke GmbH

Mitarbeiterinformation: Amir Karkuti

Alter:	29
Familienstand:	verheiratet, ein Kind
Beschäftigt seit:	01.08.20X2
Beschäftigt als:	Mitarbeiter Konstruktion
Abteilung:	Produktion
Bruttogehalt:	3.700,00 €

Bemerkungen der Abteilungsleiterin:

Herr Karkuti hat bei uns seine Ausbildung zum Industriekaufmann mit sehr guten Leistungen absolviert und wurde daraufhin aufgrund seines hervorragenden technischen Verständnisses als Konstrukteur übernommen. Herr Karkuti muss mit seiner Frau, die arbeitslos ist, ein behindertes Kind versorgen. Wegen wiederholter privater Internetnutzung während der Arbeitszeit und unberechtigter Krankschreibungen (Herr Karkuti wurde beim Tennisspielen beobachtet, während er mit einer Grippe krankgeschrieben war), wurde er vor vier Wochen von mir mündlich ermahnt. Trotzdem hat er laut Internetprotokoll in dieser Woche das Internet wiederholt privat genutzt und damit gegen unsere diesbezügliche Betriebsvereinbarung verstoßen.

Fly Bike Werke GmbH

Mitarbeiterinformation: Jacques Schneider

Alter:	64
Familienstand:	verwitwet, 2 Kinder
Beschäftigt seit:	01.07.19XX
Beschäftigt als:	Monteur Endmontage
Abteilung:	Produktion
Bruttogehalt:	3.800,00 €

Bemerkungen der Abteilungsleiterin:

Mit unserem langjährigen Mitarbeiter Herrn Schneider sind wir voll zufrieden (sehr teamfähig, wenig Fehlzeiten, sehr zuverlässige Arbeitsergebnisse). Er hat im letzten Monat sein 25-jähriges Dienstjubiläum bei uns gefeiert. Da seine Frau vor zwei Jahren an einem Herzinfarkt gestorben ist, sind seine finanziellen Belastungen durch das Studium der beiden Kinder recht hoch. Aufgrund der bevorstehenden Modernisierungsmaßnahmen in seinem Tätigkeitsbereich sehe ich die Möglichkeit der Einsparung seiner Stelle.

Arbeitsblatt 72.1 | Allgemeiner Kündigungsschutz

Der Allgemeine Kündigungsschutz ist im ______________________________ (KSchG) geregelt. Er gilt

- nur für Betriebe mit mehr als ___________ Beschäftigten und
- nur für Mitarbeiter, die seit mindestens _______ Monaten in dem Unternehmen beschäftigt sind.

Bei Vorliegen dieser beiden Voraussetzungen kann eine ordentliche Kündigung durch den Arbeitgeber nur ausgesprochen werden, wenn sie ________________________ ist, also einer der folgenden Gründe vorliegt:

personenbedingte Kündigung

Erläuterung:

Gründe sind z. B.:

verhaltensbedingte Kündigung

Erläuterung:

Gründe sind z. B.:

Voraussetzung:

betriebsbedingte Kündigung

Erläuterung:

Gründe sind z. B.:

Voraussetzung: ____________________

Sie erfolgt anhand folgender Kriterien:

Arbeitsblatt 72.2 | Besonderer Kündigungsschutz

Neben dem allgemeinen Kündigungsschutz gilt für folgende Personengruppen besonderer Kündigungsschutz.

Personengruppe	Beschreibung des besonderen Kündigungsschutzes
Auszubildende	
Schwangere und Mütter nach der Entbindung	
Mitarbeiter in Elternzeit	
Mitglieder des Betriebsrats oder der JAV	
Schwerbehinderte	

Arbeitsblatt 72.3 | Abmahnung und Kündigung

Abmahnung

Welche Formvorschrift gilt? ______________________

Warum wird sie erteilt? ____

____

____

____

Was sind die erforderlichen Inhalte? ______________________________________

____

____

____

Kündigung

Formvorschrift und Wirksamkeit:
Eine Kündigung ist grundsätzlich nur wirksam, wenn sie ______________________ erteilt wird.

Da es sich um eine ______________________________________ Willenserklärung handelt, wird sie erst wirksam, wenn sie dem anderen Vertragspartner zugeht.

Kündigungsfrist:
Regelungen zur Kündigungsfrist finden sich entweder im ____________________________

des Mitarbeiters, in manchen Betrieben auch in einer ______________________________,

bei tarifgebundenen Unternehmen im ______________________________ und ansonsten

auf jeden Fall im § 622 des ________.

Begründung:
Die Angabe eines Kündigungsgrunds ist bei einer ordentlichen Kündigung grundsätzlich nur erforderlich, wenn der ______________________________ die Kündigung ausspricht. Ein

________________ braucht in seiner Kündigung keine Gründe anzugeben. (Ausnahme: Bei einer

________________ Kündigung muss auch der ________________ den Grund angeben.)

Sonderfall: Kündigung in der Probezeit
Vor Ablauf der Probezeit können sowohl der ____________________________ als auch der

____________________________ das Arbeitsverhältnis __________________ mit

einer Frist von ________________ ohne Angabe eines ________________ kündigen.

Arbeitsblatt 72.4 | Möglichkeiten der Beendigung von Arbeitsverhältnissen

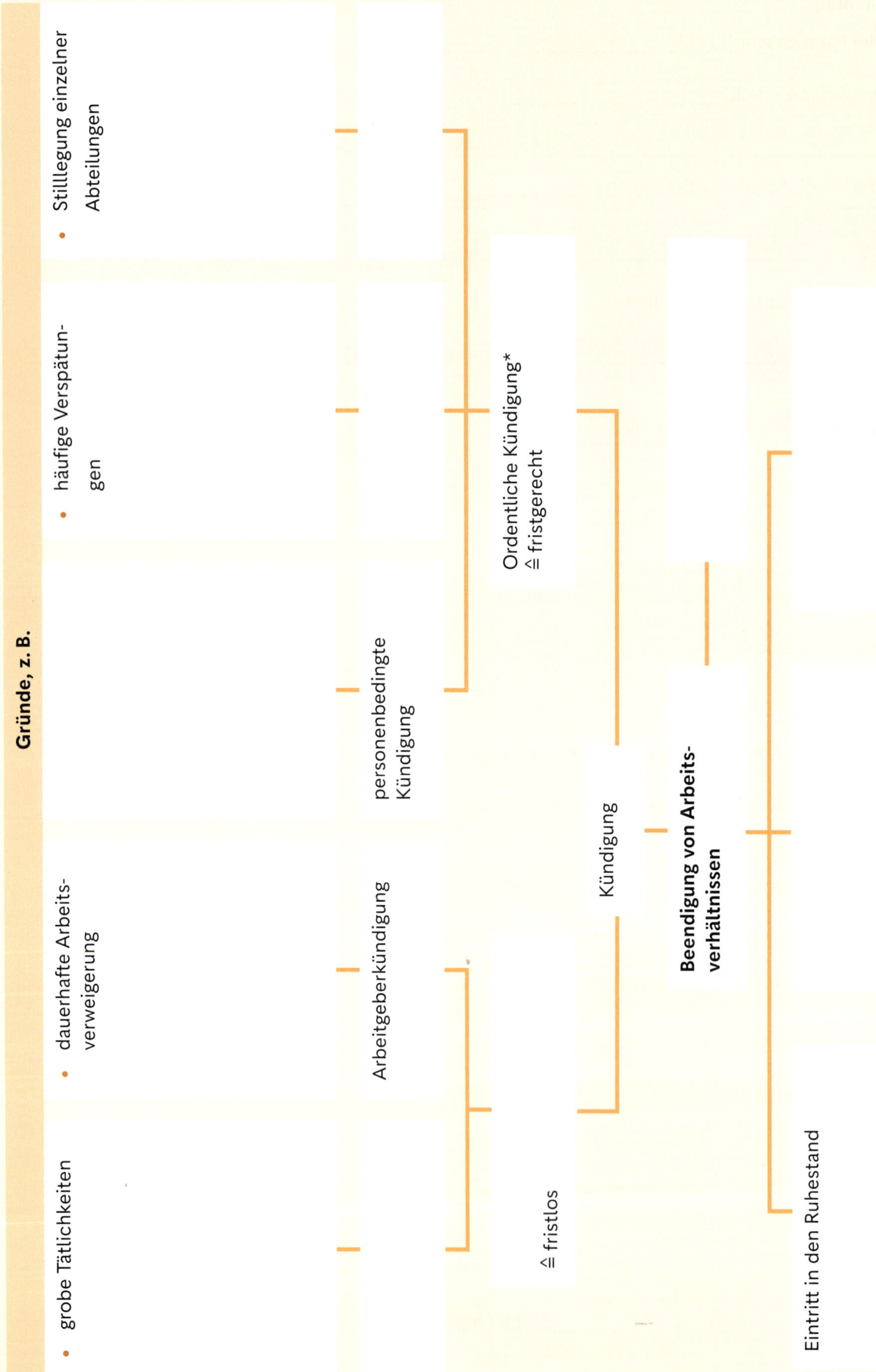

* Bei einer ordentlichen Kündigung durch den Arbeitnehmer muss kein Grund angegeben werden.

Arbeitsblatt 72.5 | Arbeitszeugnisse

Arbeitszeugnisse

auf Verlangen des Mitarbeiters

Einfaches Arbeitszeugnis	**Qualifiziertes Arbeitszeugnis**
↓ **wertfrei!**	↓ **wertend!**
Inhalte:	Inhalte sind die eines einfachen Arbeitszeugnisses und zusätzlich:

Das qualifizierte Arbeitszeugnis muss ______________________________ formuliert sein.

Deswegen wenden Arbeitgeber insbesondere bei der Beschreibung negativer Leistungen Verschlüsselungstechniken an.

ERLAUBT	VERBOTEN	VERBOTEN
Verschlüsselungstechniken	**Geheimcodes**	**weitere verbotene Inhalte**
Erläuterung/Beispiele:	Erläuterung/Beispiele:	Beispiele:

Aufgaben

Aufgabe 1

Beurteilen Sie die Rechtmäßigkeit der folgenden Kündigungen in der Herbstberg KG, einem Großhandelsunternehmen mit 70 Mitarbeitern.

a Jens Nolting, 37 Jahre alt und seit 9 Jahren bei der Herbstberg KG beschäftigt, erhält am 28. September 20X1 eine Kündigung zum 31. Dezember 20X1. Im Kündigungsschreiben werden zwei unentschuldigte Fehltage in der letzten Woche aufgeführt. Zudem wird auf eine Abmahnung von 26. März 20X1 mit folgendem Inhalt verwiesen:

> Sehr geehrter Herr Nolting,
>
> da Sie in letzter Zeit häufig zu spät zur Arbeit erschienen sind, weisen wir Sie hiermit darauf hin, dass wir solche Verletzungen Ihrer arbeitsvertraglichen Pflichten nicht dulden. Wir fordern Sie hiermit auf, dieses Fehlverhalten in Zukunft einzustellen.
>
> Mit freundlichem Gruß

b Bettina Fuchs, 54 Jahre alt und seit 30 Jahren bei der Herbstberg KG beschäftigt, übergibt am 17. Oktober 20X2 ihrem Arbeitgeber eine Kündigung zum 15. November 20X2. Den Grund für ihre Kündigung gibt sie nicht an.

c Der Leiter der Abteilung Rechnungswesen, Stephan Kaiser (38 Jahre, seit 4 Jahren im Unternehmen), informiert seinen Arbeitgeber nach einem Unfall im Skiurlaub über seine Arbeitsunfähigkeit. Zudem teilt er ihm bereits mit, dass er nach einer komplizierten Knie-Operation voraussichtlich mehrere Monate arbeitsunfähig sein wird. Wenige Tage später, am 20. Dezember 20X3, bekommt er vom Arbeitgeber eine Kündigung zum 31. Januar 20X4.

d Da die Herbstberg KG vor Kurzem ein neues vollautomatisches Hochregallager errichtet hat, werden im Lager einige Stellen abgebaut. In diesem Zusammenhang bekommt auch der erst vor acht Monaten nach einer Ausbildung zum Fachlageristen übernommene Lagerist Moritz Hübner (21 Jahre, ledig, keine Kinder) am 5. April 20X5 vom Arbeitgeber eine Kündigung zum 15. Mai 20X5.

e Heide Keller (49 Jahre alt, seit 17 Jahren im Unternehmen) kündigt am 19. Juni ihr Arbeitsverhältnis zum 31. Juli 20X6, da sie zum 1. August eine besser bezahlte Tätigkeit bei einem anderen Arbeitgeber aufnehmen möchte. Im Arbeitsvertrag befindet sich u. a. folgender Abschnitt:

> Nach Ablauf der Probezeit können beide Vertragspartner das Arbeitsverhältnis mit einer Frist von einem Monat zum Monatsende kündigen. Die Kündigungsfrist verlängert sich gemäß § 622 BGB. Die verlängerten Fristen gelten für beide Vertragspartner gleichermaßen.

f) Emre Simcik arbeitet seit drei Jahren als Außendienstmitarbeiter bei der Herbstberg KG. Im letzten Jahr wurde er fünfmal in einem Dienstwagen des Unternehmens mit deutlich überhöhter Geschwindigkeit „geblitzt". Er erhielt daraufhin eine Abmahnung, in der ihm auch eine Kündigung angedroht wurde. In der letzten Woche war er vier Tage krank, ohne dies durch eine ärztliche Bescheinigung zu belegen. Ihm wurde daraufhin heute eine fristlose Kündigung ausgehändigt.

Aufgabe 2

In der Bromberger Druckmaschinen GmbH sind die Auftragseingänge seit längerer Zeit stark rückläufig. Die letzte Personalbedarfsplanung hat dementsprechend für das Unternehmen eine Personalüberdeckung in mehreren Abteilungen ergeben. Die Geschäftsleitung bittet Sie in dieser Situation um Vorschläge für mögliche Maßnahmen, mit denen drohende Entlassungen noch verhindert werden können.

Aufgabe 3
Die Rheintaler Brunnen GmbH & Co. KG, ein Getränkeproduzent mit 140 Mitarbeitern, beschäftigt am 26. September 20X1 u. a. folgende Mitarbeiter:

- Marc Bödeker, 46 Jahre, Betriebszugehörigkeit 13 Jahre
- Jörg Heuke, 35 Jahre, Betriebszugehörigkeit 1 Jahr
- Jens Buhrmester, 29 Jahre, Betriebszugehörigkeit 11 Jahre
- Petra Schmidt, 55 Jahre, Betriebszugehörigkeit 30 Jahre

a Ermitteln Sie jeweils den Termin, zu dem der Arbeitgeber den Mitarbeitern nach der gesetzlichen Regelung frühestens kündigen kann.

b Ermitteln Sie jeweils den Termin, zu dem die Arbeitnehmer nach der gesetzlichen Regelung frühestens kündigen können.

Aufgabe 4
Christian Donkert (56 Jahre alt) ist seit 17 Jahren bei der Bromberger Druckmaschinen GmbH in der Verwaltung beschäftigt. Er möchte zum 1. Januar 20X2 eine neue Stelle antreten. An welchem Tag muss er nach der gesetzlichen Regelung spätestens seine Kündigung abgeben?

Aufgabe 5
Alesja Trippel befindet sich in der Probezeit eines unbefristeten Arbeitsverhältnisses bei der Bromberger Druckmaschinen GmbH. Sie hat festgestellt, dass sie mit der Arbeit überfordert ist, und hat heute, am 27.07.20XX, entschieden, dass sie das Arbeitsverhältnis so schnell wie möglich beenden möchte. Erläutern Sie ihr in dieser Situation ausführlich die zu beachtenden Bedingungen einer ordentlichen Kündigung. Geben Sie auch an, zu wann sie kündigen kann.

Aufgabe 6
In der Super-Sitz GmbH wird die Produktion von Autositzen stark reduziert. Statt eines Drei-Schicht-Systems werden demnächst nur noch acht Stunden am Tag Autositze montiert. Von den acht Mitarbeitern der betroffenen Abteilung soll drei Arbeitnehmern eine betriebsbedingte Kündigung ausgesprochen werden. Prüfen Sie anhand der folgenden Informationen, welche drei Mitarbeiter für diese Kündigung infrage kommen. Begründen Sie Ihre Wahl.

Name	Alter (Jahre)	Familienstand	Betriebszug. (Jahre)	Besonderheiten
Kelle, Manfred	61	verheiratet, zwei Kinder (35 und 37 Jahre)	33	–
Wegner, Christel	41	ledig, keine Kinder	12	Ersthelferin
Pieper, Daniela	28	ledig, zwei Kinder (1 und 5 Jahre)	3	noch ein Jahr in Elternzeit
Kreciek, Olesja	42	verheiratet, zwei Kinder (13 und 10 Jahre)	11	Sicherheitsbeauftragte
Naruhn, Jörg	33	geschieden, keine Kinder	4	Ausbilder
Poga, Jan	25	ledig, keine Kinder	3	Betriebsratsmitglied
Hübner, Oliver	35	verheiratet, ein Kind (3 Jahre)	4	Datenschutzbeauftragter
Boge, Werner	52	verwitwet, ein Kind (29 Jahre)	16	schwerbehindert

Aufgabe 7
Kim Beck hat nach sechsjähriger Betriebszugehörigkeit ihren Arbeitsvertrag bei der Fly Bike Werke GmbH gekündigt. Cem Samet hat sie gefragt, ob sie ein einfaches oder qualifiziertes Arbeitszeugnis haben möchte. Erläutern Sie, wovon Kim Beck ihre Entscheidung abhängig machen sollte.

Von ihrem vorherigen Arbeitnehmer hat Kim Beck nur ein einfaches Arbeitszeugnis erhalten. Begründen Sie, warum es sinnvoll sein könnte, bei der Fly Bike Werke GmbH ein qualifiziertes Arbeitszeugnis anzufordern, obwohl sie selber ihre Leistungen als mittelmäßig einschätzt.

Aufgabe 8
Geben Sie für die folgenden Inhalte an, ob sie Bestandteile:
1 nur eines einfachen Arbeitszeugnisses,
2 nur eines qualifizierten Arbeitszeugnisses,
3 sowohl eines einfachen als auch eines qualifizierten Arbeitszeugnisses oder
4 weder eines einfachen noch eines qualifizierten Arbeitszeugnisses sind.

a ☐ Adresse des Beurteilten
b ☐ Verhalten gegenüber Vorgesetzten
c ☐ Fachkenntnisse
d ☐ Charakter des Beurteilten
e ☐ ausgeübte Tätigkeiten
f ☐ Beginn und Ende der Beschäftigung
g ☐ Informationen zur Schwerbehinderung

Aufgabe 9
Die Bonner Werbeagentur BE Partners KG hat mit einer Stellenanzeige in einer Online-Jobbörse eine Sachbearbeiterin Post/Versand (m/w/d) gesucht. An eine soeben eingegangene Bewerbung per E-Mail ist das folgende Arbeitszeugnis angehängt.

Sondermaschinenbau Schrader OHG
Weserweg 29 – 41460 Neuss

Arbeitszeugnis Neuss, 31.10.20X1

Frau Saskia Fenske, geboren am 17.03.19XX in Düsseldorf, war vom 01.01.20X1 bis zum 31.10.20X1 in unserem Unternehmen als Schreibkraft tätig. Während dieser Zeit hatte sie Gelegenheit, alle Aufgaben des Sekretariats kennenzulernen.

Sie hat sich immer bemüht, diese Aufgaben auch wahrzunehmen. Geschäftsbriefe nach Diktat formulierte sie zu unserer Zufriedenheit. An der ansprechenden Gestaltung von Geschäftsbriefen mit MS-Word war sie immer sehr interessiert. Sie zeichnete sich vor allem durch ihren vorbildlichen Fleiß aus.

Sie ist Mitglied der Gewerkschaft ver.di und gilt im Kollegenkreis als sehr gesellig. Sie nutzt ihre Arbeitszeit allerdings auch gerne, um ihre WhatsApp-Nachrichten zu überprüfen.

Aus Arbeitsmangel müssen wir Frau Fenske leider entlassen. Bei ihrem neuen Arbeitgeber wünschen wir ihr aber Erfolg.

Michaela Münkhoff
(Personalleitung)

a Welche Art des Arbeitszeugnisses hat Saskia Fenske vorgelegt?
b Begründen Sie, ob die Bewerberin in die engere Wahl einbezogen werden sollte.
c Begründen Sie, ob das Zeugnis den rechtlichen Anforderungen an Arbeitszeugnisse entspricht.
d Formulieren Sie das Zeugnis als einfaches Arbeitszeugnis neu.

Lernsituation 73

Betriebliche Mitbestimmung organisieren

FK ▶ TF 12.7 | Kap. 7

Situation

Erst vor kurzer Zeit wurde in der Fly Bike Werke GmbH erstmals ein Betriebsrat gewählt. Die drei Mitglieder Sabine Ganser, Saskia Engel und Mahmoud El-Saadi sind noch in der Findungsphase und ein wenig überrascht davon, wie viele Anliegen in der kurzen Zeit von den Mitarbeiterinnen und Mitarbeitern bereits an sie herangetragen wurden:

- Frau Nowak hat in einem Gespräch mit Herrn Thüne eine *Verkleinerung der Kantine* angedeutet. Da die Kantine jetzt schon keinen Platz für alle Angestellten in der Mittagspause bietet, sind viele gegen das Vorhaben.
- Der Gesellschafter Jan Ullmann hat auf einer Unternehmertagung Gedankenspiele zu einer *Verlegung des Betriebs* nach Bremen geäußert. Viele Mitarbeiterinnen und Mitarbeiter haben Bedenken, dass sie bei Realisierung des Vorhabens lange Anfahrtszeiten zum Arbeitsplatz in Kauf nehmen müssen.
- Die *Kündigung von Frau Lai* liegt in Kopie vor. Sie ist damit nicht einverstanden.
- Die geplante *Terminierung des Betriebsurlaubs* außerhalb der Sommerferien sorgt für Unmut in der Belegschaft, da vor allem Familien mit Kindern dann keinen gemeinsamen Urlaub im Sommer mehr planen können.
- Frau Nowak plant angeblich eine *Reduzierung des Stellenplans* um zwei Stellen. Ein Teil der Belegschaft sorgt sich um ihre Arbeitsplätze.
- Im Unternehmen geht das Gerücht um, dass sich die *wirtschaftliche Lage des Unternehmens* verschlechtert hat, was zu großer Unsicherheit in der Belegschaft führt.
- Der *Zeitpunkt der Lohn- und Gehaltszahlungen* soll vom 15. auf das Monatsende verlegt werden. Der Großteil der Mitarbeiterinnen und Mitarbeiter ist mit einer Auszahlung des Gehalts zu einem späteren Zeitpunkt nicht einverstanden.

Saskia Engel hat eine Übersicht über die unterschiedlichen Rechte des Betriebsrats angefertigt. In einem nächsten Schritt sollen die verschiedenen Angelegenheiten in die Übersicht eingetragen werden, um die Anliegen der Mitarbeiterinnen und Mitarbeiter sachgerecht bearbeiten zu können und gezielt auf die Unternehmensleitung zugehen zu können.

Arbeitsauftrag

1 Helfen Sie dem Betriebsrat, sich einen Überblick über die unterschiedlichen Rechte des Betriebsrats zu verschaffen. Nutzen Sie hierzu Ihre Fachkunde und vertiefen Sie dieses Thema ggf. mit einer Internetrecherche im Betriebsverfassungsgesetz. Vervollständigen Sie dann die Übersicht in Arbeitsblatt 73.1, indem Sie

a für jedes der vier genannten Rechte eine kurze Erläuterung eintragen und

b die oben genannten Anliegen als Beispiele passend den Rechten zuordnen.
(Hinweise: Manche Beispiele können auch an zwei Stellen eingetragen werden. Sie müssen aus Platzgründen nur den kursiv geschriebenen Teil der Beispiele eintragen.)

Arbeitsblatt 73.1 | Rechte des Betriebsrats

- **Rechte des Betriebsrats**
  - **Mitwirkungsrechte**
    - **Informationsrecht (Unterrichtungsrecht)**
      - Erläuterung:
      - Beispiele:
    - **Anhörungsrecht (Beratungsrecht)**
      - Erläuterung:
      - Beispiele:
    - **Widerspruchsrecht**
      - Erläuterung:
      - Beispiele:
  - **Mitbestimmungsrecht**
    - Erläuterung:
    - Beispiele:

Aufgaben

Aufgabe 1

a Erklären Sie mit eigenen Worten die nebenstehende Grafik zur betrieblichen Mitbestimmung.

b Woran liegt es Ihrer Meinung nach, dass es bei kleineren Betrieben so wenige Betriebsräte gibt?

Aufgabe 2

Können Mitarbeiter gegen den Willen der Geschäftsleitung einen Betriebsrat gründen? Argumentieren Sie.

Aufgabe 3

Vervollständigen Sie das folgende Schaubild, indem Sie stichpunktartig den jeweiligen Personenkreis, der bei einer Betriebsratswahl aktives und passives Wahlrecht hat, beschreiben.

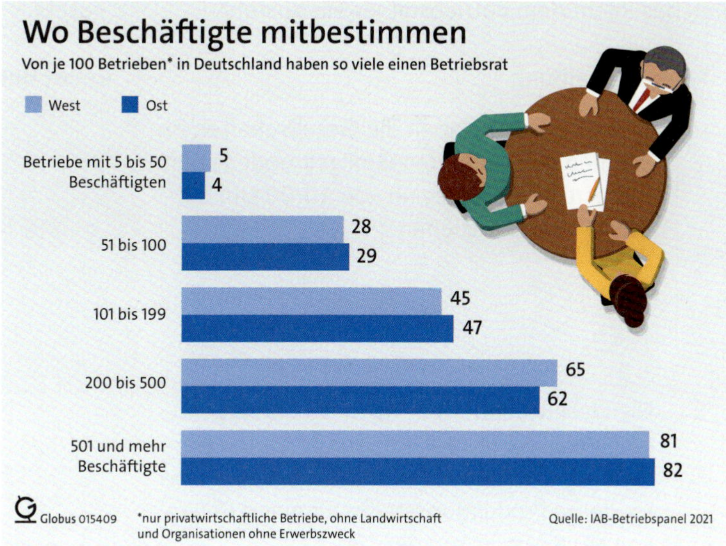

Wahl des Betriebsrats

Wer darf wählen:	Wer darf gewählt werden:
= ______________ Wahlrecht	= ______________ Wahlrecht
Personenkreis:	Personenkreis:
______________	______________

Aufgabe 4
Entscheiden Sie für die folgenden Fälle begründet, welches Recht dem Betriebsrat jeweils zusteht. Recherchieren Sie ggf. im Betriebsverfassungsgesetz.

	Fallbeschreibung	Recht des Betriebsrats
a	In der Rahu KG planen die Gesellschafter, im Rahmen des geltenden Gleitzeitmodells den spätesten Arbeitsbeginn von 10:00 Uhr auf 09:00 Uhr vorzuziehen.	
b	Die Gesellschafter der Rahu KG überlegen, eine veraltete Produktionsstraße für die Herstellung von Autositzen stillzulegen und eine moderne Produktionsstraße für einen Betrag von ca. 8 Mio. € zu erwerben.	
c	Der aus einer dreijährigen Elternzeit zurückkehrende Jan Peußner soll einen Arbeitsplatz in der Vorfertigung bekommen, da sein ehemaliger Arbeitsplatz in der Endmontage zwischenzeitlich mit einem neuen Mitarbeiter besetzt wurde.	
d	Aufgrund einer überraschenden Kündigung von Roswitha Taubert muss kurzfristig ihre Stelle im Rechnungswesen neu besetzt werden. Zunächst muss entschieden werden, ob die Stelle intern oder extern ausgeschrieben wird.	
e	Ein Supermarkt plant eine Videoüberwachung für den Kassenbereich.	

Aufgabe 5
Die Geschäftsleitung der Kaufsein AG entschließt sich in Absprache mit den Abteilungsleitern, die Öffnungszeiten zu ändern. Im Rahmen der für die Kaufsein AG geltenden gesetzlich vorgeschriebenen Ladenschlusszeiten beabsichtigt sie, die Öffnungszeiten vor den vier Adventssonntagen zu verlängern. Das Geschäft soll jeweils von Freitag 06:00 Uhr bis Samstag 24:00 Uhr durchgehend geöffnet bleiben. Diese Entscheidung wird den Beschäftigten in einem Rundschreiben mitgeteilt. Welchen Einfluss haben die Arbeitnehmer, wenn

a ein Betriebsrat vorhanden ist?
b kein Betriebsrat vorhanden ist?

Selbsteinschätzung TF 12.7

Ich kann ...	Kann ich	Kann ich nicht
Ziele und Aufgaben des Personalwesens		
1 ... die grundsätzlichen Ziele des Personalwesens erläutern.		
2 ... die verschiedenen Aufgabenbereiche des Personalwesens nennen und allgemein beschreiben.		
Personalbedarfsplanung		
1 ... eine quantitative Personalbedarfsplanung (inklusive der Kennzahlenmethode) durchführen und den Personalbedarf ermitteln.		
2 ... verschiedene Gründe für Personalabgänge und -zugänge nennen.		
3 ... Ersatzbedarf, Neubedarf und Minderbedarf unterscheiden.		
4 ... Inhalte einer Stellenbeschreibung nennen und sie erstellen.		
5 ... den Nutzen von Stellenbeschreibungen erläutern.		
Personalbeschaffung		
1 ... interne und externe Personalbeschaffung unterscheiden und den Überbegriffen konkrete Instrumente/Maßnahmen zuordnen.		
2 ... Vor-/Nachteile der internen und externen Personalbeschaffung abwägen.		
3 ... die Inhalte einer Stellenanzeige nennen und unter Berücksichtigung der zu besetzenden Stelle eine Stellenanzeige erstellen.		
4 ... das Recht des Betriebsrats bei der Personalbeschaffung erläutern.		
5 ... die Funktionsweise des Personalleasings erläutern.		
Bewerbungsverfahren und Arbeitsverträge		
1 ... die üblichen Bewerbungsunterlagen einer vollständigen Bewerbung nennen.		
2 ... in Abhängigkeit von der zu besetzenden Stelle und der Anzahl vorliegender Bewerbungen ein Personalauswahlverfahren planen.		
3 ... Bewerbungen im Hinblick auf die zu besetzende Stelle beurteilen und eine Vorauswahl der Bewerber treffen – auch unter Anwendung der Nutzwertanalyse.		
4 ... Assessment-Center von traditionellen Einstellungstests unterscheiden.		
5 ... abhängig von der zu besetzenden Stelle Einstellungskriterien festlegen und ein Assessment-Center mit zielgerichteten Aufgaben planen.		
6 ... bei der Personalbeschaffung und -auswahl die rechtlichen Vorgaben des Allgemeinen Gleichbehandlungsgesetzes (AGG) berücksichtigen.		
7 ... die Zulässigkeit der Befristung von Arbeitsverträgen gemäß Teilzeit- und Befristungsgesetz beurteilen.		
8 ... die Besonderheiten von Minijobs und Praktikumsverträgen erläutern.		
Leistungsbereitschaft und Leistungsvermögen der Mitarbeiter		
1 ... den Unterschied zwischen Leistungsbereitschaft und Leistungsvermögen erläutern.		
2 ... den Unterschied zwischen starrer und flexibler Arbeitszeit erläutern.		
3 ... verschiedene Arbeitszeitmodelle zur Flexibilisierung der Arbeitszeit und des Arbeitsorts beschreiben.		

Selbsteinschätzung TF 12.7

Ich kann ...	Kann ich	Kann ich nicht
4 ... zwischen kooperativem und demokratischem Führungsstil unterscheiden.		
5 ... begründen, warum die verschiedenen Führungsmethoden zur Unterstützung eines demokratischen Führungsstils beitragen.		
6 ... die vier Modelle der Arbeitsorganisation zur Erweiterung des Handlungsspielraums von Mitarbeitern erläutern.		
7 ... den Nutzen von Personalentwicklung begründen – vor allem vor dem Hintergrund des demografischen Wandels und Fachkräftemangels.		
8 ... vier Formen der Personalentwicklung unterscheiden.		
Formen des betrieblichen Entgelts		
1 ... wesentliche Unterschiede von Zeitlohn und Leistungslohn erläutern.		
2 ... Vor- und Nachteile von Zeit- und Leistungslohn abwägen.		
3 ... Zeitlöhne und Akkordlöhne berechnen.		
4 ... verschiedene Prämienarten nennen.		
5 ... verschiedene Formen der Erfolgsbeteiligungen unterscheiden.		
Gehaltsabrechnung		
1 ... Lohn- und Gehaltsabrechnungen erstellen.		
2 ... Abgaben an Finanzbehörden berechnen.		
3 ... Abgaben an Sozialversicherungsträger berechnen.		
Beendigung von Arbeitsverhältnissen		
1 ... eine geplante Kündigung daraufhin beurteilen, ob sie im Sinne des Kündigungsschutzgesetzes sozial gerechtfertigt ist.		
2 ... außerordentliche und ordentliche Kündigungen unterscheiden.		
3 ... auf Grundlage anzuwendender Rechtsquellen (z. B. § 622 BGB) Kündigungsfristen und Kündigungstermine ermitteln.		
4 ... die Besonderheiten einer Kündigung in der Probezeit beschreiben.		
5 ... den besonderen Kündigungsschutz bestimmter Mitarbeitergruppen beschreiben.		
6 ... im Rahmen einer geplanten betriebsbedingten Kündigung eine rechtskonforme Sozialauswahl durchführen.		
7 ... zwischen einfachen und qualifizierten Arbeitszeugnissen unterscheiden.		
8 ... die Bedeutung verschiedener Verschlüsselungstechniken in qualifizierten Arbeitszeugnissen bewerten.		
9 ... verbotene Inhalte von Arbeitszeugnissen nennen.		
Betriebliche Mitbestimmung		
1 ... die Aufgaben des Betriebsrats sowie der Jugend- und Auszubildendenvertretung beschreiben.		
2 ... die Personenkreise abgrenzen, die bei Wahlen des Betriebsrats sowie der Jugend- und Auszubildendenvertretung aktives und passives Wahlrecht haben.		
3 ... die verschiedenen Rechte des Betriebsrats in personellen, sozialen und wirtschaftlichen Angelegenheiten erläutern.		

Die Umsatzsteuer in der Buchhaltung berücksichtigen

FK ▸ TF 12.8 | Kap. 1

Situation

Sie arbeiten zurzeit im Rechnungswesen der Fly Bike Werke GmbH und haben die Aufgabe erhalten, für den internen Gebrauch die Umsatzsteuerzahllast auf Grundlage der vorliegenden Belege zu ermitteln.

Beleg Nr. 1

Tamino Deutschland GmbH

Tamino Deutschland GmbH, Immermannstraße 24, 40210 Düsseldorf

Posteingang: *28.12.20X1*

Fly Bike Werke GmbH
Rostocker Straße 334
26121 Oldenburg

Rechnungsprüfung	
Sachlich richtig	Rechnerisch richtig
Datum *28.12.20X1*	Datum *28.12.20X1*
Nz. *Tu*	Nz. *Ta*

Rechnung-Nr. 416

Bearbeiter	Kunden-Nr.	Ihre Bestellung Nr.	vom	Rechnungsdatum
Herr Freundlich	44001	216	04.11.20X1	27.12.20X1
Versandart/Freivermerk		**Verpackungsart**		**geliefert am**
per Lkw frei Haus		Kartons/Palette		27.12.20X1

Artikel-Nr.	Warenbezeichnung	Menge	Preis	Einheit	Gesamtpreis
2060	MTB XT Räder u. Schaltungen	50	55,56 €	Set	2.778,00 €
2260	MTB XT Antrieb	50	17,05 €	Set	852,50 €
		Nettorechnungsbetrag			3.630,50 €
		+ 19 % Mehrwertsteuer			689,80 €
		Rechnungssumme			4.320,30 €

Bitte überweisen Sie unter Angabe der Rechnungsnummer auf das unten angegebene Konto
€ 4.320,30 bis: 26.01.20X2 oder € 4.190,69 bis: 04.01.20X2

Beleg Nr. 2

Kohlor GmbH
Ludwigshafen

Posteingang: *29.12.20X1*

Kohlor GmbH, Hafenstr. 125, 67061 Ludwigshafen

Fly Bike Werke GmbH
Rostocker Straße 334
26121 Oldenburg

Kunden-Nr.: *424*
Ansprechpartner: *Frau Reineke*
Telefon: *0621 509XX1*
Lieferschein-Nr.: *4292*
Lieferdatum: *25.12.20X1*
Rechnungsdatum: *28.12.20X1*

Rechnungsprüfung	
Sachlich richtig	Rechnerisch richtig
Datum *29.12.20X1*	Datum *29.12.20X1*
Nz. *Ta*	Nz. *Ta*

Rechnung Nr.: 4292

Pos.	Artikel-Nr.	Artikelbezeichnung	Menge	Preis je Einheit	Gesamtpreis
1	900100	Klarlack	200 Liter	3,45 €	690,00 €
2	800200	Spezialgrundierung für Edelstähle	200 Liter	2,45 €	490,00 €
3	700100	Standardfarbe „gelb"	20 Liter	4,30 €	86,00 €
4	700821	Sonderfarbe „morror-polish"	120 Liter	6,00 €	720,00 €
5	702400	Sonderfarbe „lemon squash"	120 Liter	6,00 €	720,00 €

Warenwert-	Verpackungskosten	Transportkosten	Nettorechnungsbetrag	Umsatzsteuer 19 %	Bruttorechnungsbetrag
2.706,00 €	–	–	2.706,00 €	514,14 €	3.220,14 €

Zahlungsziel 30 Tage, bei Zahlung innerhalb von 8 Tagen 2 % Skonto.

Beleg Nr. 3

FLY BIKE Werke GmbH

FBW GmbH • Rostocker Str. 334 • 26121 Oldenburg

Sachsenrad GmbH
Bayreuther Str. 20
01277 Dresden

Rechnung Nr. 968				
Bearbeiter Herr Baumann	Kundennr. 10009	Ihre Bestellung Nr. 13	Ihre Bestellung vom 15.12.20X1	Rechnungsdatum 27.12.20X1
Versandart/Freivermerk Lkw/frei Haus		Verpackungsart Kartonage		Geliefert am 27.12.20X1

Pos.-Nr.	Artikel-Nr.	Artikelbezeichnung	Menge	Einzelpreis in €	Rabatt in %	Gesamtpreis in €
01	201	Trekking *Light*	25	598,50	29,00	10.623,38
02	202	Trekking *Free*	5	700,00	27,50	2.537,50
					Nettorechnungsbetrag in €	13.160,88
					+19 % Umsatzsteuer in €	2.500,57
					Bruttorechnungsbetrag in €	15.661,45

Bitte überweisen Sie unter Angabe der Rechnungsnummer.

	Datum	Skonto	Skonto in €	Betrag in €
Innerhalb der Skontofrist bis:	04.01.20X2	2 %	313,23	15.348,22
Innerhalb der Zahlungsfrist bis:	26.01.20X2	–	–	15.661,45

FBW GmbH • Rostocker Str. 334 • 26121 Oldenburg

Fahrrad & Motorrad GmbH
Alter Hellweg 46
44379 Dortmund

Rechnung Nr. 969				
Bearbeiter Frau Ganser	Kundennr. 10005	Ihre Bestellung Nr. 134	Ihre Bestellung vom 23.12.20X1	Rechnungsdatum 29.12.20X1
Versandart/Freivermerk Lkw/frei Haus		Verpackungsart Kartonage		Geliefert am 29.12.20X1

Pos.-Nr.	Artikel-Nr.	Artikelbezeichnung	Menge	Einzelpreis in €	Rabatt in %	Gesamtpreis in €
01	401	Renn *Fast*	12	2.520,00	29,00	21.470,40
02	402	Renn *Superfast*	5	4.410,00	27,50	15.986,25
					Nettorechnungsbetrag in €	37.456,65
					+19 % Umsatzsteuer in €	7.116,76
					Bruttorechnungsbetrag in €	44.573,41

Bitte überweisen Sie unter Angabe der Rechnungsnummer.

	Datum	Skonto	Skonto in €	Betrag in €
Innerhalb der Skontofrist bis:	06.01.20X2	2 %	891,47	43.681,95
Innerhalb der Zahlungsfrist bis:	28.01.20X2	–	–	44.573,41

Beleg Nr. 4

Arbeitsauftrag

1 Ermitteln Sie anhand der vorliegenden Belege 1 bis 4 die Umsatzsteuerzahllast.

Eingangsrechnungen	
Beleg	gezahlte Vorsteuer
Summe	

Ausgangsrechnungen	
Beleg	erhaltene Umsatzsteuer
Summe	

Ermittlung der Zahllast	
erhaltene Umsatzsteuer	
– gezahlte Vorsteuer	
= Zahllast	

Arbeitsblatt 74.1 | Umsatzsteuer

1 Vervollständigen Sie die vorliegende Ausgangsrechnung der Fly Bike Werke GmbH.
2 Tragen Sie seitlich neben der Rechnung entsprechend den Pfeilen in die Kästchen ein:
   a den Nettorechnungsbetrag.
   b den Bruttorechnungsbetrag.
   c den Betrag, den die Fly Bike Werke GmbH an das Finanzamt weiterleiten muss.
   d den Skontobetrag (2 %).
   e den Betrag, den der Kunde an die Fly Bike Werke GmbH bei Abzug von 2 % Skonto bezahlen muss.

FLY BIKE Werke GmbH

FBW GmbH • Rostocker Str. 334 • 26121 Oldenburg

Zweirad Ritter GmbH
Herzogstraße 70
40251 Düsseldorf

Rechnung Nr. 921

Bearbeiter	Kundennr.	Ihre Bestellung Nr.	Ihre Bestellung vom	Rechnungsdatum
Frau Ganser	10004	138	26.09.20XX	30.09.20XX

Versandart/Freivermerk	Verpackungsart	Geliefert am
Lkw/ab Werk	Kartonage	30.09.20XX

Pos.-Nr.	Artikel-Nr.	Artikelbezeichnung	Menge	Einzelpreis in €	Rabatt in %	Gesamtpreis in €
01	201	Trekking *Light*	20	598,50	29,00	8.498,70
02	202	Trekking *Free*	15	700,00	29,00	7.455,00
03	302	Mountain *Constitution*	51	1.197,00	30,00	42.732,90
04	303	Mountain *Unlimited*	11	1.995,00	29,00	15.580,95
05	401	Renn *Fast*	3	2.520,00	27,50	5.481,00
06	402	Renn *Superfast*	1	4.410,00	27,50	3.197,25
07		Fracht Lkw				581,91
					Nettorechnungsbetrag in €	a)
					+19 % Umsatzsteuer in €	c)
					Bruttorechnungsbetrag in €	b)

Bitte überweisen Sie unter Angabe der Rechnungsnummer

	Datum	Skonto	Skonto in €	Betrag in €
Innerhalb der Skontofrist bis:	08.10.20XX	2 %	d)	e)
Innerhalb der Zahlungsfrist bis:	29.10.20XX	–	–	b)

a ______________________

b ______________________

c ______________________

d ______________________

e ______________________

Rechnungsbegriffe		Prozentzahlen im Verhältnis zueinander
Nettorechnungsbetrag	≙	
	≙	+ 19 % (bzw. +7 %)
	≙	

3 Ermitteln Sie die Umsatzsteuerbeträge und die Brutto- bzw. Nettorechnungsbeträge in €.

Nettorechnungsbetrag in €	Umsatzsteuersatz	Umsatzsteuerbetrag in €	Bruttorechnungsbetrag in €
400,00	19 %		
5.000,00	19 %		
3.000,00	7 %		
6.300,00	7 %		

Bruttorechnungsbetrag in €	Umsatzsteuersatz	Umsatzsteuerbetrag in €	Nettorechnungsbetrag in €
5.950,00	19 %		
952,00	19 %		
4.280,00	7 %		
599,20	7 %		

Arbeitsblatt 74.2 | Abschluss der Umsatzsteuerkonten, Teil I Umsatzsteuer > Vorsteuer

Größere Unternehmen müssen monatlich die gebuchten Beträge auf ihren Umsatzsteuerkonten ermitteln und verrechnen. Im Normalfall übersteigt die von Kunden gezahlte Umsatzsteuer wertmäßig die an Lieferanten gezahlte Vorsteuer. Es entsteht eine Zahllast, die an das Finanzamt abgeführt (überwiesen) werden muss. Im Ausnahmefall ist allerdings auch ein Vorsteuerüberhang zu buchen.

- Aktives Bestandskonto Vorsteuer = Forderung an das Finanzamt
- Passives Bestandskonto Umsatzsteuer = Verbindlichkeit gegenüber dem Finanzamt

Fall 1: Die in einem Monat erhaltene Umsatzsteuer ist größer als die gezahlte Vorsteuer.
Abschlussangabe: Die Zahllast ist an das Finanzamt zu überweisen.
Hinweis: Die Zahllast wird für die Monate Januar bis November jeweils am 10. des Folgemonats an das Finanzamt überwiesen.

S	2600 Vorsteuer		H
2 800	12.500,00		

S	4800 Umsatzsteuer		H
		2 800	21.500,00

S	2800 Bankguthaben		H
8 000	39.000,00		

Buchungen:
1) Verrechnung der Umsatzsteuerkonten
2) Banküberweisung der Zahllast

	Konto der Sollbuchung	€	an	Konto der Habenbuchung	€
1)					
2)					

Fall 2: Die im Monat Dezember erhaltene Umsatzsteuer ist größer als die gezahlte Vorsteuer.
Abschlussangabe: Die Zahllast ist zu passivieren.
Hinweis: Die Zahllast des Monats Dezember wird erst am 10. Januar des Folgejahres an das Finanzamt überwiesen. Am 31.12. wird das passive Bestandskonto Umsatzsteuer (Verbindlichkeit gegenüber dem Finanzamt) in der Bilanz bei den Verbindlichkeiten ausgewiesen.

S	2600 Vorsteuer		H
2 800	21.000,00		

S	4800 Umsatzsteuer		H
		2 800	26.500,00

S	8010 SBK		H

Buchungen:
1) Verrechnung der Umsatzsteuerkonten
2) Passivierung der Zahllast

	Konto der Sollbuchung	€	an	Konto der Habenbuchung	€
1)					
2)					

Arbeitsblatt 74.3 | Abschluss der Umsatzsteuerkonten, Teil II Vorsteuer > Umsatzsteuer

Fall 3: Die Summe der Vorsteuer ist größer als die Summe der Umsatzsteuer.
Abschlussangabe: Der Vorsteuerüberhang wird vom Finanzamt überwiesen.
Hinweis: Ein Vorsteuerüberhang in den Monaten Januar bis November wird jeweils am 10. des Folgemonats vom Finanzamt auf das Bankkonto des Betriebes überwiesen.

S	2600 Vorsteuer		H
2 800	14.500,00		

S	4800 Umsatzsteuer		H
		2 800	9.500,00

S	2800 Bankguthaben		H
8 000	19.000,00		

Buchungen:
1) Verrechnung der Umsatzsteuerkonten
2) Banküberweisung des Vorsteuerüberhangs

	Konto der Sollbuchung	€	an	Konto der Habenbuchung	€
1)					
2)					

Fall 4: Die Summe der Vorsteuer ist größer als die Summe der Umsatzsteuer.
Abschlussangabe: Der Vorsteuerüberhang ist zu aktivieren.
Hinweis: Der Vorsteuerüberhang im Monat Dezember wird erst am 10. Januar vom Finanzamt überwiesen. Am 31.12. wird das aktive Bestandskonto Umsatzsteuer (Forderung gegenüber dem Finanzamt) in der Bilanz bei den Forderungen ausgewiesen.

S	2600 Vorsteuer		H
2 800	19.500,00		

S	4800 Umsatzsteuer		H
		2 800	16.500,00

S	8010 SBK		H

Buchungen:
1) Verrechnung der Umsatzsteuerkonten
2) Aktivierung des Vorsteuerüberhangs

	Konto der Sollbuchung	€	an	Konto der Habenbuchung	€
1)					
2)					

Folgesituation: Vorsteuer abziehbar?

Im Materialeinkauf der Fly Bike Werke GmbH ist die untenstehende Rechnung eingegangen. Sie soll nach den formalen Anforderungen des Umsatzsteuerrechts ausgewertet und rechnerisch überprüft werden – die sachliche Prüfung hat die Rechnung schon bestanden. Für die Auswertung liegt das folgende Merkblatt vor.

Merkblatt: Rechnungen müssen folgende Angaben enthalten (§ 14 Abs. 4 Satz 1 UStG)

1. den vollständigen Namen und die vollständige Anschrift des leistenden Unternehmers, inklusive der im Handelsregister eingetragenen Rechtsform,
2. die Steuernummer oder die vom Bundeszentralamt für Steuern erteilte Umsatzsteuer-Identifikationsnummer des leistenden Unternehmers,
3. den vollständigen Namen und die vollständige Anschrift des Leistungsempfängers,
4. die fortlaufende Rechnungsnummer mit einer oder mehreren Zahlenreihen, die der Rechnungsaussteller zur Identifizierung der Rechnung einmalig vergibt,
5. das Ausstellungsdatum,
6. die Menge und Art (handelsübliche Bezeichnung) des Gegenstandes der Lieferung oder die Art und den Umfang der sonstigen Leistung,
7. den Zeitpunkt der Lieferung oder sonstigen Leistung; im Falle von Anzahlungen, die in der Endrechnung abgezogen werden, den Zeitpunkt der Vereinnahmung des Entgelts, sofern dieser feststeht und nicht mit dem Rechnungsdatum übereinstimmt,
8. das nach den Steuersätzen und einzelnen Steuerbefreiungen aufgeschlüsselte Entgelt für die Lieferung oder sonstige Leistung sowie jede im Voraus vereinbarte Minderung des Entgelts, sofern diese nicht bereits im Entgelt berücksichtigt ist,
9. den anzuwendenden Steuersatz sowie den auf das Entgelt entfallenden Steuerbetrag oder im Fall einer Steuerbefreiung einen Hinweis darauf ...

Alu-Werke Bonn AG

Alu-Werke Bonn AG · Sankt-Augustiner-Straße 30 · 53225 Bonn

Sankt-Augustiner-Straße 30
53225 Bonn

Tel.: 0228 617XX4
Fax: 0228 464XX11
E-Mail: awb@bonn.dex
Ansprechparter: Herr Köllen

Fly Bike Werke GmbH
Rostocker Straße 334
26121 Oldenburg

Rechnung-Nr.: 444

Lieferdatum 12.08.20XX
Rechnungsdatum: 14.08.20XX

Artikel Nr.	Artikelbezeichnung für Aluminiumrohre	Menge in Metern	Einzelpreis in €	Gesamtpreis in €
40045225	Rundrohr 45 × 2,25	1200	10,11	12.132,00
		– 12,5 % Rabatt = Nettowarenwert + Umsatzsteuer = Bruttorechnungsbetrag		1.455,84 10.676,16 2.028,47 12.704,63

Lieferung ab Lager Bonn, Zahlung innerhalb von 30 Tagen ohne Abzug.
Skontofrist 8 Tage, Skontosatz 2 % auf den Nettowarenwert.

Bankverbindung: CVB, IBAN DE87 5400 7638 0077 9982 46

Hinweis: Kleinbetragsrechnungen
Rechnungen über Kleinbeträge bis zu 250,00 € müssen nicht sämtliche Pflichtangaben für eine Rechnung enthalten. Der Name und die Adresse des Rechnungsausstellers, das Datum, die Auflistung der Ware oder Leistung sowie der Rechnungsbetrag mit Umsatzsteuersatz oder Steuerbetrag reichen auf Kleinbetragsrechnungen aus.

Arbeitsaufträge

1 Prüfen Sie die oben abgebildete Eingangsrechnung rechnerisch, korrigieren Sie ggf. festgestellte Fehler und ermitteln Sie den richtigen Überweisungsbetrag.
2 Unterscheiden Sie die rechnerische von der sachlichen Rechnungsprüfung.
3 Prüfen Sie, ob diese Rechnung alle Erfordernisse des Umsatzsteuerrechts erfüllt, die zum Vorsteuerabzug berechtigen, und geben Sie ggf. an, welche Angabe/n fehlt/fehlen.

Aufgaben

Aufgabe 1
Ein Forstbetrieb verkauft Holz für netto 100,00 € an eine Tischlerei. Diese stellt daraus einen Tisch her und verkauft diesen zum Nettowarenwert von 400,00 € an einen Möbelgroßhändler. Ein Einrichtungshaus erwirbt von diesem Händler den Tisch für netto 600,00 € und verkauft ihn für netto 1.000,00 € an einen Endverbraucher. Auf jeder Stufe ist mit Umsatzsteuer in Höhe von 19 % zu rechnen.

a Berechnen Sie mithilfe der Tabellen für jede Wirtschaftsstufe die abzuführende Zahllast.

	Forstbetrieb	**Tischlerei**	**Möbelgroßhändler**	**Fachgeschäft für Möbel**	**Endverbraucher**
Nettoverkaufspreis (= Warenwert)					Bruttopreis:
+ Umsatzsteuer					USt:
= Bruttoverkaufspreis (= Ladenverkaufspreis)					Nettopreis:
erhaltene Umsatzsteuer					
– gezahlte Umsatzsteuer (= Vorsteuer)					
= abzuführende Zahllast					Σ Zahllast aller Unternehmen:

b Warum heißt die Umsatzsteuer auch Mehrwertsteuer?

c Berechnen Sie den Mehrwert und die Besteuerung des Mehrwerts.

	Forstbetrieb	**Tischlerei**	**Möbelgroßhändler**	**Fachgeschäft für Möbel**	**Endverbraucher**
erarbeiteter Mehrwert je Wirtschaftsstufe (= Nettoverkaufspreis – Nettoeinkaufspreis)					Summe:
Besteuerung des Mehrwerts mit 19 % (= Zahllast)					Summe:

Aufgabe 2
Erläutern Sie in eigenen Worten, wieso die Umsatzsteuer aus Unternehmersicht ein durchlaufender Posten ist und keinen Einfluss auf den Erfolg des Unternehmens hat.

Aufgabe 3
An der Kasse vieler Geschäfte sieht man das nebenstehende Logo. Was bedeutet es? Erläutern Sie den Hintergrund.

Aufgabe 4
Ein Industrieunternehmen hat im Monat Dezember eines Geschäftsjahres Vorsteuern in Höhe von 232.000,00 € gebucht. Auf dem Konto Umsatzsteuer sind 312.000,00 € erfasst worden. Geben Sie die Buchungssätze zum Abschluss beider Konten an.

Aufgabe 5

Ermitteln Sie die Höhe der Umsatzsteuer der Geschäftsvorfälle und buchen Sie die Geschäftsvorfälle im Grundbuch (Buchungssätze). Richten Sie außerdem im Hauptbuch (Ausschnitt) Konten für Vorsteuer und Umsatzsteuer ein, buchen Sie auf diesen Konten die Umsatzsteuer beim Ein- und Verkauf und schließen Sie diese Konten ab.

	€
1) **Eingangsrechnung:**	
Rohstoffeinkauf auf Ziel	42.000,00
+ 19 % Umsatzsteuer	
= Bruttorechnungsbetrag	

2) **Eingangsrechnung:**	
Hilfsstoffeinkauf und	15.000,00
Betriebsstoffeinkauf	20.000,00
+ Umsatzsteuer	
= Bruttorechnungsbetrag	

Hinweis: Hilfsstoffe 19 % USt, Betriebsstoffe 7 % USt

3) **Ausgangsrechnung:**	
Verkauf von eigenen Erzeugnissen auf Ziel	
+ 19 % Umsatzsteuer	
= Bruttorechnungsbetrag	142.800,00

Aufgabe 6

Bilden Sie die Buchungssätze für die nachfolgenden Geschäftsvorfälle:

		€
1) Eingangsrechnung: Zielkauf einer Maschine		
Nettowert		4.200,00
+ 19 % Umsatzsteuer		
= Bruttowert		
2) Eingangsrechnung: Erstellung eines Werbekataloges, Nettorechnungsbetrag		2.600,00
+ 19 % Umsatzsteuer		
= Bruttorechnungsbetrag		
3) Kontoauszug mit Lastschrift: Banküberweisung der Lagerhallenmiete		1.200,00
4) Kontoauszug mit Gutschrift: Gutschrift der Bank für Zinsen		840,00
5) Eingangsrechnung: Provisionsabrechnung eines Handelsvertreters, Nettovertriebsprovision		1.800,00
+ 19 % Umsatzsteuer		
= Bruttovertriebsprovision		
6) Kontoauszug mit Lastschrift: Abbuchung der Telefonrechnung durch die Telefongesellschaft		
Gesprächsgebühren	870,00 €	
Telefonanlage	80,00 €	950,00
+ 19 % Umsatzsteuer		
= Abbuchungsbetrag		

Aufgabe 7

Erstellen Sie einen vollständigen Geschäftsgang im Grund- und Hauptbuch.

Anfangsbestände:

Aktive Bestandskonten	€	Passive Bestandskonten	€
0700 Maschinen	60.000,00	3000 Eigenkapital	243.200,00
0800 Betriebs- und Geschäftsausstattung (Sammelkonto)	120.000,00	4250 langfristige Bankverbindlichkeiten	20.000,00
2000 Rohstoffe	4.600,00	4400 Verbindlichkeiten a. L. L.	26.000,00
2010 Fremdbauteile	43.400,00	4800 Umsatzsteuer	8.000,00
2400 Forderungen a. L. L.	32.000,00		
2800 Bankguthaben	34.000,00		
2880 Kasse	3.200,00		

Weitere einzurichtende Konten:
2600 Vorsteuer, 5000 Umsatzerlöse für eigene Erzeugnisse, 5400 Nebenerlöse (Mieterträge), 5710 Zinserträge, 6000 Aufwendungen für Rohstoffe, 6010 Aufwendungen für Fremdbauteile, 6160 Fremdinstandhaltung, 6800 Büromaterial, 8010 SBK, 8020 GuV-Konto

Nr.	Belegart	Geschäftsvorfälle	€
1)	Kontoauszug mit Lastschrift	Überweisung der Zahllast des Vormonats	8.000,00
2)	Eingangsrechnung	Rohstoffeinkauf auf Ziel + 19 % Umsatzsteuer = Rechnungsbetrag	60.000,00 11.400,00 71.400,00
3)	Eingangsrechnung	Fremdbauteileeinkauf auf Ziel + 19 % Umsatzsteuer = Rechnungsbetrag	20.000,00 3.800,00 23.800,00
4)	Ausgangsrechnung	Verkauf von Erzeugnissen auf Ziel, netto + 19 % Umsatzsteuer = Rechnungsbetrag	134.000,00 25.460,00 159.460,00
5)	Kontoauszug mit Bankgutschrift	Zinszahlung	500,00
6)	Eingangsrechnung	Reparatur einer Produktionsmaschine + 19 % Umsatzsteuer = Rechnungsbetrag	2.200,00 418,00 2.618,00
7)	Quittung	Barkauf von Büromaterial + 19 % Umsatzsteuer = Rechnungsbetrag	200,00 38,00 238,00
8)	Kontoauszug mit Bankgutschrift	Mietzahlung für die Untervermietung ungenutzter Büroräume	1.000,00
9)	Kontoauszug mit Banklastschrift	Darlehenstilgung	2.500,00

Abschlussangaben:

- Der Inventurbestand der Rohstoffe beträgt 2.500,00 €; der Inventurbestand der Fremdbauteile beträgt 27.400,00 €.
- Die Zahllast ist zu passivieren.

Lernsituation 75

Einen Beleggeschäftsgang buchen

FK ▶ TF 12.8 | Kap. 1.4

Situation

Das neue Geschäftsjahr hat gerade erst begonnen. Ewa Nowak, die Geschäftsführerin der Fly Bike Werke GmbH, erwartet die Ergebnisse des vorangegangenen Jahres. Eine Saldenliste zum 26.12. liegt bereits für alle Konten vor. In der Buchhaltung sind aber einige noch nicht gebuchte Belege des alten Geschäftsjahres liegen geblieben. Viele Kontensalden werden sich also noch ändern.

FLY BIKE Werke GmbH

Kontenplan (Hauptbuchkonten) mit Saldenliste zum 26.12.20X1

Kto-Nr.	Kontenbezeichnungen	Saldo/ Soll €	Saldo/ Haben €	Kto-Nr.	Kontenbezeichnungen	Saldo/ Soll €
0500	Grundstücke u. Bauten	612.850,00		6000	Aufw. für Rohstoffe	718.260,00
0700	TA u. Maschinen	131.870,00		6010	Aufw. für Fremdbauteile	2.241.434,00
0800	Betriebs- und G.-Ausst.	95.807,50		6020	Aufw. für Hilfsstoffe	181.988,00
2000	Rohstoffe	32.000,00		6030	Aufw. für Betriebsstoffe	175.000,00
2010	Fremdbauteile	269.411,00		6050	Energie	24.744,45
2020	Hilfsstoffe	14.089,00		6080	Aufw. für Waren	188.000,00
2030	Betriebsstoffe	2.500,00		6160	Fremdinstandhaltung	40.112,00
2400	Forderungen a. L. L.	764.001,00		6200	Löhne	688.900,00
2600	Vorsteuer	10.071,92		6300	Gehälter	1.561.100,00
2800	Bankguthaben	307.963,22		6520	Abschreibungen	565.412,35
2880	Kasse	3.986,20		6700	Mieten/Pachten	82.400,00
3000	Eigenkapital		700.000,00	6800	Büromaterial	21.973,02
4250	langfr. Bankvbk.		602.000,00	6820	Postgebühren	13.792,66
4400	Verbindlichkeiten a. L. L.		905.166,32	6870	Werbung	215.450,00
4800	Umsatzsteuer		36.508,25	7000	Betriebliche Steuern	2.500,00
5000	Umsatzerlöse f. e. E.		6.844.085,26	7510	Zinsaufwendungen	47.628,00
5400	Nebenerlöse (Mieterträge)		7.600,00	7700	Gewerbeertragssteuer	82.115,50

Fly Bike Werke GmbH

Offene-Posten-Liste Debitoren 26.12.20X1

Konto	Debitoren	Belege	Soll €	Haben €
24001	Radbauer GmbH			
24005	Fahrrad & Motorrad GmbH			
24009	Sachsenrad GmbH			
24010	EGZ Einkaufsgenossenschaft	AR 973	85.891,00	
24021	Hofkauf AG	AR 972	16.980,00	
24099	Sonstige Debitoren[1]	div.	661.130,00	
Saldo Sachkonto Forderungen a. L. L.				764.001,00

[1] Für alle Debitorenkonten, die im Beleggeschäftsgang nicht gebucht werden

Fly Bike Werke GmbH

Offene-Posten-Liste Kreditoren 26.12.20X1

Konto	Kreditoren	Belege	Soll €	Haben €
44008	Kohlor GmbH	ER 4211		2.460,00
44009	Tamino Dtl. GmbH			
44015	Frikawerke GmbH & Co. KG			
44024	Druckerei & Design W. Krause			14.640,00
44030	apv mbH	ER 3211		34.316,49
44099	Sonstige Kreditoren[2]	div.		853.749,83
Saldo Sachkonto Verbindlichkeiten a. L. L.				905.166,32

[2] Für Kreditorenkonten, die im Beleggeschäftsgang nicht gebucht werden, oder für Einkäufe des Beleggeschäftsganges, denen kein Kreditorenkonto zugeordnet ist.

Arbeitsauftrag

1 Buchen Sie die Belege auf den nachfolgenden Seiten im Grund- und Hauptbuch unter Beachtung der Saldenliste vom 26.12.20X1 und ermitteln Sie den vorläufigen Gewinn für die Fly Bike Werke GmbH.

Hinweis:
Sie können den Beleggeschäftsgang manuell oder mit dem Finanzbuchhaltungsprogramm Ihrer Schule bearbeiten. Debitoren- und Kreditorenkonten können, müssen jedoch nicht geführt werden, falls Ihr Finanzbuchhaltungsprogramm dies zulässt.

Beleg Nr. 1

FLY BIKE Werke GmbH

FBW GmbH • Rostocker Str. 334 • 26121 Oldenburg

Radbauer GmbH
Augsburger Str. 21
80335 München

Rechnung Nr. 957

Bearbeiter	Kundennr.	Ihre Bestellung Nr.	Ihre Bestellung vom	Rechnungsdatum
Herr Baumann Tel. 0441 88XX-12	10001	248	15.12.20X1	19.12.20X1
Versandart/Freivermerk Lkw/frei Lager		Verpackungsart Kartonage		Geliefert am 19.12.20X1

Pos.-Nr.	Artikel-Nr.	Artikelbezeichnung	Menge	Einzelpreis in €	Rabatt in %	Gesamtpreis in €
1	101	City *Glide*	20	490,00	29,00	6.958,00
2	302	Mountain *Constitution*	12	1.197,00	29,00	10.198,44
					Nettorechnungsbetrag in €	17.156,44
					+19 % Umsatzsteuer in €	3.259,72
					Bruttorechnungsbetrag in €	20.416,16

Bitte überweisen Sie unter Angabe der Rechnungsnummer.

	Datum	Skonto	Skonto in €	Betrag in €
Innerhalb der Skontofrist bis:	27.12.20X1	2 %	408,32	20.007,84
Innerhalb der Zahlungsfrist bis:	18.01.20X2	–	–	20.416,16

Beleg Nr. 2

FLY BIKE Werke GmbH

FBW GmbH • Rostocker Str. 334 • 26121 Oldenburg

Sachsenrad GmbH
Bayreuther Str. 20
01277 Dresden

Rechnung Nr. 958

Bearbeiter	Kundennr.	Ihre Bestellung Nr.	Ihre Bestellung vom	Rechnungsdatum
Herr Baumann Tel. 0441 88XX-12	10009	633	15.12.20X1	19.12.20X1
Versandart/Freivermerk Lkw/frei Lager		Verpackungsart Kartonage		Geliefert am 19.12.20X1

Pos.-Nr.	Artikel-Nr.	Artikelbezeichnung	Menge	Einzelpreis in €	Rabatt in %	Gesamtpreis in €
1	201	Trekking *Light*	25	598,50	29,00	10.623,38
2	202	Trekking *Free*	5	700,00	27,50	2.537,50
					Nettorechnungsbetrag in €	13.160,88
					+19 % Umsatzsteuer in €	2.500,57
					Bruttorechnungsbetrag in €	15.661,45

Bitte überweisen Sie unter Angabe der Rechnungsnummer.

	Datum	Skonto	Skonto in €	Betrag in €
Innerhalb der Skontofrist bis:	27.12.20X1	2 %	313,23	15.348,22
Innerhalb der Zahlungsfrist bis:	18.01.20X2	–	–	15.661,45

Beleg Nr. 3

FLY BIKE Werke GmbH

FBW GmbH • Rostocker Str. 334 • 26121 Oldenburg

Fahrrad & Motorrad GmbH
Alter Hellweg 46
44379 Dortmund

Rechnung Nr. 959

Bearbeiter	Kundennr.	Ihre Bestellung Nr.	Ihre Bestellung vom	Rechnungsdatum
Herr Baumann Tel. 0441 88XX-12	10005	166	16.12.20X1	19.12.20X1
Versandart/Freivermerk Lkw/frei Lager		Verpackungsart Kartonage		Geliefert am 19.12.20X1

Pos.-Nr.	Artikel-Nr.	Artikelbezeichnung	Menge	Einzelpreis in €	Rabatt in %	Gesamtpreis in €
1	401	Renn *Fast*	6	2.520,00	27,50	10.962,00
2	402	Renn *Superfast*	5	4.410,00	27,50	15.986,25
					Nettorechnungsbetrag in €	26.948,25
					+19 % Umsatzsteuer in €	5.120,17
					Bruttorechnungsbetrag in €	32.068,42

Bitte überweisen Sie unter Angabe der Rechnungsnummer.

	Datum	Skonto	Skonto in €	Betrag in €
Innerhalb der Skontofrist bis:	27.12.20X1	2 %	641,37	31.427,05
Innerhalb der Zahlungsfrist bis:	18.01.20X2	–	–	32.068,42

Beleg Nr. 4

Tamino Deutschland GmbH

Tamino Deutschland GmbH, Immermannstraße 24, 40210 Düsseldorf

Posteingang: *28.12.20X1*

Fly Bike Werke GmbH
Rostocker Straße 334
26121 Oldenburg

Rechnungsprüfung	
Sachlich richtig	Rechnerisch richtig
Datum *28.12.20X1*	Datum *28.12.20X1*
Nz. *Ta*	Nz. *Ta*

Rechnung-Nr. 418

Bearbeiter	Kunden-Nr.	Ihre Bestellung Nr.	vom	Rechnungsdatum
Herr Freundlich	44001	218	04.11.20X1	27.12.20X1
Versandart/Freivermerk		Verpackungsart		geliefert am
per Lkw frei Haus		Kartons/Palette		27.12.20X1

Artikel-Nr.	Warenbezeichnung	Menge	Preis	Einheit	Gesamtpreis
2060	MTB XT Räder u. Schaltungen	500	55,56 €	Set	27.780,00 €
2260	MTB XT Antrieb	500	17,05 €	Set	8.525,00 €
	Nettorechnungsbetrag				36.305,00 €
	+ 19 % Mehrwertsteuer				6.897,95 €
	Rechnungssumme				43.202,95 €

Bitte überweisen Sie unter Angabe der Rechnungsnummer auf das unten angegebene Konto
€ 43.202,95 bis: 26.01.20X2 oder € 41.906,86 bis: 04.01.20X2

Beleg Nr. 5

Kohlor GmbH
Ludwigshafen

Posteingang: *29.12.20X1*

Kohlor GmbH, Hafenstr. 125, 67061 Ludwigshafen

Fly Bike Werke GmbH
Rostocker Straße 334
26121 Oldenburg

Kunden-Nr.: *424*
Ansprechpartner: *Frau Reineke*
Telefon: *0621 509XX1*
Lieferschein-Nr.: *4292*
Lieferdatum: *25.12.20X1*
Rechnungsdatum: *28.12.20X1*

Rechnungsprüfung	
Sachlich richtig	Rechnerisch richtig
Datum *29.12.20X1*	Datum *29.12.20X1*
Nz. *Ta*	Nz. *Ta*

Rechnung Nr.: 4292

Pos.	Artikel-Nr.	Artikelbezeichnung	Menge	Preis je Einheit	Gesamtpreis
1	900100	Klarlack	200 Liter	3,45 €	690,00 €
2	800200	Spezialgrundierung für Edelstähle	200 Liter	2,45 €	490,00 €
3	700100	Standardfarbe „gelb“	20 Liter	4,30 €	86,00 €
4	700821	Sonderfarbe „morror-polish“	120 Liter	6,00 €	720,00 €
5	702400	Sonderfarbe „lemon squash“	120 Liter	6,00 €	720,00 €

Warenwert-	Verpackungs-kosten	Transport-kosten	Nettorechnungs-betrag	Umsatzsteuer-19 %	Bruttorechnungs-betrag
2.706,00 €	–	–	2.706,00 €	514,14 €	3.220,14 €

Zahlungsziel 30 Tage, bei Zahlung innerhalb von 8 Tagen 2 % Skonto.

Beleg Nr. 6

Brieffix Shopconcept
26121 Oldenburg
2977499 3899 28.12.20X1

* 150,00 €

Postwertzeichen ohne Zuschlag

Vielen Dank für Ihren Besuch.

Ihre Filiale für Versendungen

Unsere Mitarbeiter
beraten Sie gern.

Beleg Nr. 7

Mandorf Tank GmbH
Reiner Mandorf
Rostocker Str. 102
Tel.: 0441 88XX59

*37,20 Liter SÄULE Nr. 10	
*Super Blfr. A	66,10 €
TOTAL	66,10 €
MWST 19,00 %	10,55 €
NETTO	55,55 €
Gegeben	70,00 €
Zurück	3,90 €

29.12.20XX * 12:03 * A 10 * K 29

VIELEN DANK
GUTE FAHRT

Beleg Nr. 8

Frikawerke
GmbH & Co. KG

Frikawerke, Gertenstr. 19, 58739 Wickede/Ruhr

Fly Bike Werke GmbH
Rostocker Straße 334
26121 Oldenburg

Posteingang: *29.12.20X1*

Kunden-Nr.: 2211
Ansprechpartner: Herr Stoll
Tel.: 02377 5XX124
Ihre Bestellung Nr. 234
Bestellungsdatum: 19.11.20X1
Lieferschein-Nr.: 1611
Lieferdatum: 28.12.20X1
Rechnungsdatum: 28.12.20X1

Rechnungsprüfung	
Sachlich richtig	Rechnerisch richtig
Datum *29.12.20X1*	Datum *29.12.20X1*
Nz. *Ta*	Nz. *Ta*

Rechnung Nr.: 1611

Set-Nr. Fly Bike	Artikel-Nr.	Artikelbezeichnung	Menge	Preis je Set	Gesamtpreis
5060	50060	MTB XS Lenkung	500	11,09 €	5.545,00 €
5070	50070	MTB XT Lenkung	500	14,30 €	7.150,00 €

Warenwert	Verpackungs-kosten	Transport-kosten	Nettoberechnungs-betrag	Umsatzsteuer 19 %	Bruttoberechnungs-betrag
12.695,00 €	–	–	12.695,00 €	2.412,05 €	15.107,05 €

Zahlungsziel 14 Tage ohne Abzug

Beleg Nr. 9

WERBEAGENTUR **BDBOP** DÜSSELDORF

Werbeagentur BDBOP, Rheinstr. 14, 40221 Düsseldorf

Fly Bike Werke GmbH
Rostocker Straße 334
26121 Oldenburg

Posteingang: 28.12.20X1

RECHNUNG-NR.: 221

RECHNUNGSDATUM: 27.12. 20X1

Sehr geehrte Frau Nowak!

Für unsere Bemühungen bei der Gestaltung Ihres Verkaufskataloges berechnen wir Ihnen wie vereinbart:

Beratungshonorar	7.500,00 €
+ 19 % Umsatzsteuer	1.425,00 €
Rechnungsbetrag	8.925,00 €

Wir erwarten die Überweisung auf unser Konto bei der Düsseldorf-Bank, IBAN DE53 3005 0110 0067 0706 86

Mit freundlichen Grüßen
Werbeagentur BDBOP
i.A. Reisert
(Reisert)

Rechnungsprüfung
Sachlich richtig: Datum 29.12.20X1, Nz. Ta
Rechnerisch richtig: Datum 29.12.20X1, Nz. Ta

Beleg Nr. 10

Wolfgang Kleist
Büromaterial Geschenkartikel

Eberfelder Str. 105
26121 Oldenburg
Tel.: 0441 126XX01

Käufer: Fly Bike Werke GmbH Datum: 28.12.20X1

Anz.	Artikel	Preis	€	Cent
10	Schnellhefter	1,00	10	00
2	Heftklammern (100 Stück)	2,50	5	00

Nebenstehenden Betrag dankend erhalten 15 00

Im Betrag sind 19 % = 2,39 € USt enthalten.

Verk. Kl | 37547-17 | Bei Irrtum oder Umtausch bitte diesen Kassenzettel vorlegen

Beleg Nr. 11

Role – ColorCopy und Printshop
Rostocker Str. 196
26121 Oldenburg · Tel.: 0441 73XX40

Quittung für Fly Bike Werke GmbH

Datum: 28.12.20X1 16:08

Pos	Menge	Bezeichnung	Vk-Preis	Ges.-Preis	USt
1	114	s/w Fotokopien	0,15	17,10	1
		Endsumme	€	17,10	
		Gegeben (bar)	€	20,00	
		Zurück	€	2,90	

Umsatzsteueranteil:
USt = 1 = 19,00 % = 2,73 €

Betrag dankend erhalten

Krause

Beleg Nr. 12

Quittung € 238 Ct 00
Nr. einschl. 19 %USt/€ 38,00

zweihundertachtunddreißig Cent wie oben
€ in Worten

von Fly Bike Werke
für Reparatur Personalcomputer
Nowak
dankend erhalten

Oldenburg den 28.12.20X1

Unterschrift des Empfängers PC Schnelldienst Wagner

Beleg Nr. 13

Tele++ AG
26121 Oldenburg
42 428561-112 12.20X1
044188510

FLY BIKE WERKE GMBH
ROSTOCKER STR. 334
26121 OLDEBURG

Rechnungsdatum 28.12.20X1
Rechnungsmonat Dezember 20X1
Kundennummen

Bitte immer angeben
Buchungskonto 044188510
Seite

Bei Rückfragen Telefon 0441 13XX-222
Telefax 0441 13XX-4562

	Artikel oder Leistung	Menge bzw. Einheit	Nettoeinzel-betrag €	Nettogesamt-betrag €	USt in %
	Monatliche Beträge				
10110	Miete LTE Telefonanlage	1	112,34	112,34	19
	Hybrid LTE Flatrates	10	99,50	995,00	19

Zusammenstellung der Beträge

Nettobetrag	1.107,34
Umsatzsteuer 19 %	210,39
Rechnungsbetrag	1.317,73

Der Betrag von € 1.317,73 wird von Ihrem Konto bei der Oldenburg-Bank,
DE86 2804 0114 0112 3264 44 abgebucht.

Beleg Nr. 14

Computer GmbH Kahr-Str. 42 26121 Oldenburg

Fly Bike Werke GmbH
Rostocker Straße 334
26121 Oldenburg

Posteingang: *28.12.20X1*

Rechnungsprüfung	
Sachlich richtig	Rechnerisch richtig
Datum *28.12.20X1*	Datum *28.12.20X1*
Nz. *Ta*	Nz. *Ta*

Ihre Zeichen, Ihre Nachricht vom	Unser Zeichen, unsere Nachricht vom	Telefon, Name	Datum
th 20.12.20X1	pe-we	0441 86XX3 Peter	27.12.20X1

Rechnung-Nr.: 233

Sehr geehrte Damen und Herren,
aufgrund Ihrer Bestellung Nr. 413 lieferten wir Ihnen am 23.12.20X1 folgende Artikel:

Artikel-Nr.:	Menge	Artikelbezeichnung	Einzelpreis in €	Gesamtpreis in €
1000	1	Proxon PC-Ultra	1.200,00	1.200,00
2300	1	2. Festplatte, Aufpreis	200,00	200,00
4100	1	LED Monitor Ultra	450,00	450,00
		Zwischensumme		1.850,00
		–15 % Firmenrabatt		277,50
		Zwischensumme		1.572,50
0100		Lieferungs- und Aufstellungskosten		100,00
0200		Installation des Betriebssystems		25,00
		Nettopreis für das Gesamtsystem		1.697,50
		+19 % Umsatzsteuer		322,53
		Bruttopreis		2.020,03

Beleg Nr. 15

Oldenburg-Bank

IBAN DE86 2804 0114 0112 3264 44		Kontoauszug Oldenburg-Bank	Auszug 211	Blatt 1
Buchungstag	Wert	Vorgang/Erläuterungen	Beträge in €	
		Kontostand am 28.12.20XX	307.963,22 +	
29.12.20X1	29.12.20X1	Barauszahlung	1.000,00 –	
29.12.20X1	29.12.20X1	Hofkauf AG Köln, Rechnung 972 vom 28.11.20X1	16.980,00 +	
29.12.20X1	29.12.20X1	Tele ++ AG Telefonrechung 12.X1	1.317,73 –	
29.12.20X1	29.12.20X1	Kohlor GmbH, Rechnung 4211 vom 30.11.20X1	2.460,00 –	
29.12.20X1	29.12.20X1	Lagerhallenmiete Dezember 20X1	1.600,00 –	
		Kontostand am 29.12.20X1	318.565,49 +	

Fly Bike Werke GmbH, Oldenburg

Beleg Nr. 16

Oldenburg-Bank

IBAN DE86 2804 0114 0112 3264 44		Kontoauszug Oldenburg-Bank	Auszug 212	Blatt 1
Buchungstag	Wert	Vorgang/Erläuterungen	Beträge in €	
		Kontostand am 29.12.20XX	318.565,49 +	
30.12.20X1	30.12.20X1	apv Augsburg, Rechnung 3211 vom 28.11.20X1	34.316,49 –	
30.12.20X1	30.12.20X1	Druckerei & Design Wolfgang Krause, Rechnung 412 vom 14.12.20X1	14.640,00 –	
30.12.20X1	30.12.20X1	EGZ Einkaufsgenossenschaft, Rechnung 973 vom 30.11.20X1	85.891,00 +	
		Kontostand am 30.12.20X1	355.500,00 +	

Fly Bike Werke GmbH, Oldenburg

Beleg Nr. 17

Fly Bike Werke GmbH

Endbestände der Vorräte gemäß Lagerbuchhaltung

Vorratskonten		**€**
2000	Rohstoffe	56.000,00
2010	Vorprodukte Fremdbauteile	404.089,00
2020	Hilfsstoffe	12.205,00
2030	Betriebsstoffe	2.500,00
	Summe Vorratskosten	474.794,00

Werte geprüft: *Schneider* 31.12.20X1

Beleg Nr. 18

Fly Bike Werke GmbH

Buchungsanweisung Nr. 22: Die Zahllast ist zu passivieren.

Wert geprüft: *Taubert* 31.12.20X1

Lernsituation 76

Bestandsveränderungen ermitteln und buchen

FK ▶ TF 12.8 | Kap. 2

Situation

Im Rechnungswesen ist Frau Taubert überrascht. Ihr wurden gerade die aktuellen Inventurwerte aus dem Lager vorgelegt. Sie wundert sich über die Zahlen zum Pedelec E-City *Wind*. Trotz eines großen Bestands an unfertigen Rädern noch ohne Elektro-Komponenten (Motor, Steuerungselemente, Akkus) sind aber nur noch eine geringe Anzahl von fertigen Rädern dieses Modells auf Lager. In Ihrer Inventurliste für die Elektro-Komponenten sieht sie, dass der Lagerbestand für dieses Modell bei der Menge 0 liegt. Was ist da los?

FBW GmbH Geschäftsjahr 20X1 Inventurwertevergleich Modell E-City *Wind*

Anfangsbestände 20X1	**Menge (in Stück)**	**Werte je Stück (in €)**
Unfertige Pedelec E-City *Wind*	300	850,00
Fertige Pedelec E-City *Wind*	600	1.620,00

Endbestände 20X1	**Menge (in Stück)**	**Werte je Stück (in €)**
Unfertige Pedelec E-City *Wind*	800	880,00
Fertige Pedelec E-City *Wind*	10	1.720,00

Das die Einstandspreise und Herstellungskosten gestiegen sind, ist ja klar – dann muss ja auch der Inventurwert zwangsläufig steigen. Aber warum werden die Räder nicht fertig produziert? Das Modell hat sich doch mit über 1 000 Stück im letzten Jahr sehr gut verkauft.

Arbeitsaufträge

1 Helfen Sie Frau Taubert und ermitteln Sie auf Basis der oben genannten Werte für das Pedelec E-City *Wind* die Art und die Höhe der Bestandsveränderung in Euro. Geben Sie an, ob diese Bestandsveränderung als Aufwand oder Ertrag erfasst werden muss.

Ermittlung des Gesamtwertes der Bestandsveränderungen des Pedelecs Modell E-City *Wind*			
Unfertiges Erzeugnis	Werte (in €)	Fertiges Erzeugnis	Werte (in €)
Endbestand		Endbestand	
– Anfangsbestand		– Anfangsbestand	
= Bestandsveränderung	+/–	= Bestandsveränderung	+/–

Gesamtaufwand (in €)		**oder** Gesamtertrag (in €)	

2 Nennen Sie mögliche Gründe für den Lageraufbau unfertiger Pedelecs E-City *Wind*.

Arbeitsblatt 76.1 | Das Bestandsveränderungskonto BVÄ

Buchungstechnik:
- Die Bestandskonten „Unfertige Erzeugnisse“ und „Fertige Erzeugnisse“ werden nur am Anfang und am Ende eines Geschäftsjahres gebucht (Gegenbuchung EBK bzw. SBK).
- Die Differenzen zwischen Anfangs- und Endbeständen sind die hier relevanten Bestandsveränderungen.
- Diese Bestandsveränderungen werden am Ende eines Geschäftsjahres auf das Erfolgskonto BVÄ umgebucht.

Steckbrief BVÄ

Kontenart:	**Erfolgskonto**
Abschluss:	**über das GuV-Konto**
Besonderheit:	**Aufwands- ODER Ertragskonto**

Aufwands- oder Ertragskonto?
- Die Bestandsmehrungen überwiegen → Ertragskonto
- Die Bestandsminderungen überwiegen → Aufwandskonto

Beispiel: Bestandsmehrungen überwiegen

S	2100 Unfertige Erzeugnisse		H
8000	50.000,00	8010	40.000,00

S	2200 Fertige Erzeugnisse		H
8000	20.000,00	8010	60.000,00

Grundbuch:

1) Bestandsminderung Unfertige Erzeugnisse: ______________________ €

2) Bestandsmehrung Fertige Erzeugnisse: ______________________ €

Nr.	Soll	€	Haben	€
1)				
2)				

Hauptbuch:

S	5200 Bestandsveränderungen (BVÄ)	H

Grundbuch:

3) Abschluss BVÄ über GuV: ______________________ €

Nr.	Soll	€	Haben	€
3)				

Hauptbuch:

S	8020 GuV- Konto (GuV)		H
Aufwendungen	550.000,00	Erträge	650.000,00

Das Bestandsveränderungskonto verändert in diesem Beispiel den Gewinn um ______________ €.

Aufgaben

Aufgabe 1

Erstellen Sie einen Geschäftsgang im Grund- und Hauptbuch.

Anfangsbestände der Bestandskonten in €:

0700 Maschinen	55.000,00
0800 Betriebs- und Geschäftsausstattung	62.000,00
2400 Forderungen a. L. L.	24.000,00
2000 Rohstoffe	4.000,00
2020 Hilfsstoffe	3.500,00
2030 Betriebsstoffe	4.200,00
2100 Unfertige Erzeugnisse	2.000,00
2200 Fertige Erzeugnisse	4.000,00
2800 Bankguthaben	62.000,00
2880 Kasse	2.300,00
3000 Eigenkapital	?
4250 lgfr. Bankverbindlichkeiten	45.000,00
4400 Verbindlichkeiten a. L. L.	87.000,00

Weitere einzurichtende Konten: Aufwendungen für Rohstoffe, Aufwendungen für Hilfsstoffe, Aufwendungen für Betriebsstoffe, Leasing, Mietaufwendungen, Anlagenabgänge, Bestandsveränderungen (BVÄ), Zinsaufwendungen, Umsatzerlöse für eigene Erzeugnisse, Sonstige Erlöse aus Anlagenabgängen, EBK, GuV-Konto, SBK

Nr.	Geschäftsvorfälle	€ (netto)	€ (USt)
1)	Rohstoffeinkauf auf Ziel	44.000,00	8.360,00
2)	Banküberweisung an den Leasinggeber der Produktionsanlagen	16.000,00	3.040,00
3)	Hilfsstoffeinkauf gegen Banküberweisung	8.700,00	1.653,00
4)	Kauf einer neuen Maschine auf Ziel	14.600,00	2.774,00
5)	Betriebsstoffeinkauf auf Ziel	4.600,00	874,00
6)	Verkauf eigener Erzeugnisse gegen Banküberweisung	162.000,00	30.780,00
7)	Verkauf einer gebrauchten Büroeinrichtung gegen Bankgutschrift (Buchwert 3.000,00 €)	2.500,00	475,00
8)	Banküberweisung für die Miete des Verwaltungsgebäudes	42.000,00	–
9)	Banküberweisung an Lieferant	38.000,00	–
10)	Banküberweisung: • Zinszahlung und • Tilgungszahlungen für ein Bankdarlehen	500,00 1.500,00	– –
11)	Bankgutschrift für Kundenüberweisungen	12.500,00	–
12)	Verkauf einer gebrauchten Maschine auf Ziel (Buchwert 6.500,00 €)	6.000,00	1.140,00
13)	Barabhebung vom Bankkonto	700,00	–

Abschlussangaben: Inventurbestand Rohstoffe 4.600,00 €; Inventurbestand Hilfsstoffe 2.400,00 €; Inventurbestand Betriebsstoffe 2.800,00 €; Inventurbestand unfertige Erzeugnisse 650,00 €; Inventurbestand fertige Erzeugnisse 5.200,00 €. Die Zahllast ist zu passivieren.

Aufgabe 2

Bilden Sie die Buchungssätze:

Nr.	Konto	€
1)	Bestandsminderung: Konto unfertige Erzeugnisse	22.000,00
2)	Bestandsmehrung: Konto fertige Erzeugnisse	32.000,00
3)	Auf dem Konto Bestandsveränderungen überwiegen die Bestandsminderungen.	114.000,00
4)	Auf dem Konto Bestandsveränderungen überwiegen die Bestandsmehrungen.	62.000,00
5)	Buchung der Bestandsveränderung, unfertige Erzeugnisse: • Anfangsbestand • Endbestand	 6.000,00 20.000,00
6)	Buchung der Bestandsveränderung, fertige Erzeugnisse: • Anfangsbestand • Endbestand	 36.000,00 18.000,00

Abschreibungen im Anlagevermögen berechnen und buchen

FK ▶ TF 12.8 | Kap. 3

Situation

Die Fly Bike Werke GmbH kauft eine neue Verpackungsmaschine.

Beleg Nr. 1

Maschinenbau Olbe GmbH – *wir produzieren Werte*

Leimer Weg 27, 26121 Oldenburg, Tel.: 0441 60X-0, Fax: 0441 60X-12, E-Mail: maschinenbau@olbe.dex

Fly Bike Werke GmbH
Rostocker Straße 334
26121 Oldenburg

Datum: 01.04.20X1
Rechnungsnummer 412
Lieferdatum 01.04.20X1

RECHNUNG

Produkte/Leistungen	Anzahl	Einzelpreis in €	Betrag in €
Verpackungsmaschine xp412 (Warenwert)	1,00	112.000,00	112.000,00
Lieferung	1,00	2.200,00	2.200,00
Montage	1,00	1.400,00	1.400,00
Steuereinheit zu xp412 mit Einbau	1,00	4.500,00	4.500,00
Bei Zahlung innerhalb von 10 Tagen gewähren wir 3 % Skonto auf den Warenwert der Maschine. Die Zahlungsfrist beträgt 30 Tage.		Zwischensumme	120.100,00 €
		Steuersatz	19,00 %
		Umsatzsteuer	22.819,00 €
		Rechnungsbetrag	142.919,00 €

Zahlungsempfänger: Maschinenbau Olbe GmbH
Konto-Daten: Oldenburg-Bank, BIC OL

Maschinenbau Olbe GmbH – *wir produzieren Werte*

Leimer Weg 27, 26121 Oldenburg, Tel.: 0441 60X-0, Fax: 0441 60X-12, E-Mail: maschinenbau@olbe.dex

Fly Bike Werke GmbH
Rostocker Straße 334
26121 Oldenburg

Datum: 03.04.20X1
Gutschriftsnummer 12
Lieferdatum 01.04.20X1

GUTSCHRIFT

Produkte/Leistungen	%	Einzelpreis in €	Betrag in €
Gutschrift zur Verpackungsmaschine xp412	10,00	112.000,00	11.200,00
Gemäß Ihrer Mängelrüge gewähren wir einen Preisnachlass in Höhe von 10 % auf den Warenwert der Maschine.		Zwischensumme	11.200,00 €
		Steuersatz	19,00 %
		Umsatzsteuer	2.128,00 €
		Gutschriftsbetrag	13.328,00 €

Beleg Nr. 2

Arbeitsauftrag

1 Buchen Sie die Anschaffung der Maschine im Grund- und Hauptbuch (Seite 378; planmäßige lineare Abschreibung, betriebsgewöhnliche Nutzungsdauer 13 Jahre).

Beleg Nr. 3

Oldenburg-Bank

Überweisung Maschinenbau DE86 2804 0114 0112 3264 44		**Kontoauszug** Oldenburg-Bank	AuszugBlatt 112	1
Buchungstag	Wert	Vorgang/Erläuterungen	Beträge in €	
		Kontostand am 10.04.20X1	214.000,00 +	
10.04.20X1	10.04.20X1	Überweisung Maschinenbau Olbe GmbH Rechnungs-Nr. 412, abzüglich Gutschrift-Nr. 12 und 3 % Skonto Abzug auf den Maschinenwert	125.992,44 –	
		Kontostand am 10.04.20X1	88.007,56 +	

Fly Bike Werke GmbH,Oldenburg

Grundbuch:

1) Eingangsrechnung der Maschinenbau Olbe GmbH
2) Gutschrift der Maschinenbau Olbe GmbH
3) Rechnungsausgleich unter Abzug von 3 % Skonto vom Warenwert nach der Gutschrift

Nr.	Soll	€	Haben	€
1)				
2)				
3)				

Hauptbuch (Auszug, nur Anlagenkonto):

S	**0760 Verpackungsmaschinen**	H

Anschaffungskosten: ______________________ €

Folgesituation1: Abschreibung im Jahr der Stilllegung

Die Verpackungsmaschine ist bis zum 30.06.20X9 in Betrieb. Aufgrund des technischen Fortschritts und eines überdurchschnittlichen Verschleißes kann die Maschine nicht mehr wirtschaftlich genutzt werden. Die Maschine wird stillgelegt und anschließend ausgebaut. Die Maschine muss auf ihren Schrottwert in Höhe von 500,00 € außerplanmäßig abgeschrieben werden.

Arbeitsaufträge

1 Buchen Sie im **Grundbuch**
  a die planmäßige Abschreibung im Geschäftsjahr 20X9,
  b die außerplanmäßige Abschreibung im Geschäftsjahr 20X9.

Nr.	Soll	€	Haben	€
1a)				
1b)				

Berechnungen:

Arbeitsblatt 77.1 | Lineare Abschreibung

Berechnungen und Buchungen der Abschreibungen eines Pkws
Anschaffungskosten für den Pkw am 03.01.20XX = 36.000,00 €
Betriebsgewöhnliche Nutzungsdauer für den Pkw = 6 Jahre

$$\text{Jährlicher Abschreibungsbetrag} = \frac{\text{Anschaffungskosten}}{\text{Betriebsgewöhnliche Nutzungsjahre}}$$

Abschreibungsbetrag = ______________________ = ____________ €

Berechnen Sie den Abschreibungsbetrag in %.

$$\text{Abschreibungssatz in Prozent} = \frac{100}{\text{Nutzungsdauer}} = \_\_\_\_\_\_\_\_ = \_\_\_\_ \%$$

Abschreibungstabelle lineare Abschreibung:

	Anschaffungskosten	€
–	Abschreibungsbetrag 1. Jahr	€
=	Buchwert Ende 1. Nutzungsjahr	€
–	Abschreibungsbetrag 2. Jahr	€
=	Buchwert Ende 2. Nutzungsjahr	€
–	Abschreibungsbetrag 3. Jahr	€
=	Buchwert Ende 3. Nutzungsjahr	€
–	Abschreibungsbetrag 4. Jahr	€
=	Buchwert Ende 4. Nutzungsjahr	€
–	Abschreibungsbetrag 5. Jahr	€
=	Buchwert Ende 5. Nutzungsjahr	€
–	Abschreibungsbetrag 6. Jahr	€
=	Buchwert Ende 6. Nutzungsjahr	€

Buchen Sie
1) die Anschaffung des Pkws zzgl. 19 % USt gegen Banküberweisung.
2) die Abschreibung am Ende des ersten Nutzungsjahres.
3) den Abschluss des Kontos 0840 Fuhrpark (ein Pkw) am Geschäftsjahresende.
4) den Abschluss des Kontos 6520 Abschreibungen auf Sachanlagen am Jahresende.

Nr.	Soll	€	Haben	€
1)				
2)				
3)				
4)				

Folgesituation2: Abschreibung auf Sachanlagen

Für den Jahresabschluss müssen einige Abschreibungsbeträge auf Sachanlagen ermittelt werden.

Von: Sabrina Steffes (Fly Bike Werke GmbH)
An: Roswitha Taubert (Fly Bike Werke GmbH)
Betreff: Buchungen von Abschreibungen auf Sachanlagen

Liebe Roswitha,

einige diesjährige Anschaffungen müssen gebucht werden (siehe beigefügte Belege Nr. 1 bis 3).

Für den Jahresabschluss sind vorab die Abschreibungsbeträge zu ermitteln. Vielen Dank!

Viele Grüße

Sabrina

Auszug aus der amtlichen AfA-Tabelle für Anlagegüter

Fundstelle	Anlagegüter	Nutzungsdauer in Jahren
3.5	Hochregallager	15
4.2.1	Personenkraftwagen und Kombiwagen	6
4.2.2	Motorräder, Motorroller, Fahrräder u. Ä.	7
4.2.3	Lastkraftwagen, Sattelschlepper, Kipper	9
5.23	Verpackungsmaschinen, Folienschweißgeräte	13
6.1	Wirtschaftsgüter der Werkstätten-, Labor- und Lagereinrichtungen	14
6.13.2.2	Mobilfunkendgeräte	5
6.14.3.1	Großrechner	7
6.14.3.2	Workstations, Personal Computer, Notebooks und deren Peripheriegeräte (Drucker, Scanner, Bildschirme u. Ä.)[1]	1
6.14.4	Foto-, Film-, Video- und Audiogeräte (Fernseher, CD-Player, Rekorder, Lautsprecher, Radios, Verstärker, Kameras, Monitore u. Ä.)	7
6.15	Büromöbel	13

[1] Mit BMF Schreiben vom 26. Februar 2021 hat das Bundesministerium für Finanzen an die obersten Finanzbehörden der Länder die Nutzungsdauer von Computerhardware (einschließlich der dazu gehörenden Peripheriegeräte) sowie die für die Dateneingabe und -verarbeitung erforderliche Betriebs- und Anwendungssoftware eine betriebsgewöhnliche Nutzungsdauer von einem Jahr zugrunde gelegt. Dies gilt für Gewinnermittlungen für Wirtschaftsjahre, die nach dem 31. Dezember 2020 enden. Eine vollständige Abschreibung im Anschaffungsjahr ist ebenfalls möglich.

Arbeitsauftrag

1 Ermitteln Sie für die nachfolgenden drei Belege die Abschreibungsbeträge und führen Sie die Buchungen durch. Alle Anlagegüter werden handels- und steuerrechtlich linear nach der AfA-Tabelle abgeschrieben.

Abschreibungen im Anlagevermögen berechnen und buchen

Beleg Nr. 1

Bürowelt Baum GmbH

Bürowelt Baum GmbH • Hochstraße 86 • 42327 Wuppertal

Fly Bike Werke GmbH
Rostocker Str. 334
26121 Oldenburg

Rechnung

Kunden-Nr.	Rechnungs-Nr.	Liefer- und Rechnungsdatum
49630	A+239	03.01.20XX

Bitte bei Zahlung angeben.

Anzahl	Artikel Nr.	Artikelbezeichnung	Stückpreis	Netto-Betrag
2	B-75/BS	Büroschrank	5.200,00 €	10.400,00 €

Fällig am	Versandkosten	MWSt 19 %	Skontoabzug	Rechnungsbetrag
25.01.20XX	200,00 €	2.014,00 €	ohne	12.614,00 €

Berechnung der Anschaffungskosten und des Abschreibungsbetrages

Anschaffungskosten:	Abschreibungsbetrag im Anschaffungsjahr:

Grundbuch:

1) Buchung bei Rechnungseingang
2) Buchung bei Rechnungsausgleich per Banküberweisung
3) Buchung der Abschreibung im Anschaffungsjahr

Nr.	Soll	€	Haben	€
1)				
2)				
3)				

Beleg Nr. 2

BM-AG

BM-AG · Nordstr.86 · 39130 Magdeburg

Fly Bike Werke GmbH
Rostocker Str. 334
26121 Oldenburg

Rechnung	Kunden-Nr.	Rechnungs-Nr.	Liefer-/Rechnungsdatum
	4920	7465	08.02.20XX
	Bitte bei Zahlung angeben.		

Anzahl	Artikel-Nr.	Artikelbezeichnung	Stückpreis	Netto-Betrag
1	4938	Lagerregal BM 416	7.600,00 €	7.600,00 €

Fällig am	Versandkosten	MWSt 19%	Skontoabzug	Rechnungsbetrag
08.03.20XX	240,00€	1.489,60 €	ohne	9.329,60 €

Berechnung der Anschaffungskosten und des Abschreibungsbetrages

Anschaffungskosten:	Abschreibungsbetrag im Anschaffungsjahr:

Grundbuch:

1) Buchung bei Rechnungseingang
2) Buchung bei Rechnungsausgleich per Banküberweisung
3) Buchung der Abschreibung im Anschaffungsjahr

Nr.	Soll	€	Haben	€
1)				
2)				
3)				

Abschreibungen im Anlagevermögen berechnen und buchen

Beleg Nr. 3

PACKGUT AG

Packgut AG – Karlstraße 8 – 58134 Hagen

Fly Bike Werke GmbH
Rostocker Str. 334
26121 Oldenburg

Rechnung 2387/02	**Kunden-Nr.**	**Bestell-Nr.**	**Rechnungs- und Lieferdatum**
	211833	64711	10.04.20XX
	Bitte bei Zahlung angeben.		

1 Verpackungsmaschine MLD 21	15.850,00 €
abzüglich 5 % Rabatt	792,50 €
	15.057,50 €
Folgende Leistungen werden von uns wie folgt berechnet:	
Fracht	495,00 €
Transportversicherung	180,00 €
Montage	520,00 €
Nettowert	1.195,00 €
Gesetzliche Umsatzsteuer 19 %	3.087,98 €
Rechnungsbetrag	**19.340,48 €**

Bei Rechnungsausgleich innerhalb von 8 Tagen gewähren wir auf den Nettowert der Maschine einen Skonto in Höhe von 3 %.

Berechnung der Anschaffungskosten und des Abschreibungsbetrages

Anschaffungskosten:	Abschreibungsbetrag im Anschaffungsjahr:

Grundbuch:

1) Buchung bei Rechnungseingang
2) Buchung bei Rechnungsausgleich per Banküberweisung
3) Buchung der Abschreibung im Anschaffungsjahr

Nr.	Soll	€	Haben	€
1)				
2)				
3)				

Arbeitsblatt 77.2 | Kauf (auch) von Anlagegütern

Büroausstattung Scholle GmbH RECHNUNG

Datum: 01.09.20XX
Rechnungs-Nr. 1212
Lieferdatum 01.09.20XX
Kunden-Nr. 4223

Büroausstattung Scholle GmbH, Weltweg 3, 26121 Oldenburg

Firma
Fly Bike Werke GmbH
Rostocker Straße 334
26121 Oldenburg

Rechnung Nr. 1212

Artikel	Produkte/Leistungen	Anzahl	Einzelpreis in €	Gesamt in €
44002	Kopiergerät Capon X-2020	2	5.800,00	11.600,00
44202	Sortiereinheit Capon X-2020	2	600,00	1.200,00
44402	Ersatztoner für Capon X-2020	10	85,00	850,00
24100	Kopierpapier weiß, 500 Blatt	50	3,20	160,00
			Rechnungsbetrag netto	13.810,00
			19 % Umsatzsteuer	2.623,90
			Rechnungsbetrag brutto	16.433,90

Die Ware wurde frei Haus geliefert. Wir gewähren 2 % Skonto bei Zahlung innerhalb von 8 Tagen. Zahlungsziel 30 Tage.

VIELEN DANK FÜR IHREN AUFTRAG!

a Buchen Sie den Einkauf bei
1 Rechnungseingang und bei
2 Rechnungsausgleich (unter Abzug von Skonto auf den Rechnungsbetrag) durch Banküberweisung.

Nr.	Soll	€	Haben	€
1)				
2)				

b Ermitteln Sie die Anschaffungskosten für **ein** vollständiges Kopiergerät (mit Sortiereinheit).

Berechnungen:

Anschaffungskosten je Kopiergerät mit Sortiereinheit: ____________________ €

Arbeitsblatt 77.3 | Bewertungen im Anlagevermögen

Anlagevermögen =

____

____

Bewertung beim Kauf:

Anschaffungspreis	Beispiele:
+ ____________	____________
– ____________	____________
+ ____________	____________
= Anschaffungskosten	

Abschreibungen:

	Außerplanmäßige Abschreibung:
____________:	
Nur für Wirtschaftsgüter, deren Nutzung	Für alle Wirtschaftsgüter, ____________
____________	____________
= ____________ Anschaffungskosten	= ____________

Abschreibungsregeln im Anlagevermögen (Beispiele):

Linearer Abschreibungsbetrag	Anschaffungskosten / ____________
Linearer Abschreibungssatz	100 / ____________
Zeitanteilige Abschreibungen	Im Jahr der Anschaffung und im Jahr des ____________: Jahresabschreibung · ____________ / ____________

Auswirkungen von Abschreibungen:

In der Erfolgsrechnung:	In der Bilanz:
____________erhöhung und	Vermögens____________ und
Gewinn____________	Eigenkapital____________

Arbeitsblatt 77.4 | Bestandteile der Anschaffungskosten

Ordnen Sie die nachfolgenden Begriffe den Bestandteilen der Anschaffungskosten für ausgewählte Anlagegüter zu (Mehrfachnennungen sind möglich).

1. Einbauteile und Einbaukosten (nachträglich)	12. Preisnachlässe nach Mängelrügen
2. Einbauten (nachträglich)	13. Rabatt
3. Fundamentierungskosten	14. Renovierungskosten
4. Grunderwerbsteuer	15. Skonto
5. Kosten der Anlieferung (z. B. Fracht, Be- und Entladekosten, Anfuhr, Abfuhr, Transportversicherung)	16. Überführungskosten
6. Kreditfinanzierungskosten	17. Umbauten (nach dem Erwerb)
7. Listenpreis	18. Gezahlte Vorsteuer
8. Maklergebühr	19. Zoll
9. Montagekosten	20. Zubehörteile (beim Kauf)
10. Notarieller Kaufpreis	21. Zulassungskosten
11. Notarkosten (Eigentumsübertragung)	22. Notarkosten (Grundschuldeintragung)

Bestandteile des Anschaffungspreises	**Anschaffungs-nebenkosten**	**Anschaffungspreis-minderungen**	**Nachträgliche Anschaffungskosten**
Ermittlung der Anschaffungskosten für ein Grundstück mit bestehendem Gebäude			
Ermittlung der Anschaffungskosten für eine importierte Maschine			
Ermittlung der Anschaffungskosten für ein Fahrzeug (kein Import)			
Ermittlung der Anschaffungskosten für einen Büroschrank (kein Import)			
Nicht zu den Anschaffungskosten gehören:			

Aufgaben

Aufgabe 1

a Buchen Sie die drei Belege und die Überweisung an den Büroausstatter Werner Kleppert e. K. unter Abzug von 2 % Skonto auf dessen Forderungsbetrag.

b Ermitteln Sie

ba die Anschaffungskosten je PC-Office-Tisch einschließlich Erweiterung,

bb die Höhe der Abschreibung für alle PC-Office-Tische mit Erweiterungen im Anschaffungsjahr (lineare Abschreibung, Nutzungsdauer 13 Jahre),

bc den Bilanzwert.

Werner Kleppert • Buchenstraße 3 • 40221 Düsseldorf

KLEPPERT E.K.
BÜROAUSSTATTUNGEN

Fly Bike Werke GmbH
Rostocker Str. 334
26121 Oldenburg

Lieferdatum 12.04.20XX
Rechnungsdatum 12.04.20XX
Bankverbindung: Bank 3000, BIC: 3000DENW891,
IBAN: DE17 3467 8375 2140 0226 79

Rechnung Nr.: 12

Artikel Nr.	Menge	Artikelbezeichnung	Einzelpreis	Gesamtpreis
1256	2	PC-Office-Tische, grau	6.800,00 €	13.600,00 €
1259	2	Erweiterungen für PC-Office-Tische für Drucker, grau	1.300,00 €	2.600,00 €
		Zwischensumme		16.200,00 €
		– 10 % Jubiläumsrabatt		1.620,00 €
		Nettopreis		14.580,00 €
		+ 19 % Umsatzsteuer		2.770,20 €
		Bruttopreis		17.350,20 €

Lieferung und Aufstellung erfolgen am 12.04.20XX durch die Spedition Herket gegen gesonderte Rechnung.

HerketGmbH I ColmarStr.9 I 40221 Düsseldorf

Spedition Herket GmbH

Fly Bike Werke GmbH
Rostocker Str. 334
26121 Oldenburg

Rechnung Nr.: 123

Rechnungsdatum 13 .04.20XX

Wir lieferten und montierten am 12 .04.20XX im Auftrag der Firma Werner Kleppert Büroausstattungen, Düsseldorf, 2 PC-Office-Tische mit Erweiterungen für Drucker.

Gesamtpreis für den Transport einschließlich Transportversicherung und Montage	450,00 €
zzgl. 19 % Umsatzsteuer	85,50 €
Bruttorechnungsbetrag	535,50 €

Bankverbindung: Essener Stadtbank, BIC: SBESDE8E3XXX, IBAN: DE94 7823 9475 0012 0003 99

Werner Kleppert • Buchenstraße 3 • 40221 Düsseldorf

KLEPPERT E.K.
BÜROAUSSTATTUNGEN

Fly Bike Werke GmbH
Rostocker Str. 334
26121 Oldenburg

Informationen zur Gutschrift Nr. 02

Gutschrift-Datum 14.04.20XX
Bankverbindung: Bank 3000, BIC: 3000DENW891,
IBAN: DE17 3467 8375 2140 0226 79

Ihre Mängelrüge vom 13.04.20XX

Wir möchten uns für die von Ihnen reklamierten Farbabweichungen entschuldigen. Ihre Mängelrüge haben wir sofort an unseren Hersteller weitergeleitet. Selbstverständlich sind wir bereit, Ihnen einen Preisnachlass in Höhe von 20 % auf den Bruttorechnungsbetrag zu gewähren. Bitte kürzen Sie den Bruttorechnungsbetrag unserer Rechnung Nr. 12 vom 12.04.20XX entsprechend.

Mit freundlichen Grüßen

Anlage
Gutschrift Nr. 02

Aufgabe 2

Ein Industrieunternehmen erwirbt eine neu erstellte Lagerhalle mit Grundstück. Der (umsatzsteuerfreie) Kaufpreis beträgt 650.000,00 €. Vom Kaufpreis entfallen 130.000,00 € auf das Grundstück.

Die Grunderwerbsteuer beträgt 3,5 % vom Gesamtkaufpreis. Die Maklergebühr für die Vermittlung der Lagerhalle mit Grundstück beträgt 3 % vom Kaufpreis zzgl. 19 % Umsatzsteuer. Ein Notar berechnet für die Aufstellung und die Beurkundung des Kaufvertrags und die Eintragung des neuen Eigentümers in das Grundbuch 3 % des Kaufpreises zzgl. 19 % Umsatzsteuer. Das Grundbuchamt berechnet für die Eintragung des Eigentümerwechsels Gebühren in Höhe von 1.200,00 € (umsatzsteuerfrei).

Für die Finanzierung der Lagerhalle wird eine Grundschuld im Grundbuch eingetragen. Der Notar berechnet für die Beurkundung der Finanzierung und die Eintragung der Grundschuld im Grundbuch 2 % des Grundschuldbetrages in Höhe von 600.000,00 € zzgl. 19 % Umsatzsteuer. Das Grundbuchamt berechnet für den Eintrag der Grundschuld Gebühren in Höhe von 800,00 € (umsatzsteuerfrei).
Nach der Eigentumsübertragung lässt das Unternehmen einen Aufenthaltsraum mit Toilettenanlage nachträglich in die Lagerhalle einbauen. Der Gesamtpreis für diesen Umbau beträgt 12.000,00 € zzgl. 19 % Umsatzsteuer.

a Ermitteln Sie die Anschaffungskosten für das Grundstück und das Gebäude.

Anschaffungskosten (in €)	Grundstück (in €)	Gebäude (in €)
Kaufpreis		
Grunderwerbsteuer		
Maklergebühr		
Notargebühren		
Grundbuchamt		
Umbaukosten	kein Anteil	
Summen		

b Ermitteln und buchen Sie die Abschreibungen im ersten Nutzungsjahr. Die Nutzungsdauer der Lagerhalle beträgt 25 Jahre, der Eigentümerwechsel erfolgt im September.

c Wie hoch ist der Buchwert des Grundstücks und des Gebäudes am Ende des nachfolgenden vollständigen Geschäftsjahres?

Aufgabe 3

Für folgende Anlagegüter sind im Jahr 20XX die Abschreibungsbeträge zu ermitteln und zu buchen.

Anlagegut/ Abschreibungsmethode	Anschaffungsjahr 20XX	Nutzungsdauer	Anschaffungskosten
Drehbank lineare Abschreibung	01.03.20XX	16 Jahre	20.000,00 €
Personal Computer[1] lineare Abschreibung	01.06.20XX	1 Jahr	3.000,00 €
Pkw lineare Abschreibung	01.09.20XX	6 Jahre	30.000,00 €

[1] Personal Computer Nutzungsdauer 3 Jahre bei Anschaffung vor dem 01.01.2021, bei späterer Anschaffung nur 1 Jahr Nutzungsdauer, wobei eine Sofortabschreibung im Anschaffungsjahr dann auch möglich wäre.

Aufgabe 4

Im Zusammenhang mit der Anschaffung eines Pkws wird folgende Aufstellung erstellt:

Autokauf im Autohaus	
Listenpreis (netto)	38.000,00 €
Sonderausstattungen (netto)	2.000,00 €
Sonderrabatt	10 %
Rechnungsbetrag des Autohauses (ohne Umsatzsteuer = netto)	
Skonto (in Anspruch genommen)	2 %
Banküberweisungsbetrag an das Autohaus (inkl. 19 % Umsatzsteuer = brutto)	
Überführungskosten (das Auto wird im Auftrag des Importeurs kostenpflichtig für den Käufer geliefert)	
Eingangsrechnung einer Spedition (netto)	500,00 €
Eigene Zulassungskosten (Barzahlungen)	
Gebühren (umsatzsteuerfrei)	30,00 €
Nummernschilder (brutto)	35,70 €
Tag der Zulassung	01.02.20XX
Erste Tankfüllung	
Barzahlung inkl. Umsatzsteuer	59,50 €
Banklastschriften	
Kfz-Steuer (für ein Jahr im Voraus)	600,00 €
Kfz-Versicherung (für ein Jahr im Voraus)	900,00 €
Nachträglicher Einbau eines Navigationssystems (Rechnungseingang ohne Skontoabzugsmöglichkeit)	
Gerätekosten (netto)	400,00 €
Einbaukosten (netto)	100,00 €
Betriebsgewöhnliche Nutzungsdauer	
Zeitraum	6 Jahre

a Buchen Sie die Rechnung des Autohändlers zzgl. 19 % Umsatzsteuer (Zielkauf).
b Wie hoch ist der Überweisungsbetrag an den Autohändler?
c Buchen Sie den Rechnungsausgleich per Banküberweisung.
d Buchen Sie die Rechnung der Spedition zzgl. 19 % Umsatzsteuer für die Überführung bei Zahlung gegen Bankscheck.
e Buchen Sie die Barzahlung der Zulassungskosten.
f Buchen Sie die Zahlung für die erste Tankfüllung.
g Buchen Sie die Banklastschriften für die Kfz-Steuer und die Kfz-Versicherung.
h Buchen Sie den Rechnungseingang für den Einbau des Navigationsgerätes.
i Mit welchem Wert muss der Pkw auf dem Anlagekonto aktiviert werden?
j Wie hoch wäre der lineare Abschreibungsbetrag im Jahr 20XX (Nutzungsdauer 6 Jahre)?
k Wie hoch wäre der Buchwert des Pkws am Ende des Jahres 20XX nach planmäßiger Abschreibung?
l Wie wäre im Jahresabschluss für das Jahr 20XX zu buchen, wenn der Zeitwert des Fahrzeugs laut Sachverständigengutachten am 31.12.20XX aufgrund einer dauerhaften Wertminderung nur noch 22.500,00 € betrüge?

Aufgabe 5

a Betrachten Sie den unten stehenden Auszug aus einer Eingangsrechnung über zwei Büroschreibtische. Wie ist die Eingangsrechnung zu buchen?

b Die Rechnung wird innerhalb der Skontofrist ausgeglichen. Wie hoch ist der Überweisungsbetrag?

c Wie hoch sind die Anschaffungskosten je Schreibtisch?

d Buchen Sie den Rechnungsausgleich per Banküberweisung.

e Welche Abschreibungsbuchung ist am Jahresende 20XX vorzunehmen, wenn der Kauf am 19.09.20XX erfolgte?

	2 Büroschreibtische Modell „Rex“, Einzelpreis 7.200,00 €	14.400,00 €
–	20 % Rabatt	2.880,00 €
=	Nettorechnungsbetrag	11.520,00 €
+	19 % Umsatzsteuer	2.188,80 €
=	Bruttorechnungsbetrag	13.708,80 €

Zahlungsbedingung: 3 % Skonto bei Zahlung innerhalb von 8 Tagen, Zahlungsziel 30 Tage

Aufgabe 6

Anfang Januar 20XX wird eine neue Verpackungsmaschine angeschafft:

Anschaffungspreis	120.000,00 € zzgl. 19 % USt
Bezugs- und Montagekosten	20.000,00 € zzgl. 19 % USt
Gutschrift des Maschinenherstellers	12.000,00 € zzgl. 19 % USt
Finanzierungskosten (Bankkredit) im Anschaffungsjahr	2.000,00 €

Welche der nachfolgenden Aussagen ist richtig? Die Anschaffungskosten

a setzen sich aus dem Anschaffungspreis, den Bezugs- und den Montagekosten zusammen und betragen 140.000,00 €.

b sind die Bezugs- und Montagekosten; sie betragen 20.000,00 €.

c sind die Summe aller Zahlungen, die im Zusammenhang mit der Anschaffung eines Anlagegutes im Anschaffungsjahr entstehen; sie betragen 130.000,00 €.

d ergeben sich aus dem Anschaffungspreis zuzüglich der Anschaffungsnebenkosten und abzüglich der Anschaffungspreisminderungen und erhöhen sich bei nachträglichen Anschaffungskosten; sie betragen 128.000,00 €.

e setzen sich zusammen aus dem Anschaffungspreis, den Bezugs- und Montagekosten und den Finanzierungskosten; sie betragen einschließlich Umsatzsteuer 154.320,00 €.

Aufgabe 7

Ein Kleinlaster mit einer betriebsgewöhnlichen Nutzungsdauer von 9 Jahren, der linear abgeschrieben wird, wurde am 17.04.20X1 mit Anschaffungskosten von 54.000,00 € erworben. Am 04.02.20X4 soll der Kleinlaster für 40.000,00 € zzgl. 19 % USt verkauft werden. Ermitteln Sie unter Berücksichtigung der zeitanteiligen Abschreibung im Kauf- und Verkaufsjahr

a die Gesamtabschreibung.

b den Wertverlust in %.

c den Buchwert zum Verkaufszeitpunkt.

d den möglichen Verkaufserfolg.

Aufgabe 8

Ein Unternehmen kauft ein Regal für die Rechnungsprüfung auf Ziel, der Listenpreis beträgt 8.200,00 € abzüglich 10 % Rabatt. Bei Zahlung innerhalb von 8 Tagen gewährt der Verkäufer auf diesen Betrag 2 % Skonto. Für die Lieferung (Verpackungskosten, Anlieferung und Aufstellung mit Entsorgung des Verpackungsmaterials) berechnet der Verkäufer einen Pauschalbetrag von 200,00 € zzgl. 19 % USt, der nicht skontierfähig ist und bei Lieferung bar bezahlt werden muss.

a Ermitteln Sie die Anschaffungskosten bei Rechnungseingang.

b Buchen Sie den Rechnungseingang der Regallieferung.

c Buchen Sie die Barzahlung der Lieferung.

d Buchen Sie den Rechnungsausgleich innerhalb der Skontofrist per Banküberweisung.

e Nach Anerkennung einer Mängelrüge überweist der Verkäufer 261,80 €. Buchen Sie den Zahlungseingang.

f Ermitteln Sie die endgültigen Anschaffungskosten.

Geringwertige Wirtschaftsgüter bewerten

FK ▶ TF 12.8 | Kap. 3.5

Situation

Herr Baumann ist begeistert. Er hat ein Smartphone mit Navigations-App für dienstliche Zwecke gekauft. Auch als Fußgänger wird er sich zukünftig nicht mehr verlaufen, wenn er Kunden in Innenstädten besucht. Er legt den Beleg Frau Taubert vor. Sie muss ihn buchen und Herrn Baumann das Geld, das er vorgelegt hat, bar auszahlen. Frau Taubert hat für diese Zwecke einen Prüfbogen vorliegen.

```
         Mobil-Shop
     Rostocker Str. 22
      26121 Oldenburg
---------------------------
15.12.20XX, 9:30 Uhr

Smartphone ZX91A    249,00€

KFZ-Halterung         0,00€
(Sonderaktion)

Endsumme            249,00€
---------------------------
19% MsSt             39,76€
Netto-Umsatz        209,24€
---------------------------
Bar                 250,00€
Rückgeld              1,00€
---------------------------

VIELEN DANK
FÜR IHREN EINKAUF!

Beleg-Nr. KB332
```

Prüfung: geringwertiges Wirtschaftsgut?
(Prüfergebnisse ankreuzen!)

	Ja	Nein
1. Anlagevermögen?	☐	☐
2. abnutzbar?	☐	☐
3. beweglich?	☐	☐
4. selbstständig nutzbar?	☐	☐
5. Nutzungsdauer > 1 Jahr?	☐	☐
6. Anschaffungskosten bis 1.000,00 €?	☐	☐
Prüfungsergebnis: GWG	☐	☐

Arbeitsaufträge

1 Entspricht der von Herrn Baumann vorgelegte Beleg einer vorsteuerabzugsberechtigten Eingangsrechnung nach dem Umsatzsteuerrecht?

2 Handelt es sich bei dieser Anschaffung einkommensteuerrechtlich um ein geringwertiges Wirtschaftsgut? Nutzen Sie den oben abgebildeten Prüfbogen!

3 Wie wird der Beleg gebucht, wenn keine Aufzeichnungspflichten für den „Kleinbetrag“ zu erfüllen sind?

Nr.	Soll	€	Haben	€
1)				

Aufgaben

Aufgabe 1

Prüfen Sie, ob es sich bei den nachfolgenden Beispielen um ein GWG handelt, und ermitteln Sie die Anschaffungskosten je Wirtschaftsgut. Berücksichtigen Sie bei Ihrer Entscheidung, dass alle Prüfpunkte (siehe Vorseite) jeweils mit „Ja“ beantwortet werden müssen. Alle Wirtschaftsgüter haben eine betriebsgewöhnliche Nutzungsdauer von über einem Jahr.

a Einkauf einer Bohrmaschine für die Montageabteilung eines Küchenherstellers zum Einstandspreis von 487,90 € inkl. 19 % USt
b Einkauf von 2 Schreibtischen für ein neu einzurichtendes Büro. Listenpreis (für beide Schreibtische) 1.200,00 € zzgl. 19 % USt, 30 % Rabatt, 3 % (in Anspruch genommenes) Skonto, Anlieferungs- und Montagekostenpauschale 120,00 € zzgl. 19 % USt (nicht rabatt- und skontierfähig)
c Einkauf einer Sortiereinheit für ein vorhandenes Kopiergerät zu Anschaffungskosten von 260,00 €
d Kauf von Aktien (5 000 Stück zu je 130,00 €) zur Erhöhung einer Beteiligung an einem Lieferanten
e Einkauf von 10 Bürodrehstühlen zum Brutto-Lieferpreis von 2.380,00 €
f Einkauf von 50 Glaskeramikkochfeldern durch einen Küchenhersteller für den Einbau in ein neues Küchenprogramm zum Preis von je 380,00 € netto bei Frei-Haus-Lieferung
g Einbau eines Handwaschbeckens in einem Büroraum zum Gesamtpreis (Nettopreis Waschbecken = 250,00 €, Montagekosten ohne Umsatzsteuer 150,00 €) von 400,00 € netto

Aufgabe 2

Ein Unternehmen hat folgende geringwertige Wirtschaftsgüter bis 1.000,00 € im Januar 20XX angeschafft (keine zeitanteilige Abschreibung bei Abschreibungen nach der betriebsgewöhnlichen Nutzungsdauer notwendig). Angegeben sind jeweils die Anschaffungskosten.

Gut	Preis	Nutzungsdauer
Bohrhammer	140,00 €	7 Jahre
Fernseher	350,00 €	7 Jahre
Chefschreibtisch	897,00 €	13 Jahre
Bürodrehstuhl	390,00 €	13 Jahre
Handy	450,00 €	5 Jahre
Laptop	600,00 €	1 Jahr
Faxgerät	240,00 €	6 Jahre

Ermitteln Sie den maximalen Jahres-Abschreibungsbetrag, wenn GWG bis 250,00 € immer sofort als Betriebsausgabe (Sofortaufwand) erfasst werden und digitale Wirtschaftsgüter im Jahr der Anschaffung vollständig abgeschrieben werden.

a Variante I mit der Wahl Sofortabzug für GWG bis 800,00 €
b Variante II mit der Wahl Sammelposten

Aufgabe 3

Buchen Sie die Anschaffung und ggf. die Abschreibung folgender Wirtschaftsgüter für verschiedene Industrieunternehmen im Jahr 20XX.

a Kauf eines Besucherstuhls für das Büro am 19.09.20XX mit Anschaffungskosten in Höhe von 120,00 € zzgl. 19 % USt gegen Barzahlung, Nutzungsdauer 13 Jahre, ausgewählte Bewertungsvariante: Sofortabzug für GWG mit Anschaffungskosten bis 250,00 €.
b Kauf eines Büroschrankes am 20.01.20XX auf Ziel: Nettowert 500,00 €, 25 % Rabatt, Lieferkosten = 20,00 €. Rechnungsbetrag 395,00 € zzgl. 19 % USt, Nutzungsdauer 13 Jahre, ausgewählte Bewertungsvariante: Sofortabzug für GWG mit Anschaffungskosten bis 800,00 €.
c Kauf eines Schreibtisches am 14.09.20XX auf Ziel: Nettowert 970,00 € zzgl. 19 % USt, Nutzungsdauer 13 Jahre, ausgewählte Bewertungsvariante: Sammelposten für GWG mit Anschaffungskosten über 250,00 € bis 1.000,00 € (Annahme: Sammelposten besteht nur aus dieser Anschaffung).
d Kauf eines Laptops am 14.11.20XX zum Kaufpreis von 1.071,00 € inkl. 19 % USt gegen Banklastschrift, Nutzungsdauer 3 Jahre, ausgewählte Bewertungsvariante: Sofortabzug für GWG mit Anschaffungskosten bis 800,00 €.

Lernsituation 79

Buchen im Einkaufsbereich

FK ▶ TF 12.8 | Kap. 4.1

Situation

In der Buchhaltung der Fly Bike Werke GmbH liegen folgende Belege zur Bearbeitung vor.

Beleg Nr. 1

Kohlor GmbH
Ludwigshafen

Kohlor GmbH, Hafenstr. 125, 67061 Ludwigshafen

Fly Bike Werke GmbH
Rostocker Str. 334
26121 Oldenburg

Kunden-Nr.: *424*
Ansprechpartner: *Frau Reineke*
Telefon: *0621 509XX1*
Lieferschein-Nr. *4829*
Lieferdatum: *24.06.20XX*
Rechnungsdatum: *28.06.20XX*

Rechnung Nr. 3615

Pos.	Artikel-Nr.	Artikelbezeichnung	Menge	Preis je Einheit	Gesamtpreis
1	900100	Klarlack	400 Liter	3,45 €	1.380,00 €
2	800200	Spezialgrundierung für Edelstähle	400 Liter	2,45 €	980,00 €
3	700100	Standardfarbe „Gelb"	75 Liter	4,30 €	322,50 €

Warenwert	Verpackungskosten	Transportkosten	Nettorechnungsbetrag	Umsatzsteuer 19 %	Bruttorechnungsbetrag
2.682,50 €	50,00 €	200,00 €	2.932,50 €	557,18 €	3.489,68 €

Zahlungsziel 30 Tage, bei Zahlung innerhalb von 8 Tagen 2 % Skonto auf den Bruttorechnungsbetrag

Beleg Nr. 2

Kohlor GmbH
Ludwigshafen

Kohlor GmbH, Hafenstr. 125, 67061 Ludwigshafen

Fly Bike Werke GmbH
Rostocker Str. 334
26121 Oldenburg

Kunden-Nr.: *424*
Ansprechpartner: *Frau Reineke*
Telefon: *0621 509XX1*
Lieferschein-Nr.: *4829*
Lieferdatum: *24.06.20XX*
Rechnungsdatum: *28.06.20XX*
Gutschrift-Datum: *01.07.20XX*

Gutschrift zu Rechnung Nr. 3615

Sehr geehrter Herr Thüne,

aufgrund Ihrer Mängelrüge nehmen wir unseren Artikel 700100 Standardfarbe „gelb" vollständig zurück und werden Ihnen in den nächsten Tagen den Artikel nach Ihrem Farbmuster auf neue Rechnung zusenden. Auf unseren Artikel 900100 Klarlack gewähren wir Ihnen einen Preisnachlass in Höhe von 10 % (siehe angehängte Gutschrift). Unsere Transport- und Verpackungskosten können Sie ebenfalls um 10 % kürzen.

Ermittlung der Nettogutschriftbeträge

Rücksendung	________ €
Preisnachlass	________ €
Kürzung Transport- und Verpackungskosten	________ €
Summe	________ €

Oldenburg-Bank

IBAN DE86 2804 0114 0112 3264 44		Kontoauszug Oldenburg-Bank	Auszug 67	Blatt 1
Buchungstag	Wert	Vorgang/Erläuterungen	Beträge in EUR	
		Kontostand am 12.01.20XX	32.430,00 +	
06.07.20XX	06.07.20XX	Kohlor GmbH, Ludwigshafen Rechnung 3615 vom 28.06.20XX abzüglich Gutschrift vom 01.07.20XX und 2% Skonto	2.853,69 –	
		Kontostand am 06.07.20XX	29.576,31 +	

Fly Bike Werke GmbH, Oldenburg

Beleg Nr. 3

Arbeitsaufträge

1 Buchen Sie die Belege im Grund- und Hauptbuch. Verwenden Sie dafür Arbeitsblatt 79.1.
2 Ermitteln Sie den Nettowert dieser Hilfsstoffe nach Rechnungsausgleich.
3 Wie hoch ist der Vorsteuerabzug, den die Fly Bike Werke GmbH durch diesen Einkauf geltend machen kann?

Arbeitsblatt 79.1 | Materialeinkauf mit Bezugskosten und Nachlässen

Grundbuch: 1) Hilfsstoffeinkauf auf Ziel 2) Gutschrift des Hilfsstofflieferanten
3) Banküberweisung an den Hilfsstofflieferanten unter Ausnutzung von 2 % Skonto
4) Umbuchung Bezugskosten 5) Umbuchung Nachlässe

Nr.	Soll	€	Haben	€
1)				
2)				
3)				
4)				
5)				

Hauptbuch:

S	2020 Hilfsstoffe	H

S	2600 Vorsteuer	H

S	2021 Bezugskosten für Hilfsstoffe	H

S	2800 Bankguthaben	H
SV	32.430,00	

S	2022 Nachlässe für Hilfsstoffe	H

S	4400 Verbindlichkeiten a. L. L.	H

Berechnungen	Nettobetrag = 100 %	Umsatzsteuer = 19 %	Bruttobetrag = 119 %
Rechnungseingang			
– Gutschrift Hilfsstoffe			
= Rechnungsbetrag nach Gutschrift			
– 2 % Skonto			
= Zahlungsbetrag			

Arbeitsblatt 79.2 | Einkauf von Handelswaren

Sie arbeiten zurzeit im Rechnungswesen der Fly Bike Werke GmbH. Mit Beginn des heutigen Arbeitstages liegt Ihnen die nebenstehende Rechnung vor. Führen Sie die Buchungen mit Kontenabschluss durch.

1) Kauf auf Ziel
2) Umbuchung Bezugskosten

Fahrradteile International GmbH

Fahrradteile International GmbH, Borgwardstr. 17 28309 Bremen

Fly Bike Werke GmbH
Rostocker Str. 334
26121 Oldenburg

Kundennummer: 10112
Ihre Bestellung Nr.: 98
Ihr Bestell-Datum: 09.09.20XX
Unsere Lieferschein-Nr.: 109
Unser Lieferdatum: 20.09.20XX

Ihr Ansprechpartner: Herr Itze
Tel. 0421 83XX567

Rechnung Nr.: 102		Rechnungs-Datum: 20.09.20XX			
Artikel-Nr.	Artikelbezeichnung	Stückzahl	Einzelpreis €	Rabatt %	Gesamtpreis €
10100	Fahrradanhänger WXP-100 Ihre Modellbezeichnung „Kelly“	150	45,00	15,00	5.737,50
10300	Fahrradanhänger WXO-300 Ihre Modellbezeichnung „Max“	75	75,00	15,00	4.781,25
10998	Transportkostenpauschale				250,00
10999	Verpackungskostenpauschale				562,50
			Nettorechnungsbetrag		11.331,25
			zzgl. 19 % Umsatzsteuer		2.152,94
			Bruttorechnungsbetrag		13.484,19

Versandart: per Lkw
Transport- und Verpackungskosten (Pauschale je Stück 2,50 €) sind vom Kunden zusätzlich zu zahlen.

Der Rechnungsbetrag ist innerhalb von 10 Tagen mit 2 % Skontoabzug oder innerhalb von 30 Tagen ohne Abzug zu überweisen.

Berechnung der Anschaffungskosten für den Wareneinkauf bei Rechnungseingang	
Einkaufspreis ohne Umsatzsteuer	12.375,00 €
– Anschaffungspreisminderungen	– €
+ Anschaffungsnebenkosten	+ €
= Anschaffungskosten	= €

Grundbuch: 1) Eingangsrechnung, 2) Umbuchung

Nr.	Soll	€	Haben	€
1)				
2)				

Hauptbuch:

S	2280 Waren (Handelswaren)	H

S	2281 Bezugskosten für Waren	H

Arbeitsblatt 79.3 | Buchungen in der Materialbeschaffungswirtschaft

Grundbuch am Beispiel Rohstoffe	Sollbuchungen an	Habenbuchungen
Anfangsbestand Rohstoffe		
Eingangsrechnungen:		
Einkauf von Rohstoffen auf Ziel (nach Abzug von Sofortrabatten)		
Einkauf von Rohstoffen mit Bezugskosten (Lieferant stellt Ware und Bezugskosten gleichzeitig in Rechnung)		
Bezugskosten beim Rohstoffeinkauf		
Gutschriften und Zahlungsausgänge:		
Rücksendung an den Lieferanten (Menge und Wert des Materials sinkt)		
Preisminderungen (Mängelrüge, Lieferantenboni: Menge konstant, Wert des Materials sinkt)		
Zahlung unter Abzug von Skonto an einen Rohstofflieferanten		
Umbuchungen und Abschlussbuchungen:		
Umbuchung Konto 2001 Bezugskosten		
Umbuchung Konto 2002 Nachlässe		
Abschlussbuch. Inventurbestand f. Rohst.		
Bestandsmehrung Rohstoffe		

Hauptbuch am Beispiel Rohstoffe:

S	6000 Aufwendungen für Rohstoffe	H

S	2001 Bezugskosten	H

S	2000 Rohstoffe	H

S	2002 Nachlässe	H

Aufgaben

Aufgabe 1

Buchen Sie nachfolgende Eingangsrechnungen für die Fly Bike Werke GmbH.

a Eingangsrechnung für Speziallacke von der Farbenfabrik AG

Eingangsrechnung für Hilfsstoffe

	€
Nettorechnungsbetrag	12.600,00
+ 19 % Umsatzsteuer	2.394,00
= Bruttorechnungsbetrag	14.994,00

b Eingangsrechnung für Aluminiumrohre von der Alu-Werke Bonn AG

Eingangsrechnung mit Sofortrabatt (Rohstoffe)

	€
Listeneinkaufspreis	15.200,00
– 10 % Rabatt	1.520,00
= Nettorechnungsbetrag	13.680,00
+ 19 % Umsatzsteuer	2.599,20
= Bruttorechnungsbetrag	16.279,20

c Eingangsrechnung für Nabenschaltungen der DAX AG

Eingangsrechnung mit Sofortrabatt und Bezugskosten (Fremdbauteile)

	€
Listeneinkaufspreis	5.600,00
– 5 % Rabatt	280,00
+ Transport- und Verpackungskosten	360,00
= Nettorechnungsbetrag	5.680,00
+ 19 % Umsatzsteuer	1.079,20
= Bruttorechnungsbetrag	6.759,20

Aufgabe 2

Buchen Sie die Eingangsrechnung der Stahlwerke Krahler AG für die Fly Bike Werke GmbH.

Eingangsrechnung mit Sofortrabatt und Bezugskosten (Rohstoffe)

Rechnungsauszug (Rechnung Nr. 2124)

Artikel-Nr.	Artikelbezeichnung	Menge in Meter	Preis je lfm	Gesamtpreis
1034020	Stahlrohr 34 x 2 mm	1000	4,00 €	4.000,00 €
			–15% Rabatt	600,00€
			+ Transportkostenanteil	300,00€
			= Nettorechnungsbetrag	3.700,00€
			+ 19% Umsatzsteuer	703,00€
			= Bruttorechnungsbetrag	4.403,00€

Aufgabe 3

Hilfsstoffeinkauf mit Gutschrift nach Mängelrüge und Lieferantenskonto

Einkauf von Hilfsstoffen auf Ziel, Nettowert 2.500,00 € zzgl. 19 % Umsatzsteuer. Bei der Hilfsstoffprüfung wird festgestellt, dass die Qualität der Hilfsstoffe nicht vollständig der vertraglich vereinbarten Qualität entspricht, jedoch noch innerhalb der von der Produktion geforderten Toleranzgrenzen liegt. Nach einer Mängelrüge gewährt der Hilfsstofflieferant 15 % Preisminderung und erstellt eine entsprechende Gutschrift. Der Restbetrag wird unter Abzug von 3 % Skonto per Bank überwiesen. Buchen Sie

a den Hilfsstoffeinkauf auf Ziel,
b die Gutschrift des Lieferanten und
c den Rechnungsausgleich per Banküberweisung.

Aufgabe 4

Rohstoffeinkauf mit Rücksendung und Lieferantenskonto

Einkauf von Rohstoffen auf Ziel, Nettowert 4.600,00 € zzgl. 19 % Umsatzsteuer. Bei der Rohstoffprüfung wird festgestellt, dass 50 % der Rohstoffe unbrauchbar sind. Der Mangel wird unverzüglich gerügt und vom Lieferanten anerkannt. Der Lieferant lässt die Rohstoffe sofort abholen und erstellt eine entsprechende Gutschrift. Der Restbetrag wird unter Abzug von 2 % Skonto an den Lieferanten per Bank überwiesen. Buchen Sie

a den Rohstoffeinkauf auf Ziel,
b die Gutschrift des Lieferanten und
c den Rechnungsausgleich per Banküberweisung.

Aufgabe 5

Lieferantenbonus

Buchen Sie den Bonus für Betriebsstoffeinkäufe im 1. Quartal 20XX.

Bonusabrechnung (Auszug)

Bonus 1. Quartal 20XX

Nettoumsätze vom 01.01.20XX bis zum 31.03.20XX		22.600,00 €
	Bonussatz 1,5 %	339,00 €
	+ 19 % Umsatzsteuer	64,41 €
	= Gutschriftbetrag 1. Quartal 20XX	403,41 €

Aufgabe 6

Buchen Sie die nachfolgenden Geschäftsvorfälle.

Geschäftsvorfälle	Nettowert (in €)	19 % USt (in €)	Bruttowert (in €)
1) Rohstoffeinkauf auf Ziel	22.000,00	4.180,00	26.180,00
2) Hilfsstoffeinkauf auf Ziel Listenpreis 20.000,00 € abzüglich 10 % Rabatt	18.000,00	3.420,00	21.420,00
3) Barzahlung der Frachtkosten für Hilfsstoffeinkauf	500,00	95,00	595,00
4) Gutschrift für Rücksendung a. d. Rohstofflieferanten (Fall 1)	11.000,00	2.090,00	13.090,00
5) Bonusgutschrift des Rohstofflieferanten	1.000,00	190,00	1.190,00
6) Preisnachlass: Gutschrift wegen Qualitätsmangels des Hilfsstofflieferanten (Fall 2)	2.200,00	418,00	2.618,00
7) Kontoauszug: Überweisung an den Rohstofflieferanten, Rechnungsbetrag 5.950,00 €, Skonto 3 %	Überweisungsbetrag inkl. USt 5.771,50 €		

Aufgabe 7

Die Fly Bike Werke GmbH will ihr Handelswarensortiment um Regenjacken erweitern. Der Lieferant gewährt 10 % Rabatt und 3 % Skonto. Zusätzlich stellt er eine Lieferpauschale für seine Transport- und Verpackungskosten in Höhe von 5 % auf seinen Zielverkaufspreis in Rechnung. Bei einem Stückpreis von 15,00 € soll eine Menge von 500 Stück bestellt werden.

a Ermitteln Sie den Einstandspreis für diese 500 Stück in der nachfolgenden Tabelle.
b Buchen Sie den Rechnungseingang auf Ziel und die Banküberweisung in der Skontofrist.

Kalkulationsschema der Bezugskalkulation	Prozentsätze	Werte (in €)
Listeneinkaufspreis	X	
– Lieferantenrabatt		
= Zieleinkaufspreis	X	
– Lieferantenskonto		
= Bareinkaufspreis	X	
+ Bezugskosten		
= Einstandspreis	X	

Buchen im Verkaufsbereich

FK ▶ TF 12.8 | Kap. 4.2

Situation

In der Buchhaltung der Fly Bike Werke GmbH sind nachfolgende Belege zu buchen.

Beleg Nr. 1

FLY BIKE Werke GmbH

FBW GmbH • Rostocker Str. 334 • 26121 Oldenburg

Sachsenrad GmbH
Bayreuther Str. 20
01277 Dresden

Rechnung Nr. 765

Bearbeiter	Kunden-Nr.	Ihre Bestellung Nr.	Ihre Bestellung vom	Rechnungsdatum
Herr Baumann Tel. 0441 88XX-12	10009	14	17.09.20XX	21.09.20XX

Versandart/Freivermerk	Verpackungsart	Geliefert am
Lkw/ab Werk	Stülpkartons auf Palette	21.09.20XX

Pos.-Nr.	Artikel-Nr.	Artikelbezeichnung	Menge	Einzelpreis in €	Rabatt in %	Gesamtpreis in €
1	201	Trekking *Light*	25	598,50	29,00	10.623,38
2	202	Trekking *Free*	21	700,00	29,00	10.437,00
2	10	Verpackungskosten				335,00
4	20	Transportkosten				500,00
					Nettorechnungsbetrag in €	21.895,38
					+19 % Umsatzsteuer in €	4.160,12
					Bruttorechnungsbetrag in €	26.055,50

Bitte überweisen Sie unter Angabe der Rechnungsnummer.

	Datum	Skonto	Skonto in €	Betrag in €
Innerhalb der Skontofrist bis:	29.09.20XX	2 %	521,11	25.534,39
Innerhalb der Zahlungsfrist bis:	20.10.20XX	–	–	26.055,50

Beleg Nr. 2

Oldenburg-Bank

IBAN DE86 2804 0114 0112 3264 44		Kontoauszug Oldenburg-Bank	Auszug 156	Blatt 1
Buchungstag	Wert	Vorgang/Erläuterungen	Beträge in €	
		Kontostand am 29.09.20XX	34.670,00 +	
29.09.20XX	29.09.20XX	Sachsenrad GmbH, Rechnung 765 abzüglich 2 % Skonto	25.534,39 +	
		Kontostand am 29.09.20XX	60.204,39 +	

Fly Bike Werke GmbH,Oldenburg

Arbeitsaufträge

1 Buchen Sie die Belege im Grund- und Hauptbuch. Verwenden Sie dafür Arbeitsblatt 80.1.
2 Ermitteln Sie die Erhöhung der Nettoumsatzerlöse durch diesen Erzeugnisverkauf.
3 Wie hoch ist der Umsatzsteuerbetrag, den die Fly Bike Werke GmbH vom Käufer erhält?

Arbeitsblatt 80.1 | Verkauf von Erzeugnissen

Grundbuch:
1) Erzeugnisverkauf mit Sofortrabatten und Vertriebskosten auf Ziel
2) Zahlungseingang unter Abzug von Skonto
3) Umbuchung Erlösberichtigungen

Nr.	Soll	€	Haben	€
1)				
2)				
3)				

Hauptbuch:

S	2400 Forderungen a.L.L.	H

S	5000 Umsatzerlöse f. e. Erz.	H

S	5001 Erlösberichtigungen	H

S	4800 Umsatzsteuer	H

S	2800 Bankguthaben	H
SV	34.670,00	

Berechnungen	Nettobetrag = 100 %	Umsatzsteuer = 19 %	Bruttobetrag = 119 %
Ausgangsrechnung			
– 2 % Skonto			
= Zahlungseingang			

Arbeitsblatt 80.2 | Verkauf von eigenen Erzeugnissen und Handelswaren buchen

Grundbuch für Verkäufe auf Ziel, Gutschriften und Zahlungseingänge	**Sollbuchungen** an	**Habenbuchungen**
Ausgangsrechnungen:		
Ausgangsrechnung für eigene Erzeugnisse		
Ausgangsrechnung für Waren		
Gutschriften:		
Gutschrift für Rücksendungen von Erzeugnissen		
Gutschrift für Rücksendungen von Waren		
Gutschrift für Mängelrügen und Boni bei eigenen Erzeugnissen		
Gutschrift für Mängelrügen und Boni bei Waren		
Zahlungseingänge:		
Kontoauszug: Zahlungseingang unter Abzug von Skonto für eigene Erzeugnisse		
Kontoauszug: Zahlungseingang unter Abzug von Skonto für Waren		
Umbuchungen:		
Umbuchung Konto Erlösberichtigungen für eigene Erzeugnisse		
Umbuchung Konto Erlösberichtigungen für Waren		

Hauptbuch:

S	5001 Erlösberichtigungen	H

S	5000 Umsatzerlöse f. e. Erz.	H

S	5101 Erlösberichtigungen	H

S	5100 Umsatzerlöse f. Waren	H

Aufgaben

Aufgabe 1

Ermitteln Sie die fehlenden Beträge und buchen Sie anschließend nachfolgende Rechnungen für die Fly Bike Werke GmbH

Erzeugnisverkauf

a Ausgangsrechnung für Fahrräder an die Multirad e. G.

	€
Nettorechnungsbetrag	24.315,00
+ 19 % Umsatzsteuer	
= Bruttorechnungsbetrag	

Handelswarenverkauf mit Transport- und Verpackungskosten

b Ausgangsrechnung für Fahrradanhänger an die Radplus GmbH

Warenwert	11.835,00
+ Transportkostenanteil	300,00
+ Verpackungskostenpauschale	250,00
= Nettorechnungsbetrag	
+ 19 % Umsatzsteuer	
= Bruttorechnungsbetrag	

Erzeugnisverkauf mit Sofortrabatt

c Ausgangsrechnung für Fahrräder an die Bayernrad e. G.

Listenverkaufspreis	86.200,00
– 31 % Wiederverkäuferrabatt	
= Nettorechnungsbetrag	
+ 19 % Umsatzsteuer	
= Bruttorechnungsbetrag	

nachträglicher Preisnachlass nach erfolgreicher Mängelrüge, keine Erzeugnisrücknahme

d Gutschrift an die Bayernrad e. G.

Nettogutschriftsbetrag	2.200,00
+ 19 % Umsatzsteuer	
= Bruttorechnungsbetrag	

Die Multirad e. G. überweist unter Abzug von 2 % Skonto.

e Kontoauszug mit Gutschrift der Multirad e. G. 15.172,50

100 % = Bruttorechnungsbetrag (inkl. 19 % USt)
98 % = Überweisungsbetrag (inkl. 19 % USt)
2 % = Bruttoskonto (inkl. 19 % USt)
2 % = Nettoskonto = Bruttoskonto/119 · 100

Aufgabe 2

Kundenbonus

Berechnen und buchen Sie den Jahresbonus, die Umsatzsteuer und den Bruttobonus für die EGZ Einkaufsgenossenschaft.

Jahresbonus für EGZ Einkaufsgenossenschaft
Absatzmenge: 5606 Fahrräder

Nettoumsatz vor Skontoabzug	1.220.048,90 €
1 % Jahresbonus (netto)	? €
+ 19 % Umsatzsteuer	? €
Bruttobonus	? €

Aufgabe 3
Buchen Sie für die Fly Bike Werke GmbH die Zahlung der Sachsenrad GmbH für die Ausgangsrechnung Nr. 319, Verkauf von Fahrrädern.

Oldenburg-Bank

IBAN DE86 2804 0114 0112 3264 44		**Kontoauszug** Oldenburg-Bank	Auszug 153	Blatt 1
Buchungstag	Wert	Vorgang/Erläuterungen	Beträge in EUR	
		Kontostand am 19.06.20XX	102.132,60 +	
20.06.20XX	20.06.20XX	Sachsenrad GmbH, Rechnung 319 vom 12.06.20XX, 38.080,00 EUR abzüglich 2 % Skonto	37.318,40 +	
		Kontostand am 20.06.20XX	139.451,00 +	
Fly Bike Werke GmbH, Oldenburg				

Aufgabe 4
Buchen Sie die nachfolgenden Geschäftsvorfälle (Debitorenkonto 24099, Kreditorenkonto 44099).

Geschäftsvorfälle	Nettowert in €	19 % USt	Bruttowert in €
a Erzeugnisverkauf auf Ziel	40.000,00	7.600,00	47.600,00
b Erzeugnisverkauf auf Ziel Listenpreis 60.000,00 € abzüglich 20 % Rabatt	48.000,00	9.120,00	57.120,00
c Einkauf von Verpackungsmaterial für die Versandabteilung auf Ziel	6.000,00	1.140,00	7.140,00
d Eingangsrechnung einer Spedition für den Transport von Erzeugnissen an einen Kunden	1.200,00	228,00	1.428,00
e Eingangsrechnung eines Vertreters für die Vermittlung von Erzeugnisverkäufen an neue Kunden	700,00	133,00	833,00
f Gutschrift an einen neuen Kunden für die Rücksendung von Erzeugnissen	1.500,00	285,00	1.785,00
g Bonusgutschrift an einen Kunden für Erzeugnisse	900,00	171,00	1.071,00
h Gutschrift für mangelhafte Erzeugnisse an einen Kunden (keine Rücksendung)	1.800,00	342,00	2.142,00

Aufgabe 5
Die Bike GmbH hat 51 Fahrräder des Modells Mountain *Constitution* zum empfohlenen Endverbraucherpreis von 1.197,00 € zzgl. 19 % Umsatzsteuer gekauft. Als Fahrradhändler erhält sie bei dieser Einkaufsmenge 30 % Wiederverkäuferrabatt. In der Ausgangsrechnung der Fly Bike Werke GmbH wird ein Transportkostenanteil in Höhe von 600,00 € zzgl. 19 % Umsatzsteuer berechnet. Nach einer erfolgreichen Mängelrüge des Kunden gewährt die Fly Bike Werke GmbH einen Preisnachlass in Höhe von 5 % auf den Nettowert der Fahrräder zzgl. 19 % Umsatzsteuer. Der Kunde überweist innerhalb der Skontofrist den Restbetrag einschließlich skontierbarer Transportkostenpauschale unter Abzug von 3 % Skonto.

Buchen Sie

a die Ausgangsrechnung einschließlich Transportkostenanteil,
b die Gutschrift,
c den Zahlungseingang auf dem Bankkonto der Fly Bike Werke GmbH.

Private Vorgänge erfassen

FK ▶ TF 12.8 | Kap. 5

Situation

Herr Kleist, alleiniger Inhaber der Druckerei Heinrich Kleist e.K. in Oldenburg hat nachfolgende private Vorgänge über sein Unternehmen abgewickelt.

Druckerei Heinrich Kleist e.K. **HK**

Entnahmebeleg 14 vom 29.09.20XX

Barentnahme		500,00 €
Entnahme von Kopierpapier	2 000 Blatt	20,00 €
+ 19% Umsatzsteuer auf die Kopierpapierentnahme		3,80 €
Gesamtentnahme		523.80 €

Entnehmer: Heinrich Kleist für private Zwecke — *Heinrich Kleist*

Beleg 1

Bank 3000 Oldenburg — **Kontoauszug** — **EUR-Konto**

BIC	IBAN	erstellt am	Auszug	Blatt
3000DENIXXX	DE86 2805 0100 0112 3264 44	30.09.20XX	56	1

Vorgang

Restzahlung Urlaubsreise, Familie Heinrich Kleist	*Buchungstag* 30.09.20XX	*Wert* 30.09.20XX	1.714,00 –
Druckerei Heinrich Kleist e. K.		*alter Saldo*	**2.430,00 Haben**
		neuer Saldo	**716,00 Haben**

Beleg 2

Druckerei Heinrich Kleist e.K. **HK**

Entnahmebeleg 15 vom 01.10.20XX

Entnahme gebrauchter Pkw, BMW 118 d	12.000,00 €
+ 19% Umsatzsteuer	2.280,00 €
Gesamtentnahme	14.280,00 €

Entnehmer: Heinrich Kleist für private Zwecke — *Heinrich Kleist*

Beleg 3

Bank 3000 Oldenburg — **Kontoauszug** — **EUR-Konto**

BIC	IBAN	erstellt am	Auszug	Blatt
3000DENIXXX	DE86 2805 0100 0112 3264 44	02.10.20XX	58	1

Vorgang

Erstattung private Pkw-Entnahme Heinrich Kleist	*Buchungstag* 02.10.20XX	*Wert* 02.10.20XX	14.280,00 +
Druckerei Heinrich Kleist e. K.		*alter Saldo*	**7.260,00 Haben**
		neuer Saldo	**21.540,00 Haben**

Beleg 4

Arbeitsaufträge

1 Buchen Sie die vorstehenden vier Belege im Grundbuch.
2 Buchen Sie diese Vorgänge auf den Privatkonten.
3 Schließen Sie die Privatkonten im Hauptbuch ab und ermitteln Sie das Eigenkapital.

Grundbuch:

Nr.	Soll	€	Haben	€
1)				
2)				
3)				
4)				

Hauptbuch:

S	3001 Privatkonto	H

S	3000 Eigenkapital (EK)	H
	8000	300.000,00
	8020	32.100,00

Aufgabe

Aufgabe 1

Die Gesellschafter einer OHG stellen ihrer Unternehmung insgesamt am Geschäftsjahresbeginn ein Eigenkapital von 400.000,00 € zur Verfügung. Im Laufe des Geschäftsjahres ermittelt die Finanzbuchhaltung folgende Werte:

a Stellen Sie diese Werte auf den Hauptbuchkonten 3001 Privatkonto, 5420 Entnahme Gegenstände und Leistungen, 8020 GuV und 3000 Eigenkapital dar.
b Schließen Sie die Konten ab und ermitteln Sie das neue Eigenkapital.
c Berechnen Sie die Eigenkapitalveränderung in Prozent.

Aufwendungen	240.000,00 €
Erträge (ohne Eigenverbrauch)	310.000,00 €
Geldentnahmen (bar)	12.000,00 €
Entnahme (inkl. USt)[1] von Waren	4.760,00 €
Geldeinlage (Banküberweisung)	50.000,00 €
Sacheinlage (Grundstück)	200.000,00 €

[1] Unentgeltliche Wertabgaben (Lieferungen, sonstige Leistungen) an den Unternehmer

Selbsteinschätzung TF 12.8

Ich kann ...	Kann ich	Kann ich nicht
Umsatzsteuer in der Buchhaltung		
1 ... den Umsatzsteuersätzen Beispiele (z. B. für Zeitschriften) zuordnen.		
2 ... mit Vor- und Umsatzsteuer buchen.		
3 ... eine Zahllast und einen Vorsteuerüberhang ermitteln und buchen.		
4 ... die Wirkung der Vor- und der Umsatzsteuer auf die Kosten und die Liquidität des Unternehmens beschreiben.		
Buchung von Beleggeschäftsgängen		
1 ... Belege der Fly Bike Werke GmbH buchen.		
2 ... nach Belegbuchungen eine GuV-Rechnung und eine Bilanz für die Fly Bike Werke GmbH aufstellen.		
Ermittlung und Buchung von Bestandsveränderungen		
1 ... Bestandserhöhungen bei unfertigen und fertigen Erzeugnissen ermitteln und buchen.		
2 ... Bestandsminderungen bei fertigen und unfertigen Erzeugnissen ermitteln und buchen.		
3 ... das Bestandsveränderungskonto führen und erfolgswirksam abschließen.		
Berechnung und Buchung von Abschreibungen im Anlagevermögen		
1 ... die Notwendigkeit von Abschreibungen im Anlagevermögen begründen.		
2 ... lineare und Leistungsabschreibungsbeträge berechnen.		
3 ... Abschreibungen von Anlagegütern buchen.		
Bewertung von geringwertigen Wirtschaftsgütern		
1 ... geringwertige Wirtschaftsgüter von anderen abgrenzen.		
2 ... den Einkauf von geringwertigen Wirtschaftsgütern buchen und diese abschreiben.		
Buchen im Einkaufsbereich		
1 ... den Materialeinkauf mit Bezugskosten buchen.		
2 ... Rücksendungen an Werkstofflieferanten buchen.		
3 ... Preisnachlässe von Werkstofflieferanten buchen.		
Buchen im Verkaufsbereich		
1 ... den Erzeugnisverkauf und Handelswarenverkauf buchen.		
2 ... Rücksendungen von Kunden buchen.		
3 ... Preisnachlässe an Kunden buchen.		
Erfassung von privaten Vorgängen		
1 ... Privateinlagen und -entnahmen eines Unternehmensinhabers buchen.		
2 ... das Privatkonto abschließen.		

Ein Geschäftsmodell entwickeln

FK ▶ TF 12.9 | Kap. 1

Situation

Holger Larsen, nun seit fünf Jahren im Rahmenbau und der Endmontage der Fly Bike Werke GmbH tätig, ist schon voller Vorfreude. Im Sommer wird er seine Abschlussprüfung als Zweiradmechanikermeister ablegen. Wie man Fahrräder konstruiert, diese aus vorgefertigten Baugruppen montiert und natürlich auch repariert, beherrscht er mittlerweile aus dem Effeff.

Nun will er endlich seine Leidenschaft für Fahrräder zur Grundlage einer eigenen unternehmerischen Existenz machen. Kunden zu beraten und ihnen ein genau auf ihre Bedürfnisse zugeschnittenes Fahrrad zu verkaufen, das würde ihm großen Spaß machen. Besonders hat ihn ein Zeitungsartikel inspiriert, den ihm ein Freund geschickt hat.

Aber aus seinem Meisterkurs bei der Handwerkskammer weiß Holger auch, dass eine Existenzgründung sehr sorgfältig vorbereitet werden muss. Viele Einzelfragen sind zu beantworten und zu einem schlüssigen Gesamtkonzept, einem sog. **Business Plan**, zu vereinen. Der Dozent des Kurses hat den Meisterschülern eine Planungshilfe an die Hand gegeben. Sie nennt sich **Business Model Canvas** und soll einem Existenzgründer helfen, aus einer ersten **Geschäftsidee** ein nachhaltiges, also langfristig erfolgreiches **Geschäftsmodell** zu entwickeln. Dazu müssen alle Schlüsselfaktoren einer Unternehmensgründung genau geplant werden.

Arbeitsaufträge

1 Erarbeiten Sie mithilfe des Zeitungsartikels auf der nachfolgenden Seite sowie selbst recherchierter Materialien die derzeit bedeutsamen Trends auf dem deutschen Fahrradmarkt. Welche dieser Trends sind für den Existenzgründer Holger Larsen besonders interessant, welche eher nicht? Begründen Sie Ihre Auswahl.

2 Bilden Sie mit Ihren Mitschülerinnen und Mitschülern eine vier- bis fünfköpfige Arbeitsgruppe und entwickeln Sie Ideen zu allen Schlüsselfaktoren einer Existenzgründung für Holger Larsen. Übertragen Sie dazu das Business Model Canvas (Seite 410) auf ein mindestens DIN-A2-großes Plakat. Vergleichen Sie ggf. auch die Beschreibung des Business Model Canvas auf der Homepage des Bundesministeriums für Wirtschaft und Energie. Notieren Sie Ihre Ideen auf Post-it-Zetteln und kleben Sie diese auf Ihr Plakat. Achten Sie auf ein in sich schlüssiges, also widerspruchsfreies Gesamtkonzept. Ihre Geschäftsidee sollte natürlich zu Holger Larsens Leidenschaft für Fahrräder und seinen Fähigkeiten als Zweiradmechanikermeister passen.

3 Stellen Sie Ihr Konzept Ihren Mitschülerinnen und Mitschülern vor und diskutieren Sie es im Gesamtplenum.

Die Fahrradtrends für die Saison 2024

Mittwoch, 17. Januar 2024

Das Fahrradjahr 2024 wartet mit einigen interessanten Neuheiten auf. Der pressedienst-fahrrad zeigt, was in diesem Jahr an Trends zu erwarten ist.

Technischer Fortschritt für mehr Sicherheit
Der technische Fortschritt bringt einige Vorteile für Radfahrende: Intelligente, automatisierte Schaltvorgänge [...] sorgen nicht nur für mehr Komfort, sondern erhöhen auch die Sicherheit, da man nicht mehr auf das Schalten achten muss, sondern sich ganz auf den Verkehr konzentrieren kann. Zusätzlich verbessern Blinker [...], die bald zugelassen werden sollen, sowie Bremslichter [...] die Sichtbarkeit und somit auch die Sicherheit von Radfahrenden. Das Fahrrad, oder besser gesagt das EBike, erhält immer mehr Features aus der Autobranche und transformiert sich vom gerne belächelten „Drahtesel" zum vollwertigen Fahrzeug. GPS-Ortungs-Chips zum Tracken der Fahrt und zum Wiederfinden des Rades im Falle eines Diebstahls [...] werden immer populärer. [...] Und auch smarte Lösungen wie digitale Wegfahrsperren oder digitale Reifendrucksensoren [...] sind mittlerweile weithin gefragt. [...]

EBikes werden leichter
Lange Jahre galt bei EBikes: je mehr, desto besser. Doch mittlerweile setzt bei Nutzer:innen und Herstellern ein Umdenken ein. Im urbanen Raum braucht man kein 30 Kilogramm schweres EBike mit Doppel-Akku, sondern leichte Elektroräder, die sich auch mal über Treppenstufen oder in den Keller tragen lassen. [...] Dank kleinerer Akkus wiegen die Räder unter 20 Kilogramm. Diese Entwicklung lässt sich auch bei EMountainbikes beobachten. Hier steht das verbesserte Fahrverhalten bergab im Gelände im Mittelpunkt. [...]

Cargobikes für Gewerbetreibende
Für viele Familien gehören Lastenräder mittlerweile zum Alltag. Ungenutztes Potenzial liegt hingegen noch bei der gewerblichen Nutzung. Handwerksbetriebe, Lieferdienste und Kleinunternehmer:innen sind Berufsgruppen, die in Zukunft von den Vorteilen der Transporträder profitieren könnten. Argumente sind beispielsweise geringere Anschaffungs- und Betriebskosten sowie weniger Probleme bei der Parkplatzsuche. [...]

[...]

Modische Akzente setzen
Fahrräder sind alle gleich? Mitnichten. Modische Farben und neue Rahmenformen zeigen, dass dem Thema Design wachsende Bedeutung zukommt. Es gibt einen Trend hin zum EKompaktbike: kleine Reifen für wendiges Fahrverhalten in der Stadt. Einige Hersteller möchten eine Mischung aus Cargo- und Citybike für den Stadtverkehr etablieren und so Funktionalität und Design verbinden, z. B. durch integrierte Rucksäcke und Taschen, die für den Einsatz auf Businessreisen und Outdoor-Erlebnissen konzipiert wurden, oder bunte Spanngurte. Damit lässt sich kleines Gepäck wie Verpflegung, ein Ersatzschlauch oder eine Trinkflasche einfach am Rad befestigen. Sieht lustig aus und ist praktisch – insbesondere für Kinderräder, wo meist kein Platz für einen Flaschenhalter ist. Apropos Kinderräder: Farbe kann auch für mehr Sicherheit sorgen. Ebenso werden Fahrräder mit unterschiedlichen Bremsgriffen angeboten, damit Kinder Vorder- und Hinterradbremse besser unterscheiden können.

Quelle: Thomas Geisler, pressedienst-fahrrad, Internet: https://www.pd-f.de/2024/01/17/die-fahrradtrends-fuer-die-saison-2024_1898 (aus didaktischen Gründen gekürzt und bearbeitet)

Business Model Canvas

Geschäftsstruktur

Angebot
– Was bietest du an?

Produktion (Kernaktivitäten)
– Wie entsteht das, was du anbietest?
– Was davon machst du selbst?

Kernfähigkeiten
– Was kannst du besonders gut?
– Welche Fähigkeiten musst du aufbauen?

Vertrieb & Kommunikation
– Wie erreichst du deine Kunden?
– Wie kommunizierst du mit deinen Kunden?

Schlüsselpartner
– Welche externen Partner brauchst du?

Nutzenversprechen

Kunden
– Wer sind deine Kunden?
– Was zeichnet deine Kunden aus?

Nutzen
– Womit begeisterst du deine Kunden?

Ertragsmodell

Kostenstruktur
– Wofür musst du Geld ausgeben?

Ertragsquellen
– Wofür und wann fließt Geld an dich?

Unternehmensgeist

Gründer*innen & Team
– Wer ist dabei und warum?

Werte
– Welche Werte lebt dein Unternehmen?

Folgesituation: Standortwahl

Für Holger Larsens Unternehmensgründung ist noch ein geeigneter Standort zu finden (siehe Objekt 1–3). Die Wahl des Standortes sollte mit großer Sorgfalt erfolgen, denn sie wird die Kosten und die Absatzchancen des neu gegründeten Unternehmens maßgeblich beeinflussen. „Harte Standortfaktoren“ sind Merkmale eines Standortes, die sich unmittelbar auf die Kosten und Umsätze eines Unternehmens auswirken, z. B. Gewerbemieten, Steuersätze, Verkehrsanbindung. „Weiche Standortfaktoren“ beeinflussen den Erfolg eines Unternehmens nur indirekt und lassen sich nicht exakt kalkulieren, können aber trotzdem sehr bedeutend sein, z. B. das Kultur- und Freizeitangebot einer Region.

Objekt 1: In der schönen Oldenburger Fußgängerzone in der Mottenstraße bieten wir ein Geschäftshaus über 3 Etagen zur Neuvermietung an. Die Mottenstraße verfügt über ein vielfältiges Angebot an Einzelhändlern und Gastronomie, sodass eine ständige Kundenfrequenz geboten wird. Die Nutzfläche des Objektes beträgt ca. 183 m² und verteilt sich auf die 3 Geschosse wie folgt:
Erdgeschoss: ca. 61 m², Obergeschoss: ca. 67 m², Dachgeschoss: ca. 55 m²
Die Fläche lässt vielfältige Geschäftsideen und Nutzungen zu. Hochwertige Extras, wie z. B. der sandgestrahlte Marmorfußboden, eingebaute Deckenlichtspots und Lichtkuppel im Dach, wurden bei einer umfangreichen Modernisierung und Sanierung vor 15 Jahren in das Objekt eingebracht. Ihre Ware können Sie optimal in den beiden Fensterflächen im Erd- und Obergeschoss präsentieren. Das Gebäude verfügt über einen Teilkeller. Gas, Strom und Wasserkosten müssen direkt an einen Energieversorger gezahlt werden. Diese Kosten sind nicht in den Nebenkosten enthalten. Das Parkhaus Am Waffenplatz ist nur wenige Meter entfernt.

Miete pro Monat: 2.750,00 € Nebenkosten: 160,00 € pro Monat

Objekt 2: Die zu vermietende Fläche befindet sich in einem derzeit noch genutzten Ladengeschäft und muss noch baulich abgetrennt bzw. neu geschaffen werden. Die Abtrennung erfolgt, sobald ein neuer Mieter gefunden wurde. Die Mietfläche wird sich auf 109 m² belaufen. Der vordere Verkaufsraum mit ca. 40 m² ist zur Haarenstraße gelegen. Im hinteren Bereich der Einheit befindet sich u. a. eine ca. 47 m² große Fläche, die als Büro oder Lager genutzt werden kann. Diese Fläche ist auch von der Kurwickstraße aus zu begehen.
Die Einheit ist am Julius-Mosen-Platz gelegen. Am Julius-Mosen-Platz befinden sich diverse Einzelhändler und Gastronomieflächen. Einmal in der Woche findet auf dem Julius-Mosen-Platz der Ökomarkt statt.

Miete pro Monat: 2.071,00 € Nebenkosten: 200,00 € pro Monat

Objekt 3: Attraktive Ladenfläche mit Nebenräumen im Erdgeschoss eines Wohn- und Geschäftshauses (Baujahr 2016). Aufteilung: Verkaufsraum, Lager, Büro, Teeküche, Abstellraum, Damen- und Herren-WC
Die Gesamtfläche beträgt etwa 155,5 m², wovon etwa 145,8 m² als reine Verkaufsfläche zur Verfügung stehen. Dieser Einheit ist ein privater Kellerraum zugeordnet. Ferner können ein Carport für Mülltonnen und Fahrräder sowie ein Kellerraum mit eigenem Waschmaschinenanschluss gemeinschaftlich genutzt werden. Das Objekt befindet sich im westlichen Stadtteil Oldenburg-Eversten in der Nähe der Straße „Thomasburg“. Bis zum Stadtzentrum Oldenburgs (Fußgängerzone) sind es nur etwa 3,1 km (Luftlinie). Alle einschlägigen Einkaufsmöglichkeiten, Ärzte, Apotheke, verschiedene Schularten, Freizeit- und Naherholungseinrichtungen usw. sowie eine Bushaltestelle der Verkehr und Wasser GmbH (V. W. G) sind in geringer Entfernung sehr gut zu erreichen.

Miete pro Monat: 2.690,00 € Nebenkosten: 600,00 € pro Monat

Arbeitsauftrag

Führen Sie eine Nutzwertanalyse für die drei angebotenen Objekte mithilfe des Schemas (S. 412) durch.

1 Definieren Sie Kriterien, die für die Eignung des Standortes bedeutsam sind (Standortfaktoren).
2 Nehmen Sie eine prozentuale Gewichtung der Kriterien vor (Summe Gewichtungsfaktoren = 100 %).
3 Bewerten Sie jedes der drei Objekte in Bezug auf die von Ihnen definierten Kriterien mit Punktwerten von 1 (= sehr schlechte Eignung) bis 5 (= sehr gute Eignung).
4 Multiplizieren Sie die Punktwerte mit den Gewichtungsfaktoren und addieren Sie die Ergebnisse für jedes Objekt auf. Welches Objekt erscheint Ihnen also am besten geeignet?

Kriterium	Gewichtungsfaktor	Punktwert Objekt 1	Gewichteter Punktwert Objekt 1	Punktwert Objekt 2	Gewichteter Punktwert Objekt 2	Punktwert Objekt 3	Gewichteter Punktwert Objekt 3
Pacht inkl. NK							
Summen	100						

Aufgaben

Aufgabe 1
Nennen Sie Gründe, die Ihrer Meinung nach zum Schritt in die Selbstständigkeit führen können.

Aufgabe 2
Was sind Ihrer Meinung nach die wichtigsten Voraussetzungen, damit aus einer Geschäftsidee ein erfolgreiches Unternehmen wird?

Aufgabe 3
So mancher, der sich gerne selbstständig machen möchte, sucht nach einer Geschäftsidee, die das „gewisse Etwas" hat. Die Anregungen für Geschäftsideen können aus verschiedenen Lebensbereichen kommen. Überlegen Sie, wie Sie eine Geschäftsidee finden können.

Aufgabe 4
Herr Meyer ist gelernter Bäcker und möchte sich selbstständig machen. Er überlegt, sich einem Franchisepartner anzuschließen.
- a Recherchieren Sie im Internet, was man unter Franchising versteht. Welche Rechte und Pflichten übernehmen die Franchisepartner typischerweise?
- b Erläutern Sie, was beim Schritt in die Selbstständigkeit für die Kooperation mit einem Franchisepartner spricht.
- c Erläutern Sie auch, mit welchen Nachteilen Herr Meyer rechnen muss.

Aufgabe 5
Diskutieren Sie, warum Existenzgründungen für ein Land von enormer Wichtigkeit sein können.

Aufgabe 6
Welche persönlichen Eigenschaften sind bei der Gründung eines kleinen Handelsgeschäftes besonders wichtig? Begründen Sie Ihre Ansicht.

Aufgabe 7
Erläutern Sie, worauf es bei der Standortsuche für Holger Larsens Fahrradladen besonders ankommt.

Aufgabe 8
Recherchieren Sie eine Unternehmensgründung, die in den letzten sechs Monaten in Ihrem eigenen Lebensumfeld (Stadtteil, Gemeinde) stattgefunden hat.
- a Wie lässt sich das Geschäftsmodell des neu gegründeten Unternehmens beschreiben?
- b Welche Standortfaktoren sprechen für den gewählten Standort des neu gegründeten Unternehmens?
- c Welche Schlüsselfaktoren dürften für das neu gegründete Unternehmen von Bedeutung sein?

Aufgabe 9
Viele Menschen fassen kurz vor Sylvester „gute" Vorsätze. Zielformulierungen wie: „Nächstes Jahr treibe ich mehr Sport! Nächstes Jahr räume ich endlich den Keller auf!" u. ä. sind häufig zu hören. Tatsächlich werden aber die wenigsten dieser „guten" Vorsätze jemals realisiert.
- a Woran könnte das liegen?
- b Formulieren Sie einen „guten" Vorsatz so, dass er auch eine Chance auf Realisierung hat.

Aufgabe 10
Wirtschaftsexperten beklagen häufig, dass die Zahl der Existenzgründungen in Deutschland im Vergleich zu Ländern wie den USA zu gering ist.
- a Formulieren Sie Gründe dafür, dass in Deutschland tatsächlich relativ wenig Existenzgründungen stattfinden.
- b Formulieren Sie Vorschläge, wie die Gesellschaft als Ganze und der Staat im Besonderen Existenzgründer unterstützen könnte.

Lernsituation 83

Die rechtlichen Rahmenbedingungen einer Unternehmensgründung beachten FK ▶ TF 12.9 | Kap. 2

Situation

Holger Larsen (vgl. Lernsituation 82) ist sich nicht sicher, ob er durch eine Geschäftsgründung auf Basis des von Ihnen entwickelten Geschäftsmodells zum **Kaufmann** im Sinne des Handelsgesetzbuches (HGB) würde. Denn dann müsste er sich ja in das **Handelsregister** eintragen lassen und alle Vorschriften des HGB beachten. Er wäre dann auch in vollem Umfang buchführungspflichtig. Dabei zählte doch die „doppelte" Buchführung im Meisterkurs nicht gerade zu seinen großen Stärken. Auf jeden Fall braucht sein Unternehmen aber einen guten Namen.

Arbeitsaufträge

1 Informieren Sie sich über den Kaufmannsbegriff nach HGB und das Handelsregister und vervollständigen Sie das Arbeitsblatt 83.1.
2 Entscheiden Sie, ob Holger Larsen durch eine Geschäftsgründung auf Basis Ihres Geschäftsmodells zum Kaufmann im Sinne des HGB würde.
3 Recherchieren Sie ebenfalls, welche Vorschriften das HGB für die Wahl einer Firma, also den Namen eines Kaufmannes, macht, und vervollständigen Sie das Arbeitsblatt 83.2.
4 Schlagen Sie nun eine für Holger Larsen geeignete Firma vor. Vergessen Sie nicht – z. B. mittels Internetrecherche – zu prüfen, ob es eine solche Firma schon gibt.

Arbeitsblatt 83.1 | Kaufmannseigenschaft

Kaufleute: Kaufmannsarten nach HGB		
Istkaufmann	________________ kaufmann	Formkaufmann
Grundsätzlich ist Kaufmann, wer ein ________________ betreibt, also Waren ________________ und ________________. Kleingewerbetreibende, deren Betrieb keinen ________________ ________________ Geschäftsbetrieb benötigen, zählen jedoch nicht als Kaufleute. Beispiele: ________________ ________________ ________________	Ein Gewerbetreibender, der grundsätzlich kein Kaufmann ist, kann sein Unternehmen ________________ in das Handelsregister eintragen lassen. Er wird durch die ________________ zum Kaufmann. Beispiele: ________________ ________________ ________________	Wählt ein Gewerbetreibender für sein Unternehmen die Rechtsformen einer Handelsgesellschaft oder einer ________________ gesellschaft, so gilt diese automatisch als ________________. Beispiele: ________________ ________________ ________________

Arbeitsblatt 83.1 | Kaufmannseigenschaft (Fortsetzung)

Das Handelsregister

Das Handelsregister ist ein öffentliches ______________________.

Es wird von den ______________ eines ______________bezirkes geführt.

Eine Einsichtnahme in das Handelsregister ist ______________________ gestattet.

Zweck der Eintragung

Mit der Eintragung der Kaufleute in das Handelsregister will man erreichen, dass

- ____
  ____.
- ____
  ____.

Wirkung der Eintragung

Für Istkaufleute hat die Eintragung in das Handelsregister lediglich ______________ (lat.: deklaratorische) Wirkung.
Der Istkaufmann ist immer Kaufmann, egal ob er sich hat ______________ lassen oder ______________.

Für den ____
aber hat die Eintragung in das Handelsregister rechtsbegründende (lat.: konstitutive) Wirkung.
Erst mit der Eintragung und Bekanntmachung wird er zum ______________________.

Inhalt der Eintragung

Neben dem **Namen** des Kaufmanns (= sog. „Firma“) und seiner **Rechtsform** enthält das Handelsregister noch eine Reihe von weiteren wichtigen Informationen, z. B.:

____

____

____

____

____

____

____

____

____

Arbeitsblatt 83.2 | Firma

Firma

= ____

____

Arten der Firma			
Personenfirma			
	abgeleitet vom Gegenstand des Unternehmens		
Beispiel:	Beispiel:	Beispiel: Coca Cola	Beispiel:

Firmengrundsätze	
	Die Firma darf nicht irreführend sein, sie muss den tatsächlichen Rechtsverhältnissen entsprechen.
Firmenklarheit	
Firmenbeständigkeit	
	Ein Kaufmann darf für sein Handelsgeschäft nur eine Firma führen.

Aufgaben

Aufgabe 1
Frau Seifert ist kaufmännische Angestellte in einem mittelständischen Unternehmen. Ist sie Kaufmann im Sinne des HGB?

Aufgabe 2
Stellen Sie fest, ob es sich in den nachstehenden Fällen:
1 um einen Kaufmann lt. § 1 HGB,
2 um einen Kannkaufmann,
3 um einen Formkaufmann,
4 um keinen Kaufmann im Sinne des HGB handelt.

a Anja, die alleinige Inhaberin eines im Handelsregister eingetragenen Schuhgeschäfts. Sie beschäftigt drei Verkäuferinnen und einen Buchhalter.
b Die Klasse 11 a, die beim Schulfest der Berufsbildenden Schulen Pizza verkauft.
c Die kleine Autoreparaturwerkstatt Stepanic GmbH.
d Marco, der den landwirtschaftlichen Betrieb seines Vaters übernimmt.

Aufgabe 3
Wo wird das Handelsregister geführt?

Aufgabe 4
Erläutern Sie, warum Kaufleute im Handelsregister eingetragen sein müssen.

Aufgabe 5
Holger Larsen möchte sich unter der Firmenbezeichnung Larsen e. K. selbstständig machen. Er stellt fest, dass bereits eine Firma gleichen Namens im Handelsregister eingetragen ist.
a Gegen welchen Firmengrundsatz würde Holger Larsen verstoßen?
b Überlegen Sie sich, warum dieser Grundsatz eingeführt wurde.

Aufgabe 6
Ihre Nachbarin verkauft regelmäßig allerlei gebrauchte Waren (Bekleidung, Geschirr, Dekoartikel usw.) über eine Internet-Auktionsplattform. Die Waren bekommt sie von Freunden geschenkt oder kauft sie auf Flohmärkten und lagert sie zunächst in ihrem Keller.
a Beurteilen Sie, ob Ihre Nachbarin Verbraucherin, Gewerbetreibende oder Kaufmann im Sinne des HGB ist oder ob sie einen „freien Beruf“ ausübt.
b Welche rechtlichen Konsequenzen hätte es für Ihre Nachbarin, wenn sie als Gewerbetreibende einzuschätzen wäre?
c Welche rechtlichen Konsequenzen würden aus einer Kaufmannseigenschaft erwachsen?

Aufgabe 7
Die Rechtsformen der Offenen Handelsgesellschaft (OHG) und Kommanditgesellschaft (KG) spielen bei Unternehmensneugründungen nur eine sehr geringe Rolle.
a Begründen Sie, warum sich so gut wie kein Gründer für eine OHG oder KG entscheidet?
b Warum wählen die meisten Existenzgründer die Einzelunternehmung als Rechtsform?

Den Kapitalbedarf ermitteln und einen Finanzplan aufstellen

FK ▶ TF 12.9 | Kap. 3

Situation

Der Existenzgründer Holger Larsen (vgl. Lernsituation 82) steht vor einer schwierigen Aufgabe: Er muss den Kapitalbedarf für seine geplante Geschäftseröffnung bestimmen und einen Finanzplan aufstellen. Wie viel Kapital wird er benötigen und wie kann er seine laufenden Ausgaben durch Geldeinkünfte decken?

Holger weiß, dass er als Erstes den Bedarf an langfristig gebundenem Kapital bestimmen sollte. Darunter fällt die Einrichtung seines Ladenlokals mit Regalen und einer Kassentheke. Hierzu liegt ihm ein Angebot der Ladenbau Wirtz GmbH vor (vgl. Beleg 1).

Weiterhin braucht er eine erste Ausstattung mit Waren. Aus dem Katalog der Fly Bike Werke GmbH hat er sich eine Einkaufsliste zusammengestellt (vgl. Beleg 2). Wegen seiner guten Kontakte als ehemaliger Mitarbeiter erhält Holger Larsen einen „Eröffnungsrabatt" von 50 % auf die Listenpreise der FBW (vgl. Seite 10). Für Ersatzteile und Zubehör kalkuliert er mit einem zusätzlichen Kapitalbedarf von 10 % auf die Warenausstattung.

Und schließlich benötigt er eine Werkbank und Werkzeuge für die geplante Werkstatt. Zu seiner großen Freude hat ihm ein alter Freund seines Vaters angeboten, die Einrichtung aus dessen Schlosserwerkstatt zu einem „Freundschaftspreis" zu übernehmen (vgl. Beleg 3).

Arbeitsauftrag

1 Unterstützen Sie Holger Larsen bei der Ermittlung des langfristig gebundenen Kapitals. Nutzen Sie das nachfolgende Berechnungsschema.

Schema zur Berechnung des langfristig gebundenen Kapitals	
Vermögensgegenstand	Anschaffungskosten netto in €
Ladeneinrichtung	
Erstausstattung Waren	
Werkstatteinrichtung	
Summe	

Beleg 1

Ladenbau Wirtz GmbH

Ihr Zeichen:
Ihre Nachricht vom:
Unser Zeichen: sw
Unsere Nachricht vom:

Ladenbau Wirtz GmbH · Georg-Gleistein-Str. 58 · 28757 Bremen

Holger Larsen
Am Deichtor 7
26122 Oldenburg

Name: Stefan Wirtz
Telefon: 0421 53XX-21
Telefax: 0421 53XX-100
E-Mail: s.wirtz@Ladenbau.dex

Datum: 12.03.20XX

Angebot 243/8

Sehr geehrter Herr Larsen!

Wir freuen uns, Ihnen nachfolgend anbieten zu können:

Ladentheke Cityline mit Ablage, Breite 250 cm	EUR 1.499,00
Tablet Kasse TBS 444	EUR 799,00
6 Stück Wandregal Tekko mit Paneelwand Buche Breite 300 cm, Höhe 220 cm, Stückpreis EUR 529,00	EUR 3.174,00
Diverses Verbrauchsmaterial	EUR 500,00
Montage: 20 Arbeitsstunden zu EUR 55,00/Stunde	EUR 1.100,00
Angebotssumme	**EUR 7.072,00**

Unsere Preise verstehen sich als Nettopreise zzgl. 19 % gesetzl. Umsatzsteuer.
Bei Rechnungsausgleich innerhalb von 8 Tagen gewähren wir 3 % Skonto auf den Netto-Warenwert.

Wir freuen uns auf Ihren Auftrag.

Mit freundlichen Grüßen

Stefan Wirtz

Memo:

Als Erstausstattung mit Fahrrädern brauche ich:
Je 3 City Glide und City Surf
Je 3 Trekking Light und Trekking Free
2 Trekking Nature
Je 3 Mountain Dispo, Mountain Constitution und Mountain Unlimited
Je 3 Kinder Twist und Cool
Je 3 E-City Wind und E-Mountain Sturm

Beleg 2

Beleg 3

Von: jan.peter.friesen@gmail.comx
An: holgerlarsen@gmx.dex
Betreff: Meine alte Werkstatt

Lieber Holger!

Wie Du weißt, möchte ich mich spätestens Mitte dieses Jahres zur Ruhe setzen. Leider habe ich niemanden gefunden, der meine Werkstatt übernehmen möchte. Alles zu verschrotten, würde mir aber das Herz brechen.

Ich würde mich also sehr freuen, wenn Du die Werkbank und das Werkzeug übernehmen würdest. Die Sachen sind bestimmt viel mehr wert, aber 1.000 Euro für alles zusammen wäre OK für mich. Die kommen bei meinen beiden Enkeln in das Sparschwein.

Liebe Grüße, auch an Deinen Vater
Jan-Peter

Folgesituation 1

In einem zweiten Schritt berechnet Holger Larsen seinen Kapitalbedarf für das Umlaufvermögen. Sein Umlaufvermögen besteht aus den laufend verkauften Fahrrädern und Zubehörteilen sowie den Ersatzteilen für seine Werkstatt. Holger schätzt seinen durchschnittlichen **Wareneinsatz** (= Einkaufspreis der verkauften Waren) auf 500,00 €/Tag. Seinen **Materialverbrauch** kalkuliert er mit durchschnittlich 75,00 €/Tag.
Holger geht davon aus, dass er die eingekauften Fahrräder im Durchschnitt nach 14 Tagen (= **Lagerdauer** der Waren) weiterverkaufen kann. Bei den Ersatzteilen in seiner Werkstatt rechnet er dagegen mit durchschnittlich 30 Tagen Lagerdauer.
Bei seinen Lieferanten hat Holger typischerweise ein Zahlungsziel von acht Tagen. Seine Kunden bezahlen die gekauften Fahrräder bar oder elektronisch. Die Gutschrift seiner Kasseneinnahmen erfolgt also jeweils am nächsten Tag, sodass er hier von einem Kundenzahlungsziel von einem Tag ausgeht. Holger hat sich folgende Übersicht erstellt:

1	2	3	4	5	6	7	8	9	10	11	12	13	14	15	16	17	18	19	20	21	22	23	24	25	26	27	28	29	30	31
Lagerdauer Waren + Zahlungsziel Kunden																														
Zahlungsziel Lieferanten								Kapitalbindungsdauer der Waren																						
Lagerdauer Material + Zahlungsziel Kunden																														
Zahlungsziel Lieferanten								Kapitalbindungsdauer des Materials																						

Arbeitsauftrag

1 Berechnen Sie den Kapitalbedarf im Umlaufvermögen für Holger Larsens Geschäftsgründung.

Folgesituation 2

Abschließend möchte Holger Larsen einen Finanzplan für die ersten drei Monate seiner Geschäftseröffnung aufstellen. Der Finanzplan soll die Summe seiner Einnahmen, die Summe seiner Ausgaben sowie den jeweiligen Zahlungsmittelüberschuss oder -fehlbetrag am Ende des Monats zeigen. Holger plant mit folgenden Einnahmen und Ausgaben:

- durchschnittliche Warenverkäufe von 715,00 €/Tag und Werkstattarbeiten von 200,00 €/Tag.
- Ladenpacht gem. Angebot (vgl. Lernsituation 82)
- Wareneinsatz 500,00 €/Tag, Materialverbrauch 75,00 €/Tag.
- Energie/Telekommunikation: 450,00 €/Monat
- Versicherungen und Beiträge: 420,00 €/Monat
- Zinsen auf das Fremdkapital pro Monat: 0,5 % auf 2/3 des langfristig gebundenen Kapitals
- Tilgung des Fremdkapital pro Monat: 0,25 % auf 2/3 des langfristig gebundenen Kapitals
- Gewinnsteuern: 2,5 % des Umsatzes

Arbeitsauftrag

1 Vervollständigen Sie den folgenden Finanzplan mit den bekannten Informationen. Gehen Sie jeweils von einem durchschnittlichen Monat mit 25 Werktagen aus.

	1. Monat	2. Monat	3. Monat
Zahlungsmittelbestand[1)]	10.000,00 €		
Einnahmen			
Nettoumsatzerlöse Warenverkauf			
Nettoumsatzerlöse Werkstatt			
Summe der Einnahmen			
Ausgaben			
Ladenpacht			
Wareneinsatz			
Materialeinsatz			
Energie			
Versicherungen und Beiträge			
Zinsen			
Tilgung			
Gewinnsteuern			
Summe Ausgaben			
Zahlungsmittelüberschuss/-fehlbetrag[2)]			

[1)] am Anfang des Monats [2)] am Ende des Monats

Aufgaben

Aufgabe 1
Erläutern Sie die Begriffe Investition und Finanzierung.

Aufgabe 2
a Nennen Sie je drei Bilanzposten der Mittelherkunft und der Mittelverwendung.

Mittelherkunft	Mittelverwendung

b Welche anderen Begriffe könnten hier ebenfalls als Überschrift eingesetzt werden?

Aufgabe 3
Für eine geplante Neugründung liegen die folgenden Daten vor

Anschaffung	
Die Anschaffungskosten für ein Grundstück mit Lagerhalle und Büros betragen 380.000,00 € zuzüglich Anschaffungsnebenkosten in Höhe von 12 %.	
Der Anschaffungspreis der benötigten Maschine beträgt 125.000,00 €. Auf diesen Anschaffungspreis gewährt der Hersteller 5 % Rabatt. Die Lieferungs- und Montagekosten betragen 24.200,00 €, die nachträglichen Umbaukosten 12.000,00 €.	
Weitere Anschaffungskosten für Betriebs- und Geschäftsausstattung betragen 220.000,00 €.	
Produktion	
Geplante Produktionsmenge	2 200 Stück je Tag
Materialeinzelkosten je Stück	25,00 €
Fertigungslöhne je Stück	4,50 €
Materialgemeinkosten je Tag	6.000,00 €
Fertigungsgemeinkosten je Tag	5.000,00 €
Verwaltungsgemeinkosten je Tag	600,00 €
Vertriebsgemeinkosten je Tag	400,00 €
Zu berücksichtigende Zeiten	
Durchschnittliche Lagerdauer der eingekauften Materialien	14 Tage
Durchschnittliche Produktionsdauer	3 Tage
Durchschnittliche Lagerdauer der fertigen Erzeugnisse	2 Tage
Durchschnittliches Zahlungsziel der Lieferanten	10 Tage
Durchschnittliches Zahlungsziel für die Kunden	20 Tage

Ermitteln Sie für diese Neugründung
a den Kapitalbedarf im Anlagevermögen,
b den Kapitalbedarf im Umlaufvermögen.

Lernsituation 85

Eine geeignete Rechtsform für das Unternehmen auswählen

FK ▶ TF 12.9 | Kap. 4

Situation

Der Existenzgründer Holger Larsen (vgl. Lernsituation 82) telefoniert mit Frau Michaela Möller, Gründungsberaterin seiner Bank, mit der er seine Geschäftsgründung finanzieren möchte.

Frau Möller: Ihr Businessplan gefällt mir schon sehr gut. Ihre Geschäftsidee ist wirklich vielversprechend. Aber haben Sie sich denn auch schon überlegt, in welcher Rechtsform Sie Ihre Unternehmung gründen möchten?

Herr Larsen: Sie meinen als GmbH oder so? Bis jetzt habe ich da noch keine konkrete Vorstellung.

Frau Möller: Die Wahl der passenden Rechtsform ist für eine erfolgreiche Geschäftsgründung aber sehr wichtig. Es gibt da immer mehrere Alternativen, die alle ihre Vor- und Nachteile haben. Ich schicke Ihnen mal einen Fragebogen, der Sie bei Ihrer Entscheidungsfindung unterstützen kann. Außerdem habe ich eine interessante Statistik gefunden, die schicke ich Ihnen auch.

Herr Larsen: Das ist super. Vielen Dank dafür!

Arbeitsaufträge

1 Helfen Sie Holger Larsen bei der Bearbeitung des unten abgedruckten Fragebogens der Bank.

2 Analysieren Sie die auf der nächsten Seite abgebildete Statistik zu Existenzgründungen in Deutschland. Welche Rechtsformen spielen in der unternehmerischen Wirklichkeit für Existenzgründer heute eine maßgebliche Rolle? Informieren Sie sich mithilfe der Tabelle auf der folgenden Seite und anderer Quellen über die vier häufigsten Rechtsformen bei Existenzgründungen und stellen Sie diese in Arbeitsblatt 85.1 gegenüber.

3 Kommen Sie zu einer begründeten Empfehlung für Holger Larson. Welche Rechtsform sollte er Ihrer Ansicht nach wählen?

Ammerländer Bank AG

Gründung – Wahl der Rechtsform

Liebe Existenzgründerin! Lieber Existenzgründer!

Sie stehen vor der schwierigen Aufgabe, die richtige Rechtsform für Ihr Unternehmen zu finden. Grundsätzlich können Sie sich als Einzelunternehmer allein selbstständig machen. Oder Sie gründen mit einem oder mehreren Geschäftspartnern eine Gesellschaft.

Die folgenden Fragen sollen Ihnen bei der Entscheidungsfindung helfen. Beantworten Sie diese so selbstkritisch wie möglich. Besprechen Sie sich auch mit Freunden und Verwandten, die Sie gut kennen!

Frage 1: Als Einzelunternehmer sind Sie ganz allein für die Geschäftsführung und die Vertretung ihres Unternehmens gegenüber Dritten (Lieferanten, Kunden, Behörden usw.) verantwortlich. Welche Vorteile sehen Sie für sich darin? Welche Nachteile hätte das aber auch?

Frage 2: Als Einzelunternehmer sind Sie ganz allein für die Kapitalbeschaffung zuständig. Welche Vor- und Nachteile ergeben sich daraus für Sie?

Frage 3: Der Einzelunternehmer kann den gesamten (versteuerten) Gewinn der Unternehmung für sich allein beanspruchen. Aber er haftet auch ganz allein für etwaige Verluste. Wie beurteilen Sie ganz persönlich diese Chancen und Risiken?

Frage 4: Nur bei bestimmten Gesellschaftsformen (z. B. GmbH oder Unternehmergesellschaft) kann die Haftung für Schulden auf eine bestimmte Kapitaleinlage begrenzt werden. Dafür müssen diese Gesellschaften stets als Kaufleute in das Handelsregister eingetragen werden. Wie beurteilen Sie ganz persönlich diese Vor- und Nachteile?

Für Rückfragen stehen wir Ihnen jederzeit gerne zur Verfügung.

Gewerbliche Existenzgründungen 2012 bis 2022 in Deutschland nach Rechtsform – Anzahl und Vertikalstruktur in %

Rechtsform	Gewerbeanmeldungen[1]										
	2012	2013	2014	2015	2016	2017	2018	2019	2020	2021	2022
	Anzahl										
Einzelunternehmen	271.579	265.425	239.766	227.153	208.382	204.361	198.203	193.507	164.813	161.155	169.888
Offene Handelsgesellschaft	790	831	823	828	851	862	757	642	639	610	580
Kommanditgesellschaft	690	807	718	618	693	496	415	434	597	496	280
Gesellschaft mit beschränkter Haftung & Co. KG	8.390	7.948	7.128	7.288	7.296	7.660	7.180	6.904	6.569	6.829	6.086
Gesellschaft des bürgerlichen Rechts	17.424	16.357	14.866	14.812	15.050	14.528	12.645	12.057	10.945	11.334	10.455
Aktiengesellschaft	472	397	329	331	238	199	199	179	175	214	171
Gesellschaft mit beschränkter Haftung	45.618	44.851	45.052	46.410	48.687	49.902	49.628	51.161	50.846	58.030	50.459
• GmbH ohne Unternehmergesellschaft (haftungsbeschränkt)	35.304	34.467	34.592	36.099	38.143	39.611	39.575	41.051	40.988	47.307	41.521
• Unternehmergesellschaft (haftungsbeschränkt)[2]	10.314	10.384	10.460	10.311	10.544	10.291	10.053	10.110	9.858	10.723	8.938
Private Company Limited by Shares[3]	129	120	110	102	89	57	57	50	26	27	9
Genossenschaft	231	211	157	141	125	123	134	162	180	276	268
Eingetragener Verein	631	578	548	488	503	423	340	346	246	271	257
Sonstige Rechtsformen[4]	458	404	394	375	441	376	388	250	315	326	434
Insgesamt	**346.412**	**337.929**	**309.891**	**298.546**	**282.355**	**278.987**	**269.946**	**265.692**	**235.351**	**239.568**	**238.887**
	Vertikalstruktur in %										
Einzelunternehmen	78,4	78,5	77,4	76,1	73,8	73,3	73,4	72,8	70,0	67,3	71,1
Offene Handelsgesellschaft	0,2	0,2	0,3	0,3	0,3	0,3	0,3	0,2	0,3	0,3	0,2
Kommanditgesellschaft	0,2	0,2	0,2	0,2	0,2	0,2	0,2	0,2	0,3	0,2	0,1
Gesellschaft mit beschränkter Haftung & Co. KG	2,4	2,4	2,3	2,4	2,6	2,7	2,7	2,6	2,8	2,9	2,5
Gesellschaft des bürgerlichen Rechts	5,0	4,8	4,8	5,0	5,3	5,2	4,7	4,5	4,7	4,7	4,4
Aktiengesellschaft	0,1	0,1	0,1	0,1	0,1	0,1	0,1	0,1	0,1	0,1	0,1
Gesellschaft mit beschränkter Haftung	13,2	13,3	14,5	15,5	17,2	17,9	18,4	19,3	21,6	24,2	21,1
• GmbH ohne Unternehmergesellschaft (haftungsbeschränkt)	10,2	10,2	11,2	12,1	13,5	14,2	14,7	15,5	17,4	19,7	17,4
• Unternehmergesellschaft (haftungsbeschränkt)[2]	3,0	3,1	3,4	3,5	3,7	3,7	3,7	3,8	4,2	4,5	3,7
Private Company Limited by Shares[3]	0,0	0,0	0,0	0,0	0,0	0,0	0,0	0,0	0,0	0,0	0,0
Genossenschaft	0,1	0,1	0,1	0,0	0,0	0,0	0,0	0,1	0,1	0,1	0,1
Eingetragener Verein	0,2	0,2	0,2	0,2	0,2	0,2	0,1	0,1	0,1	0,1	0,1
Sonstige Rechtsformen[4]	0,1	0,1	0,1	0,1	0,2	0,1	0,1	0,1	0,1	0,1	0,2
Insgesamt	**100,0**	**100,0**	**100,0**	**100,0**	**100,0**	**100,0**	**100,0**	**100,0**	**100,0**	**100,0**	**100,0**

[1] Ohne Freie Berufe. Bis 2016 ohne Automatenaufsteller und ohne Reisegewerbe, seit 2017 ohne Reisegewerbe.

[2] Erst seit 2009 ausgewiesen.
[3] Erst seit 2005 separat ausgewiesen.
[4] Einschließlich geheimzuhaltender Fälle.

Quelle: IfM Bonn (Basis: Gewerbeanzeigenstatistik des Statistischen Bundesamtes)

Arbeitsblatt 85.1 | Die vier häufigsten Rechtsformen bei Existenzgründungen im Vergleich

Rechtsform				
Geschäftsgründung erfolgt durch				
Vorschriften für die Firma (den Namen)				
Gründungskapital mindestens				
Geschäftsführung (nach innen) und Vertretung (nach außen) durch …				
Gewinn- und Verlustverteilung				
Haftung für Schulden				
Formvorschriften bei der Gründung				

Arbeitsblatt 85.2 | Die Wahl der Rechtsform eines Unternehmens

1 Tragen Sie die unten stehenden Begriffe passend in den Lückentext ein.

Die **Wahl der richtigen Rechtsform** gehört zu den grundlegenden und den Geschäftserfolg maßgeblich bestimmenden Entscheidungen eines jeden Unternehmers. Vervollständigen Sie dazu die nachfolgende Übersicht! Die zu verwendenden Begriffe finden Sie unten.

Die **Rechtsform** ist die ______________________________ eines Unternehmens.

Sie regelt die:

- **Vertretungsbefugnis** („Wer darf gegenüber externen Geschäftspartnern wirksame ______________________ abgeben, die die gesamte Unternehmung betreffen?")
- **Geschäftsführung** („Wer darf innerhalb des Unternehmens für alle verbindliche ______________________________ treffen bzw. Anweisungen geben?")
- ____________________ („Wer muss in welcher Höhe entstandene Verluste tragen?")
- **Gewinnverteilung** („Wer hat ________________ auf welchen Teil des erwirtschafteten Gewinns?")

Zu unterscheiden sind ______________ (= im Eigentum eines einzelnen Unternehmers) und

Gesellschaftsunternehmen (Vereinigungen), also Zusammenschlüsse mehrerer ____________:

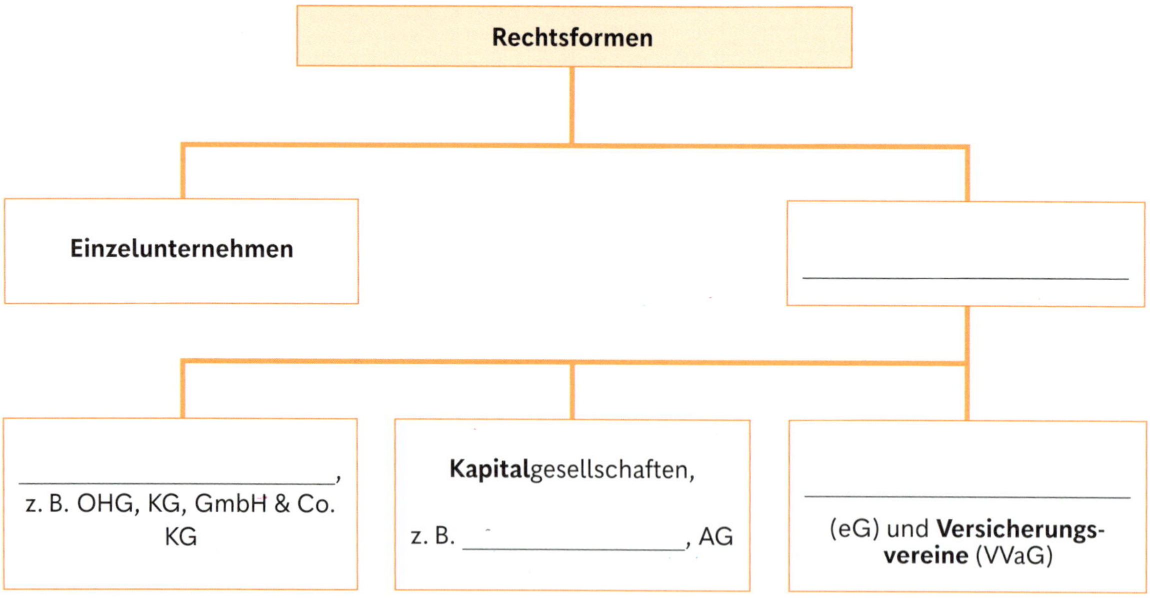

Bei Personengesellschaften sollte, bei Kapitalgesellschaften muss ein ____________________ ____________________ aufgesetzt werden.

Vereinigungen – Haftung – Genossenschaften – schriftlicher Gesellschaftsvertrag – Willenserklärungen – Personen – Einzelunternehmen – rechtliche Konstruktion – Personengesellschaften – GmbH – Entscheidungen – Anspruch

Aufgaben

Aufgabe 1

Frau Ilona Hansen betreibt seit einigen Jahren als Einzelunternehmerin ein gut florierendes Schmuckgeschäft in der Innenstadtlage einer deutschen Großstadt. Sie möchte ihr Unternehmen erweitern und in zwei weiteren Städten Filialen nach dem gleichen Geschäftsmodell eröffnen. Dazu benötigt sie zusätzliches Kapital. Die Entscheidungsgewalt in ihrem Unternehmen möchte sie aber weitgehend behalten.

a Erläutern Sie drei Vorteile, die sich aus Frau Hansens geplanter Unternehmensexpansion ergeben.

b Beschreiben und bewerten Sie zwei aus Sicht von Frau Hansen infrage kommende Rechtsformen.

Aufgabe 2

Jupp und Josef Schmitz haben von ihrem Vater eine Bierbrauerei geerbt und führen diese seit einigen Jahren gemeinsam in der Rechtsform der OHG. Um dem wachsenden Konkurrenzdruck auf dem Brauereimarkt standhalten zu können, sind dringend Investitionen zur Modernisierung der Brauereitechnik von mindestens 10 Mio. € zu tätigen. Da die betrieblichen Rücklagen hierzu nicht ausreichen, muss Kapital von außen beschafft werden.

Jupp und Josef erwägen die Gründung einer Aktiengesellschaft (AG). Beide wollen zwar grundsätzlich weiter unternehmerisch tätig sein, wünschen sich aber eine Entlastung vom täglichen Entscheidungsdruck. Dieser hatte in den letzten Jahren häufiger zu Streit zwischen beiden geführt.

a Wie sind die Geschäftsführung und Vertretung sowie die Haftung und Gewinnverteilung in der Schmitz Brauerei OHG geregelt, wenn der Gesellschaftsvertrag in diesen Fragen nicht von der gesetzlichen Regelung abweicht?

b Welche Vor- und Nachteile ergeben sich aus dieser Regelung für die Inhaber?

c Welche formalen Voraussetzungen müssten erfüllt werden, um die Schmitz Brauerei OHG in eine Aktiengesellschaft umzugründen?

d Welche Vorteile für die Beschaffung des benötigten Kapitals böte die Umgründung in eine AG?

e Welche Nachteile wären damit aber ggf. auch verbunden?

f Informieren Sie sich über die Organe einer AG und beschreiben Sie deren Aufgaben.

g Wie können die beiden Brüder also ihre grundsätzliche Entscheidungsgewalt über die Geschicke der Unternehmung auch als Aktiengesellschaft sicherstellen?

Aufgabe 3

Beurteilen Sie die Richtigkeit folgender Aussagen zur GmbH. Tragen Sie ein (R) ein, wenn die Aussage richtig ist, und ein (F) ein, wenn die Aussage nicht richtig ist.

	Eine GmbH ist eine juristische Person mit eigener Rechtspersönlichkeit. Sie wird durch eine(n) Geschäftsführer(-in) vertreten, kann klagen und verklagt werden.
	Eine Gesellschaft mit beschränkter Haftung muss von mindestens zwei natürlichen Personen gegründet werden.
	Die Gesellschafterversammlung der GmbH überwacht die Geschäftsführung und trifft Entscheidungen von grundlegender Bedeutung.
	Die Geschäftsführung einer GmbH kann auch durch einen oder mehrere Gesellschafter ausgeübt werden.
	Die GmbH zählt zu den Kapitalgesellschaften, ist also kein Kaufmann im Sinne des Handelsgesetzbuches (HGB).
	Die GmbH braucht zu ihrer Gründung immer einen Gesellschaftsvertrag, der aber formlos sein kann.
	Der Geschäftsanteil jedes Gesellschafters muss auf mindestens 1,00 € lauten, kann aber grundsätzlich unbeschränkt hoch sein.
	Mit einer Stammeinlage von 1,00 € kann eine sogenannte Mini-GmbH („Unternehmergesellschaft haftungsbeschränkt") gegründet werden.
	Die sogenannte Mini-GmbH muss ihren kompletten Gewinn so lange ansparen, bis ein Eigenkapital von 25.000,00 € erreicht ist.

Selbsteinschätzung TF 12.9

Ich kann ...	Kann ich	Kann ich nicht
Entwicklung eines Geschäftsmodells		
1 ... die Strukturelemente eines Business Model Canvas als Schlüsselfaktoren einer Existenzgründung beschreiben und bewerten.		
2 ... die Abhängigkeiten der Schlüsselfaktoren einer Existenzgründung voneinander erkennen und bewerten.		
3 ... selbstständig die Schlüsselfaktoren einer Existenzgründung nach dem Business Model Canvas planen und kriteriengeleitet beurteilen.		
4 ... den Standort für eine Geschäftsgründung kriteriengeleitet mithilfe einer Nutzwertanalyse beurteilen.		
Rechtliche Rahmenbedingungen einer Existenzgründung		
1 ... den Kaufmannsbegriff im Sinne des Handelsgesetzbuches (HGB) beschreiben.		
2 ... die Aufgaben eines Handelsregisters beschreiben und seine Bedeutung für den Rechtsalltag beurteilen.		
3 ... den Begriff der Firma im Sinne des HGB beschreiben und die Bedeutung einer Firma für den Geschäftserfolg beurteilen.		
Kapitalbedarf		
1 ... den Kapitalbedarf im Anlage- und Umlaufvermögen unter Beachtung der Kapitalbindungsdauer berechnen.		
2 ... die Finanzierungsnotwendigkeit für das Anlage- und Umlaufmögen auf Basis des Kapitalbedarfs ermitteln.		
3 ... einen Finanzplan aufstellen.		
Rechtsformen		
1 ... die Auswirkungen der Wahl einer Rechtsform auf Geschäftsführung, Vertretung, Gewinnverteilung und Haftung beurteilen.		
2 ... wesentliche Merkmale der Einzelunternehmung sowie der Gesellschaftsunternehmungen anhand einzelner Rechtsformen vergleichen und beurteilen.		

Bildquellenverzeichnis

Cover: stock.adobe.com / goodluz; **S. 2** (unten links): PEFC Deutschland e. V.; **S. 6** (Foto): stock.adobe.com / industrieblick; **S. 6** (Unternehmens-Logo): Cornelsen / PER Medien und Marketing GmbH; **S. 10** (City-Rad): Shutterstock.com / Vladyslav Starozhylov; **S. 10** (Rennrad): Shutterstock.com / steamroller_blues; **S. 10** (Mountainbike): Shutterstock.com / stockphoto-graf; **S. 10** (Kinderrad): Shutterstock.com / Gena73; **S. 11**: Shutterstock.com / Eshma; **S. 12** (oben): Cornelsen / Vitaledesign; **S. 13**: Cornelsen / VDL; **S. 16**: Shutterstock.com / Nejron Photo; **S. 29**: stock.adobe.com / Tiko; **S. 31**: Cornelsen / Vitaledesign; **S. 41**: Shutterstock.com / GaudiLab; **S. 48** (links): stock.adobe.com / Rido; **S. 48** (rechts): stock.adobe.com / ageevphoto; **S. 49**: dpa Picture-Alliance / dpa / dpa-infografik GmbH; **S. 54**: Henkel AG & Co. KGaA; **S. 57**: Cornelsen / PER Medien und Marketing GmbH; **S. 61**: Shutterstock.com / stockphoto-graf; **S. 72**: Shutterstock.com / Lysenko Andrii; **S. 81:** Shutterstock.com / Rawpixels stock; **S. 82**: Shutterstock.com / VideoFlow; **S. 92**: Cornelsen / Vitaledesign; **S. 96**: Shutterstock.com / Chay_Tee; **S. 99** (1+2): RAL gemeinnützige GmbH; **S. 99** (3): FSC® – Forest Stewardship Council®; **S. 99** (4): © BMZ; **S. 100** (oben): stock.adobe.com / Andreas Berheide; **S. 100** (unten): stock.adobe.com / fotomek; **S. 101**: Shutterstock.com / KPs Photography AND Film; **S. 112** (oben): Shutterstock.com / Robert Kneschke; **S. 112** (unten): Shutterstock.com / UfaBizPhoto; **S. 114**: Shutterstock.com / Roman Samborskyi; **S. 134-135**: Anima Berten; **S. 142** (oben): Shutterstock.com / Ansario; **S. 142** (unten): Shutterstock.com / Mark Rademaker; **S. 145**: stock.adobe.com / Nomad_Soul; **S. 203** (oben): Shutterstock.com / Lucky Business; **S. 203** (unten): dpa Picture-Alliance / dieKLEINERT; **S. 204**: dpa Picture-Alliance / dieKLEINERT; **S. 209**: Shutterstock.com / 89stocker; **S. 211**: Shutterstock.com / Graystone; **S. 215**: Shutterstock.com / Lopolo; **S. 218** (1): Shutterstock.com / Damir Khabirov; **S. 218** (2): stock.adobe.com / kiuikson; **S. 218** (3): Shutterstock.com / fizkes; **S. 218** (4): Shutterstock.com / Dean Drobot; **S. 218** (5): Shutterstock.com / insta_photos; **S. 221** (links): stock.adobe.com / contrastwerkstatt; **S. 221** (rechts): stock.adobe.com / thingamajiggs; **S. 225**: stock.adobe.com / zwoelf / studio v; **S. 227** (links): stock.adobe.com / wideeyes; **S. 227** (rechts): stock.adobe.com / penyushkin; **S. 233**: Shutterstock.com / Dikushin Dmitry; **S. 235**: dpa Picture-Alliance / picture-alliance / dpa-infografik; **S. 236** (oben): Shutterstock.com / Sergey Ryzhov; **S. 236** (unten): stock.adobe.com / anatoliy_gleb; **S. 237** (oben): Shutterstock.com / Ground Picture; **S. 237** (mittig): stock.adobe.com / Kara; **S. 237** (unten): stock.adobe.com / steffflach; **S. 240** (oben): Shutterstock.com / fizkes; **S. 240** (unten): Shutterstock.com / Inside Creative House; **S. 242**: Cornelsen / Claudia Hild; **S. 243**: Cornelsen / PER Medien und Marketing GmbH; **S. 245**: stock.adobe.com / BurntRedHen; **S. 246**: stock.adobe.com / New Africa; **S. 256**: Shutterstock.com / Poomeo Photography; **S. 262**: Cornelsen / Vitaledesign; **S. 265**: Cornelsen / Vitaledesign; **S. 275**: Cornelsen / Vitaledesign; **S. 276**: Shutterstock.com / Drazen Zigic; **S. 282**: stock.adobe.com / Mindwalker; **S. 286**: Shutterstock.com / Zivica Kerkez; **S. 303**: Statista GmbH; **S. 314**: dpa Picture-Alliance / picture-alliance / dpa-infografik; **S. 329**: dpa Picture-Alliance / picture-alliance / dpa-infografik; **S. 333**: dpa Picture-Alliance / picture-alliance / dpa-infografik; **S. 335**: Verlagsgruppe Hüthig Jehle Rehm GmbH, Heidelberg; **S. 343** (oben): Shutterstock.com / sylv1rob1; **S. 343** (unten): stock.adobe.com / anoli; **S. 344** (oben): Shutterstock.com / Daniel M Ernst; **S. 344** (unten): stock.adobe.com / Janina Dierks; **S. 355**: dpa Picture-Alliance / picture-alliance / dpa-infografik; **S. 359**: Cornelsen / PER Medien und Marketing GmbH; **S. 360**: Cornelsen / Vitaledesign; **S. 361**: Cornelsen / Vitaledesign; **S. 364** Cornelsen / PER Medien und Marketing GmbH; **S. 365**: Global Blue Deutschland GmbH, Düsseldorf; **S. 369**: Cornelsen / Vitaledesign; **S. 370–372**: Cornelsen / PER Medien und Marketing GmbH; **S. 373**: Cornelsen / Vitaledesign; **S. 377–378**: Cornelsen / Vitaledesign; **S. 385**: Cornelsen / Vitaledesign; **S. 388**: Cornelsen / Vitaledesign; **S. 394**: Cornelsen / Vitaledesign; **S. 396**: Cornelsen / Vitaledesign; **S. 398–400**: Cornelsen / Vitaledesign; **S. 403–404**: Cornelsen / Vitaledesign; **S. 408**: stock.adobe.com / industrieblick **S. 410**: Business Model Canvas von Patrick Stähler, fluidminds, ist lizenziert unter Creative Commons Attribution ShareAlike 4.0 International License, https://creativecommons.org/licenses/by-sa/4.0/; **S. 418**: stock.adobe.com / industrieblick